"Nihil saudeas mihi vana"

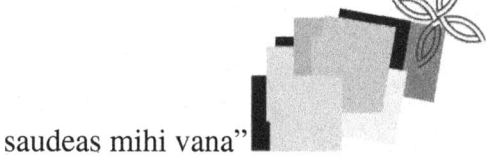

¡BASTA!
Breve tratado de la mentira y la soledad

Editorial Ledoria, Saudeas Mihi y el autor
se comprometen a entregar un kilo de alimento
para fines sociales con cada libro vendido.

Maese Mercader en

¡BASTA!
Breve tratado de la mentira y la soledad

•

FEDERICO DILLA MAÑAS

CONSUELO SÁNCHEZ-CASTRO

I.S.B.N.: 979-84-19887-79-5

Depósito Legal: TO-304-2025

© Del texto: Los autores

© De la edición: Editorial LEDORIA-Jesús Muñoz Romero

* Calle Fuente del Moro, núm. 6

Toledo, 45006

Teléfono: 636 56 03 70

Correo electrónico de contacto: info@editorial-ledoria.com

www.editorial-ledoria.com

Diseño de la cubierta: Equipo Editorial Ledoria

"Ojalá que ningún mentiroso te encuentre, y si lo hace, no le des nada que puedas necesitar o temas perder".
(Maese Mercader)

NOTA ACLARATORIA

Las frases, comentarios y palabras expresadas en este libro, son recopilación de las experiencias de Maese Mercader (personaje ficticio), y no del autor.

CAPÍTULO I

"Lo que me preocupa no es que me hayas mentido, sino que, de ahora en adelante, ya no podré creer en tí". (Friedrich Nietzsche).

Decía Ángel Ganivet en *La conquista del reino maya por el último conquistador español Pio Cid: "Contra lo que creen algunos pesimistas, es más difícil gobernar a los animales que al hombre, porque los animales no se someten más que a la fuerza o a la razón, interpretada por su instinto, en tanto que el hombre se contenta con algunas mentiras agradables e inocentes, cuya invención está al alcance de hombres de mediano entendimiento. Júzguese, pues, la torpeza de los que, tomando al hombre por animal perfeccionado, intentan someterle por la violencia y derramamiento de sangre o con auxilio de leyes e imposiciones penales. Estudiando de cerca estos pueblos más primitivos, se ve claro que el gobierno de las naciones no exige hombres de Estado, ni legistas, ni soldados, sino poetas, comediantes, músicos y sacerdotes. Una canción tiene más fuerza que un código, y una letanía alcanza más lejos que un cañón rayado".*

Salto de la cama. Aún no ha amanecido. Me asomo a la ventana para comprobar que efectivamente estoy en el paraíso. Aspiro los aromas a mar y montaña; a flores y pinos de Cavtat. Antes la conocían como Ragusavecchia, y los griegos la bautizaron como Epidauro. Es una ciudad en el condado de Dubrovnik-Neretva de Croacia. ¡En fin¡ Antes de nada, por hacer honor a la educación que mis progenitores se esforzaron que tuviese,

11

permítanme presentarme, mi nombre es… bueno, mi nombre, realmente no importa. Todo el mundo me conoce por Maese Mercader, de modo que pueden llamarme Maese. Supero ya el medio siglo y he conseguido acumular un alto nivel de experiencia en múltiples campos de la vida. El mundo comercial no me oculta, ni me ha ocultado nada. Me ha arruinado en tres ocasiones, eso sí, pero en la actualidad apenas me lacera ya, y disfruto de una firme situación. Para llegar a acumular tanta experiencia he sido y sigo siendo comerciante, viajero, psicólogo, matemático, biólogo y sobre todo, observador. Sé ver bien las fragilidades ajenas y satisfacerlas cuando quiero o me pagan por ello. Llego también, por propio patrocinio, a razonarlas y a simpatizarlas, como si fueran características destacables. El concepto convencional que tengo de la vida viene a exteriorizarme, en cierto modo, como un filósofo al que le gusta ilustrar, poniendo ironía y humor en todo lo que hace, pero aportando siempre una instrucción útil. Aunque vivía la mayor parte de mi tiempo en Toledo, me encantó viajar. Ya sé que Toledo es un buen lugar para vivir, porque ha sido el centro del mundo desde los griegos hasta hoy, pasando por serlo del imperio romano, del reino visigodo, del musulmán y del imperio cristiano. ¡Qué lugar tan pequeño y tan rico en arte y en cultura! ¡Qué amenidad al pasear por sus calles y disfrutar de sus leyendas! En este pequeño reducto se puede contemplar, al mismo tiempo, la segunda naumaquia romana del mundo, los baños árabes, la gran Catedral cristiana, la gran Sinagoga de el Tránsito, la incomparable Mezquita del Cristo de la Luz sin salir de noventa hectáreas de terreno. Y qué decir de la emoción de pisar las calles que un día pisaron El Greco, o Cervantes, Garcilaso o Chillida, el Cid o Carlomagno. Puedes imaginar cómo Juanelo, con su ingenio abastecía de agua a la ciudad, o puedes recobrar fuerzas degustando su mazapán, mientras disfrutas de la elaboración de piezas de damasquino, o de unas perdices a la toledana, claro está, trinchándola con el acero más famoso de Europa, el mismo con el que los Tercios españoles conquistaron media Europa y medio mundo. A Toledo le llaman de las tres culturas, pero, en realidad, son más de siete. En los cimientos de una misma casa puedes hallar restos de la prehistoria, de los iberos, de los visigodos, de los romanos, de los árabes, de los judíos y de los cristianos. Disculpen esta digresión, pero es oír el nombre de Toledo y desencadenarse en mí una devoción incontenible, es involuntario. Bueno, veamos, ¿dónde estábamos? ¡Ah, sí¡ había llegado hasta mi prejubilación y había elegido este paraíso Croata de Catvat.

Efectivamente, encontré mi paraíso particular en la costa del mar Adriático, a 16 km al sur de Dubrovnik y en el centro del municipio Konavle. Me encanta la mezcla, el maridaje de culturas, historia, geografía, mar, montaña, piedras y arte que Dios puso en esta tierra para unos privilegiados como yo. Cavtat tiene una larga historia en la costa dálmata. Fundada por los griegos de Sicilia en el siglo IV a.c, con el nombre de *Epidauro*, al igual que la ciudad homónima del Peloponeso, tuvo como principal dios a Asclepio. ¡Ufff¡ ¡Otra de las coincidencias conmigo¡ pues también pertenezco al mundo de los sanitarios. Soy igualmente marino y esta ciudad forma una especie de micropenínsula rodeada por el mar. El área que la rodea fue habitada por los ilirios, que llamaron a la ciudad *Zaptal*. La ciudad cambió su nombre a Epidaurum cuando cayó bajo el dominio romano en el 228 a. C. Durante la guerra civil entre Julio César y Pompeyo se alinearon en favor del primero, luego fue asediada por M. Octavio, pero fue salvada por la llegada del cónsul Publio Vatinio. Más tarde se convirtió en una colonia romana y fue ocupada durante las guerras góticas por la flota enviada por Justiniano. Cuando la ciudad fue saqueada por los eslavos y ávaros justo antes del 614, la gente buscó refugio en una isla cercana que más tarde se unió con el continente, dando origen a la ciudad de Ragusa (Dubrovnik). A partir de ese momento Cavtat subsistió siempre bajo el control del poderoso vecino, por lo que su historia terminó siendo la misma que la de la República de Ragusa. En italiano y en croata, el nombre de la ciudad revela el origen antiguo y el vínculo con Ragusa: Cavtat, (si la etimología es clara), deriva de la variante de *Civitas Vetus*, el nombre con el que los ciudadanos de Ragusa llamaron a su antigua ciudad. Hoy Cavtat es un popular destino turístico, con muchos hoteles y casas particulares que alquilan habitaciones y apartamentos. El paseo marítimo costero que está lleno de tiendas y de restaurantes, al que hay que sumar un ferry conecta la ciudad a las vecinas *Mlini* y *Dubrovnik*. Lo que me encanta es que en esta ciudad se mezclan el agua y el aire. Es decir, las dos bases de la alquimia de la vida. Vaya por dónde sea, esta ciudad ¡se respira¡, ¡se bebe¡ y ¡se vive¡. Dicen que el cielo que cada uno se imagina, será el que obtenga cuando muera. Entonces, seguro que yo tengo este paraíso, junto con mi Toledo, en lugar de Dubrovnik. Las construcciones, los palacetes y las murallas, le conforman como ciudad de peregrinación y de turismo. Afortunadamente, el resto del año que se aleja del Estío, es para unos pocos vecinos y para mí.

Cierro el cuaderno de notas de estos cincuenta años. Me aseo un poco para despejarme y mientras bajo a la cocina para prepararme el desayuno reflexiono en que las estadísticas engañan a veces, pero otras son aplastantes. En este caso, el resultado de estos primeros cincuenta años, es que de todos los datos, dichos, comentarios y aportaciones que me han hecho; el noventa por ciento de ellos eran falsedades, afectaciones, apariencias, disimulos, fingimientos, dobleces, simulaciones, disfraces, caretas o mentiras. Me sirvo el café que hierve ya en su ubicación actual, mientras introduzco las tostadas en el suyo. Abro el cajón de los cubiertos para elegir un cuchillo con el que untar la mantequilla y una cucharilla para remover el café. Da igual si se habla de historia, de sociedad, de viajes, de negocios, de religiones, de esoterismos, de políticas, o de amores. En todos los campos, países, lenguas y uniformes me han aportado alguna farsa, quimera, ficción, invención o disfraz. ¿Por qué el ser humano dedica más del ochenta por ciento de su tiempo a mentir? Me siento a desayunar ante el ventanal de esta casita. Pierdo la mirada en los barcos que navegan en el horizonte y concluyo que este es otro de los factores que nos diferencian de los animales. Ellos se camuflan para defenderse o cazar. Se agazapan para sobrevivir, pero el ser humano ¿Para qué miente? ¿Para sobrevivir? ¿Para sobresalir? ¿Por vicio? Me aparto a este pueblo de pescadores para sobrevivir a tanta mentira que corrompe almas, cuerpos y sociedades, pero estoy seguro que aún en soledad encontraré mentiras en mí mismo, porque a mi pesar, pertenezco a esta sociedad de humanos. Nunca he visto ningún camión de mudanza con los enseres acumulados detrás de un féretro. Los únicos que lo hacían eran los egipcios que creían en que el muerto disfrutaría de los medios materiales que había acumulado en la tierra. Después de ellos pocas culturas lo han mantenido. Entonces, ¿Merece la pena mentir, robar, pisotear, o aplastar al otro, para obtener reconocimientos y bienes materiales que no vamos a llevarnos al otro mundo? Claro que si miro a los políticos españoles del siglo XXI, no me extraña que la mayoría sean ateos, ¿Por qué? Porque no conciben que exista una vida mejor de la que llevan en vida. Recuerdo un artículo publicado en "La Vanguardia" que decía: *"La mentira ha recorrido la historia confundiendo a las gentes hasta el punto de convertirse en muchos casos en un principio universal. La corrupción nace de la mentira, de la opacidad, de las sombras imprecisas de las cuevas de la política. El desconcierto que vive buena parte del mundo occidental tiene su origen en la ausencia de veracidad en hechos que la sociedad percibe como muy importantes"*. Me lamento que solo se incluya a la política y no al amor y los otros campos en los que la mentira es la dueña. Me seco los labios del último sorbo de café. Acerco los restos del desayuno a la basura y remojo en el fregadero los utensilios que utilicé. Me acerco al despacho. Extraigo el diccionario para concebir qué entienden los eruditos de la Real Academia sobre lo que es la mentira. Busco entre las páginas hasta encontrarlo:

"Mentira, embuste, bola, calumnia, coba o falacia son una declaración realizada por alguien que sabe que es falsa en todo o en parte, esperando que los oyentes le crean, ocultando siempre la realidad en forma parcial o total. Una cierta oración puede ser una mentira si el interlocutor piensa que es falsa o que oculta parcialmente la verdad. En función de la definición, una mentira puede ser una falsedad genuina o una verdad selectiva, exagerar una verdad o incluso la verdad, si la intención es engañar o causar una acción en contra de los intereses del oyente. Las ficciones, aunque falsas, no se consideran mentiras. Mentir es decir una mentira. A las personas que dicen una mentira, especialmente a aquellas que las dicen frecuentemente, se las califica de mentirosas. Mentir implica un engaño intencionado y consciente".

Me siento en el chéster de siempre para añadir de mi cosecha que también es mentira el acto de la simulación o el fingir. Por ejemplo: si alguien comete un delito y huye del lugar sin ser identificado y después de un tiempo, regresa mezclándose con los curiosos fingiendo indignación por lo ocurrido, está mintiendo a todos aquellos ante quienes simula o aparenta inocencia. En otras palabras, para mentir no se necesita decir palabra alguna. Otra forma de mentira no verbal la constituye el hecho de hacerse pasar por discapacitado físico con el fin de obtener algún "favor" en provecho propio (limosnas, incapacidades o favores por ejemplo). Mentir está en contra de los cánones morales de muchas personas y está específicamente declarado como pecado en muchas religiones (no solo la católica). ¿Qué dicen las filosofías al respecto? La tradición ética y los filósofos están divididos sobre si se puede permitir una mentira a veces, pero generalmente se posicionan en contra. Platón las admitía, mientras que Aristóteles, San Agustín y Kant decían que nunca se puede permitir. En función de las circunstancias, se entiende que mentir para proteger a personas de un opresor inmoral suele ser permisible. Mentir de una forma que intensifica un conflicto, en vez de atenuarlo, generalmente se considera el peor pecado y el mayor perjurio en un juicio. Un mendaz es una persona que tiene cierta tendencia a decir mentiras y se le denomina de tantas formas que solamente con los sinónimos ocuparía las páginas de este epítome: bolero, cínico, mentiroso, falsario, engañador, fulero, farsante, embustero, patrañero, marrullero, taimado, artero, pérfido, hipócrita, embaucador, charlatán, droguero, tramposo o ilusionista, son algunos de los calificativos más frecuentes. Habitualmente, la tolerancia de la gente con los mentirosos es muy pequeña y a menudo sólo se necesita que se sorprenda a alguien en una mentira para que se le asigne la etiqueta de mentiroso y se le pierda para siempre la confianza. Ésto, por supuesto, es moderado por la importancia del hecho al que se refiera la mentira. Una mentira graciosa, más comúnmente conocido como *broma*, no deja de ser un engaño con propósito humorístico. En cambio, cuando la falsedad se entiende, no se considera inmoral y es una práctica utilizada ampliamente por comediantes y humoristas. Leo Strauss acentuó la necesidad de mentir para ocultar una posición estratégica, o para ayudar a la diplomacia. Así lo hicieron también los representantes de la filosofía política desde Maquiavelo, hasta la conocida como "mentira noble" de Platón. Que las mentiras desaparezcan completamente del ámbito de la política, de la justicia, de la diplomacia, del amor, de la historia, de la convivencia, del trabajo, de los negocios, del periodismo y de otros muchos ámbitos de la vida social es algo virtualmente imposible. ¿Cuál es la diferencia entre mentir y el bullshitting? Para responder a esta pregunta, me ayudo del libro *"On Bullshit"*, donde Harry Frankfurt sugiere que *"Asegurar algo sin saber su veracidad, es decir sandeces"*. No es lo mismo Mentir, que bullshitting. Un mentiroso se diferencia de una persona que dice la verdad en el hecho de que el mentiroso quiere esconder la verdad, mientras que el otro la quiere revelar. Un mentiroso debe tener siempre en cuenta la verdad para que al menos no se le vaya a escapar por accidente. Sin embargo, el bullshitter se muestra indiferente ante la verdad. A él no le importaría si, por casualidad, sus declaraciones llegaran a ser verdad. Por ejemplo, un ladrón de bancos que niega el haber hecho un asalto es un mentiroso; en cambio, un vendedor de coches que, sin averiguarlo primero, le asegura a su cliente que el coche en venta tiene sólo 32.000 kilómetros de recorrido, es considerado un *bullshitter*. Me estiro en el sofá. Reposo la cabeza en el posabrazos para reflexionar sobre la palabra "paparrucha" que en Sudamérica se emplea muchísimo como sinónimo de mentira. El *humbugging* se diferencia de la mentira en que el emisor de la paparrucha da una versión tergiversada de sí mismo, mientras que la mentira tergiversa la realidad y también su estado de ánimo. En otras palabras, su intención principal es dar al oyente una falsa impresión de lo que pasa por la mente del hablante. La creación de esa impresión es su principal objetivo y lo que le da sentido. Es decir, el orador intenta que sus palabras transmitan una determinada impresión de sí mismo. (…) Lo que importa es lo que el público piense de él.

La mentira es tan habitual que se le considera "tonto" al que no miente. Están mal vistas y a nadie le gusta que le mientan, pero al mismo tiempo, la sociedad halaga a los que sobresalen sirviéndose de mentiras. Esta humanidad en la que me incluyeron sin saber muy bien por qué, ni para qué, ve como algo normal considerar que hay mentiras peores que otras. ¿Cómo podría clasificar las mentiras? Sin lugar a duda, podría pasarme los próximos cincuenta años haciendo y deshaciendo clasificaciones. Para conseguir un orden mental en mis sinapsis neuronales, voy a ser pragmático usando las que en su momento elaboró San Agustín. Él distingue nueve tipos de mentiras: Las mentiras en la enseñanza religiosa. Las mentiras que hacen daño y no ayudan a nadie. Las que hacen daño y sí ayudan a alguien. Las mentiras que surgen por el mero placer de mentir. Las mentiras dichas para complacer a los demás en un discurso. Las mentiras que no hacen daño y ayudan a alguien. Las mentiras que no hacen daño y pueden salvar la vida de alguien. Las mentiras dichas para dar una mejor impresión, y las mentiras que no hacen daño y protegen la "pureza" de alguien. Por otra parte, San Agustín aclara que las "mentirijillas" no son en realidad mentiras. Por su parte, otro santo distingue tan solo tres tipos. Santo Tomás de Aquino, por su parte, distingue: La útil, la humorística y la maliciosa. Según Tomás de Aquino, los tres tipos de mentira son pecados. Las mentiras útiles y humorísticas son pecados veniales, mientras que la mentira maliciosa es pecado mortal. El tipo más grave de mentira es la calumnia, ya que con esto se imputa siempre a algún inocente una falta no cometida en provecho malicioso. Personalmente, siempre digo cuando alguien se dirige a mí: "¡Cuéntame¡ pero si lo que me vas a decir, no es cierto, no es útil, ni es bueno, entonces…¿Para qué debería saberlo?" Me baso en el *"Triple Filtro"* de Sócrates: *En la antigua Grecia, Sócrates fue famoso por su sabiduría y por el gran respeto que profesaba a todos. Un día un conocido se encontró con el gran filósofo y le dijo: ¿Sabes lo que escuché acerca de tu amigo? Espera un minuto -replicó Sócrates-. Antes de decirme nada quisiera que pasaras un pequeño examen. Yo lo llamo el examen del triple filtro. ¿Triple filtro? Correcto -continuó Sócrates-. Antes de que me hables sobre mi amigo, puede ser una buena idea filtrar tres veces lo que vas a decir, es por eso que lo llamo el examen del triple filtro. El primer filtro es la verdad. ¿Estás absolutamente seguro de que lo que vas a decirme es cierto? No -dijo el hombre-, realmente solo escuché sobre eso y... Está bien -*

dijo Sócrates-. Entonces realmente no sabes si es cierto o no. Ahora permíteme aplicar el segundo filtro, el filtro de la bondad. ¿Es algo bueno lo que vas a decirme de mi amigo? No, por el contrario... Entonces, deseas decirme algo malo sobre él, pero no estás seguro de que sea cierto. Pero podría querer escucharlo porque queda un filtro: el filtro de la utilidad. ¿Me servirá de algo saber lo que vas a decirme de mi amigo? No, la verdad es que no. Bien -concluyó Sócrates-, si lo que deseas decirme no es cierto, ni bueno, e incluso no es útil ¿para qué querría saberlo?".

Subo a la habitación a vestirme para dar un paseo por el muelle y esperar la llegada de las barcas con el pescado. Me encanta el puerto en esta hora de trajines y frescor, de lonjas y mercadeos. Me traen a la memoria mis años en alta mar, mis viajes por los siete mares y los negocios que realicé. En este cuaderno que cerré hoy con los apuntes de mis primeros cincuenta años, veo que las actividades fueron muchas y diversas. Compruebo con tristeza que para las selecciones de personal se valore más la trayectoria rectilínea en un mismo puesto, que la ascendente o la experiencia de haber sobrevivido a múltiples sectores, países y puestos. Quizás por eso, mis selecciones de personal sean más exitosas y menos acomplejadas. La vida es una paradoja, y eso mismo implica engaño. Dentro de cualquier situación en la que se dan siempre respuestas duales (por ejemplo, sí/no, blanco/negro), una persona de la que sabemos que está mintiendo, de forma incongruente se salva con facilidad. Hasta incluso, hay una singularidad que se denomina "la paradoja del mentiroso". Los test que valoran nuestros conocimientos y dan como posibles respuestas (verdadero/falso) se basan precisamente en encontrar la mentira... ¿«esta proposición es mentira» o «esta proposición es falsa»?. ¿No es ridículo que para ser objetivos y valorar nuestros conocimientos, se use la búsqueda de la mentira? Personalmente siempre me entristecía esta postura. Otra contradicción famosa es la paradoja de Epiménides —«todos los cretenses mienten», declara Epiménides el cretense— fue una precursora de la paradoja del mentiroso, aunque el hecho de que sea o no una paradoja, también está en discusión. Hay una clase de acertijos lógicos relacionados con este asunto que en inglés, se conocen con el nombre de «knights and knaves» (usualmente "caballeros y escuderos", frecuentemente "caballeros y bellacos", de vez en cuando "caballeros y villanos" o rara vez "caballeros y sirvientes", en español), en los que el objetivo es determinar, de un grupo de personas, quién miente y quién dice la verdad. Sea como fuere, una de las características comunes de muchas mentiras son sus contradicciones e incoherencias, aunque no todas las mentiras son contradictorias ni incoherentes, no al menos en todos los contextos. ¡Qué triste es que la sociedad base el 80% de su vida en mentir y en detectar esas mentiras¡ El polígrafo o máquina de la verdad, o detector de mentiras y los "sueros de la verdad", como los barbitúricos y el Pentotal Sódico (tiopentato de sodio) en particular son las armas habituales. Teniendo en cuenta que como agente hipnótico, con una dosis controlada, su actuación en el cerebro humano produce depresión de las funciones corticales superiores, se pensó que podría resultar de utilidad en interrogatorios. Veo llegar los primeros barcos. Aprecio las maniobras de amarre y descarga de cajas de pescado. Distingo una treintena de especies diferentes entre pescados, moluscos, crustáceos y bivalvos. Escucho las primeras voces de llamada de los subasteros de la lonja para que los compradores se animen a subir los precios en la subasta. Intentaré seguir las cifras porque es realmente complicado entenderlo si no estás habituado. Me voy posicionando sin molestar los trajines de idas y venidas pero sin perder dato, mientras determino que se considera la mentira como una elaboración compleja, consciente, mucho más complicada que la verdad, así que, si se deteriora la actividad superior cortical, mediante algún químico, al sujeto le resultará mucho más complicado mantener su voluntad y la "verdad" fluiría en su conversación con mayor facilidad. Eso es al menos, la teoría puesta en práctica durante decenios por los servicios de espionaje de muchos países. Hasta cierto punto, la idea es correcta, pero no garantiza ni mucho menos que el sujeto vaya a contar lo que se espera, puesto que hay muchos factores que pueden modificar el experimento, desde un entrenamiento especial, hasta condiciones ambientales y diferentes metabolismos de esos químicos en cada persona, o simplemente, una asunción por parte del sujeto de la mentira como una verdad.

Dice *el Manual de Epícteto: "La primera y más importante parte de la filosofía es la que trata de la práctica de los preceptos; por ejemplo: No mentir. La segunda, es la que hace las demostraciones: Por qué es preciso no mentir. La tercera; es que la prueba tales demostraciones, explicando con precisión: ¿En qué consiste una demostración? ¿Qué es en efecto, demostración, ¿Qué, consecuencia?, ¿Qué, oposición?, ¿Qué, verdadero?, ¿Qué, falso? Esta tercera parte es necesaria para la segunda, y la segunda para la primera; pero la más necesaria de todas, y en la que es preciso detenerse y quedarse es en la primera. De ordinario, invertimos tal orden; nos detenemos enteramente en la tercera, todo nuestro trabajo, todo nuestro estudio, es para la tercera, en la prueba, y descuidamos absolutamente la primera, que es el uso y la práctica. Así pues, mentimos, pero al punto demostramos que no hay que mentir".*
Doy el visto bueno a las cajas de pescado, ya distribuidas en hileras. Voy de aquí para allá, como si de un experto se tratara, para camuflarme mejor y que no me echen del lugar en donde el acceso está restringido. Algunos me conocen y me aceptan porque me preguntan sobre la calidad y de paso ratifican de este modo sus apreciaciones. Pienso que hasta en esto se miente. Si lo analizo detenidamente, compruebo que en una exposición

como ésta, ante un grupo de personas, al menos el 55% del impacto lo causa el lenguaje corporal (postura, gestos, contacto visual); el 38%, el tono de voz; y apenas el *7%, el* contenido de la exposición. No es tanto lo que decimos, sino cómo lo decimos. Luego, para descubrir si se nos miente solo podemos ¡observar¡. Soy de los que opinan que el 90% de los mentirosos no tienen contacto visual directo a los ojos, o al menos lo tienen muy parcializado. Me confundo en el diagnostico de un mentiroso cuando doy con gente que puede hacer cincuenta cosas al mismo tiempo y les aburre mantener la mirada fija en el otro (entre los que me encuentro), ¿Será por ello que a veces no me creen lo que digo? ¡Me da igual, no miento¡. Puedo exagerar las cosas, pero nunca miento, porque va en contra de todos mis principios y me asquean los mentirosos. Acaba la subasta de la lonja. Los pescaderos se llevan las mercancías a sus tiendas y restaurantes, mientras los pescadores se afanan en cobrar y limpiar el lugar. He comprado algo para la comida que tendré que llevar pronto a la nevera. Me dirijo a casa recordando las veces que tuve esta conversación…

-   *Te juro que tú fuiste el primero*.- Me dijeron muchas veces tras el primer encuentro amoroso, como si no tuviera alguna especialidad en reproducción animal y fuese tonto. Yo me quedaba mirándola fijamente para entender, cómo es posible que esos ojos diamantinos fueran capaces de mentir tan descaradamente.

-   *Te voy a amar hasta que me muera*.- Seguían añadiendo a continuación. Y tras mi sonrisa de incredulidad, por lo general unas me abrazaban como ratificando sus palabras, mientras otras se entristecían o enojaban supuestamente ofendidas. Esto dolía más cuando realmente me lo decían familiares y amores en los que yo había depositado toda mi confianza, me había casado con ella, o era el amor de mi vida.

- *Empecemos desde cero.-* Me ofrecían como tratado de paz. ¿Qué necesidad hay de mentir tan bellacamente desde el principio de una relación? Pensé durante algún tiempo que estas mentiras serían patrimonio de género, pero estaba equivocado. Los hombres mentimos mucho más que ellas. ¿Será por nuestra promiscuidad testosteril? No lo sé. El caso es que me destrozaron y me convirtieron en un incrédulo que analizaba los movimientos de los ojos, las posturas del cuerpo, las dilataciones pupilares, las manos, y todo lo analizable para encontrar la verdad como en los test del colegio.

- *En este momento te iba a llamar.-* Era otra de las frases preferidas para mantenerme interesado en la persona, como si una conexión interestelar nos tuviera conectados más allá de la realidad. ¿Qué realidad? Pues sencillamente que yo no significaba nada en su vida. Alguien me dijo que cuando un amigo, o alguien te dice que te llamará y no lo hace, o lo hace tarde con justificaciones de que está siempre muy ocupado, entonces puedes valorar exactamente lo que importas en su vida, sin necesidad de un metro, un nivel, o una balanza.

- *No estaba en casa porque había salido unos minutos de tiendas con mi madre.-* Es tan habitual esta justificación, que antes de que preguntes siquiera, ya la tienes terminada ante tus narices. Personalmente me entristece, porque nunca fui celoso y confío plenamente en la otra persona. Pero a nadie le hace gracia que le adornen la cabeza innecesariamente. Sobre todo cuando es fácil decir que ya no te quieren y ser sinceros. Recuerdo que ella volvía a las cuatro de la mañana y justificaba éso. Posteriormente nos divorciamos y seguía insistiendo que no había nadie más en su vida, aunque todos conocían a los cinco con los que había estado. Sinceramente me parece absurdo y absurda la situación que se desencadena de discusiones posteriores ante tales evidencias, ¿Y todo por mantener una mentira como verdad? ¡Bah¡.

- *Estaba borracha (distraída), no sabía lo que hacía.*- Esta respuesta la encontré más en mi género a sus mujeres, que al revés, pero un par de mis compañeras llegaron a soltármelo, aún a sabiendas de que no bebían nunca una copa de alcohol. Es una curiosa situación y sensación, en la que no solo te mienten descaradamente, sino que atentan contra la inteligencia, que era lo que más me dolía.

- *Le caes muy bien a mis padres.*- Por lo general, siempre fue así, salvo en una ocasión, en la que la familia de la chica se puso en mi contra porque quería casarme con la hija. En cualquier otro lugar, ésto hubiera sido objeto de felicidad, pero aquí no. Todo por el egoísmo de mantener una baculito para la vejez, una criada servil hasta la muerte. En este caso, veo que el "te quiero" de los padres, es una manera coercitiva y chantajista en contra del hijo/a para mantenerla en estado permanente de culpa, de tal modo, que nunca se aparte de ellos y les sirva hasta su entierro.

- *Me imagino casada contigo.*- ¡Ufff¡ Cuántas veces me han dicho esta demoledora frasecita. Aparentemente es una frase inocente, pero encierra candados, anclas, chantajes emocionales y un sinfín de magias ilusionantes de la altura de los nigromantes. La he oído también tras tres meses de relaciones, para que yo respondiera un "y yo…" de cierre de compromiso sin petición de mano por mi parte. También la he oído al final de algún tiempo más avanzado de relación, cuando ésta estaba más muerta que avanzando en buena dirección. No me la decían tampoco en señal de cariño o demostración de amor, sino como trampa para dejar en mis manos, y por ende en mi "culpa", la responsabilidad de dar un paso adelante o hacia atrás en la relación. Pero siempre tras la máscara de bondad, se oculta la malicia, luego es… una de las peores mentiras. ¿Por qué? Porque una de las veces que más la oí, fue precisamente del amor de mi vida. Ella me lo decía constantemente, y al tiempo mantenía relaciones con otro que había conocido cuando tenía quince años. A mí siempre me justificaba que no podíamos vernos porque tenía muchos problemas con su familia, pero que en el futuro estaríamos juntos para siempre y era precisamente eso, lo que más deseaba en el mundo. En cambio, no tenía ningún problema en ir con el otro, aún estando casado. Todas estas mentiras que tengo escritas en mi cuaderno, duelen más o menos en función de la persona que te lo diga, de lo que dependas de ella y de lo que se sienta por ella.

- *Fue una prueba de mi amor.*- Me han dicho algunas veces cuando me he enfadado tras pillarlas en una mentira. Reconozco que el ser humano necesita de demostraciones para creer lo que las palabras dicen y esto no es patrimonio del ser humano, porque hasta Dios necesita que se lo demostremos. El caso es que la inseguridad puede que haga poner a prueba al otro y en este caso tiene justificación, sin dejar de ser una mentira a superar. Otra cosa es cuando tras una "pillada", la justificación es ésta. Entonces implica un intento de darle la vuelta a la tortilla para que el que lo recibe, además de cornudo, se sienta culpable.

- *Eres lo mejor que me ha pasado.*- Suele ser el remate con el que se finaliza alguna de las anteriores respuestas, para terminar de calmar los ánimos y sellar la reconciliación. Otra cosa es cuando en mitad de una conversación se dice, pues si el que lo recibe, reflexiona ante un espejo y comprueba que lo mejor que le ha pasado al otro, ¿es el ser reflejado?…¡Lástima de persona¡

Dice *el Manual de Epícteto: "Ante cada una de las cosas que te divierten, que sirven para tus necesidades, o que amas, no olvides decirte a ti mismo lo que ellas verdaderamente son. Incluso para las cosas más insignificantes. Si amas un cántaro, dítelo, que amas un cántaro; y si él se estropea, tú no te perturbarás. Si amas a tu hijo, o a tu mujer, dítelo a ti mismo que amas a un ser mortal; que si acaba por morir, no te turbarás".*

Dejo en la nevera el pescado comprado en la lonja. Me lavo las manos. Las seco y decido salir a pasear antes del aperitivo. Juego con un sedal que llevo siempre en el bolsillo por si se tercia un momento de pesca. Pierdo el sentido del tiempo con esas cosas y me inspiran relatos de pececillos, estrellas de mar y viajes. Sonrío por lo afortunado que soy de poder retirarme a este enclave, en donde la paz, la tranquilidad, el yodo del mar y el sol me acompañan. Aconsejo a todos que sigan trabajando en sus mundos de stress, para evitar ser copiado también en ésto, y este pueblito deje de ser el paraíso. ¿Miento si solo aconsejo lo contrario de lo que pienso?. ¡Bueno¡, la tergiversación es también una forma de mentira, se coge rápidamente al interlocutor que lo practica, porque la expresión física es limitada, con pocos movimientos de los ojos y de las manos. Cuando tales movimientos ocurren, parecen rígidos y mecánicos. Si nos fijamos en las manos, piernas y brazos, estos tienden a quedar recogidos contra el cuerpo y la persona ocupa menos espacio. Me siento en uno de los amarres de hierro. Me descalzo y meto los pies en el agua. Está fresca y compensa la caminata. Saco el cuaderno de apuntes del bolsillo y sigo recordando algunas de las frases que recibí en las relaciones amorosas de mi vida.

- *Soy virgen.*- Es tan habitual que ya asquea. Jamás encontré una virgen que no fuese gitana. ¿Es que la mujer valora lo que pierde? Primero critican cuando una chica lo es y la ridiculizan hasta apartarla del grupo, y a paso seguido van pregonando a su chico que lo son. Cuando tienes la primera relación con ellas, procuran que sea con la regla para que te confundas y en caso contrario, te aseguran que lo son, pero atestan que se les rompió con un tampón, o en una caída. La virginidad es un valor tan despreciado por la mayoría que solo queda al resguardo de las religiones y de los inmensamente ricos que pagan dinerales por acostarse con una de ellas. ¿En qué quedamos? ¿Somos tontos de remate? La verdad es que me alegro estar apartado de esta sociedad de falsedades, mentiras, engaños, trampas y contradicciones.

- *Estoy confundida, no sé lo que quiero.*- Cuando no existe un verdadero amor, la oyes a cada paso. Probablemente exista otro en su vida, o lo más posible es que no cumplas con los requisitos, pero no te quiere soltar así como así. Cuando te enamoras de una persona de este nivel, que duda, o al menos dice que duda, te aseguro que tu vida se convertirá en un desequilibrio permanente. En una especie de montaña rusa en donde hay momentos que te quieren y momentos de rechazo, pero sin soltarte. Todo ello te infectará de tal modo que absolutamente todo lo que toques a partir de ese momento, también sufrirá de esos desequilibrios. Yo estuve enamorado tres años de una persona así, y casi lo pierdo todo por intentar darle gusto a cada momento, hasta que me harté de desprecios injustificados y de no avanzar o romper la relación.

- *Contigo soy feliz.*- Cuando alguien es feliz al lado de otro, no hace falta decirlo, se nota, se siente. ¡Ufff¡ recuerdo las veces que me lo dijeron meses antes de romper. Sigo sin entender el motivo de esta mentira, salvo que sea justificada para que el otro no se vaya antes. ¿Por qué se juega con la palabra amor y felicidad? El daño es irreparable.

- *Te quiero por lo que eres, no por lo que tienes.*- Aún recuerdo la cara de la persona que me lo dijo, pues estuvimos juntos más de veinte años. También recuerdo su cara el día en que le dije que estaba sin trabajo. Y su cara el día en que tuve el accidente y me dijeron que no volvería a andar, teniendo que estar toda mi vida en silla de ruedas. Su reacción posterior fue pedir el divorcio. Está claro que hizo honor a la frase de Fouler: *"Cuando la desgracia entra por la puerta, el amor sale por la ventana".*

- *Contigo me caso seguro.*- Es una frase que me dijeron en más de una ocasión y ¡es más¡, hubo quien me lo expresó en una especie de "lo tomas o lo dejas". Naturalmente, dije que ¡sí¡ para ver qué pasaba, y como me temía…tiempo más tarde empezaron las justificaciones y los aplazamientos. Cuando un hombre lo pide, suele estar muy seguro de su decisión aunque sea un inconsciente, pues la mitad de lo que tenga está siendo apostado a perdedor. Ahora bien, una mujer puede pedirlo impunemente, pues no arriesga nada y sí gana mucho en el compromiso de la respuesta. Por otro lado, aún sigue vigente la ley que otorga grado contractual cuando el hombre lo pide, pero la mujer siempre está exenta de responsabilidad. Es cierto que muchos sinvergüenzas se aprovechan de su falta de solvencia y de responsabilidad para ir diciendo esta frase a cualquier mujer antes de llevársela a la cama y después, justificar que nunca se lo pidió, sino que era un brindis al sol.

- *Por el momento no pienso tener novio, prefiero dedicarme a estudiar.*- Es una mentira como una casa. No existe hombre o mujer que no quiera tener una relación, o desaproveche el amor de su vida por un examen. Hay que ser consciente que cuando se recibe tal contestación es una forma de decirte que no te quieren pero sin que te ofendas.

- *Aún no estoy preparada, tal vez con el tiempo.*- Es una variante de la anterior. ¿Qué mujer no está preparada desde la mayoría de edad? Si quiere estudiar, viajar, tener libertad, jamás lo quiere hacer en soledad, sino con alguien que comparta sus mismos deseos e ideales. Pero si tú quieres formar una familia y echar raíces, y ella quiere conocer mundo, nunca va a estar con alguien ante la idea de estar cambiando pañales, en lugar de ver las cataratas Victoria.

- *Estoy tan enamorada de ti* que sería capaz de cualquier cosa...- ¡Ufff¡ Estamos ante una chica chantajista y eso es muy peligroso. Aún recuerdo el lugar donde me lo dijo, ni más ni menos que en Viena y en lo más alto de la noria del Prater. ¿Te dice que te quiere y te amenaza al mismo tiempo?. Puede que la amenaza sea verdad y fuese capaz de suicidarse, o por el contrario, que fuese capaz de matarte. Personalmente creo que estuve con una obsesiva compulsiva que sería capaz de cualquier cosa. Pero también he oído esa misma frase de labios de otras dos chicas, consciente de que mentían, pues como demostraron, nunca movieron un dedo por mí, ni contra mí.

- *Yo no soy como las demás.*- Es una obviedad manifiesta que nadie somos iguales a los otros. Ahora bien, cuando alguien te dice que es diferente, hay que averiguar exactamente en qué lo es. Por lo general, se refiere a que va a ser sincera y fiel. Con el tiempo demostrará que quien presume de algo, es quien más tiene que callar y como el caso de ella, las mentiras crecían en proporción a los cuernos. Claro, que yo le había contestado lo mismo y quedamos en tablas.

- *Este hijo es tuyo.*- Es lo mismo que cuando estás a punto de romper una relación, casualmente, está embarazada y naturalmente de tí. Con ello, te obliga a la duda, a romper con la nueva relación que hayas empezado y esperar complaciendo los próximos nueve meses todos sus antojos chantajistas. Naturalmente, si hablas de "prueba de paternidad" los sollozos, y ofensas, casi provocarán el parto anticipado, sin evitar la guerra de familias y el agachado de orejas posterior. El único milagro es que de repente, todos hablan de honor y se convierten a la religión para que te cases por la iglesia antes de que nazca el niño. Las estadísticas oficiales del mundo occidental dicen que más del 35% de los niños…no son de sus padres oficiales. En este caso, tú tenías más "posibles", pero le gustaba el otro, u los otros.

¡Qué bonito es el amor¡ Lo digo en sentido irónico. No discuto, que cuando realmente estuve enamorado, fue la sensación mejor que podría haber experimentado y me alegro poder acabar mis días sabiendo lo que es amar. Ahora bien, lo maravilloso hubiera sido que la otra persona compartiera esos sentimientos y no albergase mentiras y caretas. De momento no he conseguido encontrar mi media naranja de entre las ciento ocho mujeres con las que he estado en estos primeros cincuenta y un años de vida, con la excepción que cumple la regla. Recuerdo que intenté con alguna de ellas, la técnica de detección de mentiras denominada "Heaven and Hell". Desde luego hace honor a su título "Cielo o infierno". ¿Cómo se consigue? Muy fácil, la técnica crea en la persona una especie de fobia a la mentira, de tal modo, que siempre le dice a alguien la verdad, en este caso a mí. No es más que un manejo del comportamiento humano. Esta técnica la usan muchos chantajistas del trabajo, de los grupos de amistades y asociaciones. El caso es que el falso amigo conoce una debilidad que si es sacada a la luz, puede perjudicar al mentiroso. Entonces se llega al entendimiento, que puede mentir a todo el mundo menos a ese falso amigo, al que le debe, el decirle siempre la verdad, de tal manera que el mentiroso tiene que elegir entre que sea desvelada su debilidad o decir siempre la verdad a este amigo. La técnica se basa en que la necesidad de mentir se compensa con una necesidad mayor de decir la verdad. Cierto es que cuando conseguí que la chica me dijese siempre la verdad, ya no tenía más sentido seguir con ella, por el simple hecho de que una relación basada en una técnica como ésta, tiene los días contados.

Dice *el Manual de Epícteto: "En cada cosa que se presente, recuerda entrar en ti mismo y buscar allí alguna virtud que tengas para hacer uso adecuado de este objeto. Si ves a un joven o a una niña bellos, encontrarás para tales objetos, una virtud; abstenerte. Si es algo que fatiga, algún trabajo, encontrarás; coraje; si son injurias, afrentas, encontrarás; resignación y paciencia. Si así te acostumbras a desplegar, en cada accidente, la virtud que la naturaleza te ha dado para el combate, tus fantasías no te cautivarán nunca".*

Paseo por el Casco Viejo de Catvat. Me llego al Monasterio franciscano que alberga la Iglesia de San Blas. Me dicen que es del 1483. Hay retablos, imágenes y un gran cuadro. A su lado el cementerio de Cavtat. Digo que poco espacio y tan lleno de arte. Lanzo el reto de que se hagan más artistas locales que expongan. Alguien me hace la indicación de adentrarme en el claustro y lo hago. Ante mi sorpresa el pequeño jardín central que todo claustro tiene, es lo único que no alberga pinturas. Sentada a la izquierda una mujer de mediana edad, rubia, y con los dedos manchados de oleos de colores. Levanta la vista, me sonríe e invita a que pasee por el claustro contemplando todas sus obras. Son cuadros sin marco, apoyados en cualquier saliente para evitar hacer agujeros en la piedra del muro. Tengo hambre. Me despido de la artista con un ¡hasta luego¡, pues no me ha desagradado y posiblemente compartamos momentos de pintura, paseos y ¿quién sabe…? Al menos no se ha llevado la mano al rostro como hacen los mentirosos. Quizás haya sido porque las tenía manchadas. No lo sé. Es habitual que al mentir tendamos a rascarnos la nariz, taparnos la boca, indicando que no se acredita o no se está seguro de lo que se está diciendo. También es improbable que la persona se toque el pecho con un gesto de mano abierta. ¿Qué mano es la que va a la cara? Una o ambas manos pueden llevarse al rostro. Al salir veo un banco a la sombra de un pino y de cara al mar. Me acerco. El ambiente está fresco y la brisa me cubre por completo. Me siento y sigo con las frases que anoté en mi cuaderno.

-   *No es que ya no te quiera, te mereces algo mejor.-* Reconozco que yo mismo he dicho esta frase en multitud de ocasiones y lo dije de corazón. Sentía ser poco para aquellas chicas y que se merecían alguien más simple, con menos elucubraciones y menos hambre de conocimientos. Lo decía sinceramente por su bien, pero reconozco que al tiempo me libraba de ellas insinuándoles su simpleza y que no eran mujeres para compartir mi vida. En otras ocasiones fui yo el que recibí la frasecita y entonces fui consciente del dolor que causa.

-   *No hay nada entre mi ex y yo, solo somos amigos.-* Recuerdo que esta frase la oí por última vez de labios de la persona que más he querido. Mientras le enviaba flores a diario, con un beso para despertar, ella paseaba con alguien que había conocido a los quince años en la playa. Me daba su palabra de honor que entre ellos no había nada más que amistad, y sin embargo, los paseos conmigo disminuían en la misma proporción que aumentaban con el otro. Con un ex, jamás se puede ser amigos de paseos.

- *Necesito tiempo.*- Es una frase especialmente habitual entre las parejas que llevan ya un tiempo. Es lamentable comprobar cómo alguien puede seguir albergando esperanzas en que la relación se retome cuando las estadísticas son aplastantes y el 98% de las parejas se rompen. Yo lo comparo con las peticiones de tregua de muchos ejércitos tramposos, grupos armados, etc., que están a punto de ser vencidos y argumentan de esta manera para reforzarse en el combate. Se usa contra personas que se sabe de antemano que se les va a hacer mucho daño y van a llorar mucho. Con este alejamiento se fortalece la ruptura, sin tener que soportar lloros y lamentos al lado, pero albergándole esperanzas que quizás en un futuro vuelvan a estar juntos. La otra persona reaccionará intentando todo tipo de agasajos y aproximaciones felices, lo que favorece aún más a la persona que dice la frase para llevar la ruptura a cabo de bien a mejor aún.

- *Necesito más espacio.*- Es la variante de la anterior, en la que se da por sentado que estorbas. La persona que lo recibe intentará ser menos agobiante, si es esa la causa real, pero las estadísticas dicen que esa no es la causa, sino que el agobio lo proporciona la atadura a la relación a esa vida. ¿Es una mentira? Naturalmente es una mentira, porque en realidad quiere romper y justifica el espacio, como antes lo era el tiempo.

- *Te juro que no le quiero, solo es un amigo.*- Otra mentira, pues le desea más que a ti, pero tú tienes una seguridad, una estabilidad que el otro no se la va a dar nunca. Por eso juega contigo haciéndote creer que eres el amor de su vida y nunca te va a cambiar, pero de paso te advierte que va a seguir viéndole y si te tragas la bola de que solo son amigos, entonces no pondrás obstáculos. Ocurre, que si pones pegas o malas caras, entonces te acusan de machista, de celoso, de coartar la libertad. Lo mejor es romper la sostenibilidad de la relación cada vez que se vea con el otro y así ella misma observará que hay penalizaciones. Personalmente aconsejo cambiar de pareja.

- *Por ti he cambiado ¡tanto¡.*- Pocas personas cambian porque otro se lo diga, si no hay coacción de por medio. La realidad es que es una mentira que además pretende culpar al otro de las inconformidades consigo misma. La persona quiere cortarla relación, quiere cambiar de vida, seguramente ha encontrado otro que la ilusiona más y se da cuenta que está perdiendo días. Entonces, le culpa al otro de sus miserias. En realidad la culpa es el arma más poderosa que se puede emplear para que esa ruptura sea posible y encima se lleve lo máximo posible de ti y del otro. Es rastrero a más no poder. Sobre todo porque las miserias debe soportarlas ese que acusan de culpable. ¿Dónde quedaron las alabanzas, los besos, los abrazos y las promesas? ¡Ah¡ todo eso ya no importa, se olvidaron aunque nunca se cumplieron, y lo mejor es un buen ataque como defensa, antes de que el otro reaccione.

- *Por ti dejo todo.*- ¡Ufff¡ otra mentira y gorda. Pues obliga tácitamente al otro a equilibrar ese órdago, aunque, ella nunca va a dejarlo todo, porque en realidad lo cambia por algo mejor de manera consciente. Ella ha valorado todos y cada uno de los detalles, posiciones, patrimonios, debilidades y potenciales. Los ha comparado con lo que tiene ahora y mientras dice esa frase, ha dejado a buen recaudo todo lo que ella poseía con antelación. Quien realmente lo apuesta todo es el otro. Personalmente recomiendo que en ese momento se proponga una firma de separación de bienes, alegando, que un caballero nunca permitiría semejante sacrificio.

- *La última tienda y nos vamos.*- ¿Alguna vez las has acompañado de compras? Personalmente creo que cuando lo imaginamos, ellas lo hacen a propósito para que nunca más volvamos a acompañarlas y nos limitemos a dejarles la tarjeta de crédito. Jamás hay una última tienda... solo se acaba en el momento en el que el cerrojo finaliza la jornada laboral del comercio o en el peor de los casos, cuando se acaba el saldo de la cuenta corriente. Entonces hay que prepararse para una serie de batallas perdidas de antemano, que serán compensadas con creces en próximas rondas de compras. Cuando me tocó oír la frasecita en cuestión, comencé a extrapolar a otras ocasiones, otros momentos y otros campos en los que me había dicho frases similares. Dándome cuenta que cuando me dijo que "yo sería el último hombre en su vida", comencé a mirarme en el espejo el crecimiento de apéndices córneos.

- *Cuando yo quiera puedo dejara de fumar (beber, etc.).*- Cualquiera que se haya detenido en estudiar las dependencias, habrá observado que jamás es posible desengancharse. Otra cosa es que se sea capaz de contenerse en presencia del otro. Mienten en lo que hacen a espaldas del otro. Se mienten a sí mismas respecto a sus posibilidades de control y lo peor, es que ante cualquier pequeña crisis, vuelven a esa dependencia como tabla de salvación de nervios y dolores, creando una espiral de violencia, voces y gastos que hubiera sido mejor dejarlas como al resfriado, "al primer síntoma". El problema es que la quieres, la aguantas y soportas esas dependencias de tabaco, drogas, alcohol y familia política porque estás enamorado. Al final es siempre lo mismo, la familia destrozada y rehipotecas de casas para desintoxicaciones que nunca terminarán. Cuando se acabe el dinero, se irán felices con el camello de turno y terminarán en un contenedor de basura cuando se hayan cansado de ella. El peor momento llega cuando vuelve a tocar el timbre de tu puerta, completamente arrepentida y la aceptas porque la quieres. Al cabo de tres semanas exactamente la volverás a pillar y te volverá a contestar que "lo deja cuando quiera".

De cualquier manera, la mentira más grande que he tenido que soportar permanentemente es "Te quiero", y como denominador común en mis cartas de despedida he plasmado la frase que cuando la leí me encantó, que reza así *"Hola Cariño: De todas tus mentiras... "te quiero", será la que más recuerde"*. Posteriormente manteníamos una conversación, para convencerme que me habían dicho la verdad. Yo aplicaba la técnica del "cortocircuito" para demostrar que volvían a mentirme. Con esta técnica se crea una confusión en la persona, mientras que el despliegue de sugerencias que le voy haciendo va directamente al subconsciente. Así, siempre les digo *que pueden creer o no lo que dicen, pero si quieren decir la verdad o no, es decisión únicamente suya"*. Esta técnica se basa en el hecho de que el inconsciente no suele registrar un negativo. Después, este subconsciente lo manda al consciente. Yo continuo diciéndoles que *"No quiero que digas nada a menos que realmente quieras y si no lo dices, yo entenderé que se te ha olvidado lo que querías decirme"*. De tal manera que condiciono su subconsciente a tomar la decisión más próxima a decir la verdad. No siempre funcionó, pues alguna bajaba la mirada (señal de mentir) e insistía en decirme que me había querido. Al menos conseguía cambiar el tiempo del verbo de un presente mentiroso a un pasado potencialmente creíble.

Me acerco a otro de los monumentos eclesiásticos. Me refiero a la Iglesia parroquial de San Nicolás. Aquí se encuentran obras del pintor más famoso de Cavtat, Vlaho Bukovac, o algo así, pero si quiero ver más de sus obras, acudo a la casa del pintor que está ubicada en la calle Bukovceva. Descanso la vista entre sus obras. Permito imaginarme que de mayor me hagan un museo con las mías y un club de lectura con los libros. Apoyo de vez en cuando a algunas personas que quieren introducirse en el mundo de la literatura corrigiéndoles las desviaciones de lo que es la vida de escritor. Muchos se creen que es hacer una compilación de frases espectaculares que se les van ocurriendo a lo largo de un paseo y también lo es, pero escribir es un trabajo. Siempre recomiendo que todos los días se escriban cinco folios de algo, de los cuales, solamente servirán para una obra tres párrafos y el resto haya que borrarlos. No importa, el escritor se entrena como los atletas escribiendo a diario, concentrándose en la obra, personificando los actores y protagonistas, de tal modo que el frescor y la brisa que siento, puedan ser transmitidos. Que el dolor de las heridas del combate, de la enfermedad, y de la alegría puedan ser imaginados y sentidos por el lector. Lavo mis neuronas de estas recomendaciones para centrarme en mí y en este pueblo. Describo en mi hipotálamo las mezclas de colores, de líneas y perfiles de los cuadros de este pintor croata. Reflexiono en que las imágenes también nos mienten porque nuestro cerebro las interpreta a su modo y los colores lo son en función del entorno. Me siento en un poyo de la entrada del museo mirando al puerto y preguntándome si las personas que mienten son realmente capaces de controlar todos y cada uno de los mensajes que lanzan con las palabras y gestos. Repaso mentalmente la variedad de situaciones y estados de ánimo por las que pasamos en la vida para ser capaces de ese control permanente. De ello va a depender que se coja al mentiroso antes que al cojo, como reza el refrán popular. ¿Qué ocurre con las perturbadas? ¿Es que su conducta no verbal delatará lo que esconden las palabras? A lo largo de los cincuenta años de vida me he enfrentado a la mentira como denominador común de ellos. Los más dolorosos fueron siempre los que implicaban la palabra "amor", sin menospreciar las mentiras del trabajo, de los negocios, de la política y la sociedad. He pertenecido y quizás inconscientemente siga haciéndolo, a esta familia de mentirosos porque sin la mentira no se sobrevive en este mundo. La religión la tacha como el arma más poderosa del diablo y así debe ser porque causa más estragos que cualquier otro pecado y ataca directamente al amor, que a su vez es el arma más poderosa de Dios. Siempre me cautivó el hambre de conocimientos, de investigar los por qués y los cómos de todo lo que me rodeaba. Siempre dije que necesitaría dos vidas más para acercarme a un conocimiento más completo del "todo", pero renuncio a ello, si para conseguirlo debo pasar de nuevo por el lastre de la insinceridad, de la falacia y de la mentira. Es costosísimo poder avanzar con tanto obstáculo. Me convirtieron en susceptible e incrédulo, que hasta dudé de la existencia de Dios. Y curiosamente mis encuentros con el diablo fueron los que me ratificaron y demostraron la existencia de Dios. ¿Qué motiva la mentira? ¿Qué circunstancias le rodean para que exista? Dicho de otra manera ¿Por qué el ser humano miente? Soy consciente de que si damos con la clave de la génesis de la mentira, estaremos más cerca de comprender la conducta humana.

Certifico que la mentira es causa del engaño, o al menos de un potencial engaño. Otra cosa son las intenciones, como decía San Agustín. Desde nuestro nacimiento ya se nos miente diciéndonos que somos unos inútiles o que somos muy guapos y somos unos campeones o princesas según el género. Posteriormente comprobamos que nos van mintiendo nuestros mismos padres y profesores cuando no quieren que sepamos su opinión sobre determinadas cuestiones. Es triste comprobar que no tenemos padres, ni profesores, sino docentes de tebeo y adoctrinadores de pacotilla como guías en nuestra vida. Muchas veces se justifican diciendo en que no estamos preparados aún y cosas similares. Otro grupo de mentiras son los amigos, donde éstas y éstos van y vienen de nuestra vida como cromos coleccionables de un álbum. Ni siquiera su mejor amigo le contaría a usted ciertas cosas. Si me llego a la sanidad, he visto mentir a los médicos sobre las patologías de sus pacientes tantas veces que mejor paso a la religión para tropezarme de nuevo con lo mismo. Encuentro mentiras en más pilares de nuestra vida, entre padre y madre, entre marido y mujer, entre clientes y proveedores, entre historiadores y políticos. Reflexiono que si los pilares que nos deben formar nos enseñan a mentir y vivir entre mentiras, qué difícil es ser buenas personas y sobrevivir al mismo tiempo sin el uso de esta arma tan potente. Muchas de las personas con las que debato de este tema para documentarme y poder escribir sobre ello, se estremecen cuando al despedirnos y dándonos un apretón de manos les digo que la conclusión que saco es… que mentir es el eje central, la columna vertebral de la vida. Si tuviera que explicar supervivencia a un extraterrestre entre los seres humanos, le diría que la mejor manera de comprendernos en todos los asuntos que tratemos, es la mentira. Soy consciente que hay gente que se ofende al primer impacto de oírlo. Soy consciente que muchos se mantienen en la ofensa sin querer autoanalizarse porque ese reconocimiento va a dolerles mucho. ¿Cómo podemos recomendar a un niño no mentir cuando esa recomendación le pone en inferioridad de condiciones de supervivencia? Quién se lo dice ¿le ama de verdad o simplemente repite un mantra de lo que habría que hacer y a él mismo le encantaría hacer? ¿Proyecta sus deseos en el niño ante su fracaso? No quisiera caer en un simplismo barato, más al contrario en una complejidad profunda de reflexión, sobre la sociedad que nos hemos creado. Ann Landers dice: *"la verdad puede utilizarse como una cachiporra y causar con ella un dolor cruel. También las mentiras pueden ser crueles, pero no todas lo son. Algunas —muchas menos de lo que sostienen los mentirosos— son altruistas"*. Ninguno queremos ser engañados y menos aún descubrir que nos mienten, pero se tiene el derecho a saberlo. Desenmascarar ciertas mentiras puede provocar humillación a la víctima o a un tercero. En infinidad de veces, el engañado pasa por alto los errores del mentiroso. ¿Por qué? La mayoría de las veces porque le inocularon la creencia de que todo el mundo es bueno, otras veces aún a sabiendas de que está siendo engañado, porque quiere evitar dolores más profundos entrando en connivencia con aquél para mantener el engaño. Recuerdo una de mis relaciones que a sus dieciséis años había formado parte de una serie de películas pornográficas. Al ser menor de edad, los productores habían incurrido en delito. Cuando yo la conocí, era una mujer respetable que mantenía un entorno social perfecto, pero basado en la mentira, de que nadie supiese su vida y ésta era contada de otra manera. Tuvo el impulso de sincerarse conmigo, lo que supuso un dolor sin medida y un trauma en mis neuronas. Le dije que pensase en cuántas niñas como ella habrían pasado por lo mismo sin que nadie les denunciase. Dicho de otra manera. Ella era ahora una mujer socialmente integrada pero basada en una mentira, por otro lado le pesaba la culpa de haber evitado dolor a muchas niñas como ella. Si denunciaba sacaría a la luz todo su pasado y sería rechazada radicalmente por mentir y por el escándalo. Si no denunciaba, más niñas sufrirían. Sobrevivir en la vida se basa en mentir. ¿Cuántas parejas admiten el adulterio por mantener una imagen social y evitar divorcios? En la medida en que no se hable del asunto, tal vez le quede alguna esperanza, por remota que sea. ¿Cuántas mentiras se oyen en el momento del acto sexual? Dicen que lo que se dice en un momento de pasión, quizás no se sienta, aunque hayan sido pronunciadas por la mayoría de nosotros. *Nunca he fingido un orgasmo contigo.-* Es la mentira más gorda que siempre se oye cuando no se quiere ofender al otro. Un orgasmo se identifica perfectamente en una mujer por muy buena actriz que ésta sea. Las multiorgásmicas fingen muchas veces con tal de que ya se acabe el asunto y las prostitutas lo hacen permanentemente. Personalmente recomiendo que se conteste *"No vengo a dar placer, sino a obtenerlo, de manera que no hace falta que finjas"*.

41

Personalmente, también felicito a la mujer que asegura no haber fingido nunca un orgasmo, por la suerte de haber tenido siempre a amantes perfectos y no se haya visto obligada a mentir para hacerles sentir muy machotes. Otra frasecita monótona que hay que aguantar es *"Eres el único que me pone a cien de esta manera"*. Es también una mentira frecuente que solo será verdad si ese hombre es su primer y único amor. Siempre ha habido otros anteriormente con el mismo efecto y resultado. La siguiente es de traca *"El tamaño no importa"* La verdad es que sí importa, si es muy pequeño no alcanza a dar placer, y si es muy grande duele. No entiendo los debates que existen sobre el tema y menos que se mienta tan descaradamente. Es cierto que a muchas mujeres no les importa, en el sentido que encuentran cosas en el hombre que lo compensa. Las dos últimas frasecitas que quiero recordar ahora son ya son muy cansinas *"No me gustan los juguetes sexuales"* y *"no me acuesto con alguien si no lo conozco bien"*. Sin comentarios…

Me levanto del poyo. Salgo al paseo marítimo. Inspiro profundo. Me acerco a unos niños que están pescando con corcho una especie de mabritas. Las ceban con pan y vienen a decenas, pero no pescan ninguna porque el anzuelo es demasiado grande; a ellos no parece importarles en absoluto. Se divierten que es lo que cuenta. Veo que el vendedor del aparejo les ha mentido de nuevo para hacer su negocio, pero ¡qué más da¡ es otra lección que deben aprender. Introduzco mis manos en los bolsillos. Levanto la cara y cierro los ojos para bañarme de sol y brisa yodada. Certifico que cuando pillamos a alguien mintiéndonos le llamamos mentirosa si esa persona no es de nuestro círculo de amigos, pero decimos que está equivocada, si simpatizamos con ella. Compruebo con tristeza que cuando hay un mentiroso entre un grupo de amigos, por lo general actúa con la intención de no mentir para ganarse la confianza. Desconcertar a la víctima es un hecho deliberado, sin descartar que siga siendo buena o mala persona, o simpático para una parte del grupo y antipático a la otra. El mentiroso siempre elige entre mentir y no mentir, en cambio la víctima nunca elige, solo se puede defender o no. Hay mentirosos que no pueden evitar mentir y se crean personajes, fantasías y situaciones que ellos mismos convierten en realidad creyéndoselo. Éstos se autoengañan engañando, como medio de integración, o por deseos de sobresalir, o quizás de complementar sus carencias. Ejemplo de ello lo tenemos en Mussolini: *"...en 1938, la composición de las divisiones del ejército (italiano) se había modificado de modo tal que cada una de ellas abarcaba dos regimientos en lugar de tres. Esto le resultaba interesante a Mussolini, porque le permitía decir que el fascismo contaba con sesenta divisiones, en lugar de algo más de la mitad; pero el cambio provocó una enorme desorganización justo cuando la guerra estaba por iniciarse; y a raíz de haberse olvidado de él, varios años después Mussolini cometió un trágico error al calcular el poderío de sus fuerzas. Parece que muy pocos, excepto él mismo, fueron engañados".*

Uno de los grandes mentideros son el cine y el teatro. Allí los actores representan personajes que nunca fueron, comentan y recitan textos que nunca pensaron y la gente acude en masa para evadirse de su realidad mentirosa, rodeándose de un nuevo mundo de fantasía. Los espectadores han aceptado ser engañados por un tiempo; por eso están ahí. La sociedad no lo considera una estafa, porque se anuncia a las claras que es mentira. En definitiva, un mentiroso oculta y retiene información sin decir nada que falte a la verdad, o bien, presenta información falsa como si fuera cierta.

Decía el Dr. Escalante:
La verdad no tiene más que una cara

bonita o fea pero siempre una.
Y ocultarla es de gentes sin fortuna
ignorantes de lo que ella acapara
sin aceptar nunca mentira alguna.
Más si produce burla o algazara
siempre es preferible su gran virtud
aunque suponga cierta esclavitud
para toda conciencia limpia y clara
pues negarla sería ingratitud.
Y si entonces su rectitud ampara
al caminar de forma sorprendente
por senderos dispuestos en la mente
es que imprime con justicia su vara
aún en contra del gusto de la gente.
Segura de sí, ni en ella repara
su pureza entonces peligra a veces
mientras sigue su ejemplo sin dobleces
y aunque a su propia timidez ajara
airearía sus propias desnudeces.

Dejo a los niños con sus intentos de pesca. Continúo mi camino. Compro un helado de dos bolas en un cucurucho diciéndole al camarero: Mozete mi dati sladoled od vanilije i kremu? Puedo continuar a paso lento para evitar mancharme con los chorretones derretidos. Termino en un par de mordiscos porque es imposible que entre el movimiento del paso lento y el calor, el helado aguante más cien metros. Aprendo unas cuantas palabras en croata "laganje je najgora stvar koju mogu reci", que traducido viene a decir que la mentira es lo peor que podemos decir. Leo algunos carteles anunciadores del ayuntamiento sin entender mucho. Destruyo las hojas de mi cuaderno que he usado hoy como renovación de mi espíritu y libertad de mi pasado. Me dirijo a casa. Preparo el pescado que compré esta mañana en la lonja. Paso la tarde pintando una marina que hace tiempo empecé. Pasa el tiempo muy rápido. Anochece. Preparo algo de cena y me salgo a la terraza para dormirme mecido con la brisa marina. Me duermo con lo que decía Edith Wharton *en La edad de la inocencia: "-¿El romanticismo de tu tía es siempre coherente con la realidad? -¿Quieres saber si dice la verdad? -y luego de pensar un momento agrego-: Bueno, te lo diré: en todo lo que habla hay algo de verdad y hay algo de mentira. Pero, ¿por qué lo preguntas? ¿Qué te contó? El miró el fuego, y después volvió los ojos a la radiante figura de la condesa. Se le oprimió el corazón al pensar que esa era su última velada con ella junto al fuego, y que de un momento a otro llegaría el coche a llevársela. -Dijo... afirma que el conde Olenski le pidió que te convenciera para que vuelvas con él. Madame Olenska no respondió. Quedó inmóvil, sosteniendo el cigarrillo con una mano semilevantada. La expresión de su rostro no había cambiado, y Archer recordó que ya antes había comprobado su aparente incapacidad de asombro. -¿Lo sabías, entonces? -exclamó el joven."..." Ahora veía el asunto con una nueva luz, y el papel que jugaría le parecía singularmente disminuido. Era en realidad el que, con secreta fatuidad, había observado representar a Mrs. Thorley Rushworth con un marido cariñoso y descuidado: una mentira sonriente, burlona, bromista, vigilante e incesante. Una mentira de día, una mentira de noche, una mentira en cada roce de la mano y en cada mirada; una mentira en cada caricia y cada disputa; una mentira en cada palabra y en cada silencio. Representar ese papel con su marido era más fácil para la mujer, y definitivamente menos vil. Se considera tácitamente que el nivel de sinceridad de una mujer es bastante bajo; era la criatura sometida, versada en los artes de la esclavitud. Entonces siempre puede culpar a su estado de ánimo y a sus nervios, y al derecho de no ser juzgada con demasiada estrictez; e incluso en las sociedades más mojigatas, la burla caía siempre sobre el marido".*

CAPÍTULO II

"El que dice una mentira no sabe qué tarea ha asumido, porque estará obligado a inventar veinte más para sostener la certeza de esta primera". (Alexander Pope)

Decía Alejandro Dumas en *La bola de nieve*: *"El mulá Sedek dio un grito y se dejó caer sobre la crin de su caballo, mientras se agarraba al cuello del animal con las dos manos, como si ya sintiera en la nuca el cortante frío del acero. Al ver a Sedek aterrorizado, Mulá-Nur se echó a reír y, obligándole a alzar la cabeza, le dijo: Con tus mentiras, has mancillado mi honor a los ojos de los habitantes de Derbent. Has hecho creer a todo el mundo que te había robado hasta la última copeca, hasta la camisa. Y eso lo has dicho precisamente de mí, que entrego un trozo de pan al pobre que ha mendigado, sin conseguir nada, a la puerta del rico; de mí, que ni siquiera les arrebato más de una moneda a los comerciantes, para dársela a mis compañeros, los cuales, de no ser por mí, saquearían y matarían sin freno y sin remordimientos. Digo más: tú sí que eres un ladrón, porque has querido robar a tu guía, y le has negado lo que le habías prometido. Y por si fuera poco, eres un asesino porque, cuando te he reclamado lo que me debías en puridad, has pretendido acabar conmigo".*

Sin duda Cavtat es una pequeña población muy turística con pequeñas calas y playas por doquier, que serán las delicias de aquellos que busquen tranquilidad como yo, pero con servicios suficientes para abastecer todas las necesidades de un ser humano del siglo XXI. Y cuando necesite alimentar culturalmente mis sinapsis neuronales, de teatros, de cines y de espectáculos tengo Dubrovnik a dos saltos de gaviota. Pongo la cafetera al fuego como hago cada día que me levanto. Tiro los posos que quedan al terminar. Ayudo a la señora que me ayuda en la limpieza de la casa a dejar todo recogido en el fregadero. Limpio las migas del desayuno y mis dientes después del mismo. Me duele que a estas alturas de vida las mentiras hayan inoculado su veneno hasta en mi familia. ¡Qué lamentables son las envidias¡ de ellas podría decir que derivan las mentiras, y de ellas las traiciones, los malos entendidos, y los distanciamientos. Echo de menos una familia, pero solamente a veces. Desde niño me inocularon la idea de que había que tener a toda costa una familia y que esa familia es la base de la sociedad. Intenté cumplir con todos los cánones, leyes, principios y normas que religión, sociedad, nación y política imponían para ser un buen ciudadano en todos esos aspectos a la vez. Pero llegó un día en el que mi mundo cambió y las leyes de la religión se hicieron incompatibles con las de la sociedad y éstas a su vez con los principios que tenía marcados a fuego. Luché por dar forma a esta utopía, por entender y comprender los por qués. Todo se deshacía a mi paso y cómo me rompía por dentro a cada momento. Hasta que un día, después de llorar y deprimirme lo indecible, entendí que todo estaba basado en la mentira. Fue como el cáncer que me corroe también ya por dentro, entonces, lo fue la mentira corrompiendo mi mundo. Contaminó mi matrimonio, a mi hija y a mi familia. Se hizo tan grande y poderosa, que ni el amor pudo con ella. Ahora resignado, esperando mi muerte, paseo y disfruto en soledad de este paraíso terrenal que encontré por fin. Aparentemente, el mar es el mar, la brisa es la brisa, la montaña es la montaña y eso son tres verdaderas a las que me agarro para sobrevivir lo que me quede. Aquí disfruto de los paseos a pie o en barca, de momentos de escritura y lectura, de otros de pintura, de pesca, de caza, de cultura y de naturaleza. Las dos únicas verdades que encontré en la vida fueron la naturaleza y Dios, el resto estaba contaminado de mentiras. Me preparo para salir a esta ciudad. Salgo camino del puerto deportivo de atrás.

Dice *el manual de Epícteto: "¿Hasta cuándo diferirás tú el juzgarte digno de las más grandes cosas y de ponerte en estado de no transgredir los dictados de la razón? Has recibido preceptos a los cuales debes dar tu consentimiento, y lo has dado. ¿Qué maestro esperas entonces para encargarle tu bienestar? Ya no eres un niño, sino un hombre hecho. Si te descuidas y emperezas, y siempre vas cambiando de propósito, si todos los días dejas para otro día el cuidar de ti mismo, sucederá que, ni te darás cuenta de que no haces progreso alguno, y perseverarás sí, pero en tu ignorancia, tanto al vivir como al morir. Desde ahora entonces, comienza a juzgarte digno de vivir como un hombre, y como un hombre que ha hecho ya algún progreso en a sabiduría, y que todo lo que te parece bello y bueno sea para ti una ley inviolable. Si se presenta alguna cosa grata o desagradable, honroso o deshonroso, recuerda qué hora es el momento de luchar, que los juegos Olímpicos se han abierto, que no es tiempo de diferir más, y que, depende en un solo día y de una sola acción de coraje o de cobardía, tu avance o tu pérdida. Es así como Sócrates alcanzó la perfección, sirviéndose de todas las cosas para su progreso, y no siguiendo sino la razón. Por ti, aún cuando aún no seas como Sócrates, debes vivir como alguien que puede llegar a ser como él".*

Paseando por el puerto tropiezo con el Palacio del Conde Raguseo, que se puede visitar de 9:30 a 13:00 de lunes a sábado. Miro el calendario del iphone y me lamento al comprobar que hoy es domingo. Levanto la vista y contemplo una preciosa construcción renacentista. Un vecino me comenta que el palacio acoge en su interior el Museo Epigráfico, el Museo Bogisic y la

Biblioteca. ¡Ufff¡ Determino que éste será otro de mis destinos habituales a la semana. Prefiero la tranquilidad de la biblioteca al desenfreno de la discoteca. Bailo de vez en cuando porque el cuerpo aún me pide relacionarme con el otro género y descongestionar las vías. Llamo de vez en cuando a Ivana, o a Polona, o a Katerina y juntos compartimos mi vida los fines de semana. Duermo siete horas diarias y sonrío al pensar que durante treinta años estuve durmiendo tres horas diarias ¿Para qué? Eso mismo me pregunto yo con la tristeza de saber que perdí ese tiempo en intentar recomponer los trozos de mi existencia que la mentira iba cortando a su paso. Pregunto a cada minuto que perdí los por qués de tanta destrucción, pues no soy un caso único, ni una especie en peligro de extinción con una enfermedad endémica denominada mentira amenazándole. Más bien al contrario, soy una pequeña muestra de esta sociedad que el ser humano se empeña en seguir creando, en donde los más fuertes sobreviven y los mejores perecen, de esta manera, la sociedad dista mucho de ser mejor cada día. Cuando hablo con alguien y le veo que parece tranquila, pero noto cómo se encoge un poco, ya sospecho que la mentira empieza a hacer acto de presencia. Me siento en una de las terrazas del puerto. Tiene unas redes en la puerta a modo de decoración, sobre las que ha puesto unas velas que con las gotas de cera al caer, terminaran formando una figura dantesca y atractiva al mismo tiempo. Extraigo mi cuaderno de anotaciones. Ayer arranqué una serie de páginas y por eso llego fácilmente a la siguiente frase que tuve que aguantar en mis relaciones.

- *A nadie he querido como a ti.*- Son variaciones sobre el mismo tema que implican un soterrado chantaje, un candado y un compromiso por parte de quien lo recibe. En definitiva debe estar agradecido de tal magnánimo honor y por supuesto no hacer nada por malograr tal deferencia. Naturalmente hablo en sentido irónico, porque es una mentira. Ha querido y querrá a otros con igual intensidad o más incluso. El verdadero amor se nota y no hace falta estar cuantificándolo y menos comparándolo con otros que no hacen más que traer a la mente imágenes de su paso.

- *Tu eres el único.*- ¡Ufff¡ Cuando oyes ésto por primera vez, te enorgulleces. Pero cuando te lo dicen tras saber qué ocurrió la primera vez, se te ponen los pelos de punta y vas corriendo al espejo para ver los adornos frontales cornúpetos que ya tienes.

- *Es mi primo, lo que pasa es que desde niños que no le veía.*- Otra mentira, pues a los primos no les sueles besar en la boca, ni acostarte con ellos. Salvo en determinadas razas y pueblos. Casualmente, al primo en cuestión no le vuelves a ver el pelo, ni en bodas, ni en entierros y mucho menos coinciden sus apellidos con los de la familia.

- *Mañana te lo traigo.*- Suele referirse a algún dato o prueba de que lo dicho anteriormente a esta frase es verdad. Naturalmente "mañana" es como el mañana del cartelito que Larra y los funcionarios adaptaron de "Vuelva usted mañana", jamás conseguirás las pruebas, pero sí la promesa de futuro, que consigue olvidar el tema o mantener la relación.

- *Si, nada más me miro tres tiendas.*- Excusa falsa para ir de compras todo el día, pero más habitual para salir con otra persona o las amigas, sin decir nunca la verdad. La cual, no es más que encima de cornudo, vas a invitar a la parejita. Otra opción es que realmente este mirando otras cosas que no sean las tiendas, con lo que el asunto mentiroso sube de nivel.

- *¿Me crees capaz?*- Esta frase me encanta porque tiene tantos matices que dedicaría un libro entero. Por un lado la creación de la duda, por otro la demostración de que no te has preocupado en conocerla bien. Después la ofensa por las dos anteriores desviando la atención del meollo de la cuestión y por último el atentado contra la fé y la confianza. Es fantástica la mentira.

- *Es que he tenido muchísimo trabajo*.- Esta frase se oye a la vuelta del trabajo, de casa, de cualquier cita y la usan tanto hombres como mujeres, empleados y empresarios, profesores y alumnos, como padres e hijos. ¿Es que el resto de días no tiene trabajo? ¿No es capaz de priorizar y organizarse? La realidad es que hay algo que es más importante que nosotros.

- *Me voy de casa*.- Es una amenaza chantajista para ceder a sus caprichos y una mentira como una casa. Quien quiere irse de casa, nunca lo avisa de esa manera, se va y punto.

- *¿Dudas de mi?*.- Es una variante de ¿Me crees capaz? Se entiende perfectamente que es una mentira, un chantaje, un ataque y una cortina de humo para distraer de la verdadera cuestión. Realmente zanja rápido el asunto, pues si la respuesta es que efectivamente dudas, entonces se montará un follón de ofensa, de que ya no la quieres etc. En cambio, si la respuesta es que no se duda, entonces se zanjará más rápido aún pues ¿para qué se pregunta si no hay duda? Encima de cornudo, se queda como un estúpido doble.

- *Te juro que no te estoy mintiendo*.- La mentira poniendo a Dios por testigo es grave de narices. Porque se basa en poner a Dios por testigo, conscientemente de que se está mintiendo, pero con ese órdago, se aplaca a cualquier persona creyente. Allá cada uno con su conciencia y con su Juicio final.

Dice *el manual de Epícteto: "Cuando ves a alguien llorar, sea porque está de duelo , sea porque sus hijos están lejos, sea porque ha perdido sus bienes, pon cuidado de que llevado por tu fantasía, ésta te seduzca y persuada de que este hombre es, efectivamente, desafortunado a causa de cosas ajenas; sino que haz, en ti mismo, esta distinción, que lo que lo aflige, no es el suceso acaecido, pues a otro no lo aflige, sino su opinión sobre el mismo. Si, por tanto, es necesario llorar con él, y compartir su dolor al escuchar su opinión, ten cuidado que tu compasión no pase a tus adentros y que no quedes tú, verdaderamente afligido".*

Estoy sentado en un bar, recuerdo que es domingo y debo ir a misa. Bebo rápido mi refresco. Miro el reloj y me incorporo tras dejar el importe encima de la mesa y hacerle un gesto al camarero para que se dé por aludido. Me dirijo a la iglesia. Llego. Elijo un banco de la cuarta fila a la izquierda. Es ya una costumbre desde Toledo y la mantengo. Lleno el alma de la luz que me dan. Preparo el espíritu para cuando me toque dejar este mundo. Termina la misa me santiguo y salgo. La brisa me recibe con un poco más de calor que antes, pues el día avanza. Pienso que cuando se miente no hay sincronismo entre gestos y palabras. Por eso se pilla a muchos mentirosos. Reflexiono si tengo que comprar para la comida. Recuerdo que sobró pescado de ayer y con las raspas prepararé una buena sopa. Es más que suficiente y ¡ya quisieran muchos cocinar como yo lo hago¡ Cuando viene Ivana los fines de semana siempre me pide que le haga una paella. Se la preparo aunque le mienta diciéndole que solo se la hago a ella. Lo cierto es que hace muchos, muchos años conocí a Karina, una amiga de Norma y de su prima Michelle. Quienes me conocen o han leído mis aventuras las conocerán porque formaron parte de mi vida un buen tiempo. Juntos montamos negocios, a pesar de pertenecer a familias napolitanas y marsellesas siempre me respetaron y yo a ellos, pues el amor que sentía por Norma era el más grande que jamás haya sentido por una mujer. (Ref allibro del mismo autor *Cosmo de piratas*) ¿Por qué no estoy con ella? Me entristezco al recordar cuando leí el aviso del coche bomba que le pusieron en Estambul. ¡Bah¡ dejemos eso, estaba recordando a Karina. Karina era una croata de Split con la que soñaba en compartir una paella en playa de alguna isla cercana. La paella que compartimos se la hice en la cubierta de un yate en Valencia. Recuerdo que me decía que se me notaba cuando mentía porque usaba un tono de voz descendente. Como decía, Norma había ido a Split en lugar mío, sus mensajes eran escuetos y explícitos, me informaba de la marcha del almacén, y me mandaba recuerdos de Karina, pero me prohibía ir allí, a Split, ciudad croata cerca de la maltratada Sarajevo, un puerto pesquero y sin embargo había sido la base de los barcos de guerra. Yo que conocía el mar Egeo, el Jónico y me prohibían ver al Adriático; productor de cereal, de frutas, de aceite, de remolacha, de cáñamo, de lino, de madera, de ganado, de carbón, de hierro, de cobre, de plomo, de oro, de plata, de barcos, de cemento, de plásticos y ¡no sé cuántas cosas más¡. ¿Y no me dejaba ir? Tenía la ilusión de ver una ciudad como la mía situada en un cerro y con similitudes con mi casa, la mía había sido la de un patricio romano y aquella ciudad la del emperador Diocleciano, ¿y no me dejaba ir?, no pude por más y le envié unos versos para mantener su recuerdo y ¿Quién sabe qué más? A lo largo de mi experiencia he comprobado que mucha gente mantiene la creencia en algo que dudaba y es algo que jamás me ha entrado en la cabeza. ¿De verdad sigues creyendo en las cosas que creías conocer? Les pregunto a veces cuando quiero confundirlas o cuando quiero descubrir a una mentirosa. Les continuo diciendo que *"si ya creías en las cosas que imaginaba que sabía ¿Dudas más o dudas menos que antes?"* Lo baso en que la mentira y la duda van paralelas y no se suele recordar lo que ya se olvidó. Para aumentar la confusión y descubrir la mentira, continúo ahondando *"¿Cómo se puede creer en cosas que crees que sabes?"* Esta pregunta significa que todavía duda de las cosas imaginadas para ser verdad, ¿no es así? ¿No lo creen? Ja, ja...¡Yo ya sabía eso¡

Dice *el manual de Epícteto: "Podemos aprender, sobre la naturaleza del deseo, a partir de las cosas, sobre las cuales, no discordamos unos de otros. Por ejemplo: cuando un esclavo de otro amo, ha roto un utensilio o alguna otra cosa, de éste, no dejas de decirle, para consolarlo, que ha sido un accidente común. Sábete entonces que, cuando se rompa algo que es tuyo, es preciso que tú estés tan tranquilo como cuando lo de tu vecino ha sido roto. Lleva esta máxima a las cosas más importantes. Cuando el hijo o la mujer de otro, muere; no hay nadie que no diga que así es la vida. Pero cuando se trata de los hijos o la mujer propia, no se escucha más que lagrimas, gritos, gemidos: "! Que soy de malas!, ¡que estoy perdido!" Es preciso entretanto acordarse de los sentimientos que experimentamos cuando los mismos accidentes le pasan a otros".*

Caigo en la cuenta que hay que comer. Me dirijo a casa para sacar las sobras de ayer. Llego. Me pongo cómodo. Me siento a comer en la terraza. Empiezo. Lloro porque la mentira domine el mundo en lugar del amor. Muchos mentirosos los descubrí viendo que movían la cabeza de modo mecánico mientras pronunciaban sus frases de falsedad. Habitualmente les corto preguntándoles *"¿Estás de acuerdo con algo que yo ya sabía, ¿no? ¿Cómo se puede estar de acuerdo con algo que crees que es una mentira, incluso antes de acertar la verdad?"* Si alguien no te respeta diciéndote la verdad, debes atacar. ¿En qué consiste el subterfugio mental que manejo? En que cuanto más se cree en cosas que se dudaban, la mayoría coincide con la posibilidad de que todo era una gran mentira. Si ella es culpable de mentir, el inconsciente se encargará de dar una respuesta. Cambio el primer plato por el segundo. Empujo a la basura las sobras del primero. Lucho por mantenerme consciente al limpiar el pescado, pues mi vista ya no es la de antes y ya conozco los resultados de una espina clavada en la garganta. Pulso con mi paleta de pescado las láminas musculares del lomo del pez para detectarlas. Canto cuando puedo tragar un pedazo sin ellas. Se está a gusto y decido no salir de casa tampoco esta tarde. Continuaré con el cuadro y si me da tiempo, antes de la cena con algún capítulo del libro que escribo. Es una novela de miedo en la que una familia sufre múltiples humillaciones diabólicas tras encontrar unos restos humanos al excavar la piscina de su nueva casa. Termino ya con la comida, el postre y tomo el café mientras sigo pintando la marina. Me mancho los dedos con las mezclas de los óleos. Recapacito en que para conseguir el engaño se necesita una combinación con la mentira, aunque este camuflaje sea simple. Parece absurdo, pero hay gente que consideran normal el que se les oculten las cosas y menos aún lo incluyen en mentiras. Para mí, cualquier falsedad es familia de la mentira. Los destinatarios no han pedido ser engañados y los ocultadores han obrado de forma deliberada sin dar ninguna notificación previa de su intento de engañar. Han retenido la información intencionadamente a sabiendas y no por casualidad. También me resulta curioso el hecho que un mentiroso prefiera ocultar algo antes de falsearlo. Por este motivo los golpes más dolorosos están causados por personas en las que depositamos la confianza, porque aparentemente "nunca nos mintieron". Abraham Lincoln dijo que *"No tengo suficiente memoria para ser un mentiroso"*. Este es otro de los aspectos y de las señales que pueden hacernos sospechar la presencia de un mentiroso ¿Cuál? El que tenga mucha memoria. El ocultar es menos censurable y se perdona mejor que la falsedad manifiesta. Se sienten menos culpables aunque hagan más daño. Incluso ha habido quienes me dijeron que la culpa era mía. ¡El colmo¡ desde luego pertenezco a la generación de la culpa. Somos culpables de que Franco muriera y de que durara tanto. Somos culpables de permitir la corrupción y los males de la humanidad, sin hablar de la religión que se inventaron la dichosa frasecita de que eres culpable por pensamiento, obra y omisión, así siempre eres culpable y te hace someterte al otro que siempre está libre de culpa. ¿Qué culpa me achacaban aquellas mentirosas? Pues el simple hecho de que según ellas, yo "conocía la verdad, pero no quise afrontarla". Lo cierto es que en el fondo tenían razón, y sospechaba de la mentira. El descaro llegaba en el momento de ser descubiertas, porque la capacidad de disimulo es de cum laudem. El ejemplo lo tenemos en los políticos que declaran ante el juez que no se acuerdan de ese momento de los delitos de corrupción que han cometido. Ante lo cual, cualquiera puede ofenderse por el atentado contra su inteligencia, y además solicitar la dimisión inmediata de una persona que tiene que dirigir un país y tiene esos lapsus mentales tan frecuentes. Personalmente lo considero incompatible, ya que está a mitad de camino entre el ocultamiento y el falseamiento. Su falseamiento consiste en no recordar, con lo cual evita tener que recordar una historia falsa; lo único que precisa recordar es su afirmación falsa de que la memoria le falla. Y si más tarde sale a luz la verdad, siempre podrá decir que él no mintió, que sólo fue un problema de memoria. Entre los políticos que vienen a mi memoria como ejemplo, los hay españoles, italianos, griegos y el más sonado de Nixon: *"Hacía menos de un mes que Haig estaba de vuelta en la Casa Blanca —leemos en una crónica periodística— cuando, el 4 de junio de 1973, él y Nixon discutieron de qué manera hacer frente a las serias acusaciones de John W. Dean, ex consejero de la Casa Blanca. Según una cinta magnetofónica de esa conversación, que se dio a conocer a la opinión pública durante la investigación, Haig le recomendó a Nixon esquivar toda pregunta sobre esos alegatos diciendo 'que usted simplemente no puede recordarlo".* Ante una situación semejante yo siempre propongo preguntar ¿Qué tal hoy en el trabajo? Por ejemplo, entonces se pasará del ocultamiento al falseamiento, pues hay un requerimiento de información al formular semejante pregunta. Naturalmente puede esquivarlo, pero siempre deberá justificar con una información inventada que siempre tendrá que recordar el resto de su vida y con el miedo de ser comprobada. Sonrío mientras dejo los pinceles. Me seco las manos y bajo a por un café, pues el truco que empleo es el de saturación de información en su cerebro hasta que se produzca la sobresaturación y se pille a la mentirosa. Con los mentirosos, lo mejor es jugar con ellos hasta que sus sinapsis neuronales estallen. ¿Para qué los lloros, lamentos y enfados, si es mejor jugar con ellos como un gato con el ratón?.

Decido subirme la cafetera al estudio de pintura y así evitar desconcentrarme más veces. Retomo los pinceles y mis diatribas de la mentira, certificando que hay mentiras que de entrada obligan al falseamiento y para las cuales el ocultamiento a secas no bastará. También se apela al falseamiento cuando el mentiroso quiere encubrir las pruebas de lo que oculta. Este caso es especialmente sensible cuando son las emociones las que se ocultan, en especial si es intensa. El amor, el deseo, la envidia, son susceptibles de ocultamiento. También lo son aunque en menor grado la preocupación, la furia, el miedo y el dolor. Simular lo contrario de lo que se experimenta es muy frecuente. Se suelen inventar personajes, caretas o actitudes para disimular un sentimiento real. En definitiva, es una forma más de mentir. Dicho de otra manera, la invención de una falsa emoción puede encubrir la autodelación de otra que se ha ocultado. Siempre he creído que cubrirse de máscaras es la mejor forma de ocultar las emociones. Los mentirosos suelen taparse la cara con las manos o darse la vuelta para no mantener la cara de frente. Los comerciales, las prostitutas, los políticos coleccionan máscaras protegiéndose en falsas emociones. Esto desconcierta al oyente creando el mejor de los camuflajes posibles. Ante una emoción intensa, donde es harto difícil no gesticular. ¿Cómo se puede mantener frialdad, inocuidad o inexpresividad ante una situación intensa? Los psicópatas suelen hacerlo muy cómodamente. Lo fácil es demostrar lo contrario de lo que verdaderamente se siente. Los jugadores de póker son verdaderos especialistas en inocuidad e inexpresividad. Enmascaran sus emociones. Ni entusiasmo, ni desesperación, sino impasibilidad. Quedan impávidos. Muchos mentirosos prefieren permanecer impávidos antes que demostrar un sentimiento. ¿Por qué? Porque por lo general, sus oponentes pensarán que actúa y realmente siente lo contrario. David Hayano describe una jugada de póker diciendo: *"charlan animadamente a lo largo de toda la partida para poner nerviosos y ansiosos a sus contrincantes. (...) Dicen verdades como si fueran mentiras, y mentiras como si fueran verdades. Junto con esta verborrea, usan gestos y ademanes vivaces y exagerados. De uno de estos jugadores se decía que 'se movía más que una bailarina de cabaret en la danza del vientre'* ". (*"Poker Lies and Tells", Human Behavior, marzo 1979.*). Alguien podría preguntarse ¿Cuál es la máscara más frecuente que se usa? Sin lugar a dudas es la sonrisa. Recuerdo a muchas de mis relaciones con la sonrisa permanente, sobre todo a una o dos en especial, que tenían como denominador común su sonrisa. Sobre la sonrisa hay todo un tratado que se puede escribir. Los chinos dicen *"que no ponga un negocio quien no sepa sonreír"*. Los de marketing añaden *"la sonrisa se ve por el teléfono"*. La sonrisa es el primer gesto que vemos cuando alguien nos extiende la mano para saludarnos y lo último que vemos en alguien cuando se despide. En los saludos, todos admitimos las sonrisas como patrones de mentiras *"¿Qué tal estás?... Bien gracias"* y se sonríe, aunque se estén pasando calamidades. ¿Qué tipo de sociedad podría explicar a un extraterrestre que ve en un saludo sonriente una mentira ya de entrada? ¿Se creerán nuestras buenas intenciones cuando vengan a visitarnos o dispararán por si acaso? Los bebés sonríen casi de inmediato al nacer y pronto lo usan para obtener favores de los que le rodean. A lo largo de toda la vida social, las sonrisas presentan falsamente sentimientos que no se sienten, pero que es útil o necesario mostrar para ser "socialmente atractivos". En este aspecto puedo encajar a varias mujeres que aguantaron mis noventa kilos antes de apuñalarme por la espalda, pero ante todos los amigos y los que nos conocían, ellas eran las fantásticas, yo no, porque no supe disimular y procuré ser sincero. Dice un refrán: *"Si quieres crearte muchos enemigos, ten muchos conocimientos y se sincero"* ¿Por qué? Porque a nadie le gusta la verdad, prefieren vivir con mentiras que les hacen la vida más agradable. A la mayoría de la gente, las emociones que más les cuesta fraguar son las negativas. Dejo la pintura que seque. Me limpio las manos y dedos del óleo coloreado. Bajo a cenar y rematar las sobras. Es el problema de los solitarios que cocinamos poco para nosotros y mucho para los amigos.

Decía el Dr. Escalante:
Para el que ama es muy duro el desengaño
sobre todo al que entrega su alma pura
sin perder un ápice su hermosura
por fuerte que fuera el dolor y el daño
aunque es más cuando el amor pierde altura.
Pues toda la felicidad de antaño
se revuelve ahora contra uno mismo
olvidando el pasado y el abismo
que endulzaba la vida año tras año
enfrascado en el más noble egoísmo.
Y al mantenerse fiel y sin engaño
dio lugar en el tiempo y fortaleza

a perder con su encanto la cabeza
en aquellos adorables peldaños
cuando todo en la vida era grandeza.
Más ahora que soy simple ermitaño
busco en todos los rincones de la Tierra
aquella esperanza que en mí se aferra
y aunque todo sea frío y huraño
también lo es la ingratitud que encierra.

Ceno. Cierro el lavavajillas con los restos de cubertería que faltaban por meter y lo pongo en funcionamiento. Encuentro una serie de cartas de despedida que hice o me hicieron al final de las relaciones que tuve con mentirosas. Me quedo un rato en la terraza pensando frente al mar y recordándolas. Leo una al azar, dice así:

Hola cariño:
Sabes que siempre se me ha dado mejor escribir que hablar por eso he decidido despedirme así, si estás leyendo ésta carta es porque todos mis intentos han fracasado. Es la cuarta vez que nuestras vidas se cruzan y lo intento contigo. Hasta ahora no era consciente de tus mentiras, a pesar de que algo en mi interior me estaba advirtiendo de lo que eres en realidad. No puedes negar que esta vez lo he intentado hasta la extenuación, además, prácticamente he llegado a arrastrarme, a suplicarte, a negociar contigo y hasta a humillarme. Tus desprecios eran soportables porque mi amor por ti era completamente sincero. Estaba convencido de que eras el amor de mi vida y solamente con ese pensamiento me bastaba para continuar. Todas las mañanas te mandaba unas flores con un beso, pues esa es la manera con la que quería que te imaginaras tu vida conmigo. Siempre justificabas que te dolía verme por los errores que cometimos en el pasado. Pasaste de culparte tú, a culparme a mí por ellos,

cuando sabes bien que todo, absolutamente todo, era mentira por tu parte. Todo fue creación tuya y de tu mente obsesiva. En tu familia solo contabas lo peor de mí y a mí lo peor de tu familia. ¿Así querías juntar dos mundos? He dejado correr el tiempo pero no me ha ayudado. He hablado con personas cercanas a ti pero me han confundido aún más sobre tus sentimientos. He ido detrás tuya como jamás pensé que iría con nadie y todo el que me conoce me decía que estaba repitiendo el error de cuando me casé con aquella mujer que me hundió, diciéndome que me quería. Me casé porque tú desapareciste de mi vida. Reconozco que he tirado a la basura los primeros cincuenta años de mi vida. Soy consciente de que todo ha sido en vano. Me he estado estrellando una y otra vez contra un muro de piedra creado de mentiras, obsesiones y patologías mentales que se resumen en falsedad. Podría decir que lo siento, pero sería mentirte, siento una gran tristeza pero un gran alivio al mismo tiempo. La última conversación en la que me negabas que estuvieras saliendo con otro. Con aquel chico que conociste a los quince años. Que además estaba casado y ¿Salías con él mientras a mi me ponía todo tipo de excusas en las que me culpabas del dolor del pasado, pero al tiempo me prometías un futuro juntos?. Me dabas tu palabra y me escribías mensajes diciéndome que lo que más te gustaría en esta vida era poder estar juntos, pero que si me elegías a mí, perderías a tu familia porque éramos incompatibles. Cariño, realmente me lo creí porque el amor que sentía y siento por ti hace posible mover montañas, aguantar el tiempo que fuese necesario, pero mentiras ¡no¡. Negabas que estuvieras saliendo con él, mientras te habían visto de su brazo, y ya me doy por vencido, no puedo seguir más así, tengo que comenzar a ordenar mi cabeza que desde que lo dejamos no sabe aún siquiera donde está. Ahora en Cavtat recupero las fuerzas por querer seguir viviendo y hasta la ilusión por esos pequeños detalles de pasear, de pescar, de leer, de escribir, y hasta de cocinar para los sucedáneos de amor que te sustituyen de vez en cuando. Hasta ahora he estado como en un sueño, como en una pesadilla de la que me he intentado despertar una y otra vez y no lo he conseguido. Es curioso y no sé si será una de esas casualidades que hace Dios pero un día como hoy hace exactamente tres años recibí una llamada telefónica de alguien preguntándome si tenía tiempo para comer con ella y dos días después empezaría la historia más importante y feliz de mi vida, recuperándote tras treinta años. Comenzaba el cuarto intento contigo que por desgracia o destino hoy acaba. Hablabas de "Un nosotros" pero cuando te necesitaba, desaparecías como un genio en su lámpara. Te esfumabas, nunca tendías una mano y menos dabas un abrazo. Mi corazón lo perdonaba porque mi amor lo superaba y lo justificaba, pero ahora entiendo que los abrazos los recibía el otro, aquel que te conoció con quince años. Me destroza saber que tus principios morales y religiosos sigas revolcándolos por el suelo destrozando un matrimonio. Te importa un pito que haya niños en la otra familia, solo te importan los tuyos. Tu egoísmo, tu cobardía, y tus miedos te llevan a ser una mentirosa. Por mucho que me duela o por mucho que no quiera, a partir de hoy no me queda más remedio que empezar a olvidarte, olvidarme de tu pelo, de tus ojos, de tus miradas, de tus lágrimas, de tu sonrisa, de tus labios, de tus besos, de tus manos, de tu voz, de tus falsos "te quieros", de tu olor, de las promesas que nunca cumpliste, de las horas muertas que hemos pasado solo sintiéndonos juntos, de todo lo que perdido y he ganado contigo, de los momentos buenos y de los momentos malos. Como ves, son tantas y tantas cosas, aparte de todas las que se me olvidan, que no sé cuánto tiempo necesitaré, mucho, mucho tiempo, pero intentaré cada día ir olvidando una a una, no sé si algún día lo conseguiré y lo peor de todo es que quizás jamás pueda olvidarte ni dejar de quererte y solamente consiga dejar que me duela. Sin ti es como si me faltara algo. Cuando tenía la esperanza de ese futuro, juntos. De ese "nosotros" me sentía lleno, fuerte e ilusionado. ¡Qué estúpido¡ Dicen que el amor es ciego y lo puedo certificar. También dicen que en las parejas hay uno que ama más que el otro y en esta uno amaba mientras el otro mentía. Es como si me hubieran quitado una parte de mi mismo, como si me hubieran arrancado la mitad de mi cuerpo y solo estuviera recomponiendo pedazos de corazón y de cuerpo sin encajar ninguna en su sitio. Decías que juntos movíamos muchas energías. Decías que nunca encajabas con nadie y en cambio conmigo si lo hacías. ¡Vaya¡ las dos almas gemelas que se encargaban de que existiera el amor verdadero, eran mentiras y solo existían tus egoísmos por usarme como un trofeo. ¡Contéstame¡ ¿Ganaste la apuesta con alguien de ser capaz de usarme como marioneta? ¿De cuánto era el importe? Yo lo hubiese doblado con tal de que me dijeras la verdad alguna vez. Treinta años queriéndote para descubrir que tras esa sonrisa, solo había humo, mentiras, egoísmos y cobardías. En otras ocasiones suelo despedirme pidiendo perdón por los errores cometidos, por mis malos momentos, por mis carencias y si he hecho algún daño. Contigo, no lo voy a hacer porque he comprendido que si he hecho daño a alguien, si me he equivocado ha sido por intentar hacer el bien creyendo lo que tú decías, lo que guiabas y prometías. ¡No¡, no te voy a pedir perdón porque la única culpable de este fracaso son tus mentiras y ya pagué con creces aguantando tus desprecios y humillaciones tantos años. ¡Basta¡ No me arrepiento de haberte conocido pero estaría mejor sin haberlo hecho. No sobras en mi vida pero eres uno de los peores errores de ella, después del de mi ex. Me justifico a mi mismo en que el amor me pudo, pero no me perdono haber sido tan ciego. Antiguamente podía ser tu amigo, ahora quiero olvidarte y sé que no voy a poder. Superé las mentiras de tus malos tratos con tu marido. Superé las imágenes de sodomización y sadismos que relatabas y ahora sé que no fueron malos tratos sino que te gustaban, y que se lo pedias tú misma. Siento de verdad no poder ser tu amigo, pero es superior a mí, ha sido demasiado lo que he vivido contigo para verte como una simple amiga, de verdad que lo siento pero te prometo que intentaré saludarte si nos vemos. De verdad que intentaré no apartar la mirada, pero quiero que sepas que si lo hago es porque se me parte el alma cuando te veo, el simple hecho de tenerte delante y no poder tocarte es algo que me desgarra por dentro, si lo hago, por favor perdónamelo. Deseo sinceramente que seas muy feliz con él, porque siempre he deseado hacerte feliz yo. Ojala hubiera tenido una quinta oportunidad, porque ese otro, estoy seguro que hubiera sido yo, pero no ha podido ser. Adiós.

Me duermo con lo que decía Emilia Pardo Bazán en *Cuentos antiguos*: "*Una estatua de mujer, perfectísima, de líneas impecables, obra de Fidias, se erguía sobre el ara, en mitad de la capillita o cella donde el emperador cumplía el rito, derramando las claras libaciones, quemando el incienso sabeo en el pebetero de oro de exquisita labor oriental. Y el Apóstata, tomando de la mano a su amigo, le obligaba a postrarse allí, murmurando: "Esta es la Diosa, ésta, y no el triste Galileo, que ha traído la fealdad al mundo." Y, ahora Fausto, en presencia de Dafrosa, la mujer tan codiciada cuando la poseía Flaviano y ella vivía recluida al pie de sus lares, por no descubrir en los ojos los pensamientos, ahora Fausto advertía en sí mismo un trastorno, una variación incomprensible. Los afanes, los delirios, las ansias de posesión, la fiebre pasional tanto tiempo sufrida, alimentada por la Beldad, que ata las almas y no las suelta hasta el sepulcro, habían desaparecido. La forma adorada no existía, y tampoco lo que se deriva de ella. En el mar tranquilo habían enmudecido las sirenas cantoras; en el cielo turquí las estrellas ya no parpadeaban de amor. Las rosas no desprendían ni un átomo de esencia: el rocío de la noche probablemente congelaba sus cálices, derramando en ellos una serenidad frígida. Las tenaces ligaduras de la carne se rompían en Fausto; su sangre, antes fuego, discurría convertida en luz por las venas. Y acercándose a Dafrosa, le tomó las manos y las llevó a su frente, murmurando en un suspiro: -Porque has perdido tu hermosura, te quiero más. Te parecerá que es mentira, y a mí ayer me lo parecía también, pero mira que no te engaño".*

CAPÍTULO III

"Con el tiempo todo se descubre: Las mentiras más ocultas, las razones más ciertas y los amigos más falsos. (Maese Mercader)

Decía Alfonso de Valdés en *Diálogo de las cosas acaecidas en Roma: "Arcidiano Así es, pero también es recia cosa que veamos en nuestros días una osadía y desacato tan grande. Latancio Decís muy gran verdad; más mirad que no sin causa Dios ha permitido esto, por los engaños que se hacen con estas reliquias por sacar dinero de los simples, porque hallaréis muchas reliquias que os las mostrarán en dos o tres lugares. Si vais a Dura, en Alemania, os mostrarán la cabeza de Santa Ana, madre de Nuestra Señora, y lo mismo os mostrarán en León de Francia. Claro está que lo uno o lo otro es mentira, si no quieren decir que Nuestra Señora tuvo dos madres o Santa Ana dos cabezas. Y seyendo mentira, ¿no es gran mal que quieran engañar la gente y tener en veneración un cuerpo muerto que quizá es de algún ahorcado? veamos: ¿cuál terníades por mayor inconveniente: que no se hallase el cuerpo de Santa Ana o que por él os hiciesen venerar el cuerpo de alguna mujer de por ahí?"*

Toco el control del despertador para que deje de sonar. Encuentro emocionante hacer hoy un paseo con el yate. Mato los minutos del aseo y del desayuno con rapidez. Quemo algunas calorías que acabo de meter en mi cuerpo con los nervios y las prisas sin razón por estar ya abordo. Cocino ideas y pensamientos de aventuras en mi cerebro imaginando que hoy voy a encontrar al amor de mi vida, que no va a mentirme y finalmente podré irme de este mundo conociendo que hay personas buenas y no sobreviven con la mentira. llego al muelle, saludo y preparo el barco para zarpar. Lo hago. Emboco la boca del puerto dirección Dubrovnik. Pongo el automático mientras echo un par de cañas al mar para pescar la comida. Me apetece alguna lubinita aunque en el mar nunca se sabe lo que entrará. Si es pequeño lo usaré como cebo de otro más grande y si es demasiado grande, lo congelaré para llevárselo a mi amigo del restaurante. Cuando arribé por primera vez a Cavtat, hice un amigo. Era el dueño de uno de los restaurantes del paseo marítimo. Recuerdo que ese día salí a pescar sin mucho conocimiento de este mar y menos del idioma. Pesqué uno de casi dos metros que no sabía qué hacer con tanto pez. Se me ocurrió regalárselo a mi amigo. Recuerdo su cara cuando aparecí con el bicho y más aún la que puso cuando se lo regalé. Me dijo que lo aceptaba, pero a cambio de un acuerdo. ¿Cuál? Le pregunté. Que cada vez que pesques algo y me lo traigas, te quedes a comer y cenar a cambio. Desde entonces lo venimos haciendo. Él se ahorra un buen dinero, yo me divierto y como bien mientras ambos mantenemos una amistad y un trato. Miro la carta de navegación mientras traigo a mi memoria que cuando vine a Dubrovnik la primera vez, la carretera me mostraba un perfil de la costa y algunas islas. Se las conoce como las Elaphite. Las cuales aparentaban poderse alcanzar a nado de lo próximas que estaban a la ciudad. La más conocida es la isla Mljet, declarada parque nacional en 1960. Sigo con el compás y el dedo índice algunos posibles recorridos. Me detengo en la península de Peljesac, que vista desde la costa parece que se toca con Korcula, capital de la isla del mismo nombre y a la que llegan los turistas cuando les embarcan en los ferrys que salen desde el puerto de Orebic. Me estremezco al pensar que estoy donde nació y murió Marco Polo. Antaño había actualizado sus viajes siguiendo las rutas que Rusticello copiara de sus relatos en la cárcel y escribiera "el millone", de modo que cualquiera puede imaginarse que las lágrimas corrieran por mis mejillas de la emoción. Todo este territorio era veneciano cuando vivió Marco, genovés cuando murió y posteriormente turco. Estar navegando por la misma zona en la que se desarrolló el comercio por el siglo XIII me extrapola de este mundo. Decido dirigirme a estos minúsculos trozos emergentes de tierra de no más de quince kilómetros cuadrados. Evitaré las innumerables motoras taxi que llevan y traen turistas desde y hasta Dubrovnik para bañarse en las pocas playas que el Adriático permite. ¿Por qué no hay playas? Me preguntan muchos amigos que me escriben. Porque no hay olas y no hay olas porque hay muchas islas. Parece un enorme lago salado lleno de peces, que se ven desde la superficie por las aguas transparentes y cuidadas a pesar de la innumerable cantidad de cruceros y barcos que pasan por aquí. Recuerdo mi primera visita en la que cinco cruceros atracaron al mismo tiempo. Con una media de cinco mil personas bajando a tierra, hacen un total de veinticinco mil turistas a la vez. Ni los mejores ejércitos que intentaron conquistar la ciudad disponían de tantos efectivos. Por cierto que esta ciudad nunca fue conquistada hasta Napoleón. ¿Por qué? Los gobernantes dominaban la diplomacia y la técnica del tratado, tanto es así, que aún hoy en día se estudian esas técnicas en Oxford y las mejores universidades americanas. ¿Por qué la conquistó Napoleón? Precisamente por una mentira,. Solicitó poder atracar en Dubrovnik para reparar los barcos y cuando lo hizo, detuvo al gobernador a punta de espada. Los únicos balazos que recibió la ciudad fueron en el siglo XX con la guerra de los Balcanes, en la que murieron mil quinientas personas, pero tampoco fue invadida. El hablar de mentiras me hace reaccionar. Vuelvo a mover el compás y el dedo índice por las cartas náuticas. Decido rápido mi destino. Quiero pasar delante de una de esas playas y elijo la de Sunj, en la isla de Lopud. Llego en un santiamén. Cojo los prismáticos para ver el pueblo de Kolocep. Busco la iglesia prerrománica para localizarlo entre los pinos y detengo la mirada en el castillo de Slipan. Echo un rápido vistazo a la playa, antes de continuar a KoruIa. Se identifica fácil en las cartas náuticas por su forma alargada. Esta es la isla donde dicen que nació Marco Polo. Cuando te aproximas, lo identificas también porque es una ciudad amurallada. No tan magnífica como Dubrovnik, pero a su modo mantiene un escala con ella. Palacios, iglesias con cuadros renacentistas, una catedral gótica y también playitas con arena. En fotos aéreas, parece una isla tropical, pues es una isla verde y rocosa rodeada por el mar turquesa oscuro del Adriático. Muchos la conocen por una piedra caliza blanca que hay aquí y digo que la conocen porque con ella se hizo el palacio de Diocleciano de Split y la Casa Blanca de Washington. Todo un espectáculo de contrastes, colores y matices. Me quedo en el puente de mando, pongo música. Me preparo un café y cojo unos bollos para disfrutar del paseo rumbo a Hvar. Llegaré en una hora y media aproximadamente. Me concentro en la mentira de Napoleón para conquistar, recordándome que no sobreviven los mejores sino los más fuertes y mentirosos.

Dice *el manual de Epícteto: "Actitud y manera de ser del no filósofo: Él no espera nunca de sí mismo su provecho o perjuicio, sino siempre de los otros. Actitud y manera de ser del filósofo: Él no espera sino de sí mismo, todo provecho tanto como todo perjuicio. Algunas señales del que progresa en el estudio de la sabiduría: a nadie censura, a nadie alaba, no se queda de nadie, y no acusa a nadie, no habla de sí como si él fuera o supiera algo. Cuando encuentra un obstáculo o alguien le impide lo que él desea, no las emprende sino consigo mismo. Si alguien le alaba, él se burla en secreto de su devoto, y, si se le reprende, no busca nunca justificarse; sino que, como los convalecientes, él explora y se examina, de temor de turbar e impedir cualquier cosa en ese comienzo de curación, antes de que su salud esté enteramente fortificada. Ha suprimido en sí, todo deseo exterior, y ha volcado su aversión sólo sobre las cosas que, dependiendo de nosotros, están en contra de la naturaleza. Tiene hacia todas las cosas sólo movimientos amables y sujetados. Si se le trata de simple e ignorante, no se apena. En una palabra, está siempre en guardia contra sí mismo como contra un hombre que le tiende continuamente trampas y que es su peor enemigo".*

Reprendo a los que anulan la cultura y defienden la solidaridad pero atacan las religiones y la caridad. Intento hacerles entender que solo se discute de nomenclatura. Enseño el ejemplo que sufrí en la Facultad cuando me suspendieron el primer parcial de Biología por poner "Transplante de embriones" en lugar de lo que aquel docente de tebeo llamado Tomás defendía de "transferencia de embriones". Trabajo en contra de estos adoctrinadores de pacotilla fracasados, reyezuelos idolatrados de nueve meses. Mejoro la ruta del yate porque me había distraído y con ello desviado de la ruta, del mismo modo que me desafecto de los recuerdos de mentiras que sufrí en la vida. Saco del bolsillo el cuaderno con las frases que recibí. Arranco las ya usadas y continuo con sus recuerdos.

- *Te amo.*- Es la que más veces he oído. Al final siempre me despido diciéndoles *"de todas tus mentiras, te quiero, es la que más voy a echar de menos".*

- *¡Soy una mujer¡*- Esta frase recuerdo perfectamente quién, cómo, y cuándo lo recibí. A simple vista y dicho fuera de contexto parece una obviedad como un piano. Ahora bien cuando te lo dicen tras ser pillada en una mentira, entonces el alma se te cae a los pies. Pensar que haya podido enamorarme de semejante ser me dan nauseas. ¿Qué concepto tiene esta persona de su

71

propio género? Es inconcebible que admita la mentira como algo genético y por ende, intrínseco a ellas.

- *¡Soy como soy¡-* Es una variante personificada de la anterior frase. Da por hecho que es así y no va a cambiar y quien la quiera deberá aceptar los desprecios, las cobardías, los cuernos y las mentiras. Es abominable concebir que alguien admite eso de sí misma como parte de su patrimonio.

- *Nunca cambio de opinión.-* Es otra variante a añadir a la anterior. En ésta, la diferencia estriba en que además de ser mentirosa, añade la soberbia. Está orgullosa de ser así. Además casi siempre va a cambiar de opinión en el resto de cosas.

- *Me duele la cabeza.-* La frase por excelencia de las mujeres cuando no quieren relaciones con la pareja. Parece un tópico, pero es sorprendente las veces que se sigue oyendo. De niños se usa la excusa de tener alguna dolencia para no ir a clase. De mayores los partes de baja en la seguridad social colapsan a los pocos funcionarios que ese día no emplearon la excusa. ¡Dios mío¡ ¿En qué sociedad estoy inmerso? ¿Cómo le explico todo esto a un extraterrestre que quiera entablar amistad con nosotros? No me extraña que solo aparezcan de vez en cuando y desde el cielo, yo tampoco hubiera bajado a este mundo si me hubieran preguntado primero.

- *Te creo y confío plenamente en ti.-* Nadie pone la mano en el fuego por nadie, por mucho que crea conocerle. Se puede dar la vida por otro, más fácilmente que confiar en esa persona a pie juntillas.

- *Me gustas desde el primer momento que te vi.* Es cierto que la primera impresión y el físico hacen posible esta frase. De hecho, estamos diseñados de esta manera para relacionarnos y reproducirnos. Ahora bien, cuando esta frase se dice al principio de una relación, es una mentira como un piano, pues es una estratagema para conseguir algo más. Cuando se dice pasados unos años de convivencia, puede ser motivo de creer que nos dicen la verdad, pero con la advertencia soterrada de que no cambiemos en el futuro.

- *No soy celosa.-* Admito ser el primero que lo dice y en realidad digo la verdad. No es que confíe en la otra persona, sino que confío en que si hay otro en su vida, me lo diga con el tiempo suficiente. No me voy a lamentar si se va con lo que trajo, pero sí me defenderé si pretende que encima sea yo el paganini. Cuando una mujer dice que no es celosa, suele estar advirtiéndote soterradamente de que si lo es y de que te montará un follón si te pilla. Queda entonces en cada uno, poner a buen recaudo el patrimonio si se quiere ser infiel, aunque yo recomiendo no seguir con ella.

- *Eres y serás siempre el único.-* Jugar tan descaradamente con el pasado, presente y futuro de los tiempos verbales es peligroso, porque ya de por si implica una mentira. ¿Nunca se besó con nadie? ¿Nunca paseó con otro? ¿Nunca lo hará en el futuro? Personalmente lo considero un brindis al sol si lo dice de corazón.

- *Ya te llamaré.-* Es la frase habitual de despedida de cualquier encuentro fortuito en el que prometemos llamar y seguir en contacto, y al mismo tiempo, todos sabemos que jamás hay esa llamada. Cuando lo oímos, debemos ser conscientes que para esa persona no somos nada, le importamos un pito, pero al menos no nos desea mal alguno. También es la frase habitual de las cartas de contestación en los procesos de selección de trabajo y todos conocemos el final.

¡Mentir¡, ¡mentir¡, ¡mentir¡ y ¡más mentir¡. ¿Esa es la maravillosa civilización que montamos y además queremos apostolar a cualquier aldea o pueblo al que llamamos tercer mundista? ¡Que se pare este mundo que me bajo¡ Me niego a seguir participando de algo falso. Lo considero y aborrezco, como esos plagiadores de ideas que piratean todo lo que tiene éxito y es bueno. Se apropian de frases, de culturas y lo estropean porque jamás aportan nada bueno. Al contrario, empeoran las calidades, las abaratan y las arrastran por el fango de la cultura del dinero. Bolsos, películas, coches, y hasta perfumes se copian, se mancillan y encima se parasitan diciendo *"Es como tal pero más barato"* ¡Mentira¡ ¡jamás podrás imitarle, copiarle o siquiera parecerte a él¡. Lo bueno de los imitadores, copiadores y falsificadores es que heredan nuestros defectos. Vomito al recordar los mercadillos, las calles, las tiendas y a los siniestros personajillos que desde la nada se enriquecieron mintiendo asemejándose a lombrices intestinales (tenias y tricostomas), o artrópodos epiteliales (piojos, pulgas y garrapatas). Defiendo la inspiración, pero no la mentira. Se los identifica fácil, porque cuando se alejan de ti siempre con un movimiento de distanciamiento para abandonar al acusador u opositor, posiblemente en dirección a la salida; y si tienen que enfrentarse con la verdad, siempre lo hacen ayudados por otros que amparan su cobardía propia de los despojos. Estoy llegando a Hvar. Me preparo para sacar las cañas y ver si pesqué algo. Lo hago. Efectivamente una dorada ha picado y en la otra caña, se llevaron el cebo. Lo recojo todo y preparo la comida "dorada a la sal", veinte minutos a 180° y lista.

Dice *el manual de Epícteto: "El deber se mide, en general, por la relaciones en las que encontramos nuestro lugar. ¿Es tu padre? Te ordena atenderle y obedecerle en todo, sufrir sus reprimendas y sus malos tratos. Pero es un mal padre. ¿Y qué?, amigo mío, ¿Es que la naturaleza te unió necesariamente a un buen padre?. No, ella te unió simplemente a un padre. ¿Tu hermano es injusto? Conserva, no obstante, respecto de él, tu rango de hermano, y no mires lo que él hace, sino lo que tú debes hacer, y el estado en que encuentras tu libertad, mira si haces lo que la naturaleza quiere que hagas. Pues otro no te ofenderá, ni te herirá nunca, si tu no lo deseas, no serás herido sino cuando tu creas serlo. Por este medio entonces, estarás contento siempre de tu vecino, de tu colega, de tu "patrón", si Tú te acostumbras a tener, estas relaciones, naturales, presentes siempre, ante tus ojos".*

Ya veo Hvar a lo lejos, aprovecho para echar el ancla y fondear en una cala mientras en la cubierta doy cuenta de la dorada. Esta isla se caracteriza por las plantas de lavanda que la aromatizan junto con los pinos. Me distraigo imaginando que desde el siglo XVIII al XVIII, toda esta zona paso por pertenecer a los romanos y seguir en manos del imperio austrohúngaro y terminar en el comunismo de Tito. Montañas de piedra caliza rodean por el oeste la ciudad de Hvar. Como todas las ciudades de esta zona, mantiene una plaza principal, una catedral renacentista con advocación a San Esteban, el ayuntamiento y un castillo. En este caso es el palacio de Hektorovic construido en el XV. Quiero un postre. Me levanto a ver qué había porque lo olvidé completamente con las prisas. Menos mal que hay un par de botes de conserva de pera en almíbar y de piña. Elijo la pera. Con las cartas náuticas, los prismáticos y la imaginación alcanzo a ver el otro puerto que tiene esta zona en la isla de Stari Grad, donde se han encontrado restos de los siracusos, a los que achacan la fundación de la colonia de Pharos en el siglo IV a.C. ¡Hace un par de días como aquel que dice¡ Yo solo entiendo mi comentario, me río de mi mismo por la chorrada y termino de comer. Echo los restos del pescado por la borda y la basura a su cubo. Me entretengo contemplando cómo los peces se comen los restos de su compañera y aprendo otra lección de lo que es la naturaleza. Levo anclas siguiendo mi ruta hasta Trogir. Todos la ponen como ejemplo cuando se refieren a lo que es una ciudad dálmata. Para mí, lo podría ser cualquiera de ellas y todas a su vez diferentes compitiendo en belleza. El primer día que vine me enamoré de esta costa. Recuerdo que venía con infinidad de problemas y la impotencia, junto con la resignación, hizo posible que llegase en solitario. La tristeza del principio fue dejando paso a un flechazo a primera vista. Siempre habría apostado a que mi vida terminaría en Toledo, y es cierto que lo añoro, pero la sensación de pertenecer a algún sitio, de ser acogido, la encontré aquí. Era como si ya nos conociéramos de toda la vida. Todo me era familiar y no me rechazaba. Siquiera el idioma supuso un obstáculo. A lo lejos veo el puente que une la ciudad de Trogir en la isla, con el continente. Declarada Patrimonio de la Humanidad en 1997, mantiene visibles los restos medievales, junto con su muralla de dos puertas. En mi primera visita, me senté a tomar una cerveza en una de las terrazas que han habilitado para los turistas en sus placitas. Varios palacios que recuerdan a Venecia y Dubrovnik se suman al conjunto y lo remata la catedral del XII. Si no hubiera dedicado el día a navegar, hubiera atracado para deleitarme paseando desde el puerto al castillo de Kamerlengo. Recuerdo que al amanecer de la primera noche que pasé aquí, fiel a mi costumbre, me levanté para ir al mercado de pescado y maravillarme con esta famosa construcción viva. Pongo rumbo a Split donde pasaré la noche y recordaré a Karina. Me lavo los dientes, cojo un café con hielo y me acomodo en el puente con el cuaderno de las frases mentirosas que tuve que resistir en mi vida.

- *No importa, a cualquiera le puede pasar.*- Muchos reciben esta respuesta tras un gatillazo. Yo la recibí tras un error en la Bolsa. El sentimiento de fracaso se une a la mentira que dorada en forma de consuelo, entraña un antes y un después en la relación. A partir de ese momento, el fantasma del fracaso va a rondar su cabeza, ella ya estará fuera de la relación y con el radar activo buscando a otro que te sustituya.

- *Me he dado cuenta que soy lesbiana.*- Si es cierto, ¡vale¡, lo admites y punto. Ahora bien, como sea una mentira, estás apañado, pues te dice que has fracasado como hombre hasta los extremos más profundos del abismo y está tan decepcionada del género masculino que preferiría éso antes de seguir contigo. La mentira implica un desprecio cruel del que difícilmente te vas a recuperar, salvo que hagas un formateado completo de tu cerebro.

- *El problema soy yo, no eres tú.*- Es una variante de la anterior frase, pero más compasiva. La chica es capaz de aceptar la culpa antes de decirte que eres un inútil y un estorbo. Claro que si es mentira, te dice lo mismo y encima te miente para que la eches la culpa y la dejes en paz.

- *El lunes empiezo la dieta seguro.*- No recomiendo a nadie vivir con una persona que todos los fines de semana de su vida va a estar amenazando con semejante discurso, pues aparte de ser mentira, la dieta la comienza el mismo fin de semana, y te fastidia las salidas, los amigos, y te amarga la existencia. Además no es ella la que se pone a dieta, sino toda la familia en piña debe someterse a las dietas que sus hermanas, amigas o redes sociales hayan definido como target para esa semana. Personalmente he estado sometido a alteraciones calóricas sin control sanitario cincuenta y cuatro semanas al año, durante más de ocho años. La frase es mentira e implica un comportamiento patológico obsesivo compulsivo (POC) de cuidado. De modo que si tu pareja empieza de este modo…¡huye¡

- *Nos vamos a dar una última oportunidad.-* Habitualmente lo decimos los hombres porque somos más tercos a la hora de romper una relación. Si lo dicen ellas, date por roto, porque en su mente ya ha habido un clic y jamás volverá a verte como antes. Será un tiempo que ella aprovecha para reforzarse antes de la ruptura definitiva.

- *He perdido tu teléfono.-* Jamás vi a una mujer perder un teléfono de alguien que le interesara de verdad. Cuando se oye la frase en cuestión es lo mismo que aquella de "ya te llamaré". Hay que ser consciente de que miente y lo peor es que le importamos un pito, pero quiere quedar bien porque le molestaría mucho que la mandases tú ¡a paseo¡. La mentira tiene esos detalles. Todo este tipo de frases similares las pronuncian los (o las) que yo denomino "bienquedas". La persona que miente evita enfrentarse con su oponente y puede girar la cabeza o posicionar el cuerpo al lado opuesto; mientras intenta quedar bien contigo. El caso es que no te respetan en absoluto.

Dice *el manual de Epícteto: "Igual que las siguientes proposiciones: "Es de día, es de noche" tienen gran valor cuando están disjuntas, y ninguno con la operación copulativa, así también no tiene valor alguno el querer todo para sí, sin miramiento por los otros. Cuando entonces, comas con otro, recuerda más la calidad de quien te invita, que la calidad de lo que se te servirá, guarda para con tu comensal el debido respeto".*

Recibo los últimos partes de meteorología. Los compruebo viendo que mañana tendré lluvia por la mañana cuando regrese a Cavtat. Al menos la noche será fresca y tranquila. Comienzo a prepararme para esa lluvia de mañana y que no me coja desprevenido. En el mar nunca se sabe, a pesar de que éste parezca un lago. Trato de entender a los marineros del pasado cuando sus barcos zozobraban en este mar. Traigo a mi memoria la pérdida de barcos de Ricardo Corazón de León a su regreso de las Cruzadas y cómo fue acogido por el gobernador de Dubrovnik, dejándole una de estas islas con todos los bosques existentes para reparar la flota. Agradecido, Ricardo donó una fuerte cantidad de dinero a la población. Escondo mi vergüenza al haber incluido a toda la sociedad humana como formadora de mentiras, cuando en realidad hay una parte de ella digna de admirar por otras cosas y que compensan con creces las mentiras que pudieran haber dicho. Miro hacia la costa y me sorprendo que ya esté a la altura de Sibenik. Otro núcleo ineludible por su catedral, palacios y fuertes. Cuando lo visité por vez primera, lo hice desde tierra surfeando el asfalto de las innumerables curvas que llevan al turista a esta ciudad de los blancos palacios. Inspiración veneciana como siempre desde el palacio Foscolo, a la Logia antigua pasando por el fuerte de Santa Ana, allá en lo alto. La plaza rodeada de iglesias, de una catedral reconstruida tras los bombardeos ortodoxos de los serbios en la guerra de los Balcanes de finales del XX. Me sobrecoge el pensar que a unos cientos de kilómetros se hayan desencadenado la primera guerra mundial con el asesinato del heredero austrohúngaro en Sarajevo, los principios de la segunda y la de los Balcanes en Serbia. De esta última hace menos de veinte años. Me sorprende una guerra al lado de casa. Me aplasta la idea de estar ante el último bastión cristiano frente a los turcos y musulmanes, porque a unas millas solo al otro lado está el Vaticano. Me sorprenden las medidas rigurosas que se exigen a la entrada de las iglesias cristianas frente al cachondeo que se aprecia en la primada catedral de Toledo, incluso el gran día de la Virgen del Sagrario en mitad de la misa con el arzobispo primado celebrando, como la última vez que subí a por agua del pozo de la Virgen. Entendí a Cristo echando a los mercaderes del Templo, porque sentí los mismos deseos. Más mentiras a soportar, ¡mucho tralarí, pero poco tralará¡, como decía una amiga mía cuando quería desacreditar a alguien que le había decepcionado. Decido continuar la travesía con el cuaderno de frases.

- *Es caro, pero lo voy a usar con todo.*- Mentira supina, porque lo guardará en un armario y solo lo usará una vez en su vida. Hay que extrapolar la frase a la pareja y pensar que si eso hace con algo que aprecia, qué no hará contigo.

- *Puedo perdonar cualquier cosa, menos la mentira.*- Esta frase la digo a menudo yo mismo, y es mentira. A lo largo de la vida he tenido que perdonar de todo y a casi todos. ¿Por qué? Primero porque quiero ser buen cristiano y ese es el camino. Segundo porque si no perdonase a nadie, estaría más solo que la una. Alguien puede decirme que estoy solo y tendría toda la razón, pero por propia decisión, no por desprecio de los demás, aunque también hay de eso.

- *Te quiero a mi manera.*- Es mentira, es egoísta y no te quiere. Abusa de tu enamoramiento y de que eres buena persona. En realidad se quiere a sí misma. El amor es entrega al otro. Es dar sin recibir. Es pensar primero en el otro y esta persona hace todo lo contrario. Luego miente y encubre su mentira y egoísmo, lanzándote un envite de "lo tomas o lo dejas".

- *Nunca voy a ser de esas madres primerizas que sólo hablan de caca y pañales.*- Cuando tienen al bebé, se pasan los primeros tres años del niño hablando de pañales, comidas, sueños, pises y cacas. Además en todo momento y lugar y cuando llegues a casa también, te tocará el tema y la limpieza, pero no contará para nada tu colaboración y pasarás a los anales de la historia como alguien que nunca colaboró porque supuestamente siempre lo hacía ella.

- *No me voy a acostar con él, sólo quiero saber cómo está.-* Es variante de otras frases como "es mi primo", "solo somos amigos" etc. que ya he comentado y no quiero perder más tiempo en ello.

- *Jamás perdonaría una infidelidad.-* Por lo general es cierto y yo mismo lo he cumplido. Ahora bien cuando te sueltan la frase al principio de la relación, es una mentira, pues solo es una advertencia de que necesita fidelidad y además de que te va a ir retirando amistades antiguas, horas con otras personas y estás ante una persona completamente absorbente.

- *No te voy a dar el gusto de verme llorar.-* Mentira, porque por lo general ya lo están haciendo. La cuestión es si es porque has sido culpable realmente de algo, o si no lo has sido. Dependiendo del contexto puedes estar ante una llorona compulsiva que te amargará la vida o ante una soberbia musculosa que te la destrozará. Mi consejo es que en el amor no cabe la soberbia pues forma parte del egoísmo, de manera que pasa y a otra cosa. Para distinguirlo recomiendo mirar si el cuerpo está encogido, porque si está mintiendo, es improbable que permanezca recto.

Distraigo mi mente con el parque nacional de Krka, que está a esta altura. Cascadas y lagos por doquier, a cual más bello entorno. Dos barcos ayudan a cruzar a la otra orilla y un paseo serpenteante de tierra y escalinatas de madera permiten pasar el día viendo los peces, las culebras de agua, las plantas y las aves. Es un paraíso natural de peregrinación de multitud de estudiosos de la naturaleza y uno de mis sitios preferidos para recordar mis años de veterinaria y biología. Para llegar hay que ir hacia Skradin, puerta de entrada al Parque Nacional Krka. Veré el entorno cuando identifique el monasterio de Visovac. Y para volver a la costa recomiendo venir por la carretera de la costa y contemplar las 147 islas del Parque Nacional Kornati, donde los romanos de Zadaryun iban de vacaciones. Una de las curiosidades que me contaron cuando visité el parque de Krka la primera vez es que no me quedase acampado para pasar la noche. El guía que me lo advirtió sacó un plano de la zona del bolsillo de la mochila y con su dedo índice señaló el nombre de la comarca. Lo miré sin darme cuenta al principio, hasta que caí en la cuenta. Estaba en el condado de Lika. Efectivamente el sustantivo que reúne a los hombres lobo denominándolos licántropos proviene de aquí. Luego puedo decir que estuve en la cuna de Marco Polo, del mismo modo que en la cuna de los licántropos. ¿Verdad o mentira? ¿Quién lo sabe? Tanto el falseamiento, como el ocultamiento son para mí, formas de mentir. Yo suelo pillar a los mentirosos de este estilo porque siempre recuerdan la historia que se inventaron, pero nunca de los motivos que provocaron esa mentira. ¿No es curioso que para unas cosas se recuerden detalles nimios y nunca se recuerde lo importante, como el motivo que lo detonó?

Estoy convencido que las verdades a medias y las verdades falseadas forman parte de las mentiras, a pesar de contener el término "verdad" en su denominación. Es tan retorcido que el mentiroso no se ve forzado a faltar en modo alguno a la verdad. ¿Cómo identificarlos? Solo podemos basarnos en pequeños detalles. El primero es cuando el mentiroso se equivoca por sí solo. El segundo detalle es su tono de voz, un desliz verbal o ciertos ademanes podrían traslucir sus auténticos sentimientos. Dicho de otro modo, dependemos del error del otro, o de nuestra impresión. En las selecciones de personal, son harto frecuentes los embustes sobre el curriculum que presentan, la experiencia, el cargo, el tiempo, etc. y los heat-hunter nos enfrentamos a este tipo de cacería, del "menos mentiroso". Nos fijamos en su cuerpo, sus ojos y su pecho, para detectar cambios de expresiones, un movimiento del cuerpo, una inflexión de la voz. El hecho de tragar saliva, un ritmo respiratorio excesivamente profundo o superficial, largas pausas entre las palabras, un desliz verbal, una microexpresión facial, o un ademán que no corresponda. Por lo general, los candidatos a una selección de personal vienen ya de tantas entrevistas que se saben de memoria el diálogo y cometen pocos errores ¿Pero por qué no sucede esto en todos los casos? Las razones son dos, una de ellas vinculada con los pensamientos y la otra con los sentimientos. Cuando les cambias el orden del curriculum, o de las preguntas habituales, suelen ofrecer esos indicios de mentiras. También se les descoloca cuando se les solicitan demostraciones de lo que aseveren. La necesidad de pensar de antemano cada palabra antes de decirla, les descompone el plan prefijado de mentiras. Si se les deja hablar no presentaran ninguna incongruencia, pero si se les hace repetirlo cambiando el orden, las pausas serán excesivas, contracciones de parpados, ensanchamientos de aletas nasales, etc. Personalmente me encanta decirles a la cara y sin perder su mirada, *"sé que me has mentido... (pausa) te doy la oportunidad de rectificar"*. Esto suele ser mano de santo, porque ante las bajadas de vista, titubeos, tartamudeos, etc., son dignos de grabar y presentarlo como obra teatral. Todo se debe a que el pánico que les da el ser sorprendidos en su engaño se apodera de ellos y desencadena las señales visibles y audibles. Personalmente lo considero como un éxito de la conducta y de la naturaleza humana. Este cambio debe ser brusco y repentino, pues si se le da la oportunidad de que sea paulatino, el mentiroso se acostumbra y se adapta a la nueva situación ocultando lo que está experimentando. Aunque el ocultamiento tenga éxito y la emoción no trascienda, a veces se advertirá la lucha misma y será una pista sobre el embuste. En el otro caso de mentiras, las de falseamiento, hay que tener presente que la necesidad del sujeto por mantener la falsedad oculta es tan fuerte, que el método anterior no siempre es válido. La respuesta facial es de arqueamiento de cejas, para disimular su enfado que se expresaría con la fruición de las mismas. Es decir, son síntomas contrarios a lo que se experimenta. De esta lucha interna entre lo que se siente y la emoción falsa es de donde podemos certificar a un mentiroso, pues esos mismos detalles son los que le traicionan. La mentira por falseamiento, no es solo de cambiar los sentimientos, puede implicar también un ocultamiento. Entonces, estaremos ante una mentira mixta y por tanto cambiante constantemente. Lo bueno es que las emociones aparecen. Lo malo es que una vez que aparecen deben ocultarlas. ¿Cómo lo resolvemos? Pues sabiendo que el miedo a ser descubierto y el sentimiento de torpeza le va a traicionar en cuanto tenga que demostrarlo. En ese momento afloraran infinidad de justificaciones o lo dicho anteriormente se repetirá a modo de mantra.

Reconozco que me harté de hacer de detective de mentiras, porque cada vez que descubría una, el dolor era tremendo y perdía a alguien en el camino. Uso la verdad como método para que me premien en la siguiente vida aunque en ésta sea un suicidio ir con la sinceridad como bandera. Ingiero pescado porque lo atrapo y el fosforo me ayuda a mantener las circunvoluciones cerebrales en actividad. Escribo para no volverme loco, para desahogarme, para transmitir mis cicatrices y evitar que otros muchos caigan en los errores repetitivos que cometemos los humanos tropezando todos en la misma piedra una y otra vez, sin que nadie le advierta al de atrás, no vaya a ser que encima le llame "pringao". Muero un poco más cada día y lo compenso en equilibrio con lo que viví y dejé atrás para quien lo quiera usar. Miro el radar del barco pues cae la tarde y ya no se ve bien el horizonte. Me alegro porque estoy a un paso de Split. Lo formidable de esta ciudad es que el casco viejo enterito es el palacio de Diocleciano. Lo curioso es que el mayor perseguidor de cristianos de su época como lo fue este emperador romano, uso esclavos cristianos para construirlo y hoy en día son dos mil cristianos los privilegiados que viven en él. Cualquier guía de viajes nos introduce diciendo que allí se mezcla la historia y el arte de Europa, y te los imaginas como una pareja cogidos de la mano paseando por las calles, claustros, sótanos, torres y monasterios. En la foto que hay en el paseo marítimo de Split se describe el palacio, pero lo que me llamó la atención es que el mar llegaba hasta las murallas. Es decir, lo que hoy paseamos como puerto es una ganancia al mar muy posterior. Otra curiosidad en la que Diocleciano debe estar retorciéndose es que su mausoleo es hoy en día la catedral. El emperador romano Gaius Aurelius Valerius Diocletianus, dálmata de nacimiento, eligió a Spalatum (Split) el año 305 para su jubilación. Cuando se construyó solo existían una villa romana y el campamento militar. Todo ello rodeado por unas murallas. Creo que de unos veinticinco o veintiocho metros de alto.

Para su construcción, el emperador eligió piedra caliza de la vecina isla de Brac y ladrillos de Salona (la actual Solin). Materiales perfectos para soportar el paso del tiempo. Prueba de ello es que el palacio es uno de los legados mejor conservados del Imperio Romano a pesar de precisamente eso, gracias a que sus fuertes muros se funden con las casas, hoteles, museos y cafés vecinos. El conjunto histórico de Split, 17 siglos después, atrae a millones de visitantes cada año y es Patrimonio Cultural de la Humanidad. En total 215 metros de largo y 180 de ancho.

Existían torres de vigilancia y me llama la atención el hecho de que para la organización de la guardia se hicieran las torres de las esquinas cuadradas y las de las puertas octogonales. ¿Qué materiales se emplearon? Mármol de Egipto y piedra de las islas cercanas. La primera vez que vine me atrajo como curiosidad que todas las esfinges traídas de Egipto como decoración, estuvieran decapitadas. Luego me explicaron que con la entrada de los cristianos, esas figuras idólatras y con mucha magia detrás, no podían estar allí y menos a las puertas de la catedral. De modo que en lugar de quitarlas, las decapitaron siguiendo la tradición esotérica. Es imposible perderse, pues es un cuadrado dividido en cuatro partes por dos calles principales, el Cardo (orientada norte-sur) y el Decumanus (que enlazaba el este con el oeste). La entrada que los turistas hacen hoy en día es por los sótanos. ¿Por qué? Porque con los derrumbes esta parte quedo aislada y cuando se descubrieron estaban tal y como Diocleciano los construyó, luego es el único elemento en el que menos nos pueden mentir y eso es de agradecer. En los sótanos vivian los esclavos y hoy en día los tenderos de recuerdos, lo que no deja de será anecdótico, porque hoy en día los esclavos son los autónomos que tenemos cinco veces menos derechos que nuestros empleados y cinco veces más obligaciones que ellos ¡El mundo al revés¡

Amarro el barco enfrente de la fachada orientada al mar. Otrora se podía ver una galería columnada. La puerta de esta ala, llamada de Latón, es la más sencilla porque correspondía a la de servicio que debía atender a las cargas que llegaban por el mar. Este recinto tiene también la puerta de Oro, que es acceso principal al palacio. Se la reconoce por los arcos y torres mejor decorados. En cambio, la puerta de Hierro es la mejor conservada. Está al lado de la Torre del Reloj. Los arquitectos Filotas y Zotikos, añadieron la puerta de Plata para recorrer mejor el perímetro amurallado. El cruce de las dos calles da lugar a una placita en donde todo el mundo se concentra, también lo hace un bar que debe competir con los asistentes a los espectáculos. Llama la atención el acuerdo para distinguir quién es el cliente del bar y quien es el espectador. El bar deja una serie concreta de almohadillas de color rojo (el mismo que el toldo de la entrada) y cada cual decide sentarse o no. Si lo hace en el almohadón, debe consumir. Desde esta plaza o peristilo, las comunicaciones son fáciles con los templos de Venus, Cibeles y Júpiter, con la catedral del VII que contiene la advocación y el cuerpo a San Duye. El cuerpo de Diocleciano fue retirado de su mausoleo. Tampoco creo que a Júpiter le hiciera gracia que su templo fuera sustituido por el baptisterio de San Juan, por mucho relieve prerrománico que tenga, pero esta es la vida y siempre terminan ganando los originales y los buenos, todas las imitaciones se terminan pudriendo junto con los malos. Decido quedarme la noche en el barco. Ceno en uno de los restaurantes del paseo marítimo de Split y regreso al barco.

Me duermo con lo que decía Fedor Dostoiewski en *Crimen y castigo*: *"Otros pensamientos acudieron a su mente. Le aterraba la idea de pasar ante el banco donde se había sentado a reflexionar cuando se marchó la muchacha. El mismo temor le infundía un posible nuevo encuentro con el gendarme bigotudo al que había entregado veinte kopeks. «¡El diablo se lo lleve! Siguió su camino, lanzando en todas direcciones miradas coléricas y distraídas. Todos sus pensamientos giraban en torno a un solo punto, cuya importancia reconocía. Se daba perfecta cuenta de que por primera vez desde hacía dos meses se enfrentaba a solas y abiertamente con el asunto. «¡Que se vaya todo al diablo! -se dijo de pronto, en un arrebato de cólera-. El vino está escanciado y hay que beberlo. El demonio se lleve a la vieja y a la nueva vida... ¡Qué estúpido es todo esto, Señor! ¡Cuántas mentiras he dicho hoy! ¡Y cuántas bajezas he cometido! ¡En qué miserables vulgaridades he incurrido para atraerme la benevolencia del detestable Ilia Petrovitch! Pero, ¡bah!, qué importa. Me río de toda esa gente y de las torpezas que yo haya podido cometer. No es esto lo que debo pensar ahora...» De súbito se detuvo; acababa de planteársele un nuevo problema, tan inesperado como sencillo, que le dejó atónito. «Si, como crees, has procedido en todo este asunto como un hombre inteligente y no como un imbécil, si perseguías una finalidad claramente determinada, ¿cómo se explica que no hayas dirigido ni siquiera una ojeada al interior de la bolsita, que no te hayas preocupado de averiguar lo que ha producido ese acto por el que has tenido que afrontar toda suerte de peligros y horrores? Hace un momento estabas dispuesto a arrojar al agua esa bolsa, esas joyas que ni siquiera has mirado... ¿Qué explicación puedes dar a esto?"*

CAPÍTULO IV

Sueles decirme mentiras y yo para no dañarte, aparento que me las creo. (Maese Mercader)

Decía Alfonso X el Sabio en *Las siete partidas: "Ley 8: Las leyes han de ser cumplidas y cuidadas y miradas para que sean hechas con razón y las cosas hechas según naturaleza; las palabras de las leyes han de ser claras para que todo hombre la entienda y guarde en su memoria: Otrosí deben ser sin escasez y sin punto para que los hombres del derecho saquen razones torcidas por su maldad, y muestren la mentira por verdad y la verdad por mentira"..."Ley 3: Menguadas no deben ser las palabras del rey, y serían tales en dos maneras: la primera, cuando se partiese de la verdad, y dijese mentira a sabiendas, en daño de sí mismo, o de otro, pues la verdad es cosa derecha e igual, y , según dijo Salomón, no quiere decir desviación ni torcimiento, y además dijo nuestro señor Jesucristo por sí mismo que Él era la verdad. Y por esto los reyes que tienen su lugar en la tierra, y a quienes pertenece guardarla, mucho deben procurar que no sean contra ella diciendo palabras mentirosas. La segunda manera de mengua de hablar sería cuando dijese las palabras tan breves y tan aprisa que no las pudiesen entender aquellos que los oyesen, y según dijeron los sabios, comoquiera que el hombre debe hablar con pocas palabras, por eso no lo debe hacer en manera que no muestre bien y abiertamente lo que dijere; y esto debe el rey guardar más que otro hombre, pues si no lo hiciese, tendrían los que oyesen que lo hacía por mengua de entendimiento o por embargo de razón. Y además, cuando él mintiese en sus palabras no lo creerían los hombres que lo oyesen, aunque dijese verdad, y tomarían de allí ocasión para mentir; otrosí, cuando mostrase su razón de manera que no le entendiesen, no le sabrían responder ni aconsejar en lo que dijese"..."Ley 5: Dios solo no puso la lengua al hombre para gustar, más aún para hablar y mostrar su razón con ella; y bien así como le dio sentido en el gustar para distinguir las cosas sabrosas de las otras que no lo son, otrosí se lo dio en las palabras para hacer distinción entre la mentira, que es amarga y a la que aborrece la naturaleza que es sana y cumplida, y la verdad y lealtad de las que se paga el entendimiento del hombre bueno, y recibe gran gusto con ella. Y por ello el pueblo, semejante de esto, según dijeron los sabios, debe siempre decir palabras verdaderas al rey, y guardarse de mentirle llanamente y de decirle lisonja, que es mentira compuesta"..."Ley 1: Laese maiestatis crimen, en latín tanto quiere decir en romance como yerro de traición que hace hombre contra la persona del rey. Y traición es la más vil cosa y la peor que puede caer en corazón de hombre, y nacen de ella tres cosas que son contrarias de la lealtad, y son estas: injusticia, mentira y vileza. La traición tanto quiere decir como traer un hombre a otro, bajo semejanza de bien, a mal; y es maldad que echa fuera de sí la lealtad del corazón del hombre; y caen los hombres en yerro de traición de muchas maneras. La primera y la mayor y la que más fuertemente debe ser escarmentada es si se trabaja algún hombre en la muerte de su rey o en hacerle en vida perder la honra de su dignidad; trabajándose con enemiga que sea otro el rey, y que su señor sea desapoderado del reino".*

Dos días estuve en Split recordando a Karina. El destino quiso que Ivana estuviera por allí y nos encontráramos. Dejo pues para mi memoria los dos días con ella en Split y marco esta ciudad como afortunada en mis amores. Vengo a la realidad presente en mi terraza de Cavtat. Repito las rutinas matutinas como homenaje al costumbrismo de esta sociedad humana en la que me incluyeron. Espero a desperezarme correctamente antes de decidir mi destino de hoy. Veo el parte meteorológico en mi iphone y compruebo que no hará mucho calor, pero tampoco lloverá. Decido arreglarme, coger el sombrero de paja y un bastón, para embarcarme en el ferry con destino a Dubrovnik. He metido en el bolsillo otra carta de despedida que envié a otra mentirosa de mi vida. Puede parecer que soy algo masoquista recordando constantemente el pasado, pero sinceramente creo que si no soy capaz de cerrarlo, ¿seré incapaz de intentar construir algo nuevo en estos veinte años que me restan de vida? Además, intento encontrar el razonamiento para compensar el desequilibrio de males, con el de bondades y no certificar que he tirado a la basura los primeros cincuenta. Dicen que estoy pasando la crisis de los cincuenta que en las mujeres es el de los cuarenta. ¡No lo sé¡. Lo que tengo claro es que he vivido intensamente en muchos sectores y lugares, que he estudiado todas las disciplinas existentes y profundizado en lo humano y divino, que he tenido experiencias terrestres y sobrenaturales, que he conocido a cientos de personas, por no decir miles contando con las que he seleccionado para puestos de trabajo y que he conocido íntimamente a ciento ocho mujeres. Bueno, el ferry emboca la salida del puerto de Cavtat con destino a Dubrovnik. Me acomodo en cubierta dándome el aire en la cara. Cierro los ojos y recuerdo la carta que tengo en el bolsillo, junto con las imágenes pasadas con aquella chica. Dice así:

Hola cariño:
"Es difícil de entender que en una relación de dos años contigo nunca me diera cuenta de tus mentiras. Me duele que acabe así, como si no hubieran pasado y con dolor en el recuerdo. Contigo me pasó como siempre que me enamoré de alguien. ¿El qué? Pues lo mejor de la relación, el sentirte, el ver cómo los

cuerpos se engranaban al entregarse mutuamente, el cogerte de la mano y por la cintura, el roce de tus labios y el paso por ellos de mi lengua, lentamente, apenas tocándolos. También creo que vas a ser la mujer de mi vida, la que va a compartir mis viajes de la vejez, y yo tus deseos no cumplidos en la juventud. Es fantástico enamorarse pero triste y doloroso alejarse para olvidar que ese amor fue forjado con materiales baratos, con moldes de mentiras y engaños. Nadie sabe nunca que ha de pasar mañana. Es duro aceptar que lo nuestro ya no daba para más, que todo había cambiado, que tu manera de ser no era la misma, que yo me cansé de tus faltas de respeto hacia mí y de tus desprecios. Durante mucho tiempo me negué a aceptarlo y creí poder superarlo como una mala racha en la relación. Que solo eran obstáculos que impedían que nuestro amor se fortaleciera. No puedo con tus mentiras y engaños. Quizás no tuve suficientes bemoles para admitirlo antes, pues tus actitudes te delataban. Fue cruel saber que todo tu amor era mentira que no signifique nada para ti, pero hoy se que a pesar de todo lo que paso nunca vas a cambiar. Ojalá encuentres a alguien que lo aguante o que te enamores de verdad de alguien y no por lo físico, ni por su posición social que dices que buscas, sino por su corazón y su respeto hacia ti. Ojala algún día valores las cosas que te da la vida, y seas feliz con el hombre que quieras. Pero no andes por el mundo engañando como lo hiciste conmigo. Desde mi rabia interior podría decirte que deseo encuentres la horma de tu zapato, pero me engañaría a mí mismo. Podría decirte que no te deseo ni lo mejor, ni lo peor y solamente que te vaya bien, pero también me mentiría a mí mismo. Estuve enamorado de ti y quise lo mejor para ti. Quizás no sepa transmitir lo que corre dentro de mí como el resto de las personas y quizás sea por ellos que muchas veces no me creías. Lo admito, pero eso no cambia el hecho de que quiero que seas feliz. Un último beso y Adiós.

Abro los ojos. El mar me baña con sus salpicaduras. Mantengo sus imágenes en mi retina y mientras se disipan por mi vuelta a la realidad, desde esta cubierta que mira al horizonte le digo "Buena singladura en tu vida, cariño"

Dice *el manual de Epícteto: "No te llames filósofo, ni hables bellas máximas ante los profanos; sino haz lo que tales máximas prescriben. Por ejemplo, en un festín, no digas cómo hay que comer, sino come, hay que hacerlo. Y recuerda que Sócrates, rechazó toda ostentación y fastuosidad, tanto que, cuando los jóvenes le pedían les recomendara un filósofo, él mismo les conducía, sin quejarse, por el poco caso que de él hacían. Si se da la ocasión de hablar de cosas bellas entre profanos, guarda silencio: pues hay el gran peligro de tener que dar cuenta de lo que tú no has digerido. Y cuando alguien te reproche que nada sabes, y tú no te molestes, sábete que comienzas a ser filósofo. Pues no es por cuánta hierba han comido, que las ovejas muestran a los pastores su producto, sino, luego de que hayan digerido la pasta en su interior, es por la lana y leche que ellas producen. Igual tú, no expongas ante los profanos bellas máximas, sino, si las has bien digerido, hazlas aparecer a través de tus acciones".*

Alcanzo Dubrovnik. Desembarco en el minúsculo puerto amurallado. Muevo la mirada para centrarme y decidir por dónde comienzo la visita. En la antigua Ragusa es imprescindible contemplar la vista desde lo alto de las murallas y pasear por su avenida principal, la Placa. Recuerdo que Placa hay en Atenas y aquí hay mucha influencia también de aquella zona, no en vano la Macedonia de Alejandro Magno está a dos remadas y media lanzadas al sur. Cierro los ojos. Me quedo estático en este muelle del puerto para percibir los olores e imaginarme el paso de todas las civilizaciones. Me imagino a los romanos con las murallas y después a los medievales venecianos construyendo sus palacios. A los otomanos intentando conquistarla y todo decorado por maridajes de colores azules y los verdes. Inspiro profundo porque me enamoré de la costa dálmata. Esta maravilla de piedras, palacios, iglesias y plazas permanece encerrada en una muralla sobre el mar ¿Por qué? Porque es ¡la perla del Mediterráneo¡. Me distraen los ruidos de los innumerables comedores y restaurantes que preparan las terrazas. Los carretilleros van y vienen del puerto a los establecimientos sin prisa pero sin pausa, para que la mercancía fresca no se estropee por el calor que comienza a hacer acto de presencia. Las tiendas de recuerdos para turistas hacen lo propio y se disponen a recibir a los treinta mil turistas que tomaremos la ciudad en unas horas. Aunque en realidad, lo mejor será por la noche, con la iluminación de cuento de hadas y las miles de personas cenando, bailando, y paseando por este paraíso de privilegios. Mientras me dirijo al otro extremo y llego a la puerta Pile como suelen hacer la mayoría de turistas para hacer la entrada de manera ortodoxa, recuerdo que fue fundada por los romanos en el siglo VII. Fue bizantina, veneciana, húngara e independiente en 1384 bajo el nombre de Ragusa. Poseyó una poderosa fuerza naval que la hizo rica y próspera. Sin embargo, Dubrovnik vivió tres ocasiones amargas: en 1667, cuando un terremoto la dejó en ruinas, con Napoleón en el XIX y en 1992 bajo los misiles serbios.

Esta ciudad fue reconstruida con fondos de la Unesco. Atravieso la puerta y me llego a la explanada de los autobuses. Éstos llegan por la carretera de la costa que sigue hasta Trsteno, o "trstika", lo que viene a significar "cañaveral" por su abundancia, y denota la riqueza acuífera de esta zona. En esta plaza todo el mundo espera a la sombra de los árboles, pero pocos se aperciben que la mayoría lo hace debajo de solamente dos de ellos. Miro hacia arriba para ver los dos plátanos gigantes con más de 400 años de antigüedad a los que debemos agradecer su protección del sol. Disculpo a la gente por su desagradecimiento pues la ciudad ofrece vistas increíbles desde cualquier punto y es difícil mirar a los árboles. Me asomo a la terraza para tener la visión de la calita en donde las canoas hacen un recorrido por el exterior amurallado. Regreso al puente de piedra sobre el antiguo foso de las murallas que comunica la puerta Pile con la ciudad. Lo primero que se ve al pasar las escalinatas o la rampa, según se decida, es la Fuente Grande de Onofrio que emboca la calle principal Straden o Placa, que atraviesa de este a oeste la ciudad. Es decir, desde la tierra al puerto. La ciudad es tan fácil de recorrer que no hay letreros con indicaciones para las ubicaciones, como en el resto de ciudades del mundo. Básicamente esta calle principal tiene una paralela a un lado y otras tres al otro. El resto son perpendiculares que cuadriculan la planta del recinto amurallado. Además, para los más torpes, todo está visible, como los palacios, la catedral o los monasterios, por no decir las murallas y el puerto. Otra ventaja de esta ciudad es que hay dos fuentes en cada extremo, la grande y la chica y con agua potable sin límites. Mientras contemplo el paso de turistas y analizo comportamientos humanos, recuerdo los restos prehistóricos que se encontraron en el fondo del canal de Koloéep en Slano. Antes de ir entrando en cada edificio sin orden ni concierto, analizo lo que me rodea. Por ejemplo, fijo la mirada en el convento franciscano de 1420 y en una iglesia parroquial que se remonta a 1758. Recuerdo el otro jardín que tiene la ciudad perteneciente a la residencia Gucetic. Fue creado en el 1502 y hoy conocido como Arboretum de la Academia de Ciencias de Zagreb. La vida siempre da vueltas curiosas, y del mismo modo que el mausoleo de Diocleciano es hoy la catedral de Split, aquí, los antiguos palacios son museos y establecimientos de dicados al turismo. También le ocurre lo mismo al mar que nos rodea de tal forma que a lo largo del canal formado por el Rijeka Dubravka se suceden pequeñas poblaciones y edificaciones modernas. En este instante recuerdo como ejemplo, el actual puerto deportivo de Dubrovnik en contraste con el puerto antiguo en el que otrora fondeaban, Carabelas, Naos y Carracas. La Carabela: de origen francés, y muy usado por los españoles, su uso era por su reciedumbre con un toque de velocidad. Poseen una velocidad de barlovento de 5 nudos y velocidad de sotavento de 12 nudos; puedes cargarlo con 100 tripulantes y armarlo con 35 cañones por costado. Nao: embarcación de cubierta y velas que se distinguía de las barcas y galeras en que no tenía remos. Poseen una velocidad de barlovento de 4 nudos y velocidad de sotavento de 8 nudos; puedes cargarlo con 40 tripulantes y armarlo con ocho a dieciocho cañones por costado. Carraca: uno de los mejores barcos militares de origen holandés, mezclan la velocidad de sus cuatro mástiles con la potencia de fuego. Poseen una velocidad de barlovento de 5 nudos y velocidad de sotavento de 12 nudos; puedes cargarlo con 130 tripulantes y armarlo con 40 cañones por costado. En el 615, los avaros arrasaron Dalmacia y todas las gentes de Epidaurum (Cavtat) vinieron a refugiarse aquí, es decir a lo que ellos conocían como la ciudad romana de Ragusium. Esta huida trajo la prosperidad a Ragusa, gracias a los bizantinos primero, independiente después y de 1205 a 1358 estuvo bajo el poder de Venecia. Así estuvieron hasta la muerte de Ludovico en 1382 en que pasaría a manos de Hungría. Durante la independencia desarrollaron un sistema diplomático de tal grado, que hasta los turcos pactaron un tratado de no agresión. Este pacto ha sido muy poco reconocido por la iglesia católica, hasta Juan Pablo II que vino a consagrar la catedral y otorgarles el reconocimiento de "Estado escudo" entre el imperio otomano y el Vaticano. En la época de Marco Polo, estaba regida por el Gran Consejo, cuyos cargos vitalicios acaparaban los notables de las grandes familias, así como por el Senado de la ciudad. El poder ejecutivo lo ostentaba un Consejo Menor, formado por siete miembros y dirigido por un regidor que sólo permanecía en el cargo un mes, a fin de evitar en lo posible la preeminencia de un individuo o una familia. Cuando lo oyes por primera vez no das crédito a que este sistema tan cambiante no cayese en una espiral de remolino autofagocitante y en cambio llevase a la ciudad entre los siglos XV y XVI a tener una enorme flota mercantil, diplomáticos en casi todos los lugares mediterráneos y una enorme cultura de todo tipo en crecimiento. La pena fue el terremoto del 1167, la ocupación por mentira de Napoleón en 1806, la disolución como república en el 1808, el que fuese provincia Austrohúngara desde 1814 al 1918 y los bombardeos del 1991 y 1992 por parte serbia. A cambio, Dubrovnik ha proporcionado gente impresionante, tales como el matemático Marino Ghetaldi, el poeta Ivan Gunduli, y el matemático y astrónomo jesuita que fundó el observatorio milanés de Brera, llamado Ruggero Giuseppe Boscovich. Cualquier guía al que se pregunte, siempre propondrá dos rutas alternativas para visitar esta ciudad. La primera entrar por la puerta que acabo de pasar, la puerta Pile e ir recorriendo calles, conventos, iglesias, etc., para terminar dando la vuelta por las murallas y la segunda ruta la de visitar los barrios que rodean las murallas y que ellos denominan periféricos, para ver algunos monumentos que quedaron fuera de las murallas. A veces se recomienda coger el teleférico para subir al castillo fortaleza y ver desde dónde se bombardeaba y se defendía la ciudad. Allí se observa una gran cruz blanca. Los serbios la destruyeron y los ciudadanos le reconstruyeron con troncos, como demostración de que ni musulmanes, ni ortodoxos podrían quebrantar su fe o su ánimo. Llama la atención que hoy en día existan una iglesia ortodoxa y una sinagoga en medio de la ciudad, como demostración de que el cristianismo acoge y respeta todo aunque nunca sea acogido, ni respetado por los demás. Vuelvo la mirada sobre mis pasos para contemplar la Puerta Pile. Está situada en un bastión semicircular precedido por un puente de piedra, construido en 1537 (cuando se amplió). Decido comenzar por las murallas. Respondo a la taquillera que ¡sí¡, que quiero dar la vuelta completa y no solo un tercio como suele hacer la mayoría de turistas. Conduzco mis oídos a las conversaciones que mantienen las parejas que me rodean. Identifico al menos seis idiomas diferentes, de los cuales, consigo entender cuatro. Estudio las frases y sonrío tristemente al comprobar que se repiten las frases de mi cuaderno. Disimuladamente lo saco de mi bolsillo y voy punteando las que oigo.

- *Me caen bien tus amigos.*- Le dice un chico a su compañera, haciendo referencia a los nuevos amigos de viaje que el destino les ha puesto al lado. Evidentemente, el chico miente, porque ha planeado un viaje a solas con ella y ahora ella decide compartirlo con otros cuatro. Las decisiones de donde comer, de qué ver primero y por dónde ir, ya no es cuestión de la pareja, sino de una especie de democracia impuesta por el más popular, que le hace sombra al chico.

- *Eres el mejor en la cama.* Le dice la chica como si hubiera leído los pensamientos de su novio, representando las dudas y los celos. La observo para comprobar dónde miran los ojos de la chica mientras lo dice y efectivamente miran al popular del grupo en un cruce de miradas muy sospechoso. Ante lo cual, el popular tiene clara la invitación que le acaban de hacer, unido a una especie de reto. El novio se autoengaña, se recompone y apoya la decisión de ir por donde el popular acababa de proponer.

- *Me gustas tal como eres, no cambies nunca.*- Le remata la chica, y esta vez sí que le mira directamente a los ojos, acabando de advertirle que si no permite los cuernos que le van a poner será abandonado en la popa del crucero y habrá financiado el encuentro con el popular. ¡Qué triste es admitir de este modo las mentiras¡ Y lo peor para mi es entender lo que a mí también me ocurrió alguna vez. Decido seguir al grupo a una distancia prudente para cotillear las conversaciones de esta pareja, con la que me siento identificado en alguna de mis relaciones.

-   *No estoy enojada y no me enojo con facilidad.*- Le dice la chica, ante la pregunta directa del novio. Efectivamente miente. Está a disgusto, porque ahora le apetecería ir delante, colgada del brazo del popular del grupo y pone cara mohína.

-   *El dinero no lo es todo.*- Le dice más tarde el chico en un momento dado. La chica le mira con desprecio y cara de interrogarle "¿Eres tonto?".

-   *Claro que te perdono, si ya se me había olvidado.*- Le dice ella a continuación, tras la petición de reconciliación del chico. No es que le haya perdonado, sino que le encanta la idea de sumisión que el chaval va adquiriendo.

-   *Soy una señorita y no hago eso.*- Oigo un rato después, mientras veo cómo la pareja se separa y la chica se dirige al frente del grupo a reencontrarse con el popular. Será muy señorita y no sé si hará lo que le ha propuesto el chico, pero su actitud sí que es susceptible de otros calificativos. Me apena el chico, porque me identifico en el recuerdo con él y soy consciente cómo terminarán las vacaciones. Soy consciente del trabajo de planificar las vacaciones, de ahorrar y del sentimiento de fracaso ante los desprecios. La pareja y el grupo optan por otra dirección y yo sigo con mis visitas. Tacho del cuaderno las frases usadas y sigo leyendo. Oteo por si veo a otra pareja que me sirva, pero decido seguir a mi placer.

- *Con otras personas usaba preservativo, contigo sólo quiero hacerlo.*- Recuerdo que cuando aquella chica, (auxiliar de clínica) que trabajaba conmigo y salíamos de vez en cuando me lo dijo, se me cortaron hasta las ganas de comer, porque todos los pelos se me erizaron. La convencí para usarlo, pero ella insistía una y otra vez. Por no sé qué motivo, decidí romper con ella. Casualmente a los siete meses se dio de baja por embarazo. Dicho de otra manera, que si aquel día y siempre, no hubiera usado el preservativo, me hubieran encasquetado el hijo de otro, los cuernos anteriores y posteriores y el plan de pensiones que hubiera tenido que darle en forma de manutención. ¡Ufff…¡ La verdad es que años más tarde y analizando los por qués de no querer hacerlo sin protección y ella seguir insistiendo, saco en conclusión, que lo que me detuvo fue su actitud. Pues había poco o casi ningún contacto físico mientras lo decía, contrario a lo que cabía esperar, durante el intento de convencerme mintiendo.

Dice *el manual de Epícteto: "Al cumplir los catorce, las mujeres son llamadas, por sus maridos, señoras. Ellas entonces, viendo en ello, que no se les considera sino para el placer que ellas procuran, no sueñan otra cosa que cargarse de artificios y adornos, poniendo sus esperanzas en baratijas. Nada es más útil y necesario que aplicarse en hacerse entender que no se les honrará y no se les respetará sino por su sabiduría, pudor y modestia".* Me dirijo a la entrada para subir a las murallas. Conduzco la mirada de manera sucesiva y encadenada a todas las posibles vistas. Estudio los detalles que el tiempo me permite. Viajo con los pies por la ciudad amurallada y con la mente por el tiempo para formar parte de la intrahistoria de este adriático lugar. Necesito comida y bebida para el cuerpo, fe, esperanza y caridad para el espíritu, un amor para el corazón, una familia cogida de la mano, cultura para la mente y sinceridad para unirlo todo. Me paro para coger aire en esta muralla del siglo X, aunque entre el 1271 y 1296 sufriera modificaciones por parte de Giorgio Orsin, de Antonio Ferramolino, de Saporoso Matteucci y de Zanchi. Me quedan por delante mil novecientos cuarenta metros por recorrer, a una altura media de veinticinco metros sobre el suelo y con una anchura de cuatro metros para pasear. Sortearé en todo este recorrido un total de tres torres circulares y doce cuadrangulares, junto con cinco bastiones, dos fuertes, dos baluartes en los ángulos y el fuerte San Ivan (San Juan). Del lado de tierra está precedido por un ancho foso y reforzado por un antemuro con diez bastiones semicirculares. Al este y oeste de la ciudad se alzan dos fortalezas aisladas, el fuerte Revelin y el fuerte de Lovrjenac. Tanto la puerta, como los numerosos cañones que custodiaban la fortificación llevan la efigie de San Blas, patrono de la ciudad. Opto por subir a la muralla en Poljana Paka Miliéevha. Contemplo las casas, los monumentos y las iglesias. Continúo por la opción de la derecha. Paso dos torres cuadradas y me presento en la torre Minceta. La guía de bolsillo dice que es del 1464. Miro en frente para contemplar cinco torres cuadrangulares y bastiones semicirculares del siglo XIV. Mientras paseo, guardo la guía de turismo en el bolsillo y saco el libro de mis frases. Sonrío con la que continúa porque la usé yo también.

-   *Ésto sólo me ha sucedido contigo.*- Son infinidad de momentos en los que se puede oír esta frase, recuerdo que yo se lo dije a una chica de la siguiente manera: *"Perdona que te moleste etc. etc... lo de siempre... Tras un mes de reflexión no me queda más remedio que estar en deuda contigo. ¿Por qué? Te preguntaras si no me has borrado ya de tu lista de contactos, pues porque creía que lo había experimentado ya casi todo en mi vida y resulta que me faltaba ésto. Jamás había sentido celos y me reía de la gente que los tenía, mucho menos tuve celos contigo y no será por la infinidad de posibilidades que me pusiste delante de las narices en esta vida. Y va, y el otro día me da el ataque de celos ¡ja, ja, ja¡ ¡¡¡Hay q fastidiarse!!! A mi edad y contigo!!! Gracias de verdad, porque si no es por ti no sabría lo que se siente. ¡Tranquila¡ que ya soy yo de nuevo y me alegro por ti que le hayas encontrado. Me avergüenzo de mi puerilidad a la vejez ¡ja, ja, ja ¡ La historia contigo es ¡¡¡de antología...!!!"* Naturalmente decía la verdad de mi resignación, pero me retorcía la tripa por dentro. Hoy en día, tras ver su foto actualizada en el facebook, me alegro de que optara por el otro.

- *Sólo vamos a tomar algo con mis amigas.-* Es excusa y por tanto una mentira. No solo va a tomar algo con la amiga, sino con sus acompañantes.

- *El amor no se demuestra con cosas materiales.-* Mentira cochina, aún estoy por ver a la primera mujer que no haya que demostrarle las cosas compensándole con temas materiales. Salvo una de ellas que fue la excepción, pero claro, habría que saber cómo hubiera actuado sin los veinte millones de euros que tenía en el banco. ¿No?

- *No va a pasar nada que tu no quieras.-* Esta frase es más de las que los hombres decimos y ya nos imaginamos cómo, cuándo y dónde las decimos.

- *No me atrevo a tomar la iniciativa.-* Es mentira porque el hecho de decirlo, ya demuestra la iniciativa y la decisión de que sea otro el que dé el primer paso, aunque en realidad ya lo ha dado ella.

- *Te prometo que todo fue a mis espaldas, sin que yo lo supiera.-* Es de aplicación a cualquier sociedad, estado, sector o persona. Mentimos habitualmente al decirlo porque en el fondo lo sabíamos, sino, es que realmente éramos conscientes de ello. Habitualmente se hace cuando se es pillado y la persona no apuntará su dedo hacia quien está intentando engañar; sino a un fantasma.

Dice *el manual de Epícteto: "Cuando alguien te maltrate o hable mal de ti, persuádete que él cree a ello estar obligado. No es entonces posible que él se adhiera a lo que a ti te parece, sino a los suyos propios: tal que; si él tiene un parecer erróneo es sólo quien se hiere pues sólo él es quien se equivoca. En efecto, si alguien cree falso un silogismo verdadero, no es el silogismo quien sufre, sino quien en su juicio se ha engañado. Si te sirves bien de esta regla, soportarás pacientemente a quienes de ti mal hable; pues a cada injuria, no dejarás de decir: "él cree tener razón".* Cuento los turistas concentrados en la plaza Poljana Paka Miliceviéa sin ser capaz de ello por mucho intento que haga. Explico para mi mismo que es el meeting point de Dubrovnik y eso lo justifica. Sigo pensando en las miles de mentiras por segundo que se estarán diciendo allí abajo. No me canso de insistir y de aconsejar a la gente que tiene la costumbre de mentir, en el hecho de que la mentira termina pasando una factura muy alta. Ya no solo como el cuento de *Pedrito y el lobo*, sino porque la mentira es una droga que crea adicción. Que engancha de por vida, porque de por vida debes recordar los relatos que cuentas para que no te pillen. Engañar a los amigos y familiares es un gran campo de entrenamiento que trae pocas consecuencias, un día robas algo y justificas una pérdida, otros vas aumentando y así te entrenas mientras te miras en el espejo enorgulleciéndote de lo "listo" que eres. Una vez entrenado en casa, se profesionaliza trasladando las mentiras a la pareja, al trabajo y sin darte cuenta haces tal bola que llega a aplastarte en cualquier momento. La mentira habla de ti más que tú mismo y son *pan para hoy, hambre para mañana.* Shakespeare decía que *"antes se pilla a un mentiroso que a un cojo"*, pero lo peor es que como seas pillado en una de ellas, la fama te perseguirá como una marca a fuego en la frente. La gente empezará tachándote con motes de impuntual, de falso, de moroso, de vago, de cara dura, etc. Personalmente soy incapaz de soportar a los docentes de tebeo, adoctrinadores de pacotilla y semejantes especímenes que amparan y promocionan el copieteo, la falsedad, y la justificación. Me resulta indecente, atrevido e hasta divertido a veces, pero solo me dura un instante porque entiendo que la sociedad se basará en ésto para supuestamente ser mejor la siguiente generación. Aquellos calificativos de honradez, lealtad y trabajador, han sido sustituidos por tonto, pringao y esquirol. ¡Vaya porquería de sociedad que creamos¡

Abandono las murallas a pesar de quedarme la mitad del recorrido. Miro el reloj. El tiempo pasa rápido y aquí se puede comer en horario europeo o español. Decido coger el horario europeo y dirigirme en directo a la Cave bar Mare, en la calle Kardinala Stepinca 33. Llego. Me atienden y dejan que baje a la cueva. Perfectamente acondicionada con lujosos sillones e iluminación, da para tomar una cerveza con algo de comer. Lo hago. Termino. Pido la cuenta. Pago y vuelvo sobre mis pasos a la puerta Pile. Me ubico girando la mirada y decido por dónde comienzo la visita de la tarde. Lo hago visitando la iglesia de San Salvador levantada para conmemorar el terremoto de 1520. A la derecha tengo el convento de los franciscanos. Me fijo en la fachada que me ocupa, comprendiendo que es una joya de la arquitectura renacentista véneto-dálmata. Destacan los relieves de los hermanos Andrijk de Korula. Continuo con el convento franciscano, o como se reconoce oficialmente, el Franjevaéki samostan Mala Braéa. Comenzaron a construirlo en el 1317, pero tardaron casi cien años en terminarlo. Lo que se aprecia ahora no es el original, porque el terremoto del 1667 hizo que le reconstruyeran. Me retiro al otro lado de la calle para ver el enorme campanario gótico del 1424. Bajo la mirada al pórtico del gótico florido realizado por los hermanos Petrovi en 1499, así como las imágenes de Dios Padre, San Jerónimo y San Juan Bautista y la magnífica Piedad de la luneta. Hoy está cerrada y no dejan pasar. Saco la guía de bolsillo y leo: *"Conserva de época anterior un púlpito de mármol del siglo XV; la iglesia alberga la tumba del poeta y dramaturgo Ivan (Díivo) Gunduli. Merece especial atención el órgano de la contrafachada, así como el tercer altar, barroco. Especial belleza es el claustro, realizado en 1317, en la transición del Románico al Gótico, con ventanas de seis luces sobre pilastras octogonales coronadas por espléndidos capiteles románicos; en el centro hay una fuente del siglo XV. La sala capitular alberga el Muzej franjevakog samostana (Museo Franciscano) con una interesante colección de relicarios, pinturas, esculturas y ornamentos litúrgicos de estilo renacentista, gótico y barroco, propiedad del antiguo convento. Cabe destacar un Ecce Homo de Francesco Francia (siglo XV) y una colección de iconos del siglo XVI, y, entre los ornamentos litúrgicos, una Cruz que sale en las procesiones, realizada hacia 1440. En el museo se exponen así mismo raros volúmenes de la biblioteca del convento, una de las más completas de Croacia, con 1.200 manuscritos, alrededor de 100 incunables y preciados textos sagrados del siglo XVI."* Regreso hacia la puerta Pile para meterme en un callejón que desemboca en la farmacia más antigua de Europa. Me río porque donde voy siempre está "La farmacia más antigua de Europa", el caso es que esta de Dubrovnik data del 1317, y la trajeron los franciscanos del convento de al lado. Paso. Contemplo alambiques para destilar, frascos, matraces, morteros, probetas y balanzas que deben ser del XVIII, con lo que ¿Es la más antigua? o ¿es otra mentira más? Al hablar de mentira, me acuerdo de mis frases anotadas y salgo de la farmacia a la Placa para seguir recordándolas, en tanto me dirijo a la fuente para beber.

- *Vivamos sólo el momento.-* La mayoría de las veces es verdad. No quiere más que unos días, horas o meses contigo. Pero también puede entrañar una mentira cuando ves que las consecuencias de vivir ese momento te implicaran desastres futuros.

- *No existe el sexo sin amor.-* Es una evidente mentira, porque todos conocemos situaciones y casos, por no comentar los amores paternos-filiales, fraternales, etc. La chica pone esa excusa para quitarse del medio al moscón de turno, diciéndole que no quiere nada con él y además no está enamorada de él.

- *No tengo fantasías sexuales, ni me gustan los juguetes sexuales.-* Cuando oyes ésto puede ser verdad. Pero si detectas detalles o peticiones de posturas poco habituales, o notas que unas veces se excita más según con qué ropa se vaya, etc., entonces es una mentira.

- *Apaga la luz es más romántico.-* Es mentira porque el romanticismo tiene poco que ver con la poca luz. Seguramente se avergüence de alguna parte de su cuerpo y no quiere que la veas, o es poco experimentada y sus primeras veces tiene vergüenza, o peor aún le encantan las fantasías y mientras está contigo se imagina estar con otra persona. En estos casos recomiendo observar hacia dónde se mueven los ojos del mentiroso al responder a tu pregunta. Si se mueven hacia arriba-derecha, o hacia la derecha, hay muchas posibilidades de que esté mintiendo.

Continúo el paseo por la Placa sin detenerme en nada en particular. Gano mi espacio sin muchas complicaciones a pesar de los miles de turistas que la recorremos. Saco conclusiones de las conversaciones que oigo mientras practico un maridaje con las vistas del entorno. Vivo el momento, pero como si estuviese en una especie de máquina del tiempo que corre hacia delante y hacia atrás a velocidad de vértigo, permitiéndome experiencias inimaginables. Corro un tupido velo a las frases de mi cuaderno y me centro en el miedo que tienen los mentirosos a que les pillen. Es curioso pensar que cuando un mentiroso amanera formas de actuación moderadas, éstas, le sirvan precisamente para no errar. Le mantienen ligeramente estresado y por tanto en alerta suficiente. Si el mentiroso tiene mucho miedo a ser atrapado, entonces estos amaneramientos bruscos, jugarán en su contra delatándole. Si plantease mi vida desde la mentira, me plantearía el miedo a que me pillen como una especie de medidor que me precaviese de si merece la pena o no correr tal o cual riesgo. Sería como una especie de GPS que calcula la ruta, y en este caso el nivel de riesgo. Con este medidor podría recurrir a medidas compensadoras si la meta lo mereciera. Una variante es el miedo que alguien sincero tiene a que no le crean por el castigo que posteriormente tendrá. Este sentimiento lo conozco bien, porque hubo una chica en particular que por muchas demostraciones que le hiciera, por muchas variantes diferentes de decirle que la quería esgrimiera, la chica nunca me creyó. Al final el miedo que tenía cuando le hablaba, ella lo interpretaba como signo de mentira y realmente es frustrante tener que soportar castigos injustos una y otra vez. Es irritante y desesperante, pues a medida que esta situación avanza, será cada vez más problemático distinguir aquel temor de este recelo. También he tenido que lidiar con personas que se autoimponen la medalla de que son los mejores descubridores de mentiras y la convivencia con ellas se hace tan insoportable que termina siendo un infierno. Cada palabra, cada gesto, cada movimiento es sometido a microscopio y a cada instante se pone en duda todo. Esto me pasó con la persona más celosa con la que he salido y según estudié posteriormente, es patognomónico de esta patología. Este tipo de personas simulan tener un detector de mentiras en los ojos, de tal manera, que nunca detectan las mentiras, sino los cambios de emoción. Por este motivo, los aparatitos que salen en las películas de policías y espías son una mentira más. Sus cables le son aplicados al sospechoso a fin de medir los cambios en su respiración, sudor y presión arterial. Pero en sí mismos, el sudor o la presión arterial no son signos de engaño: las palmas de las manos se humedecen y el corazón late con mayor rapidez cuando el individuo experimenta una emoción cualquiera. De esta manera, en la escena que presenciamos en la pantalla, la primera mentira es el aparato. Les oyes que le dicen al sospechoso que el aparato nunca falla y cosas similares para condicionarle, cuando en realidad podría ser objeto de juego de feria y los "iluminados" que los manejan adivinadores de bola de cristal. (Que es lo que en realidad son). El equivalente de la Edad Media, venían a ser los "Juicios de Honor" (Hoy en día llamados careos) en donde se presencia un enfrentamiento verbal y sale victorioso el más manipulador, pero que a los jueces les encanta por quitarles el aburrimiento sin tener que ir al circo. El temor del inocente a fallar es el equivalente al del culpable a ser descubierto y los cambios emocionales los mismos, después, la decisión será la misma "culpable". Un psicópata, pocas veces falla en el polígrafo porque nunca tiene sentimiento de culpa. Hay que tener en cuenta que los enfermos de este tipo son el equivalente al mentiroso que lo hace con facilidad. No transmiten emociones. En cambio, el mentiroso con conciencia o que no sabe mentir, será el que rellene las estadísticas de éxito de los detectores de mentiras. Luego al miedo a ser descubierto + la patología mental + la personalidad + el secreto en cuestión a ocultar = éxito de la mentira. Es decir, cuanto más importante sea el secreto (la mentira) tanto así es la recompensa por mentir.

Esta Placa por la que paseo podría calificarse como avenida, como salón de casa o como la recepción del hotel. Todos nos concentramos a tomar un helado, dar un paseíto o sacar fotos. La gran aorta de esta ciudad suele ser conocida por los autóctonos como Stradün. Me sobrecoge pensar que desde el XII que la construyeron sobre una ciénaga y dividía la ciudad en dos, hayan pasado gentes de todo tipo y condición sobre las mismas losetas de piedra que yo estoy pisando en este momento. A ambos lados se construyeron dos hileras idénticas de palacetes de piedra, iguales en planta, altura y situación, con tiendas a puerta de calle. Y aquí desembocan todas las perpendiculares estrechas y con escalinata del resto de la ciudad. Me siento culpable por ser feliz en soledad aquí, pero mi sentimiento de culpa es diferente al de culpabilidad por mentir que sienten lo que lo practican. Descarto el sentimiento de culpa desde el aspecto legal del reo condenado. A ver si me explico… El sentimiento de culpa por engañar debe distinguirse del que provoca el contenido mismo del engaño. Dicho de otra manera, si alguien miente al juez diciendo que no es el asesino de la víctima, hay dos sentimientos de culpa. La culpa del asesinato y la de mentir al juez, que es la que ahora me implica el pensamiento. Tampoco incluyo el sentimiento de culpa en el caso de que vean que echan la culpa a otro de su delito. Sobre la culpa podría escribirse un libro, porque es la otra base de la sociedad, donde se refugian y atacan desde religiones a leyes, pasando por manipuladores y víctimas. Para sentir culpa no es necesario que haya nadie más, no es preciso que nadie conozca el hecho, porque la persona que la siente es su propio juez. En este sentimiento de culpa por mentir debería hacer una tabla clasificatoria pues los cruces entre personalidades, conciencias y valores sociales, religiosos y formativos darían lugar a una matriz de cinco por cinco. ¿A qué me refiero con valores sociales? Primer ejemplo: un pirata tendrá sentimiento de culpa si rompe la ley pirata, pero será cuestión de orgullo el delito contra otro diferente. Así actuarían también los fanáticos y los terroristas. Otro ejemplo serían los gitanos, que no dudan en mentir, robar e incluso matar a un payo, mientras cumplan la ley gitana y recen a Cristo (sin cumplir sus mandamientos). Un vicepresidente de una compañía de seguros norteamericana (que naturalmente obvio su nombre) explicaba que *"decir la verdad puede ser innoble si está envuelto el yo de otra persona"... "A veces es difícil decirle a alguien: No... mire... usted jamás llegará a ser presidente de la empresa"*. Si un mentiroso piensa que su mentira no le beneficia en nada, probablemente no sentirá ningún sentimiento de culpa por engañar. Todos estos factores pueden dar lugar al arrepentimiento, pues el sentimiento de culpa por engañar y el recelo a ser detectado son como dos ollas a presión en platillos diferentes de la balanza. Alguien dijo: *"la verdad duele, la mentira mata, pero la duda tortura."* Esa duda puede ser el factor multiplicador del arrepentimiento o de que le pillen al mentiroso, aunque muchos mentirosos se sienten menos culpables o incluso quiere o merece ser engañado cuando sus destinatarios son impersonales o totalmente anónimos. Decía Shakespeare: *"Cuando mi amada jura que está hecha de verdades, le creo, aunque sé muy bien que miente, para que me suponga un jovencito inculto que desconoce las falsas sutilezas mundanas. Mi vanidad imagina que ella me cree joven, aún sabiendo que quedaron atrás mis días mejores, y doy crédito a las falsedades que su lengua dice. La verdad simple es suprimida de ambos lados. ¿Por qué razón ella no dice que es injusta? ¿Por qué razón yo no le digo que soy viejo? Oh, porque el amor suele confiar en lo aparente, y en el amor la edad no quiere ser medida en años. Y así, miento con ella y ella miente conmigo, y en nuestras faltas, somos adulados por mentiras"*.

Giro en la segunda calle a la izquierda para descubrir un patio y en ese patio la iglesia od Sigurate. Llego. Veo una construcción prerrománica con fachada gótica. Está anexada al convento franciscano pero el de monjas. Según la guía de bolsillo, se alza sobre otros templos que llegan hasta el VI. Saco unas fotos y continúo por una paralela a la Placa. La llaman avenida Prijeko. Sorteo las mesas de las terrazas que los bares y restaurantes despliegan hasta la iglesia de San Nicolás. También prerrománica al principio y renacentista al final. Continúo el paseo sorteando turistas, mesas y tenderetes hasta la muralla oriental para ver la escondida iglesia de San Jakov. La inmortalizo en mi cámara y entro en el barrio judío. Sonrío porque se creó con los sefarditas expulsados de España y del resto de Europa. Aquí la construcción y diseño de las calles cambia la rectilínea, por el laberinto, hasta que consigo enfrentar la puerta del nº 5, es decir, la de la sinagoga. Regreso sobre mis pasos a la Placa para llegar a la Luza o plaza de la Logia. Llego. Me sitúo a los pies del pedestal de la bandera con la estatua del paladín Orlando, símbolo de la libertad, quien, según cuenta la leyenda, defendió la ciudad del asedio de los piratas turcos. Aquí está todo el follón, la vida pública y la entrada del puerto. A la izquierda el elegante palacio Sponen el que se mezclan elementos del gótico veneciano y renacentistas. La llaman la Casa de la Moneda porque allí se fabricaban hasta que Napoleón la cerró. Actualmente alberga el archivo de la ciudad y una sala con fotos y videos de los bombardeos del 1991 y 1992. Al este la torre del Reloj llamada así por las cuatro campanas que alertaban del peligro y llamaban a las armas a la población, con dos figaras que las golpean con sendos martillos al modo veneciano. Al lado, el palacio de la Gran Guardia, edificación del siglo XV rehabilitada en 1706 por Marino Groppelli, destaca su portada barroca. El lugar donde todos acuden es a la pequeña fuente de Onofrio, que señala el final de las obras de canalización. En frente la iglesia de son Basilio. Miro el reloj. El tiempo ha pasado rápido y decido cenar. Elijo algo fuera de este barullo. Me dirijo al puerto que tengo a la espalda. Alquilo un taxibote para que me acerque al restaurante Prora. Llego. Me saludan dándome la bienvenida y me emplazan en una mesa en el exterior con vistas a Dubrovnik pero a ras del mar. Estoy rodeado de antorchas y de velas como iluminación. Ceno. Me relajo. Pago la cuenta y con otro taxibote retorno al puerto. Arribo. Una chica rubia de casi dos metros con los taconazos me invita a que la acompañe al Revelin bar. Soy consciente de dónde me meto. A la entrada me recibe otra chica semejante a la anterior. Me entregan como si fuera un paquete postal. Ésta nueva me acompaña sonriente a una mesa. Pido un ron Cacique con limón y espero el espectáculo. Pasan tres horas y cinco cocteles. Es tarde. Hago intención de levantarme pero me invitan al reservado. Paso. Termino. Pago todo. Me piden un taxibote para regresar a Cavtat. Llego finalmente a casa.

Me duermo con lo que decía Francis Bacon en *La nueva Atlántida: "Tenemos también casas de ilusiones de los sentidos, donde hacemos juegos de prestidigitación, falsas apariciones, impostoras, ilusiones y falacias. Usted creerá fácilmente, con seguridad, que nosotros, que poseemos tantas cosas naturales que inducen a admiración, podríamos engañar a los sentidos si mantuviéramos ocultas estas cosas, y arreglárnoslas para hacerlas aparecer como milagrosas. Pero odiamos tanto las impostoras y mentiras que hemos prohibido severamente a nuestros ciudadanos, bajo pena de ignominia y multa, que muestren cualquier obra natural adornada o exagerada, debiendo mostrarla en su pureza original, desprovista de toda afectación. "Tales son, hijo mío, las riquezas de la Casa de Salomón. "Para atender a las necesidades suscitadas por los empleos y oficios de nuestros ciudadanos, doce de ellos navegan hacia países extranjeros bajo la bandera de otras naciones (pues nosotros ocultamos la nuestra), trayéndonos libros, resúmenes y modelos de experimentos realizados en todas partes. A estos hombres los llamamos los Mercaderes de la Luz",*

CAPÍTULO V

El corazón del hombre necesita creer algo, y cree mentiras cuando no encuentra verdades que creer. (María Zambrano)

Decía Alvar Núñez Cabeza de Vaca en *Naufragios:* "*Dos leguas de allí topamos los indios que habían ido a buscar la gente, y dijeron que no la hallaban; de lo que los indios mostraron pesar, y tornaronnos a rogar que nos fuésemos por la tierra. No lo quisimos hacer, y ellos, como vieron nuestra voluntad, aunque con mucha tristeza, se despidieron de nosotros, y se volvieron el rio abajo a sus casas, y nosotros caminamos por el río arriba, y desde a un poco topamos dos mujeres cargadas, que como nos vieron pararon y descargáronse, y trajéronnos de los que llevaban, que era harina de maíz, y nos dijeron que adelante en aquel rio hallaríamos casas y muchas tunas y de aquella harina; y ansí nos despedimos de ellas, porque iban a los otros donde habíamos partido, y anduvimos hasta puesta del sol, y llegamos a un pueblo de hasta de veinte casas, adonde nos recibieron llorando y con grande tristeza, porque sabían ya que adonde quiera que llegábamos eran todos saqueados y robados de los que nos acompañaban, y como nos vieron solos, perdieran el miedo, y diéronnos unas tunas, y no otra cosa ninguna. Estuvimos allí aquella noche, y al alba los indios que nos habían dejado el día pasado dieron en sus casas, y como los tomaron descuidados y seguros, tomaron les cuanto tenían, sin que tuviesen lugar donde asconder ninguna cosa; de que ellos lloraron mucho; y los robadores, para consolarles, les decían que éramos hijos del sol, y que teníamos poder para sanar los enfermos y para matarlos, y otras mentiras aún mayores que estas, como ellos las saben mejor hacer cuando sienten que les conviene; y dijéronles que nos llevasen con mucho acatamiento, y tuviesen cuidado de no enojarnos en ninguna cosa, y que nos diesen todo cuanto tenían, y procurasen de llevarnos donde había mucha gente, y que donde llegásemos robasen ellos y saqueasen lo que los otros tenían, porque así era costumbre".*

Olvido que estoy prejubilado. Salto de la cama como si tuviera que ir a trabajar y me hubiera dormido. Me siento en el borde de la cama con una gran taquicardia. Vuelvo a echarme en la cama para evitar caerme al suelo. Me cuesta respirar y tengo un fuerte dolor en el lado izquierdo, hormigueo en el brazo del mismo lado que me llega hasta el dedo índice y contagia al dedo corazón vecino. Es la tercera vez en un mes. Hago esfuerzos por ser un profesional y conseguir que esta vez sea la definitiva, pero según parece, no lo voy a conseguir. Dios está por la labor de mantenerme aquí en este mundo sin sentido y sin darme otro para mi vida. Me incorporo a pesar de mi gusto. Pienso que si me diera el infarto definitivo en soledad, con las llamadas que recibo, unidas a mi vida entrando y saliendo de casa, tardarían al menos un mes en encontrarme. Lamento al que lo hiciera y le pido disculpas con antelación porque no me encontraría muy presentable. Le rogaría que en mi epitafio pusieran cosas como *"¿Me sustituyes un rato en esta garita?"*… *"Ahora vuelvo, he ido a tomar café"* y cosas similares. Ivana llora cada vez que se entera que me ha pasado. Posiblemente sea la única que lo haga en mi entierro. Yo la sonrío y le digo que no se preocupe. Que no soy nadie y menos para que una chica como ella me llore. Le continuo diciendo que es mi sino o es posible que fuese muy malo en la vida y me lo mereciese. De tanto criticar esta sociedad, decidí no pertenecer a ella. Me cansaron las mentiras, las corrupciones, las maldades, tener que sonreír y votar a gente que su vida podría resumirse diciendo "Pepblenda para el uranio y monacita para el torio..." El que haya estudiado física me entenderá y el que no lo entienda... ¡eso que le ahorro¡. Hace tiempo que deduje que esta sociedad es capaz de separar la estructura atómica de una manzana, pero no puede crear una manzana. Me visto tras el aseo. Salgo dispuesto a volver a Dubrovnik para continuar con las visitas. Echo al bolsillo otra carta de despedida a una mentirosa que tuve que escribir algún tiempo atrás. Me dirijo al ferry. Subo. Me siento en cubierta repitiendo mi costumbre. Cierro los ojos como colofón al ritual y mientras embocamos la salida del puerto de Cavtat, recuerdo la carta que tengo en el bolsillo como si la estuviera escribiendo en este momento.

"Hola Cariño:

Aún recuerdo el día que nos conocimos. Llovía como si el cielo se acabara de rasgar. Era nuestra primera cita y te empeñaste que quedáramos en el parque. Cuando hablamos por teléfono para quedar, ya me percaté que contigo tendría poco margen de maniobra para hablar y menos para dar mi opinión. Entonces lo achaqué a los nervios del momento, pero dentro de mi, algo me decía que eras peligrosa. A pesar de todo, mi inexperiencia me llevó a quedar contigo. Como es de esperar en mi, llegué antes que tú. Me resguardé bajo un árbol frondoso, recuerdo perfectamente que era un ginkgo pilova. Lo entendí como un buen augurio a pesar de no creer en supersticiones. Tú llegaste chorreando y sin mediar saludo te pusiste a hablar. No recuerdo bien qué me dijiste, pero estabas empapada, de eso sí que me acuerdo. Llevabas una camiseta blanca con un dibujo. Perdona pero la camiseta se te pegaba al cuerpo y no me acuerdo del dibujo. Comenzamos a pasear y no parabas de hablarme de tu anterior relación. Te quejabas constantemente de él acusándole de acosarte, de no dejarte respirar, de celos, de no prestarte suficiente atención y cosas por el estilo. Supongo que ahora estarás haciendo lo propio con tu nuevo acompañante al referirte a mí. Ahora entiendo que todo aquel rollo no era más que una sarta de mentiras que usabas a modo de anzuelo. No podía dejar de mirarte, me fijaba en tu pelo rubio rizado, entonces pegado a la cara por efecto de la lluvia y en cómo las gotas surfeaban tus tirabuzones. Luego te echaste a llorar abrazándote a mí. En ese momento entendía que buscabas consuelo y refugio entre mis brazos, hoy entiendo que formaba parte de la actuación. Intentaba secar esa mezcla de lluvia y lágrimas que componían tu cara y tu cuerpo con el mío. Entonces no caí en la cuenta, pero más tarde sí. En que tu conversación me pareció fuera de lugar. No puedo recordar exactamente qué estabas diciendo, pero sí que recuerdo que comentártelo a la cara me pareció inapropiado en ese momento, así que decidí no hacerlo. Me quité el chambergo que llevaba puesto y te cubrí con él. Recuerdo bien que el viento sopló en mi dirección, y me trajo un ligero olor a tu perfume, a pesar del fuerte olor a hierba mojada, que cubría cualquier otro olor. Respetar tus palabras me parecía lo apropiado. Yo no las estaba escuchando realmente, pero las respetaba. En realidad, yo me fijaba en ti y en esa camiseta mojada que portabas, dejando notar el sujetador blanco que llevabas debajo. Sencillo. Liso en la copa, con bordados en forma de puntilla en los tirantes que formaban pequeñas hendiduras en tus hombros. Discúlpame, solo tenía diecisiete años y tu dieciséis. Hoy me reprocho no haber escuchado mejor tus palabras. Me habría gustado recordarlas con detalle para aprender a distinguir una mentirosa de alguien sincero. Me marcaste a fuego. Detrás de ti vinieron muchas más pero ya dudaba y dudaba cada vez que oía un "te quiero" porque una y otra vez se repetían los mismos gestos y finales, que contigo. Entiendo que pagarían justas por pecadoras y rechazaría muchas sinceras. Ese es el problema de la mentira, que desarrollan suspicaces defensas y dejas pasar a buenas personas.

Al final decides casarte con la menos mentirosa y resulta que es la que te arruina la vida. Hubiera sido importante saber qué me estabas diciendo, pero no puedo recordar exactamente cuáles fueron tus palabras. Sólo recuerdo que llovía a mares. Y que tú estabas empapada. De eso sí que me acuerdo". ¡Hasta siempre Adriana¡

Dice *el manual de Epícteto: "Guarda frecuente silencio, no digas más que las cosas necesarias, y dilas en pocas palabras. Cuando la ocasión lo exija, habla, pero no de cosas triviales y comunes: no hables ni de juegos de fútbol, ni de la lotería, ni de estrellas de cine, ni de bebidas, ni de comer, que son tema de conversación ordinaria. Sobre todo no hables nunca de persona alguna, ni para injuriarla ni para alabarla, ni para hacer comparaciones. Si pueden entonces, has caer por tu discurso, la conversación de tus amigos, sobre lo que es decente y conveniente, y si te encuentras con extraños, cállate. No rías, ni mucho, ni frecuente, ni con exceso. Evita, si se puede del todo, el juramento, y si no, según lo permitan las circunstancias. Evita los convites públicos y de quienes no sean filósofos, pero si has de hacerlo, redobla la atención sobre ti mismo, a fin de no dejarte llevar por los modos y maneras de hacer del vulgar. Sábete que, si alguno, en estos convites, es impuro, aquel quien con él se roce, por limpio que sea, será igualmente impuro. En lo que respecta al cuerpo, sólo usa lo estrictamente necesario cuando las necesidades del alma lo demanden, por ejemplo; el alimento, el vestido, el techo, la servidumbre. Y excluye lo que lleve a ostentación o molicie. Con respecto a los placeres del amor, abstente, si puedes, antes del matrimonio, y si gustas de ellos, que al menos sea, según la ley. Pero no seas severo con aquellos quienes los usan, no los reprendas ni censures, ni te vanaglories de tu continencia. Si alguien te hiciere saber que un individuo habla mal de ti, no te defiendas, ni refutes lo que haya dicho, sino que responde: "Aquel que ha dicho aquello de mí, ignora sin duda mis otros defectos, de lo contrario no habría dicho sólo estos." No es necesario, en absoluto, ir de seguido al cine y a los juegos deportivos. Y, asistes en alguna ocasión, no te preocupes sino por ti mismo, esto es, quiere sólo que suceda lo que suceda y que venza sólo el vencedor; porque así no tendrás tropiezo. Evita el gritar o burlarte o conmoverte por algo o por alguien. Y una vez te hayas alejado, no hables mucho de lo que has visto, pues esto no serviría para corregir tus errores, ni te tornaría un hombre más honesto; ya que estas largas entrevistas testimonian que sólo el espectáculo ha llamado tu atención. No vayas ni a los espectáculos, ni a las piezas de teatro, o al menos, no sin motivo. Pero si allí te encuentras, guarda gravedad y compostura, y no muestres desagrado. Cuando debas conversar con alguien, sobre todo con quienes se considera superiores en la ciudad, proponte a ti mismo, la pregunta sobre lo que hubieran hecho en tal ocasión Sócrates o Zenón. Por este medio, no estarás embarazado por hacer lo que es de tu deber y por usar convenientemente lo que ocurra. Cuando visites a alguien poderoso, imagínate de antemano que no le encontrarás en casa, o que se negará, o que no se dignará abrirte la puerta, o que no se ocupará de ti. Si, a pesar de esto, deber allí ir, soporta lo que llegue y no te digas "no valía la pena". Pues es lenguaje de un hombre vulgar, de un hombre sobre el que las cosas exteriores tienen mucho poder. En las conversaciones ordinarias, evita recordar muy a menudo y sin medida algunos de tus hechos o peligros por los que has pasado. Pues el oír tales cosas, no agrada a los demás, ni a ti mismo el recordarlas. Evita incluso jugar el papel de hazme reír. Uno es inducido por tal vía a deslizarse en el género de aquellos que no son filósofos, y al mismo tiempo esto puede disminuir el respeto que de ti se tiene. Es igualmente peligroso dejarse llevar por discursos obscenos, chistes vulgares, y, cuando te encuentres con tales conversaciones, que no faltan, si la ocasión lo permite, reprende a quien lo inició, o al menos que tu silencio, testimonie, por el rubor de tu frente y por la severidad de tu rostro, que estos modos de conversación no te gustan".*

Abro los ojos. El mar me baña con sus salpicaduras. Mantengo sus imágenes en mi retina y mientras se disipan por mi vuelta a la realidad, desde esta cubierta que mira al horizonte le digo: *"A pesar de todo echaré de menos tus mentiras, cariño".* Oigo el aviso de que entramos en el puerto de Dubrovnik. Siento no haberme enterado en su momento ni cómo era la mentirosa, ni ahora del trayecto por mar. Creo que debo prepararme para salir del barco. Lo hago. Reflexiono sobre qué haré hoy. Decido pasear por Sv. Vlaho al este de la plaza, precedida por una escalinata y una terraza, presidido por la iglesia de San Blas siguiendo las normas barroco-venecianas. Entro para deleitarme con los retablos y esculturas del siglo XVII, pero la que llama siempre mi atención es la escultura del protagonista de la advocación de esta iglesia y patrono de la ciudad, me refiero a una antigua estatua en plata dorada de San Blas. El santo sujeta en la mano derecha una maqueta de la ciudad. Salgo y sigo el paseo por Prid dvorom hasta la catedral. Paso por el ayuntamiento porticado renacentista. Alzo la vista para ver qué espectáculos dan, porque es también el teatro y la Gradska Kavana. Sonrío al recordar la inscripción que reza a la entrada de este palacio de los Regidores, diciendo: "Oblite privatorum publica curate" es decir: "Olvidad los asuntos privados y velad por el bien público. Acoge también un busto del héroe de Ragusa Miho Pracat, realizado por Pier Paolo Giacometti en el año 1638 a petición popular; es el único monumento a un ciudadano privado autorizado por la república, antes preocupada por garantizar el bien de la comunidad que el privado o individualista. Continúo hacia la catedral pensando que agoté las mentiras anotadas en mi cuaderno. Lo saco del bolsillo y rompo las correspondientes páginas con ansia por destruir simbólicamente la mentira. Cierro las mentiras correspondientes al amor y dirijo mi mente a las mentiras históricas que circulan sin piedad por las redes sociales. Enumero algunas que improviso de memoria.

- Un ciempiés, tiene entre 15 y 191 pares de patas.

- El escritor romano Plinio creó la leyenda que los avestruces entierran la cabeza ante el peligro, cuando en realidad lo que hacen es enterrar sus huevos ante el peligro.

- Todos estudiamos en el colegio que la materia tiene tres estados físicos (sólido, líquido y gaseoso), cuando en realidad hay más de quince estados de la materia. También dicen que el agua tiene tres estados y los israelitas van y descubren un cuarto estado.

- Dicen que en la India es donde habitan más tigres de Bengala, cuando solo deben quedar unos tres mil. Ahora son los zoológicos americanos con más de quince mil tigres donde habitan estos animales.

- Sobre los colores existe todo un mundo de fantasías, mitos y mentiras. Desde que no tiene a energía, a que es el origen de la vida. En realidad, el color depende de nuestros ojos, de nuestro cerebro y de los colores que rodeen a ese color en particular.

- Sobre los inventos, el marketing ha tenido más que ver que los registros de patentes. Así Bell no inventó el teléfono y si Antonio Meucci, quien en 1870, instaló un dispositivo de telecomunicaciones entre el sótano y el dormitorio de su casa de Nueva York.

- El champan es de origen alemán, aunque hayan sido los franceses los comercializadores. Fueron los burgundios, un pueblo germano, los que ya conocían esta bebida y quienes la llevaron a Francia.

- Los camellos no tienen su origen en los países árabes, pues se encontraron restos fósiles milenarios tanto en Mongolia, como en Estados Unidos.

- En las ofertas de trabajo están de moda hoy en día los Community Manager. Y en ellas encuentras que solicitan uno, pero es mentira, en realidad lo que buscan es una especie de Mc Guiver informático que les dore la píldora y haga de cirujano plástico informático para alabar su orgullo, proporcionando una imagen falsa del individuo o de su empresa que atraiga a todo el mundo. En la oferta se lee: "Queremos incorporar un community manager para ser el responsable de las campañas de marketing online, redes sociales y relaciones con los medios de comunicación. Llevara a cabo las iniciativas de marketing online para reforzar el posicionamiento y difusión de la empresa online y comunicación a través de redes sociales y websites, tales como facebook, twitter, youtube, etc. seguimiento y análisis de tendencias de los medios sociales y optimización SEO. Deberá manejar herramientas insights, keyword adwords, y perfecto conocimiento de analytics (CPM, CPC), Canalizar el feedback dentro de la empresa. Participación en eventos y foros, notas de prensa, comunicaciones, conferencias, noticias corporativas etc. seguimiento de campañas y análisis de resultados. Selección de fuentes de información, contenidos relevantes y herramientas de comunicación interna." En las entrevistas con el empresario para llevar a cabo la selección del personal oyes conversaciones tales como: "Tú, que eres Community Manager ¿Sabes hacer ésto?..." e introducen una especie de carta a los reyes magos. Lo que en realidad buscan es: - Un experto de muy alto nivel en SEO + Un experto en campañas SEM + Un experto en social media + Dominio total de los foros + Elaborador de notas de prensa + asesor de imagen, redactor de discursos y consejero de protocolo, secretaria, ama de llaves, conductor, consejero, abogado, cura y amigo intimo. En algún momento del día, podrás escribir un post en Facebook y entonces podrás decir que te has lucido como community manager. Recuerdo que la chica seleccionada por mi se llamaba Cristina y el gañan empresario calvo, acomplejado, neurótico, mezquino e hipocondríaco que me puso el destino, me hizo despedirla porque según sus propias palabras *"la inútil de su mujer decía:.. que la chica se pasaba todo el día en internet"*. La realidad es que el trabajo de la chica era en internet como cualquier dotado por un dedo de frente sabe, pero estaba "más buena" que la dueña de la empresa por mucha cirugía estética, cremas, tintes y botox diario que se pusiera.

Recuerdo que en el colegio me echaron muchas veces de clase por poner en apuros al profesor de turno, ¡perdón¡, al adoctrinador de pacotilla que me impuso el destino en ese momento. Tras hacerle una pregunta o aclaración, observaba sus gestos y el tiempo de demora en la respuesta. Si había demora, indicaba que estaba elaborando la argumentación y verificando que era coherente con el engaño. La persona que miente no consigue responder automáticamente a una pregunta. Por ejemplo, dicen que la culpa de la crisis en España del 2008 la tuvieron los promotores inmobiliarios. Otra mentira como un piano. Leo textual un Articulo de un Catedrático de Economía de la UPM. Titulado: "más allá de la ideología" que proporciona una explicación parcial del asunto pero real. Mantengo su anonimato pero divulgo su contenido. *Amigos míos: Os envío éste escalofriante artículo que aclara lo que muchos sospechamos pero nos resistimos a dar por enteramente cierto. Es tan catastrófico, que el espíritu de supervivencia se resiste a aceptarlo y de ello sacan rédito los malvados, inútiles y nefastos políticos que nos gobiernan y cuya supervivencia tienen holgadamente asegurada. Os pido que lo divulguéis para que, la gente, no dé crédito a las innumerables falsas promesas que diariamente nos sirven a través de los sumisos medios de comunicación, que aún siendo también víctimas, (Prisa debe 5.000 millones de € y El Mundo 1.000 millones) siguen siendo complacientes, esperando el "maná" gubernamental como pago de su servilismo. Una depresión es un largo periodo -diez años o más- caracterizado por un bajo nivel de producción, consumo e inversión, con quiebras masivas de empresas, un elevado nivel de paro, un descenso de los precios, y destrucción de la riqueza de las familias. Y para comprender por qué desembocaremos en ésta situación por primera vez en nuestra Historia, es necesario entender tres hechos esenciales. El primero, que desde un punto de vista estructural, el crecimiento económico de España ha sido básicamente tercermundista, no nos hemos adaptado en absoluto a la globalización, y hemos perdido el 15% de cuota de mercado en el comercio mundial, del 2,06 en 2003 al 1,74 en 2007. Es decir, un crecimiento basado en el consumo interno sostenido por un incremento masivo de la población -el mayor del mundo desarrollado, consecuencia de la inmigración-, y en el turismo. Y todo ello fuertemente apalancado (multiplicado) por el endeudamiento masivo de familias, empresas y entidades financieras, también el mayor mundial, y un déficit exterior de más de un 11% del PIB -producimos un 11% menos de lo que consumimos- y realizado mediante la explotación masiva de mano de obra barata: casi el 50% de la población ocupada es mileurista.*

Simultáneamente, el punto de inflexión, no solo inmobiliario sino del modelo en su conjunto, ocurrida en marzo 2007, ha coincidido con la mayor crisis financiera internacional desde la Gran Depresión, y con el peor Gobierno imaginable, un atajo de analfabetos funcionales, que ha mantenido una inacción suicida durante más de un año, y como acertadamente se ha resumido en éstas mismas páginas "ni sabían entonces por qué crecíamos, ni saben ahora por que nos hundimos", a lo que se añade una oposición cobarde e incapaz, que no ha tenido el cuajo de plantar cara al Gobierno, y ni siquiera ha presentado una alternativa creíble para enfrentarnos a la crisis. Y el tercer hecho esencial, es un modelo de Estado con un nivel de ineficiencia, despilfarro y corrupción, único en el mundo. Todo multiplicado por 17, cientos de miles de funcionarios haciendo lo mismo - sobran unos dos millones- inventando y controlando 17 normativas diferentes, 17 sistemas informáticos, 17 de todo, y con un mercado fragmentado en 17 parcelas independientes, un desastre para productividad y la eficiencia, y al frente del tinglado cientos, miles, de consejeros, directores generales y toda una patulea de jefes y jefecillos, con coche -hay más coches oficiales que en EEUU- secretaria y despacho de lujo, un cortejo de indocumentados nombrados a dedo con carné del partido, y con el mayor nivel de corrupción de la Historia de España. Las CCAA consumen el 60% del gasto público, el triple del neto del Estado, 177.000 millones de euros, un 78% del cual es gasto no productivo, frente a un resto de 60.000 para financiar España. En total, un 18% del PIB, donde la mitad aproximadamente, el 9%, es gasto innecesario. Ningún país del planeta podría soportar ésta barbarie. Y estos son los hechos, ahora las cifras. Y aquí tropezamos con una situación insólita en una democracia: unas instituciones del Estado (Banco de España, INE, etc...) al servicio de un partido, que mienten y manipulan masivamente tanto sus cifras como sus previsiones, una irresponsabilidad inaudita que ha llevado a muchas familias y empresas a adoptar decisiones equivocadas y peligrosas. Esto obliga a cualquiera que desee saber la verdad, a estimar sus propias cifras, que es lo que hacen todas las grandes empresas con intereses en nuestro país. El PIB, estimado a partir de las afiliaciones de la seguridad social y la productividad, y de la variación del consumo de gasóleo automoción cuya correlación es prácticamente total. En el último trimestre de 2008, el PIB ha caído en un 2%, afiliaciones -2,5% y productividad +0,5%. Es decir, aquí y ahora, ¡la economía está cayendo al -8% en tasa anual!, y a un ritmo, que extrapolado a fin 2009, pues no hay razón alguna para vislumbrar un cambio de tendencia, superará el -10%, y eso es una depresión. Paro. Los datos oficiales de paro registrado son falsos igual que la EPA. A la cifra oficial, hay que sumarle muchos más parados que el Gobierno no computa porque sí, y Rajoy sin decir ni pío. Solo los parados no computados desde febrero 2008, por carecer de "formación suficiente", ascienden a 350.000, el "efecto Caldera".

Y, finalmente, el paro total, superior al paro registrado por definición, pues no todos los parados están inscritos, y que ha venido siendo un 20% superior al paro registrado. Por tanto, a día de hoy y sumando solo el "efecto Caldera" al paro registrado, el paro total supera los 4 millones, no los 3, 1 millones oficiales. Pero incluso con las cifras oficiales, el ritmo de incremento de paro es de dos millones/año, elevando a tasa anual la cifra del último trimestre, por lo que éste superara los seis millones a final de 2009, y eso es una depresión. En todo caso Zapatero es ya el mayor destructor de empleo de Europa, 13,4 % frente a 7,8 % la media UE, y lo que ya es el colmo es el paro de menores de 25 años, 16,4% de la UE frente al 29,4% España. Y esto con las cifras falsas del gobierno, ¡imaginen Uds. con las verdaderas! Inflación. Los precios se han derrumbado del 5,3% en julio al 1,5% en diciembre, en parte por el petróleo y las materias primas, pero la causa más importante es el espectacular hundimiento del consumo: la inflación en que España siempre en un punto a la europea, es ahora una décima inferior. Esto sitúa los precios al borde de la deflación, algo infinitamente más grave que la inflación, porque tiene efectos devastadores sobre el empleo, la inversión y la riqueza. Es la otra cara de la depresión. Las viviendas iniciadas están cayendo un 62 % y la tendencia se acentuará pues el número de viviendas nuevas a la venta, no es de 800.000 ni de un millón, como falsamente nos cuentan el gobierno y los interesados, sino de 2,5 millones, 1,2 millones de promotoras y 1,3 millones adicionales de particulares que las compraron como inversión, y a esto hay que añadir la vivienda usada. Ello significa que hay viviendas para diez años, y que su precio deberá caer en los próximos meses/años un 30 o 40% adicional para restaurar el equilibrio. Y esto es también una depresión. Déficit de las Administraciones Públicas. La respuesta de Zapatero ha sido la típicamente socialista, una fuerte expansión del gasto y un incremento brutal de la presión fiscal, particularmente en CCAA y Ayuntamientos, sobre la clase media y los trabajadores, lo que anula cualquier estímulo. Consecuencia de ello, y de la caída vertical de la recaudación será un déficit de la Administraciones Públicas, excluida la Seguridad Social del 6 % en 2008 y del 12% en 2009, con una tendencia clara a empeorar en 2010. Y aunque es cierto que nuestro nivel de deuda pública es inferior a la media europea, esto va a cambiar radicalmente por la disparatada política de gasto y avales al sistema financiero, tanto que el coste de nuestras emisiones están ya 100 puntos básicos por encima de las de Alemania. Todo ello nos deja sin margen de maniobra frente a contingencias futuras. Este nivel de déficits corresponde a una depresión. Seguridad Social y sistema de pensiones. Esto requiere un análisis aparte, pero en forma resumida y según las estimaciones actuariales más recientes, estarán quebrados en 2014. Y la solución según Solbes y Fdez. Ordoñez: pagar más y cobrar menos, un 30 % menos para empezar a hablar. Este será el gran legado de Zapatero a los jubilados. Sistema financiero. Esta es hoy la parte más preocupante de la situación porque la crisis crediticia es el problema más grave afectando a nuestro sistema económico a día de hoy, literalmente está destruyendo el tejido productivo del país y la oferta monetaria, entre octubre y diciembre se produjeron más suspensiones de pagos que en todo 2007.

El primer gran problema del sistema financiero "más sólido del mundo", es que el valor de los activos no refleja su valor real, pues al contrario que en EEUU, donde cada trimestre los bancos tienen que valorarlos a precio de mercado, lo que ha provocado el hundimiento de muchos de ellos, aquí el Banco (del Partido Socialista) de España, en un alarde de irresponsabilidad y sectarismo suicida, acepta unos balances de ficción y permite repartir dividendos hasta a la Caja más cutre, aunque más de la mitad del sistema está técnicamente quebrado. El segundo problema es el enorme endeudamiento exterior, más de 900.000 millones de euros, la cifra más elevada del planeta, donde para evitar la quiebra, estos irresponsables que nos gobiernan han puesto 200.000 millones de euros a disposición de éstos insensatos, y además ¡sin la menor obligación de fijar un calendario de repago de la deuda, el apalancamiento se mantiene íntegramente!, ¿pero a qué narices está jugando el Sr Fernández Ordóñez? Ambos hechos llevan a una crisis crediticia brutal, los 200.000 millones de avales tendrían que haber servido para avalar créditos a familias y empresas, en lugar de ello, son íntegramente para tapar los agujeros del sistema financiero, algo económico y socialmente criminal, pues todas las crisis crediticias sin excepción han terminado en una depresión. En definitiva, todos estos hechos y cifras, apuntan a que España registrará su primera deflación en los próximos 12/18 meses, a *menos que se adopten urgentemente las dos medidas siguientes. La primera dar marcha atrás a la barbarie de Estado Autonómico, y que los fondos así liberados sean empleados en reducir la presión fiscal al objeto de restablecer el poder de compra de familias y empresas. Es decir, justo lo contrario de lo que está haciendo Zapatero, montando una mascarada infame, con todos los presidentes autonómicos poniendo el cazo, para recibir un dinero que España ni tiene ni tendrá, una locura inenarrable, y que al igual que el destino de los 200.000 millones de avales, puede calificarse de social y económicamente criminal, Zapatero va a endeudar a los españoles y a sus hijos, para que el cáncer autonómico siga despilfarrándolo, justo cuando el desempleo crece a un ritmo de 2 millones/año, la Seguridad Social está quebrada, y no hay dinero ya ni para las pensiones ni para los parados, realmente Zapatero y sus secuaces han enloquecido. La segunda es la crisis crediticia, donde, o los 200.000 millones se destinan a avalar préstamos a familias y PYMES, o la destrucción del consumo y la capacidad productiva del país están aseguradas. La totalidad de los parches económicos del gobierno, y de las propuestas del PP, son absolutamente inútiles, si previamente no se adoptan éstas dos medidas. Como el gobierno no va hacerlo, si no todo lo contrario, y la oposición tampoco, no hay mecanismo económico ni fuerza humana, que eviten la depresión. Con los hechos y las cifras en la mano, es imposible llegar a otra conclusión. Una depresión que hará historia, pues reducirá drásticamente la renta disponible de las familias, hundirá nuestro país en el ranking económico mundial, y hará casi imposible el mantenimiento de España."*

Claro que unos años más tarde, la situación era peor aún, pero según ellos "nadie se lo había advertido", "no había crisis" y "el que lo decía era un antipatriota". Ahora, los contrarios nos dicen que bajaran los impuestos y los suben, que España va bien, pero la deuda exterior es el doble, etc... ¡Ufff¡ la verdad es que sobrecogen las mentiras de los políticos, sean del color que sean. Ejemplos de ello y que afectan a vidas y economías de los súbditos (por definirnos de alguna manera) recuerdo en este momento de sopetón algunas de estas "mentiras", la PSV de la UGT, los ERES falsos andaluces de la UGT Y PSOE, el caso Gürtel, Palma Arena, Fabra y Bárcenas del PP, Gescartera, Filesa del PSOE, las comisiones del 3% de CIU, Afinsa, y Forum Filatélico, Rumasa y Nueva Rumasa, la guerra de Irak del PP, etc. Para entender cómo se genera una crisis y cómo nos convencen de que tenemos la culpa de ella y ellos nos salvan, recuerdo una especie de chiste que lo cuenta, dice así: *"Una vez llegó al pueblo un señor muy bien vestido, se instaló en el único hotel que había, y puso un aviso en la única página del periódico local, que estaba dispuesto a comprar cada mono que le trajeran por $10. Los campesinos, que sabían que el bosque estaba lleno de monos, salieron corriendo a cazar monos. El hombre compró, como había prometido en el aviso, los cientos de monos que le trajeron a $10 cada uno sin chistar. Pero, como ya quedaban muy pocos monos en el bosque, y era difícil cazarlos, los campesinos perdieron interés, entonces el hombre ofreció $20 por cada mono, y los campesinos corrieron otra vez al bosque. Nuevamente fueron mermando los monos, y el hombre elevó la oferta a $25, y los campesinos volvieron al bosque, cazando los pocos monos que quedaban, hasta que ya era casi imposible encontrar uno. Llegado a este punto, el hombre ofreció $50 por cada mono, pero, como tenía negocios que atender en la ciudad, dejó a cargo de su ayudante el negocio de la compra de monos. Una vez que viajó el hombre a la ciudad, su ayudante se dirigió a los campesinos diciéndoles: - Fíjense en esta jaula llena de miles de monos que mi jefe compró para su colección. Yo les ofrezco venderles a ustedes los monos por $35, y cuando el jefe regrese* *de la ciudad, se los venden por $50 cada uno. Los campesinos juntaron todos sus ahorros y compraron los miles de monos que había en la gran jaula, y esperaron el regreso del 'jefe'. Desde ese día, no volvieron a ver ni al ayudante ni al jefe. Lo único que vieron fue la jaula llena de monos que compraron con sus ahorros de toda la vida. Ahora ya tenemos una noción bien clara de cómo funciona el Mercado de Valores y la Bolsa".*

Dice *el manual de Epícteto: "Cuando estés por emprender alguna cosa, pon en tu pensamiento lo que para ti es la cosa que tú vas a hacer. Si vas a bañarte, represéntate lo que ordinariamente pasa en las piscinas públicas, que allí se tira al agua, que allí empujan, que allí se dicen injurias, que allí se roba. Irás, después de esto, con toda probabilidad, a lo que vas, si te dices esto: "Deseo bañarme pero también, deseo conservar mi libertad y mi independencia, verdadera herencia de mi naturaleza" Y así con cada cosa que llegue. Pues, de esta manera, si algún obstáculo impide que te bañes, harás rápidamente esta reflexión:"No quería solamente bañarme, sino también conservar mi libertad y mi independencia; y no las conservaría si me altero".*

Ingiero un entrecot en el Steak Haouse "Domino" en la calle Ulica od Domina nº 3. Muero cada hora un poco más a ver si corre rápido el tiempo que me queda, pues aquí ya cumplí con demasía. Reconozco que me gustaría poder dedicar dos vidas más a conocer todo lo que este mundo tiene, pero me encuentro muy cansado de la raza humana. Reconozco que tiene grandes cosas, pero están descompensados por sus fracasos. Destruimos el planeta y a nosotros mismos. Aceleramos otra glaciación, la sexta, si no me equivoco y cada generación dista mucho de ser mejor de la anterior porque sobreviven los tramposos, los mentirosos y los más fuertes sobre los buenos. Uso el cuchillo y el tenedor para comer el filete como síntoma de progreso y educación, mientras los chinos usan palillos y nos adelantan en tecnología. Escribo cientos de frases, miles de palabras a ver si alguien se conciencia de ésta sinrazón o al menos me desconecta para no seguir contemplando tanta ignominia y estupidez. Pago la cuenta. Me dirijo al museo, al Muze, como aquí le llaman. Por tanto regreso sobre mis pasos al Palacio los Regidores que es la sede del Museo de Dubrovnik. En él se exponen las cosas de siempre, pinturas, retratos de hombres ilustres, objetos y documentos relacionados con esta ciudad. Repaso de un vistazo los muebles que lo decoran. No tienen nada de originales y son de la época en que Napoleón consiguió la ciudad mintiendo. El resto de la decoración deben ser donaciones que la gente ha ido haciendo a medida que ha habido bombardeos y destrucciones. Me llama la atención el comentario de un guía de al lado, en el que diserta a su grupo sobre la precaución de la población en los bombardeos serbios, de quitar las cristaleras de las ventanas y portones para guardarlos en los sótanos de la ciudad y así conservar los originales. No me imagino a los toledanos haciendo lo mismo con las obras de arte de allí. De repente me fijo en que los relojes del palacio están parados y todos señalan la misma hora. ¿Cuál? Las 5.45 h ¿Por qué? pregunto al guía. Sonríe y dice que fue cuando mintieron los franceses y entraron a detener al corregidor. ¡Vaya¡ por fin un sitio en el que la mentira está muy clavada en los corazones y la dejan marcada en los relojes, con hora capicúa. Sigo mi repaso por Tintorettos y la colección de monedas acuñadas en Ragusa entre 1305 y 1803, así como una colección de objetos y frascos de la antigua farmacia Domus Christi del siglo XV.

Decido salir e ir en frente, a la Plaza de las Hierbas. El recorrido es corto pero me da tiempo a recordar más mentiras que nos cuentan y aceptamos a pie juntillas. Nos dicen que el Everest es la montaña más alta del mundo. La mítica cima tibetana mide "solo" 8.848 m. pero si midiésemos desde el fondo del mar el Mauna Kea hawaiano mediría los 4.205 m exteriores + 6.000 m anegados. También nos dicen que un día son veinticuatro horas y hasta compramos relojes atómicos con esa teoría, en realidad, lo más aproximado es que un "día solar verdadero" varía a lo largo del año, y puede llegar a alcanzar las 24 h y 4 minutos. A cualquier adolescente que le preguntemos el nombre de Mozart nos dirá que se llamaba Amadeus porque hasta han visto la película, pero en realidad, su auténtico nombre era Joannes Chrysostomus Wolfgangus Theophilus Mozart. ¿De dónde viene, entonces, lo de Amadeus? Un príncipe prusiano quedó tan impresionado por la música del joven compositor que le rebautizó cómo Wolfgang Gottlieb (vocablo alemán que significa "amado por Dios"). A Mozart le pareció una cursilería, y se burlaba de la anécdota en cartas escritas a sus amigos: "Ahora tendréis que llamarme Wolfgang Amadeus", traducción latina de la palabra germana. Del mismo modo los tulipanes holandeses que todos traemos en redecillas cada vez que vamos de viaje, en realidad son turcos. Fueron introducidos en Occidente en 1544 por un viajero austríaco llamado Ogier Gislain. Pero fue un jardinero vienés, Carolus Clusius, quien llevó en 1593 los primeros bulbos de esta planta a Holanda. Sonrío cuando oigo a los periodistas más cultos en cine y películas, hablar del celuloide como base de los films. Me encantaría mandarles una cartita que empezase diciendo: *"Querido paleto: me gustaría cultivarle un poco la coliflor que tiene por cerebro. Los filmes se fabrican con acetato de celulosa. Este ingrediente no forma parte del celuloide, material plástico compuesto por nitrato de celulosa y alcanfor"*. Del mismo modo admiramos el famoso puente de Londres en la ciudad de su Graciosa Majestad. Pues bien, como casi todo, es una imitación, pues el original prefirieron venderlo al millonario americano Robert Mc Culloch por veinticinco millones de dólares. El magnate lo trasladó piedra a piedra a Lake Havosu, en

Arizona. En este campo de cosas siempre he lamentado que los turcos no celebren la Navidad, ni tengan a Papá Noel como tienen los finlandeses hecha toda una ciudad en Rovaniemi. ¿Por qué? Pues porque en realidad, San Nicolás de Bari, el santo en el que se basa la leyenda de Papá Noel, nació en Licia, en la actual Turquía. Y tampoco es invento de la coca cola. Si salto de sector y me voy a la farmacopea, inspirado por la que aquí dicen que es la más antigua de Europa, debo aclarar que Fleming descubrió la penicilina, pero no fue el primero. Ernest Duchesne, estudiante del Instituto de Medicina Militar de Lyon, treinta y dos años antes que Alexander Fleming, encontró un hongo con la propiedad de matar bacterias. Desafortunadamente, las autoridades científicas de la época no le hicieron caso, y su hallazgo cayó en el olvido hasta que fue redescubierto por el investigador británico.

Dice el manual de Epícteto: *"Así como en un viaje por mar, cuando tu barco entra a un puerto, y se te envía por agua, puedes, por el camino, recoger mariscos o acumular champiñones, pero no alejas tu pensamiento del barco, volteando seguido la cabeza, temeroso de que el capitán no te llame, y si te llama, sea preciso arrojarlo todo y correr, a fin de que, al hacerte esperar, no tengas que ser arrojado al barco atado de pies y manos como a una bestia. Es lo mismo en el camino de esta vida: sí, en lugar de un marisco o de un champiñón, se te da una mujer o un niño, tú puedes tomarlos, pero, si el capitán te llama, es preciso correr al barco y dejar todo, sin mirar atrás. Y, si eres viejo, no te alejes mucho del navío, no sea que si el capitán llega a llamarte no estés en estado de seguirlo"… "No pidas que las cosas lleguen como tú las deseas, sino deséalas tal como lleguen, y prosperarás siempre"*.

Llego a la plaza de las hierbas o como la conocen aquí, Gunduliceva poljana. Me sitúo en el pedestal de la estatua del poeta ragusano Ivan Gundulic. Decido recorrer los tenderetes con miel, frutos secos con miel, frutas y bolsitas con lavanda para el armario. Atravieso la plaza en diagonal hasta una enorme escalinata construida en el año 1738. Es un estrechamiento de la plaza con Poljana Rubera Boakoviia, donde se encuentra la iglesia de San Ignacio. Subo las escaleras y me giro sobre mí mismo para contemplar el espectáculo. En la plaza converge Ulica od Puta, llamada "avenida de los pozos" por albergar las cisternas que recogían el agua. De esta calle cabe destacar sus numerosas tiendas y la Pravoslavna Crkva, iglesia ortodoxa de 1877. Observo a los camareros yendo y viniendo con platos de comida, lo que me inspira en recordar otra mentira de la humanidad. Me refiero a la receta del pollo masala, que todos creemos que es de origen hindú. ¡Pues no¡ La crearon los fusileros escoceses destinados en la India al mezclar el pollo especiado típico de aquel país con salsa de tomate y nata. Y hablando de carne, me ha venido a la mente otra mentira. Bugs Bunny en realidad es una liebre, aunque se le conoce como "el conejo de la suerte". Este personaje de dibujos de la Warner pertenece al género Lepus, cuya principal diferencia con los conejos (genero: Oryctolagus) es que tienen orejas y ojos más desarrollados. Su creador, Tex Avery, lo tenía muy claro, ya que la primera aventura de Bugs se titulaba *La liebre salvaje*. Pero empezó a decir que era un conejo para esquivar una demanda de otro dibujante, David Hare, quien le acusaba de haber plagiado al personaje de su corto *La tortuga y la liebre*. Me siento en los escalones. Dejo paso a la gente porque no me gusta molestar y menos que me molesten. Espero entender los por qués de las mentiras que se siguen oyendo a su paso. Veo parejas ir y venir y podría decir cuáles no seguirán en el futuro. Repito cien veces el protocolo de gestos para detectar las mentiras, por ejemplo si la persona que creemos que nos miente permanece tranquila en cuanto la acusamos, podemos desconfiar de ella. Difícilmente alguien se queda tranquilo cuando es acusado de algo de lo que se sabe inocente. La tendencia natural del ser humano es mantener cierto desespero para probar que se es inocente. Por otra parte, quién miente se queda quieto, evitando a toda costa hablar de más detalles sobre la acusación. Hasta ahora sólo he examinado los sentimientos negativos que pueden surgir cuando alguien miente. Pero el mentir puede dar lugar asimismo a sentimientos positivos que hace sentirse bien, o que generan entusiasmo ya sea antes de decirla, o después. Por ejemplo, el subidón por engañar a otro, o la broma pesada que se le hace a un inocente. El bromista tendrá que ocultar el placer que extrae de eso, por más que lo haya hecho fundamentalmente para mostrarle a los demás con qué habilidad logró tomar desprevenido al incauto. Se hacen estudios de todo, menos del problema mayor del mundo que es la mentira. Todos los detalles que destaco pueden ser las defensas para detectar al mentiroso. Dicen que la mentira es el arma más poderosa del demonio y cualquiera nos hemos reído de que algo tan inocente pueda ser lo más poderoso que tiene el señor del mal. ¡Vaya tontería¡ solemos añadir mientras nos alejamos riendo. Ahora bien, cuando meditas y profundizas en ello, te das cuenta que cualquier arma de destrucción masiva fue creada por la mentira (para hacernos la vida mejor, decían), con la mentira (Son investigaciones civiles, añadían) y puede ser disparada por la mentira (para prevenir la paz, mientras morían dos millones de personas en dos días). Aprendamos a detectar las mentiras y desterremos a los mentirosos de nuestras vidas, sean del signo y color que sean. La gente mentiría menos si supusiese que existe un signo seguro del mentir, pero no existe. No hay ningún signo del engaño en sí, ningún ademán o gesto, expresión facial o torsión muscular que *en y por sí mismo* signifique que la persona está mintiendo. Sólo hay indicios y sospechas. Somos muchos los cazadores y pescadores de animales en el mundo. ¡Ok¡ yo les propongo la caza de la presa más difícil y peligrosa...¡Cacemos mentiras¡ Aprendamos las señales faciales, los signos gestuales, sigamos el rastro de nuestra presa *la mentira* y matémosla.

Detectar mentiras no es simple. Soy consciente de la empresa que propongo y conozco los problemas que conlleva pues las primeras presas mentirosas serán personas a las que amamos, luego en las que confiamos y veremos cómo las palabras, pausas, sonidos de la voz, expresiones, movimientos de la cabeza, ademanes, posturas, la respiración, el rubor o el empalidecimiento y el sudor, les autodelatan. Marquémosles como reses peligrosas. Incluyámosles en listas como las de morosos o delincuentes peligrosos. Colguemos sus fotos en paredes de centros comerciales y tablones de comisarias para que todos les den de lado y no les crean nunca más. Que jamás vuelvan a hacer daño. Acabemos con la retroalimentación de información que les favorece y fijémonos en la marca del mentiroso grabada a fuego en su mirada. Cuando entremos en una casa, fijémonos en las fotografías que se exponen, porque en ellas desarrollemos la parte de nuestro cerebro que identifica rostros, pues la cara es la sede primordial del despliegue de las emociones. Junto con la voz, puede decirle al que escucha cuáles son los sentimientos del que habla acerca de lo que dice... pero no siempre se lo dice con exactitud, ya que el rostro puede mentir sobre los sentimientos, a pesar de los intentos de control. (Referencia al libro del mismo autor Mentes Rotas). Cuando nos escuchamos por primera vez en una grabación, casi nadie se reconoce a sí mismo. Triunfemos sobre la penosa costumbre de creernos todo lo que nos dice un tercero. Por ejemplo, los cotilleos y rumores que son la cantera de la mentira futura. ¿Por qué nos creemos todo lo que nos dicen en televisión y no lo que nos dicen cara a cara? Todos conocemos la expresión "¡¡Es que lo han dicho en la tele¡¡". ¡Por Dios¡ ¿qué base tiene eso?. Hasta la gente cree en los horóscopos de los periódicos que escriben los becarios de la redacción. Soy consciente de la dificultad que entraña detectar la mentira y más aún el acabar con ella. Si vemos a los jueces, deberían ser verdaderos expertos en psicología y en detectar mentiras y aún está por ver que les enseñen eso en la Facultad y menos sea obligatorio para la oposición. Claro que dentro de la judicatura, la mentira está arraigada por intereses políticos, económicos y laborales más que en cualquier otro lugar. Se inducen a tratos y acuerdos antes del juicio como golosinas a la puerta de un colegio, sin importar un pito a nadie si alguien dice la verdad o no. En otros casos, son los periodistas los que para rellenar sus espacios y tener fama, hacen de juez, de detective, de abogado, de pasante y hasta de psicólogo, sin tener más estudios que un aprobado raspado en ciencias de la información. Que de por sí ya es una mentira ¿Información? ¿Ciencias de…? La mayoría admira y sigue a Freud y muchos desconocen siquiera su vida de mentiras y patologías. Llega hasta el punto en el que en su libro *Psicopatología de la vida cotidiana,* justifica la mentira como algo necesario y habitual, y lo califica como *"desliz verbal".* Más adelante suelta lo siguiente sin sonrojarse: *"la sofocación del propósito ya presente de decir algo, es la condición indispensable para que se produzca un desliz en el habla»*

Entre unas cosas y otras me percato que estoy en la catedral de Santa María la Mayor, concluida en 1713. Velika Gosna, de clara inspiración barroca y romana. La que visito es la nueva construida sobre la antigua destruida en el terremoto. La verdad es que pensar que pudiera ocurrir un terremoto en este instante en mitad de Europa me sobrecoge. Paseo por las tres naves rematadas en ábside. Alzo la vista a la cúpula y me extasío con los altares laterales llenos de pinturas de autores locales del XVI. En el altar mayor se puede admirar un gran políptico de la Asunción, realizado por Tiziano y artistas de su escuela hacia 1552 (en el centro de la composición hay un autorretrato del maestro a modo de Velázquez en sus Meninas). En los muros del

presbiterio cuelgan cuatro pinturas de Padovanino con escenas del Antiguo Testamento. Saco la guía de bolsillo y sigo leyendo las explicaciones que ya desconozco, dice: *"En una sala a la izquierda se custodia el preciado tesoro de la catedral, con más de 200 relicarios antiguos, una verdadera obra maestra de la orfebrería religiosa. Entre todos destaca el relicario con la cabeza de San Blas, un exquisito trabajo bizantino en filigrana de oro y esmalte realizado en el siglo XI o XII por maestros de Ragusa, y el relicario con el brazo de San Blas (siglo XIII), y el de la Santa Cruz, con un fragmento de madera que, según la tradición, procede de la Cruz de Jesús. Otra obra notable es un conjunto de jarro y jofaina de plata dorada, con dibujos en miniatura de animales e insectos, realizado hacia 1550 por orfebres de Ragusa para Matías Corvino, rey de Hungría y Croacia. Entre las pinturas destaca una Adoración de los Reyes Magos de escuela flamenca y una imagen de la Virgen de la Sillita, según opinión de algunos, obra del mismísimo Rafael."*
Salgo de la catedral ligeramente trastornado por el hecho de haber leído el nombre del magiar Corvino. Según la leyenda, era el primer ser humano y vampiro al mismo tiempo que dio origen a la nueva estirpe de estos monstruos. Corro un tupido velo en mi mente y dejo mis conocimientos del *Lado Oscuro* para mi soledad, pues sacar a la luz en estos momentos cosas que también viví, sería tachado de mentiroso y mi experiencia quemada en la hoguera. Doy el alto a mi mismo en lo referente a estos pensamientos del mundo del *otro lado*. Entro a cenar en el restaurante Proto, situado en la tercera calle a la derecha desde la puerta Pile. Una mariscada pequeña para poder pasar una buena noche y una copa de vino blanco. Regreso a casa en el último ferry. Pido un café. Bajo a la cubierta acristalada. Me siento en un ventanal que da a la costa para ir viendo las luces. Cierro los ojos recordando que en la facultad tuve un sueño en el que encontraba la vacuna contra la mentira. La bauticé *Metanoia*. Recuerdo la

cara que puse ante el espejo cuando termine la facultad sin haber encontrado la vacuna y sí la definición de Metanoia: Metanoia es un enunciado retórico utilizado para retractarse de alguna afirmación realizada, y corregirla para comentarla de mejor manera. Su significado literal del griego denota una situación en que en un trayecto ha tenido que volverse del camino en que se andaba y tomar otra dirección. Esta palabra también es usada en teología cristiana asociando su significado al arrepentimiento, sin embargo, y a pesar de la connotación que a veces ha tomado, no denota en sí mismo culpa o remordimiento, sino la transformación o conversión entendida como un movimiento interior que surge en toda persona que se encuentra insatisfecha consigo misma. En tiempos de los primeros cristianos se decía del que encontraba a Cristo que había experimentado una profunda *Metanoia*, como sinónimo de revelación divina o epifanía. La Metanoia también es denominada por la religión católica, como una transformación profunda de corazón y mente a manera positiva. Hay teólogos que sugieren que la Metanoia es un examen de toda actividad vital y una transformación de la manera cómo se ven y se aceptan los hombres y las cosas. (Guardini, 1982:139). Para Peter Senge, captar el significado de Metanoia es comprender lo que significa aprender, en relación con la *metacognición*. Es un cambio de enfoque, un cambio de perspectiva a otra, lo que a su vez está en relación con la percepción. Arribo a Cavtat. Me despido hasta mañana, porque quiero rematar mis visitas a Dubrovnik. Soy afortunado por tantas experiencias, aunque por las noches me desespere de lo torpe que he sido en la vida. Acabo de cenar un par de bocados de algo que sobró y tenía en la nevera. Voy a la habitación a prepararme para meterme en la cama. Lo hago. Me duermo con lo que decía Francisco de Quevedo en *Casa de locos de amor y otras prosas festivas: "Casadas vi amigas del más amigo de su marido, y aún maridos muy amigos del más amigo de sus mujeres. Esto estaba yo contemplando cuando por medio de todos atravesó un hombre de extraña forma, lleno de ojos y oídos, y al parecer astuto. Porque no me ganara por la mano, le quise preguntar primero yo quién era y qué hacía allí. A ambas cosas me respondió así: «Mi nombre es Zelos; y muy bien me conocéis vos, porque a no ser así, no estuviérades en este patio. Yo, aunque soy grande parte de acrecentar el número de los enfermos y furiosos que aquí hay, soy loquero, y sirvo de castigarlos, no de curarlos; que antes suelo acrecentarles el mal. Si queréis saber más de las cosas desta casa, no me lo preguntéis a mí, que por milagro digo verdad, porque dejo de ser quien soy en diciéndola. Soy gran invencionero, y contaros de mil mentiras. Aquel venerable anciano que allí se pasea muy aprisa es el administrador; él os informará (bien que a la larga) largamente de todo lo que quisiéredes.» Con esto me dejó, y sin más detenerme llegué al viejo, y conocí ser el Tiempo. Pedíle me mostrase los cuartos de aquel palacio, que quería, como forastero, ver algunos locos mis compañeros. Más porque, según me dijo, andaba curando los enfermos, desde donde estaba me los mostró, me dio licencia y me dejó ir solo".*

CAPÍTULO VI

La verdad duele sólo una vez, las mentiras...cada vez que se recuerdan. (Maese Mercader)

Se decía en *Evolution in life and form:* "*Terrible es el conflicto. Tremenda la fuerza que empuje al hombre, cuyo carácter flaquea en un punto. 12 Pero allí está Shrî Krishna, el glorioso avatar, que cuida y cela de Yudhishthira, y en aquel trance le aconseja que mienta y le confirme a Drona la muerte de su hijo. Así lo hace, y entonces Drona arroja las armas y muere de dolor. Si acabara aquí el relato, nos parecería en extremo incongruente que el dios Krishna aconseje a un hombre que mienta y ninguna lección sacaríamos del suceso. Pero preciso es recordar que una de las principales funciones del gurudeva, o deva instructor, es avisar todo vicio inherente en su discípulo para luego desarraigarlo. 13 Esto comprendido, vemos que en cuanto Yudhishthira profiere la mentira, su carro se 'hunde en la tierra, impotente ya para conducirlo, pues violó la verdad. Transcurrieron los años, y el amargo recuerdo de aquella falsía no se le borraba de la memoria. El pesar de haber matado a su preceptor 14 con una mentira le corroía el corazón, sin encontrar jamás consuelo ni librarse de sus consecuencias. Repetidamente se sobresaltaba en sueños, exclamando: "¡Maté a mi preceptor!" La angustia y la vergüenza eliminaron de aquella noble alma hasta la última nota de flaqueza, y al término de su vida, muertos su mujer y hermanos, no profiere ni una palabra de protesta por la muerte de sus seres amados. Está próximo a subir al cielo y no le queda otra compañía que la del fidelísimo perro que le ha seguido en todas sus peregrinaciones desde que salió de la capital de su reino. Solo estaba Yudhishthira con su compañero que, fiel hasta la muerte, confiaba en el cariño de su amo, cuando descendió un poderoso deva y le dijo: —Llegó tu hora. Monta en mi celeste carro y sube en cuerpo y alma al cielo, donde ganaste el derecho de sentarte y reinar. Pero Yudhishthira no cede esta vez a la invitación del deva, y responde; —Aquí está este perro que se ha confiado a mi protección y no puedo abandonarlo. Ha de venir conmigo. El deva repuso: —No hay en el cielo lugar para los perros. Son impuros. No caben allí. Viste morir a tus hermanos y a tu esposa, y ¿quieres seguir viviendo con ese perro? —Mi esposa y mis hermanos murieron. Nada pueden hacer los vivos por los muertos. Pero esta criatura buscó mi protección y no la abandonaré. —¡Vaya! No seas necio y deja aquí el perro. A pesar de todo, Yudhishthira se mantuvo inflexible. Era ya lo bastante fuerte para contender con el deva, y demostrando su justicia y fidelidad hacia el perro, renunciar al cielo y seguir cumpliendo su deber en la Tierra si no se le permitía llevar consigo al pobre animal que había puesto su amor en él".*

Cierro la ventana, me aseo y bajo al desayuno. Me sirvo lo de costumbre y algo más para que mi médico tenga algo que reprocharme la próxima vez que le visite. Me siento ante el ventanal, de espaldas al sol pues no quiero nublar la visión de todo un recorrido difícil de olvidar tanto para pequeños como para adultos. Reflexiono sobre el lugar en el que estoy. Vuelvo por última vez a Dubrovnik a terminar mis visitas. Pongo la música en mi iphone para ir oyéndola hasta el embarcadero. ¡Vaya¡ la ley de la aleatoriedad, o el destino han querido que salga "su música". Cuando digo "su música", me refiero a la que siempre me recuerda al gran amor de mi vida. ¿Cuál es "su música"? Se titula *Hasta mi final* y es cantada por el cuarteto II

Divo. Para comprender el significado debo comentar que ella y yo no podíamos casarnos, era el amor imposible de mi vida. Ella y yo decidimos que un día haríamos unos votos de amor eterno el uno al otro. Pasó el tiempo y las circunstancias de la vida nos alejaron aún más, nos pusieron todo tipo de obstáculos para que nuestro amor se rompiera, pero éste permanecía más fuerte, seguro y creciente a cada paso. Llegó un día en el que decidí enviarle mis votos. Como escritor compuse narraciones y poesías, que a medida que terminaba iba tirando porque no expresaban todo lo que quería decirle. Desesperado salí a pasear por la orilla del Tajo y quiso la casualidad que al pasar por Tabordo (un restaurante merendero al lado del río) estuviese sonando la música en cuestión. Tuve que sentarme a enjugar mis lágrimas porque era eso lo que yo quería expresar. Regresé corriendo a casa, lo busqué y se lo envié. Desde entonces es la música que me la recuerda. Fui tarareándola hasta el muelle:

"Tu lugar es a mi lado, hasta que lo quiera Dios
Hoy sabrán cuánto te amo, cuando por fin seamos dos.
Yo nunca estuve tan seguro de amar así, sin condición.
Mirándote, mi amor, te juro cuidar por siempre nuestra unión.

Hoy te prometo amor eterno.
Ser para siempre tuyo en el bien y en el mal.
Hoy te demuestro cuánto te quiero.
Amándote hasta mi final.

Lo mejor que me ha pasado fue verte por primera vez.
Y estar así, de mano en mano es lo que, amor, siempre soñé.

Hoy te prometo amor eterno.
Ser para siempre tuyo en el bien y en el mal.
Y hoy te demuestro cuánto te quiero.

Amándote hasta mi final.

Hoy te prometo amor eterno.
Ser para siempre tuyo en el bien y en el mal.
Hoy te demuestro cuánto te quiero.
Amándote hasta mi final.

Hoy te prometo amor eterno.
Amándote hasta mi final."

¡Ufff¡ ¡Vaya con los recuerdos que mueven las lágrimas y anudan las gargantas¡. Ahora le digo que todos hemos tomado alguna vez decisiones erróneas porque, bien nos faltaron las palabras de sabiduría, o bien porque no supimos mirar nuestro corazón. Infinidad de veces nos dijimos lo que no teníamos que decir porque no lo sentíamos de ese modo. ¿Por impulso y falta de reflexión? No lo sé, pues ambos somos ardientes e impulsivos. Con la edad cada vez menos y por eso nos arrepentimos de tantas cosas pasadas. Otras tantas veces hemos hecho lo que no teníamos que haber hecho. Ahora ratifico lo que siempre te he dicho y por tanto, decido, digo, lanzo y hago todo por ti desde aquel día que te juré amor eterno. Tengo que subir ya al ferry que me llevará por última vez esta semana a Dubrovnik. Amo a esta mujer desde el día en que la vi en la Facultad y perdono todo el daño que me haya hecho en la vida. ¡Ufff¡ el corazón va más deprisa de lo que bombea y esta taquicardia diastólica me puede desencadenar otro dolor y ya sería el cuarto en una semana. No me importaría en absoluto morir ya, al contrario, cada noche le pido a Dios que me desconecte ora, pues ya acumulo demasiados cardenales en el cuerpo y cicatrices en el alma. Sinceramente ya me duelen demasiado los golpes y a pesar de que elegí la soledad como autodestierro de esta mierda de sociedad en la que me incluyeron, entiendo que a los presos les torturen en aislamiento.

Yo ya llevo en este estado diez años y al final, ya casi no puedo con el bastón. Cada día, cuando amanece, quedo unos minutos despierto en la cama encontrando los motivos para levantarme. Por suerte o por desgracia me dotaron de una inteligencia superior a la media de esta humanidad como me dijeron en Mensa, al superar dos de sus test y dejar ya el tercero sin leer. ¡Ja, ja, ja¡ Me río al ver una revista "consumer" de la cadena Eroski encima de la mesa de al lado. Me incorporo para leerla y ver las novedades que venden en España. No me cabe duda que se la dejó olvidada algún turista. Lo que me sorprende es que se trajese la revista hasta aquí. Bueno, me da igual. La abro y tras repasar múltiples productos y precios, comparándolos con el supermercado de aquí, llego a una serie de artículos. ¡Ufff¡ si creyese que el destino está escrito, me haría fanático. ¿Por qué? Porque uno de los artículos trata precisamente de la soledad.

Lo leo para entretenerme: *"Tres características definen la soledad: es el resultado de relaciones sociales deficientes, constituye una experiencia subjetiva ya que uno puede estar solo sin sentirse solo o sentirse solo cuando se halla en grupo; y, por último, resulta desagradable y puede llegar a generar angustia. La soledad, salvo excepciones, es una experiencia indeseada similar a la depresión y la ansiedad. Es distinta del aislamiento social, y refleja una percepción del individuo respecto a su red de relaciones sociales, bien porque esta red es escasa o porque la relación es insatisfactoria o demasiado superficial. Se distingue dos tipos de soledad: la emocional, o ausencia de una relación intensa con otra persona que nos produzca satisfacción y seguridad, y la social, que supone la no pertenencia a un grupo que ayude al individuo a compartir intereses y preocupaciones. Parece, por otro lado, que la soledad está relacionada con la capacidad de las personas para manifestar sus sentimientos y opiniones. Cuando nuestra habilidad para relacionarnos es deficiente, aumenta la probabilidad de que nos quedemos solos ya que las relaciones que mantenemos son menos entusiastas y empáticas. En general, las personas con problemas de neurosis se muestran convencidas de que no resultan amables ni dignas de ser apreciadas, y rechazan cualquier tipo de amigos potenciales con el objetivo de protegerse a sí mismos del posible rechazo. La soledad está muy relacionada con la pérdida de relaciones con ese conjunto de personas significativas en la vida del individuo y con las que se interactúa de forma regular. La definición más común de soledad es la de carencia de compañía y que se tiende a vincularla con estados de tristeza, desamor y negatividad, obviando los beneficios que una soledad ocasional y deseada puede reportar. Cuando (por separación en la pareja, fallecimiento de un ser querido u otra causa) desaparece de nuestra vida alguien a quien hemos amado o que ocupaba un espacio estelar en nuestra cotidianeidad, nos invade una particular sensación de soledad, un vacío, una nada enmudecida que nos sume en la tristeza y la desesperanza. Hemos de sobrellevar la dolorosa percepción de orfandad, de ausencia de una persona insustituible. Nos vemos perdidos y sin referencias en las que antes nos apoyábamos para afrontar la vida. Somos seres sociales que necesitamos de los demás para hacernos a nosotros mismos. Y no sólo para cubrir nuestras necesidades de afecto y desarrollo personal, sino también para afianzar y revalidar nuestra autoestima, ya que ésta se genera cada día en la interrelación con las personas que nos rodean. La pérdida es irreemplazable pero no debe ser irreparable. Ese hueco o, mejor, su silueta, quedarán ahí pero si nos permitimos sentir la tristeza y nos proponemos superarla a base de confianza en nosotros mismos, podremos reunir fuerzas para establecer nuevas relaciones que cubran al menos parcialmente ese déficit de amor que la ausencia del ser querido ha causado. Hemos de intentar que la carencia de esa persona no se convierta en una carencia general de relaciones. Esta soledad es dolorosa, pero puede convertirse en positiva si la interpretamos como oportunidad para aprender a vivir el dolor sin quedarnos bloqueados. Y para generar recursos y habilidades para continuar transitando satisfactoriamente por la vida. Debemos interiorizar y controlar el dolor, sabiéndolo parte inherente a la vida, aprendiendo a no temerlo y a no mantenernos al margen del sufrimiento como si de una debilidad o incapacidad se tratara. Quien sabe salir del dolor está preparado para disfrutarla la plenitud en momentos venideros. La de quien apenas habla más que con su familia, sus compañeros de trabajo y sus vecinos es una soledad muy común en este mundo nuestro. Nos sentimos incapaces de contactar con un mínimo de confianza con quienes nos rodean, tememos miedo que nos hagan o nos rechacen. Plantamos un muro a nuestro alrededor, nos encerramos en nuestra pequeña célula (en ocasiones, incluso unipersonal) y vivimos el vacío que nosotros mismos creamos y que justificamos con planteamientos como "no me entienden", "la gente sólo quiere hacerte daño", "para lo único que les interesas es para sacarte algo", "cada vez que confías en alguien, te llevas una puñalada". Si la soledad es deseada nada hay que objetar, aunque la situación entraña peligro: el ser humano es social por naturaleza y una red de amigos con la que compartir aficiones, preocupaciones y anhelos es un cimiento difícilmente sustituible para asentar una vida feliz. Es una meta difícil y las estructuras y hábitos sociales de nuestra civilización frenan este empeño de hacer y mantener amistades, pero merece la pena empeñar lo mejor de nosotros en el intento. Esa soledad no deseada puede convertirse en angustia, si bien algunos se acostumbran a vivir solos. Se revestirá esta actitud de una apariencia de fortaleza, autosuficiencia, agresividad o timidez. Y todo, para esconder la inseguridad y el miedo a que no se nos quiera o no se nos respete. Hay también otras soledades indeseadas, como esas a las que se ven abocadas personas mayores, amas de casa, o quienes muestran una orientación sexual no convencional, o quienes sufren ciertas enfermedades, incapacidades físicas o psicológicas o imperfecciones estéticas. La soledad es una situación que hemos de aspirar a convertir en transitoria y que conviene percibir como no forzosamente traumática. Podemos mutarla en momento de reflexión, de conocernos a fondo y de encontrarnos sinceramente con nuestra propia identidad. Hay un tiempo para comunicarnos con los demás y otro (que necesita de la soledad) para establecer contacto con lo más profundo de nosotros mismos. Hemos de "hablar" con nuestros miedos, no podemos ignorarlos ni quedarnos bloqueados por ellos. Es conveniente que, en ocasiones, optemos por la soledad. En suma, equilibremos los momentos en que nos expresamos y atendemos a otros, y los que dedicamos a pensar, en soledad, en nuestras propias cosas".* (Fuente: revista.consumer.es).

La verdad es que coincide mucho con lo que psicólogos, psiquiatras y científicos establecen. Bueno, ahora entiendo más de lo que me pasa, aunque la mentira del articulo es suponer que no existen personas como yo capaces de autoexiliarse de esta sociedad. Cierro los ojos y me concentro en qué diría un filósofo como Platón de las mentiras. Recuerdo mis lecturas del libro de Platón titulado *La República*, (Editorial Edaf, Madrid, 2006), que tengo en casa. Lo que más me llama la atención es el diálogo que mantienen entre Sócrates y Adimanto para demostrar la relación entre justicia y verdad, destacando como básica la necesidad de olvidar el pasado y así poder construir la nueva república. Si dedico unos instantes a profundizar en ello, veo que es la esencia de esta sociedad y el motivo por el que yo me he autoexiliado de ella. Me explico, alguien miente a otro y este otro debe olvidar para seguir juntos. En mi caso he perdonado, pero no olvido y por ello no me fio. Platón muestra a los dioses como seres débiles que cometen los mimos errores que los humanos, al tiempo que, sin embargo, aparecen de ejemplo para la propia actividad humana.

En conversación con Adimanto, Sócrates plantea: *"No quiero que se diga en presencia de un tirano joven que, cometiendo los más grandes crímenes y hasta vengándose cruelmente de su mismo padre por las injurias que de él hubiera recibido, no hace nada de extraordinario, ni nada de que los primeros y más grandes dioses no hayan dado el ejemplo".* ¡Ufff¡ salvando las distancias me identifico pues se puede interpretar como una búsqueda de *alejamiento,* que en el caso de Platón es un alejamiento de los dioses respecto a los hombres, en términos de convertirse en ideales morales inalcanzables. En mi caso es solo un alejamiento de la sociedad corrupta y mentirosa que me asquea. El Sócrates platónico que nos muestra en su escrito, busca precisamente intervenir la realidad con esta demanda, apuntando a refundar un nuevo tipo de sociedad en la que aparece con claridad el *olvido* de la historia. Es lo que más adelante define como hacer *Tabula rasa* de lo hasta entonces conocido. Si lo pensamos detenidamente, solo se puede hacer *tabula rasa* en el caso de la mentira, o asociación, o secretos. En cambio, los que define como poetas o pasionales, no pueden resistir la mentira y deben partir al exilio, o bien ser reeducados para el silencio. ¡Ufff¡ ¡Cuánto me identifico con ello¡ Sócrates argumenta que *"Si nuestro propósito es persuadirlos de que nunca la discordia ha reinado entre los ciudadanos de una misma república, ni puede reinar sin cometer un crimen, obliguemos a los poetas a no componer nada, y a los ancianos de uno y otro sexo a no referir a tales jóvenes nada que no tienda a este fin".* Recordemos que entonces los escritores y poetas cantaban y componían los hechos acaecidos, los cuales pasaban de boca en boca hasta la invención de la imprenta. Sócrates comprende, pero su misión es refundar la república. Platón lo define como *"alguien que asume este rol no es la creación, sino la negación de la creación, esto es, la imposición de la norma".* Esa norma implica que los poetas deben escribir lo que les dicen, del mismo modo que hacen hoy en día los medios de comunicación con los que les dan de comer. Entonces, también se corrompen y cuentan mentiras. dirá Platón: *"Lo que no debe permitirse decir a ningún poeta, es que aquellos a quienes el dios castiga son desgraciados; digan en buena hora que los malos son dignos de compasión por la necesidad que han tenido del castigo, y que las penas, que el dios les envía, son un bien para ellos"*. ¿Implica Sócrates medir el dolor y aceptar el destino? Esta será la base en la que Nietzsche ataque al cristianismo. Ahora bien, si me extrapolo y aplico toda mi objetividad, entiendo a Sócrates, pues para crear algo nuevo, debe imponer normas que eviten el pasado, pero al hacer normas, implica con ello una legitimación de ese nuevo mundo en conjunto y cohesionado. Sin darse cuenta asume que habrá súbditos que obedezcan a alguien, sea como se quiera llamar… república, democracia, dictadura o soberanía. Inmediatamente después, esa forma de mando hará su discurso que dé sentido al acatamiento de los súbditos. Comenzaría de nuevo otro círculo vicioso de corrupción, de mentiras e imposiciones que terminaría en otra Tabula rasa. Un extraterrestre que haya estado observando al ser humano desde el principio tendría claro que la mentira y la tabula rasa son los dos elementos que configuran la historia de la humanidad. Y además, no lo vamos a cambiar por mucho que lo intentemos.

Me pregunto ¿de dónde parte la mentira? pues si la mentira es mala no puede pertenecer a los dioses. Pero Dios nos creó a imagen y semejanza suya, entonces ¿quién la creó?. El cristianismo se la aplica claramente al demonio. Un ser celestial que traicionó al mismo Dios y creó esta poderosa arma. Sócrates logra aprobar en la reflexión que es aquella que *"prohíbe hablar y escribir, respecto a los dioses, como si fueran encantadores, que toman diferentes formas y que intentan engañarnos con sus discursos y sus acciones"*. Sócrates prohíbe la mentira porque considera que existe una verdad original, inmutable, que ha sido desvirtuada por los poetas, por lo que rechaza que la reinstauración de esa verdad pueda portar en sí misma una mentira; de hecho, la Ley se trasforma en el fundamento de la verdad para la nueva república y lo que había antes de ella queda escondido por un secreto, secreto que prohíbe en nombre de la verdad hablar como lo había hecho la tradición. Visto de este modo, he tomado la decisión coherente y a nivel de filósofo superior, pues esta ruptura con la idea socrática implica impepinablemente el fin de un sistema de relaciones sociales y el comienzo de otro, siendo el primer sustento de una nueva forma de república, la oscuridad de su pasado y la propia violencia con la que tiene que surgir la Ley, para volver a mentir y por tanto, para empezar de nuevo. Si analizamos a los historiadores, vemos que Sócrates acierta al implicarlos en las asociaciones de la mentira (cofradías, como él llama). ¿Por qué? Porque las asociaciones, los historiadores etc., esconden la verdad en el secreto. *"Se necesita un grupo de personas que porten con el secreto que esconde la nueva ley, aquello que se dejó atrás, un pasado oscuro en el que se podía presentar a los dioses como humanos, expuestos a cometer las mismas miserias que estos. Estas personas deberán guardar silencio o hablar a favor de la idea de los dioses como figuras de bondad y justicia... obliguemos a los poetas a no componer nada, y a los ancianos de uno y otro sexo a no referir a tales jóvenes nada que no tienda a este fin"*. ¡Ufff¡ eso de "obliguemos" implica manipulación y mentira, sino violencia y sometimiento. El comunismo lo tiene descrito en los principios de Lenin, como una de las bases del desarrollo de su sistema político. Lenin decía *"¿Cómo es posible hacer una revolución sin pegar un solo tiro?"* Claro que el resto les copia que es una maravilla. La mentira es la patología más epidémica que existe y también una de las características que nos separan de los animales, pues ellos nunca mienten. Sócrates

153

plantea: *"...nuestra primera ley y nuestra primera regla tocante a los dioses, será obligar a nuestros ciudadanos a reconocer, lo mismo cuando hablen que cuando escriban, que el dios no es el autor de todas las cosas, sino sólo de las cosas buenas"*. Así se crea la figura del 'servidor del régimen', que se encargará de ensalzar los elementos que le permiten a esta perpetuarse en cuanto orden de cosas. ¿Cuántos de esta nueva especie conoces? Yo identifico a tantos que me aburre el contarlos y por eso me fui. Le mentira es como una pesadilla, personalmente la identifico con esas películas de enfermedades que crean zombies y se propagan y propagan y propagan, quedando un puñado de humanos sanos que soportan un calvario para llegar al final de la película. La diferencia es que en el cine encuentran la vacuna y en la realidad nunca hay vacuna contra la mentira. Alguien me identificó hace tiempo con Sófocles, y en el Libro I de la República, Sócrates habla con admiración respecto de Sófocles quién a sus largos años parecía contestar con satisfacción la renuncia natural que produce la vejez a los placeres de los sentidos. Sócrates dice textualmente: *"Encontrándome en cierta ocasión con el poeta Sófocles, como le preguntaran en mi presencia si la edad le permitía aún gozar de los placeres del amor: 'El dios me libre –respondió-, ha largo tiempo que he sacudido el yugo de ese furioso y brutal tirano'. Entonces creí que decía la verdad, y la edad no me ha hecho mudar de opinión. La vejez, en efecto, es un estado de reposo y de libertad respecto de los sentidos"*. Dicho de otra forma, en la vejez se atrofian los sentidos y eso nos permite evitar el dolor que la mentira produce a cada paso, porque nos aísla de la sociedad. Hace tiempo concluí que este dolor, este sometimiento físico, legitimado y naturalizado implicaba un sometimiento y por ende, un reconocimiento a esa "soberanía" que tiene el derecho a mentirnos con "su verdad", para que al final hagamos tabula rasa y comencemos de nuevo. Pues ¡ya basta¡ me bajé de esta rueda de sometimientos y mentiras.

Dice *el manual de Epícteto:* "*Cuando vas al astrólogo, recuerda que tu ignoras el futuro, y que vas a aprehenderlo. Pero también recuerda, si eres filósofo, que vas a consultar, aquello que de ti depende, pues, de lo que no depende de ti, es desde todo punto necesario que para ti no sea ello, ni un bien ni un mal. No lleves pues, al ir donde el adivino, inclinación o aversión alguna por ninguna cosa del mundo, tampoco temblarás, sino que estarás persuadido y convencido de que todo lo que te llegare es indiferente y no te atañe, y que, de cualquier naturaleza que eso sea, dependerá de ti el hacer buen uso de ello. Esto, nadie puede impedírtelo. Ve pues, con confianza, como si fuese a Dios a quien te aproximas, que sea Él de quien recibas algún don. Por demás, cuando se te haya dado algún consejo, recuerda que son los consejeros a quienes Tú, has recurrido, y que son de ellos las órdenes que desobedecerás o no. No se va al astrólogo, tal como lo recomendó Sócrates, más que por aquellos casos en que por ninguna forma de razonamiento, o arte, pudo conocerse lo que se pretende. De modo que, cuando debas compartir algún peligro por un amigo o por la patria, no habrás de consultar al adivino para saber si hay que hacerlo. Pues si el adivino te declara que la configuración de tu cielo astrológico es malo, que este signo te presagia o la muerte, o heridas, o el exilio; pero la razón opta, a pesar de todas estas cosas, que se debe socorrer al amigo y exponerse por su patria, fíate entonces de un adivino aún más grande que aquel que consultaste, obedece a Apolo Pytio , que echó del templo a uno que, pudiendo, no libró a su amigo, de un asesinato*".

Llegamos a Dubrovnik. Desembarco. Me detengo en el muelle y giro como bailando en un chotis sobre la misma baldosa para decidir mi camino. Descanso un pie ahora y el otro después para que el giro sea lo más parecido a los 360°. Apoyo un talón y luego el otro. Lavo mi mente de mentiras por un rato y decido ir a Dominikanskí samostan leli Fratri, dicho de otro modo, al convento de los dominicos. El primer día vi el de los franciscanos, el segundo el de las monjas franciscanas y hoy tercero y último, visitaré el de los dominicos. Como todos los edificios ha sufrido muchas remodelaciones, la última en el XIX. La mejor pinacoteca de Ragusa y con el estilo ragusiano, se encuentra aquí. Saco la guía de bolsillo mientras me acerco a cada sitio que me vaya señalando, dice: *"Es un gran conjunto monumental situado en el ángulo nororiental de la muralla, al que se accede por una escalinata con balaustrada de piedra cuya parte inferior está tapada para evitar miradas indiscretas a los tobillos de las damas. En el lado sur se abre a la calle a través de una portada románica, del siglo XIII, en la que destaca la luneta con la imagen de san Domingo y una cornisa gótica de 1419, según expertos obra de Bonino da Milano. A la derecha de la iglesia se puede ver la capilla de San Sebastián (1466-1469), sede en el siglo XVI de la cofradía de los pintores y hoy sala para exposiciones temporales de arte contemporáneo. El interior de la iglesia de San Domingo tiene planta de una sola nave, con capillas de estilo renacentista a los lados del presbiterio. La capilla a la derecha del altar mayor custodia una Virgen con el Niño de Ivan Mestrovic, autor también del relieve de la Piedad en bronce. Los altares en el muro de la derecha son propiedad de algunas familias ricas; en el 1' se puede contemplar un gran mosaico de lvo Dulk en el que se representa al beato Agustín Kazotic. (1974); en el 2°, una pintura del napolitano Francesco De Maria, autor también del cuadro que adorna el altar de enfrente. Los altares del muro de la izquierda pertenecen en cambio a la nobleza, como indican los emblemas que llevan. Hay que destacar el púlpito, del siglo XV, original por la policromía de la piedra, y en el altar, un gran lienzo de Vlaho Bukovac. Desde el claustro se ve el campanario, comenzado en 1390 y terminado en 1531. Aún lado del claustro, entre las columnas, se observan tres cavidades en la piedra; eran abrevaderos para los caballos hechos por los soldados de Napoleón cuando, tras ocupar la ciudad, tomaron el convento por cuartel".*

Me voy a tomar un refresco pues hoy no me encuentro muy fuerte. Me llego hasta el Irish pub Karaka. En la calle Izmedu polaca nº 5. Entro. Me siento. Pido una pinta de cerveza y un perrito caliente. Cualquiera que me conozca estaría anonadado por no verme con un café con churros. Le explicaría que aquí no hay churros y ese será el motivo de que mi retiro en el Adriático no sea definitivo. Paso el rato contemplando la típica decoración irlandesa llena de anuncios de los partidos de fútbol que podremos ver aquí en los próximos días. No soy aficionado a las multitudes y no me atrae para nada la liga inglesa aunque esté llena de españoles. Donde mire veo mentiras, de modo que me relajo y traigo a mi memoria algunos de los ejemplos que a la gente sorprenderían si se conocieran. Por ejemplo, el famoso beisbol americano. No se inventó en Estados Unidos. Por asombroso que parezca, la cuna de este deporte es Cuba. Las crónicas de los primeros marinos españoles que llegaron a la isla en 1492 relatan que vieron a los nativos practicar un juego llamado *batos*, que consistía en golpear una bola de resina con un leño de madera, acompañado de una danza llamada *areito*. O que la tradición vudú de pinchar el muñeco con alfileres es de práctica perteneciente a la brujería europea. En la antigua Grecia, los magos usaban unos amuletos con forma humana llamados *kolossoi*. La costumbre de clavar en ellos alfileres para maldecir a sus víctimas la comenzaron las brujas medievales, si hacemos caso a lo narrado por el rey Jaime I de Inglaterra en su obra *Demonología* (1603). Ya que estoy en un pub irlandés, por similitud, asocio a los vecinos escoceses que se han apropiado la idea de ser los inventores del whisky y ciertamente lo inventasen pero como casi todo lo ingles es copia y en este caso, aunque les duela a los escoceses, es una bebida de origen oriental (China se cree), traída a Europa por un monje irlandés llamado John Corr. Del mismo modo, la famosa faldita escocesa, la inventaron mis anfitriones irlandeses. Los habitantes naturales de Escocia eran los pictos, esos guerreros que pintaban su cuerpo de azul. Pero, según el historiador Hillaire Belloc, el kilt, (la tradicional falda a cuadros), la introdujeron los escotos, otro pueblo emigrado desde Irlanda. En cuanto a adelantarse a decir algo, tengo otro ejemplo. Aristarco de Samos se adelantó a Copérnico. Porque este sabio griego (310-230 a. de C.) fue el primero en sugerir que la Tierra giraba alrededor del Sol. Dejó constancia de ello en un tratado titulado *De revolutionibus caelestibus*. En el colegio se hartan de insistir que el oxígeno y el agua son los elementos más comunes de nuestro planeta. Pues bien, también en esto se equivocan y aún recuerdo el suspenso y la bronca de mi padre por poner que lo es un mineral llamado perovskita ($CaTiO_3$), formado por óxido de calcio y titanio, es el más común. La razón de que haya tanto es que los científicos creen que la mayor parte del manto y el núcleo terrestres están formados por este compuesto. Hasta ahora ha sido imposible confirmar esta hipótesis, pero los expertos fundamentan sus deducciones en el análisis de los restos procedentes de las erupciones volcánicas. Cada vez que iba al quirófano o a la sala de necropsias veía el cerebro de otro color que el que luego tenía que poner en el examen (de la universidad). (Al menos mientras estamos vivos). Dicho órgano está formado por materia blanca (una proteína grasa llamada mielina) y tejido gris (que contiene las neuronas); pero esos nombres son metáforas que no describen el auténtico color del cerebro, que es rosáceo por la profusión de vasos sanguíneos. La falta de riego hace que se vuelva gris oscuro al morir. Otro de los exámenes suspendidos en mi vida fue al decir que Las islas Canarias deben su nombre a los perros. El profesor me echó tal bronca que aún la recuerdo. Los libros de Edelvives que estudié por imperativo legal, ponían que es por cierta especie de pájaros. Intenté infructuosamente explicarle a mi profesor (por todos los medios), que según el historiador Plinio el Viejo, fueron bautizadas con ese nombre (derivado del término latino can, perro), en honor a dos mastines que los hombres del Juba de Mauritania capturaron allí, durante una expedición en el año 40 a.C. En cuanto al mundo de las exploraciones espaciales y en concreto a la NASA, las mentiras acumularían este libro y dos más, pero como anécdota recuerdo que el mérito de ser el primer animal en el espacio no fue la perrita Laika, sino una mosca de la fruta que los americanos enviaron fuera de nuestra órbita en un cohete V-2 capturado a los alemanes. ¡Pero claro¡, una mosca no tiene marketing y además el fracaso de ser capturado a los alemanes hizo que esto se ocultase.

Dice *el manual de Epícteto: "Si quieres progresar en el estudio de la sabiduría, no rehúses, en las cosas exteriores, pasar por lerdo y por insensato. No busques pasar por sabio, y, si pasas por un personaje en la mente de algunos, desconfía de ti mismo. Pues sábete que no es fácil conservar las dos cosas a la vez: tu voluntad conforme a la naturaleza y las cosas ajenas; sino que es preciso descuidar lo uno si te atareas en lo otro".* Termino el hot dog. Pago. Continúo mi paseo por esta ciudad, reflexionando en el hecho de que quien miente usará las palabras de quien lo oye, para afirmar su propio punto de vista. Conduzco la mirada entre los tejados para identificar lo que puede faltarme por visitar. Viajo rápido con la vista. Necesito ir terminando los monumentos y con ello esta ciudad que aunque preciosa, tres días en ella es más que suficiente para el cuerpo y para la mente. Estudio la guía de bolsillo porque con ello no dejo todo a la memoria. Me río cuando leo Muzej dominikanskog samostana y la gente no se detiene un segundo a ver qué dice, simplemente huyen mentalmente diciendo que este idioma es imposible. Lo vuelvo a leer Muzej dominikanskog samostana, claramente hace referencia al museo de los dominicos. Si hubiera tenido cuidado en seguir leyendo, no me vería ahora regresando donde acababa de estar, para ver el museo. Será la edad que ya me falla o el subconsciente acuciandome para terminar la visita. No lo sé, pero regreso. Llego. Entro. Abro la guia por la página correspondiente y segun leo voy obedeciendo al autor. Dice:" *Entre las obras expuestas, destaca la orfebrería religiosa y las piezas en filigrana de oro y plata, un inapreciable testimonio del exquisito trabajo de los orfebres locales. La exposición abarca dos secciones, a ambos lados del claustro, e incluye pinturas que antaño adornaban la iglesia. Entre las pinturas de la primera sala cabe destacar un tríptico de Nikola Bozidarevic (siglo XVI), con la imagen de San Blas sujetando una maqueta de la ciudad; del mismo autor son la gran tabla de la Anunciación (1513), donde se aprecia una carraca (embarcación típica de Ragusa), y un retablo de la Virgen en el trono y los santos, con la imagen de la Piedad en la luneta. Además, un tríptico de Mihajlo Hamzic (1512) y un políptico de Lovro Marinov Dobricevic (hacia 1448) con el Bautismo de Cristo. En esta misma sala se expone orfebrería religiosa de los siglos XV al XVII, con una muestra de espléndidos relicarios de plata y un pequeño relieve en alabastro del siglo XV. En una sala contigua se exponen joyas de los siglos XVIII y XIX, donados como exvotos, así como dos pinturas, una Sagrada Familia de Lorenzo de Credi y un díptico flamenco del siglo XVI. De las pinturas expuestas en la sala capitular destaca un gran lienzo de Tiziano en el que se representa San Blas, Mª Magdalena, el arcángel Rafael, Tobías y el mecenas de la obra. Otras obras destacadas son un retablo del siglo XVIII, con la Virgen y San Blas, muy interesante por la reproducción que se hace en ella de la ciudad, y cuatro lienzos con escenas pastoriles de Giovanni Cingeri (1748). Se exponen también relicarios, manuscritos y documentos de la biblioteca dominica".*

Termino de ver los cuadros y salgo a respirar. Claramente hoy no me encuentro animoso para estar por aquí y sinceramente hubiera preferido irme de pesca. Decido que será eso lo que sin falta haga mañana. Paseo un rato por las calles, sin rumbo fijo. Se repiten las escenas de los miles de turistas que desembarcan, de las terrazas de los bares, de las tiendas que abren y atraen a los clientes. Reflexiono en el hecho de que la monotonía llega a ser como la soledad que describía el artículo que leí al venir en el ferry. La primera impresión cuando llegas a esta ciudad es que será el último sitio de la tierra en el que vas a quedarte. Poco a poco la monotonía nos hace perder la visión de la maravilla que nos rodea. Ahora valoro mucho más mi Toledo porque a pesar de los cincuenta años que he vivido, paseado, sufrido y estudiado sobre esa ciudad en la que nací, siempre hay algo que descubrir. Bien sean gárgolas, aldabas, rejas o hansas que siquiera sabía el día anterior de su existencia. Dejo volar mi mente con las mentiras de esta sociedad y los efectos maléficos que el marketing ha tenido en ello. El primer ejemplo lo tenemos en el hecho de que los norteamericanos presumen de ser el país que nunca fue atacado por nadie y achacan a Bin Laden ser el primero. Otra mentira que anula la historia, pues el "mérito" le corresponde a Pancho Villa, quien en 1916 cruzo Río Grande y atacó la ciudad de Columbus, en Texas, donde mató a siete personas. La invasión duró menos de diez horas. Otro momento en el que se olvidan los americanos es el ataque a Hawai por parte del ejército imperial japonés en la segunda guerra mundial. Y más aún, si nos remontamos en el tiempo, durante la guerra anglo-estadounidense de 1812, los ingleses atacaron Washington, e incluso hicieron arder la Casa Blanca y el Tesoro. Otro suspenso que tuve en mi vida, fue cuando en el colegio puse que Colón no tenía tres carabelas, como insistían los libros Edelvives, pues la Pinta y la Niña sí que eran carabelas, pero la tercera nave que participó en el descubrimiento de América era una *nao*, que es otro tipo de barco de mayor tamaño. Este barco se llamaba María Galante, pero Colón la rebautizó como Santa María. Supongo que este suspenso, hubiera sido una medalla en cualquier otro país, pues es el equivalente a si alguien no distingue una fragata de un destructor de ahora. Respecto a las mentiras que el marketing ha desarrollado, podría insistir con ejemplos tales como que los vikingos no llevaban cascos con cuernos. Fue una invención del pintor sueco Gustav Malstrom en las ilustraciones que realizó en 1820 para el poema épico Frithiofs Saga. El propósito de estos cuernos irreales era retratar a los feroces guerreros del Norte como seres casi demoníacos. O que la guerra de los cien años, realmente duró 116, de 1337 a 1453, año en que los reyes de Inglaterra y Francia (los países en conflicto) pusieron fin a las hostilidades. Son el equivalente a decir que Jack el destripador, destripó a todas sus víctimas o el estrangulador de Boston estranguló a las suyas. En realidad, Jack lo hizo con tres y el de Boston (Albert de Salvo) únicamente asesinó de ese modo a la primera; en cambio a las otras doce las mato a golpes o puñaladas, pero así se venden mejor los periódicos y las mentes del pueblo se adoctrinan mejor. El último ejemplo que se me ocurre es cuando los pobres niños estadounidenses deben poner en su examen que George Washington fue el primer presidente de EE.UU. Si alguno como yo, se le ocurre poner que el primero fue Peyton Randolph, seguro que le suspenden como a mí. Pero el suspenso no elimina la realidad de que al estallar la revolución americana en 1714, una comisión de notables le eligió para ese cargo de manera provisional. Tras su dimisión, ocho personas actuaron como presidentes en funciones hasta 1789, año en que por fin se aprobó la Constitución americana y se celebraron las primeras elecciones al cargo, en las que Washington fue finalmente elegido. Concluyo resumiendo que el marketing hace como los adoctrinadores de pacotilla que nos manipulan y los mentirosos que incrementarán la información manipulada hasta confirmar que sus víctimas se convencen de lo que dice, como planteaba Sócrates.

Dice *el manual de Epícteto: "Si quieres que tus hijos y tu mujer y tus amigos vivan siempre, estás loco; pues quieres que las cosas que no dependen de ti, dependan, y que lo ajeno, sea tuyo. Igual si quieres que tu empleado no cometa falta alguna, estás loco; pues él es tu colaborador y no tú su colaborador, esta es una buena razón. Si quieres no frustrar tus deseos, tú puedes: sólo desear lo que depende de ti. El único Amo es el deseo. El verdadero amo de cada uno de nosotros es aquel que tiene el poder de darnos o no, quitarnos o no, lo que deseamos o no. Todo hombre entonces, que quiere ser libre, no desea y no rechaza nada que dependa de otros, de lo contrario, necesariamente será esclavo".* Miro el reloj para ver por qué tengo hambre. ¡Lógico¡ es la hora europea de comer. Me acerco y entro en el café Festival. Leo la placa de la entrada comentando que lleva abierto desde 1927. Tiene una tienda de souvenir al lado y el café está lleno. Me conformo con haber llegado hasta aquí y decido ir a la Pizzeria Domenica en la calle Za Rokom nº 2. Me atienden. Pido una pizza de marisco. Me entretengo con el paso de la gente mientras vienen a mi memoria más ejemplos de mentiras en las que el marketing ha participado. Por ejemplo la mal llamada revolución de octubre, pues en realidad y siguiendo el calendario gregoriano, comenzó un siete de noviembre. En ese día fue cuando Lenin se sublevo en Petrogrado contra el gobierno de Kerensky. Desde el punto de vista ruso, que se regía aún por el llamado calendario Juliano, la fecha correspondía al 25 de octubre. Bueno, este gazapo tiene su explicación racional. Pero el siguiente ya no tanto. Al famoso detective de Londres Sherlock Holmes de Doyle, se le achaca la frase *"elemental querido Watson"*. En realidad, Doyle, se limitó a escribir *"elemental"* y el resto que se hizo famoso, se debió al guión de la película protagonizada por Basil Rathbone en 1939. Esto de las frases y su adjudicación siempre me ha traído de cabeza con tanta manipulación de internet, ejemplo es la frase adjudicada a Maria Antonieta *"Si no tienen pan, que coman pasteles"*, cuando se supone que le informaban de las calamidades que se pasaban en Paris. La historiadora Antonia Fraser ha descubierto que es un bulo: quien dijo esa barbaridad fue una cortesana, madame de Montespan. Así lo recogió Jean- Jacques Rousseau en su obra Confesiones, escrita en 1768, precisamente dos años antes de que Maria Antonieta llegara a Francia. En otro foro de cosas pero también de aplicación errónea por el marketing, está el asignar como rey del karate a Bruce Lee. En primer lugar porque el karate es japonés y el personaje chino. Otros le llaman el rey del Kung fu. Éstos están más próximos, pero la realidad es que practicaba una modalidad conocida como *jun fan gung fu*. Lo último que traigo a mi memoria es lo que llaman call, refiriéndose a los call center que practican el telemarketing y la televenta, martirizándonos en nuestras casas mientras vulneran la ley de protección de datos que es otra mentira que algún día trataremos. En fin, el caso es que un call es lo siguiente… y dado que es de origen catalán y para que vean que cualquiera puede aprender dialectos, lo diré en catalán que como es facilito lo entenderá cualquiera, claro que sin la entonación tan nasal y pedante. *"Els calls eren les zones habitades antigament per jueus als Països Catalans. El nom prové de l'hebreu l'hebreu* קָהָל *Qahal, «comunitat», potser per influència del llatí callis, «pas estret entre dues parets»"*. Cualquiera verá la manera tan fácil de manipular un hecho. Al principio dije rotundo que un call era de origen catalán y lo digo en catalán. Pero luego se ve que es de origen hebreo. ¡Ufff, qué fácil es mentir, tergiversar y manipular¡ lamento a los niños sin cerebro para pensar por sí solos, que absorben los textos manipulados de los nacionalismos sin rechistar. Y si alguien se ofende, (por algo será) que relea las veces que cito que me suspendieron por pensar y acudir a otras fuentes.

Sigo dando buena cuenta de mi pizza. Aparto los mejillones porque no me gustan con la mezcla. A pesar de todo, el viaje me ha recuperado bastante. Es cierto que he roto muchas anclas del pasado que me ataban, pero a veces añoro mi vida anterior, otras veces pienso que he cometido un grave error autoexiliándome de la sociedad. He notado un cambio en mí. Seguro que fruto de afrontar el presente de otra manera y mirar hacia adelante. Creo que desde hace mucho tiempo es la primera vez que me veo con ilusión. Aquí he encontrado clima, cultura, pesca, mar y montaña. Puedo escribir cientos de libros técnicos y novelas. Puedo pintar e irme de esta sinrazón española y mundial. Me cuesta concentrarme porque cada ejemplo que pongo está basado en hechos reales, personales y se acumulan al comprobar mi estupidez al revivirlo de nuevo. Me cansa revivir el pasado pero sin pasado no se escribe. Como siempre digo, que si evito algún engaño en el futuro a alguien habrá valido la pena. Eso también significará que ha formado parte de mi historia, aunque con unas personas se tiene más, o menos, o ninguna confianza y con otras solo nos defendemos o evitamos. He comprobado que los sueños solo mueren si dejas de creer en ellos y que el mundo sigue siendo redondo y eso me tranquiliza porque ¡imagina que ahora dicen q es un hexaedro¡ ¡Ufff¡ ¡qué pereza volver a estudiar¡. Sigo distrayéndome con las parejas que desembarcaron esta mañana y que dan vueltas a la ciudad. Dentro de las mentiras y de las manipulaciones estereotipadas por los marketinianos, está el clásico de *"¿qué busca una mujer en un hombre?"* Soy consciente que en la amistad y en el amor, la confianza es la base de la relación, del mismo modo que la mentira. ¿Por qué? Podría preguntarme cualquiera. Porque desde el primer momento se miente. Se miente en el cortejo, pues el cortejo es un engaño per sé. Pero luego está la lista de las cualidades que una mujer busca en un hombre. Tras interrogar a varias mujeres, el resumen es el siguiente: Se busca alguien sincero que las haga reír y les ame siempre. ¡Mentira¡ la realidad que todas me confesaron a lo largo de varias entrevistas es que el hombre que buscan es el siguiente: "Debe ser una persona a la que admire, que me enseñe, que me haga sentir especial, que saque lo mejor de mí y me haga ser mejor persona, que me haga reír, que me ofrezca su brazo para llorar, que me quiera por encima de todo, que sea cariñoso, que sea generoso, que sea sincero y no me mienta, sobre todo en sentimientos, que disfrute de las pequeñas cosas que nos brinda la vida: una puesta de sol, una brisa, una tormenta, un buenos días, un buenas noches, una breve despedida...en fin todas estas cosas pequeñas pero tan importantes al mismo tiempo, que me acepte como soy, con mis miles de manías y defectos, que me haga entender, que me lo diga todo con una mirada, con gran corazón, alegre, valiente, sencillo, humilde, con principios y valores. Además que sea solvente, sano sin vicios, buena constitución, más alto, sin cargas familiares, con ideologías políticas religiosas y ético-morales coincidentes, así como gustos, hobbies y cultura que también coincidan". Visto desde fuera, buscan una especie de Mc Guiver vital que lo mismo arregle un enchufe que sus problemas psicológicos. En ningún momento aparece la palabra "nosotros", sino "yo, yo, y primero yo". ¿Así es el matrimonio que quieren?. Ahora entiendo que tras 108 mujeres en mi vida, ninguna haya encajado y las considero mentirosas a la mayoría. Para equilibrar la balanza, quiero recordar lo que habitualmente busca un hombre en una mujer. El hombre diferencia entre una aventura de un fin de semana y la madre de sus hijos. Por ahórrame tiempo resumiré diciendo que cualquiera que pasa por delante de mí, y por mucho que lo niegue, quiere: una mujer monumental, morbosa, es decir el atractivo físico y después el emocional. Si alguien se escandaliza, le reto a que cuente la cantidad de clientes de cirugía estética que hay en una clínica. A la que irán primero por estar bien con ellas mismas, pero luego para atraer, como la naturaleza ordena y la sociedad impone. Luego buscamos a una mujer capaz de satisfacer nuestras necesidades como hombres, en cuanto a la atención, los cuidados como la alimentación, el sexo y demás. Que nos equilibren, es decir, que tengan la actitud para hacernos sentir cuidados, dándonos un sentido de pertenencia al hogar y permitiéndonos disfrutar de cierta paz y sosiego emocional. Que respete la masculinidad evitando compararle con otro hombre, o haciendo que se ponga en evidencia. Compatibilidad socioeconómica, es decir, que exista una correspondencia entre el nivel económico y social entre nosotros y ellas. Que represente un apoyo en el proyecto de vida. Que comparta valores a la hora de formar una familia. Una mujer que le pueda satisfacer, en el sentido de hacerle feliz, que no esté quejándose constantemente. Que no esté todo el día con su madre y los cuñados. Que respete los pilares de vida: familia, trabajo, amigos y gustos. Que nos permita una buena comunicación, una mujer con la que puede hablar, intercambiar puntos de vista e ideas, todo ello basado en una confianza mutua. Visto lo cual se entiende que la mayoría de las parejas son una mentira, o para que no se ofendan, elegimos unas y otros la opción menos mala que se nos cruza en el camino.

No obstante, quiero seguir nivelando la balanza y comentar las mentiras que los hombres hemos dicho infinidad de veces para conseguir llevarnos a la cama a una chica. La mayoría opta por los regalos, decir las palabras adecuadas, tener detalles, compartir momentos divertidos y el baile entre otros. Pero solo funcionan una o dos veces, luego ya caducan, aunque si se retiran entonces es como una autodestrucción.

- *Mi novia no me comprende*.- Una de las mentiras más utilizadas, pues para muchas mujeres un hombre sentimental y que comparta esos sentimientos suele ser más atractivo. Además, es una estrategia de hacerle sentirse más superior que la pareja anterior del "incomprendido".

- *Pienso en ti todo el día.* La mentira más frecuentemente, pero la clave del éxito, siempre y cuando la mujer se lo crea. En realidad no importa si es verdad o mentira, lo principal para que funcione estriba en si la chica necesita creerlo, lo hará sin importar las consecuencias, pues sus acciones en ese momento dependerán de sentirse deseada y no perder la oportunidad, pues si la chica demuestra incredulidad, se arriesga a defraudar al chico y perderlo. Es una especie de balanza con dos platillos a presión. .

- *Con una mujer como tú, jamás podría serle infiel.* Hay quienes creen haber encontrado al hombre que se enamoró tanto de ellas como para cambiar su forma y estilo de vida. Otras saben perfectamente por dónde va la cosa, todo depende de su grado de enamoramiento y de sus experiencias anteriores.

- *Mi novia me dejó, me siento muy solo, ya no quiero vivir.* Puede que el dolor sea tan grande que lo diga de verdad. Los gestos que lo acompañen delatarán la mentira. Dar lástima es una estrategia que despierta el instinto maternal de la mujer y la incita a proteger y demostrar que la vida realmente vale la pena.

- *Ya no tengo relaciones sexuales con mi pareja.* Y luego se añade: *"Sólo estoy con ella por mis hijos"*. Es una de las mentiras más efectivas para conseguir que una mujer acceda a tener sexo, pues aunque está explícito que el hombre mantiene una relación de pareja, para algunas mujeres el simple hecho de saber que el susodicho no mantiene una vida sexual, les hace creer que en efecto el sujeto está libre y que podrán tener en un futuro una relación seria. Es la mentira de los casados que alegan estar divorciándose.

- *Me estoy enamorando de ti.* Puede ser verdad, pero los gestos siempre delatan. Es otra frase que "necesitan" escuchar. Hay que aceptarlo, para las mujeres el sexo está directamente relacionado con los sentimientos, y no desean ir a la cama con alguien que no jure sentir algo por ellas. La mujer cree que el hombre adquiere un compromiso con ellas, pero solo queremos acostarnos ¡y ya¡.

- *Contigo he descubierto el amor.* En el caso de ellas suelen decir algo parecido a los hombres "Gracias a ti sé lo que es ser mujer" o "Tú me has hecho mujer". Muy similar a la mentira anterior, pero con tintes aún más románticos. Esta mentira conjuga el verbo "ser feliz" en primera persona del singular (como siempre) pero deja implícita la primera persona del plural (nosotros), le hace creer que es justo su media naranja.

- *Vamos a un lugar tranquilo donde podamos hablar.* Se suele hacer acompañado de gestos de no haber roto un plato en la vida o adornándolo de misterio para que la chica nos acompañe. Esta es una de las mentiras más grandes, pero también más inocentes.

-   *Tu novio no sabe lo que tiene.* Típica mentira del amigo "incondicional" y "honorable" pero que en realidad desea aprovecharse de un momento de bajón o debilidad. Se buscan los puntos más descuidados por el novio de la chica, para hacerle ver que hay personas en el mundo que la valorarían más y la tratarían mejor... (como él mismo, sin ir más lejos). Habitualmente el chico puede recostarse contra una pared, dando la impresión de desinterés (falso naturalmente).

Pago la cuenta. Me levanto perezoso y para quitarme la pesadumbre decido irme a Pustijerna. Es el barrio más pequeño y sugerente, pero lleno de escalinatas, pasajes cubiertos y rincones de aire medieval, porque es uno de los pegados a las murallas. Paseo. Me detengo ante el frontón de la iglesia Gospa od Karmena o de la Virgen del Carmen. La observo y continúo hasta los pies del fuerte San Juan para ver los anuncios del acuario. Me llego y veo que toda la fauna que tienen es la del Adriático. Me sorprende el elevado número de tiburones que tiene y me corre un escalofrío al pensar las veces que me he bañado de noche en este mar. Decido no entrar para no sugestionarme, pues este mar me encanta y quiero que siga así. Continúo hasta la plaza Poljana Rudera Boskovica. Llego. Veo que está dedicada a un astrónomo local del mismo nombre. Lo más destacado es la fachada barroca de la iglesia de Sv. Ignacije, (San Ignacio), obra del jesuita Andrea Pozzo. Esta iglesia dice la guía de bolsillo que acabo de sacar, *formaba parte del Collegium Ragusinum, un gran edificio barroco, propiedad de los jesuitas, donde cursó sus primeros estudios Ruggero Boscovich.* Continua la descripción de la plaza con el otro edificio, la fortaleza, según leo: *"Este gran edificio, construido entre 1542 y 1590 para almacenar el grano que proveía a la ciudad, cuenta con tres naves sustentadas por pilastras colosales y quince depósitos excavados en la roca. En su interior se exponen fragmentos arquitectónicos y escultóricos de edificios de la ciudad y restos arqueológicos encontrados en Ragusa desde la época romana hasta la Edad Media y también aperos tradicionales y vestiduras litúrgicas".* Puedo viajar para vivir experiencias, para documentar mis epítomes y para cultivar mi mente con las menos mentiras posibles. Aprendo tocando, sintiendo, oliendo, gustando, degustando, viendo y oyendo. Leo todo papel que lleve letras ordenadas en forma de palabras sean del origen que sean, para comparar unas ideas con otras y unas informaciones con las opuestas. Termino concluyendo por mi mismo las consumaciones que considero más justas y que se acercan más a la verdad. Destruyo todas las que me parecen falacias y tergiversaciones. Olvido rápidamente las últimas porque si no son ciertas, no aportan algo útil o algo bueno ¿Para qué quiero saberlas? ¿Para qué quiero que ocupen un lugar en mí? ¿Para qué quiero que contagien y contaminen las pocas sinapsis sanas que me quedan? Salto raudo cuando las detecto. Hago epítomes del mismo modo que recetas sanitarias y culinarias para que quede algo cultivable. Vuelvo una y otra vez a las bases y principios que me forjaron y que tuve que romper cientos de veces ante el dominio de esta sociedad de leyes y normas corruptas e interesadas. Me cuesta cada vez más hacerlo y cada vez más frecuentemente dialogo con Caronte para que no mueva mucho la barca cuando me suba en ella. También dialogo con este marinero del Más Allá, porque con las subidas de impuestos, del índice de precios al consumo, la inflación y las leyes de la oferta y demanda que nos hemos impuesto, las dos monedas de cobre ya no son suficientes y aprovecho para ir pagando el billete a plazos.

Me siento en una terraza del puerto para ver el atardecer y tomar el café que en este viaje tengo abandonado en contra de mi costumbre. Reflexiono en el hecho de que los humanos somos muy complejos para unas cosas, pero muy simples para otras. Así por ejemplo, incluimos en un término de tres letras "voz", todo lo que forma parte del habla tanto como del sonido y de la cultura, por no mencionar las palabras mismas. En esta "voz", se intercalan pausas, y estas pausas duran más o menos tiempo en función del énfasis que queramos incluir para abarcar más posibilidades en una misma composición de la frase, pero al mismo tiempo, esa pausa nos indica vacilación y duda, y con ello sembramos la sensación de mentira. Los indicios vocales más comunes de un engaño son las pausas demasiado largas o frecuentes y la vacilación al empezar a hablar. El tono de voz es el más patognomónico de los signos vocales, ya que se sabe que la mayoría de las personas lo elevan cuando hay una emoción de ira, mentira o euforia de por medio, y baja con la timidez, miedo, tristeza y pesar. Para establecer los parámetros que distingan entusiasmo de angustia, hay que añadir al tono, la velocidad y el volumen. Un tono más elevado no es signo de engaño; es signo de temor o rabia, quizá también de excitación. Reconozco la dificultad pues estamos en una especie de cuerda floja, por ejemplo, una persona que es sincera, pero a quien le preocupa que no ser creído, lo que dice, puede por ese temor, tener el mismo tono elevado de la voz que un mentiroso por su temor a ser atrapado. Dicho de otra manera, tanto inocentes, como culpables muestran y demuestran emociones. Es lo que técnicamente se llama el "error de Otelo", frente al "riesgo de Brokaw". En otras palabras para los más neófitos, las comparativas del mantenimiento del equilibrio entre "expresividad y conducta". Dentro de estas dos formas complementarias de análisis, entrarían aquellos tics o gestos que proporcionan un énfasis añadido a lo que se dice. Así por ejemplo el chasquear los dedos, el señalar, etc. ilustran y colorean la frase al oyente, mientras retroalimentan al que lo pronuncia. ¿Cómo lo distinguimos? Si tenemos suerte y el mentiroso no viene con la lección aprendida, deberá hacer más pausas para pensar lo que va a decir. Por el contrario, si viene con la lección aprendida, repetirá siempre los mismos gestos e ilustraciones en los mismos momentos. En cualquier caso, es difícil descubrir un engaño en un primer encuentro. Mucha gente confunde la mentira con la manipulación. Y tengo que aclarar que una mentira implica una manipulación pero no al contrario. Un aumento en la actividad de maniobras no es en absoluto una señal confiable de que hay engaño, aunque la gente suele creerlo. Técnicamente la maniobra se refiere a cuando el sujeto no para quieto, masajea, frota, rasca, agarra, pincha, estruja, da golpes rítmicos, o acomoda, la cara, las manos, los pies, el pelo o la nariz, que suelen ser lo más habitual. La mayoría de las personas no pueden dejar de practicarlas por más que lo intenten. Se han acostumbrado a las maniobras, tics, etc.

Bebo el último sorbo del café. Decido cenar una buena mariscada de despedida en el otro extremo de donde estoy. ¿Será que el subconsciente no desea que me vaya nunca? ¡No lo sé¡. Me dirijo a la plaza Brsalje, más concretamente al restaurante Dubravka. Me reciben y ubican de nuevo en la terraza. Pido y ceno. Lleno mi mente de recuerdos porque es la última vez que estaré en esta ciudad. Preparo los apuntes mentales, las instantáneas visuales, las grabaciones auditivas y las percepciones olorosas de este puerto para mi retirada final en algún sitio. Llego al final de este primer viaje. Pago la cuenta. Elijo regresar a Cavtat en el último ferry y contemplar desde la cubierta las luces de los últimos barrios que me quedaron por visitar. Me refiero a los que están al otro lado de las murallas. Me llego al ferry atravesando la ciudad por la Placa. Subo al barco. Me acomodo como planeé, en la cubierta. Me arropo porque de noche la brisa del mar es fresca. Opto por la zona que mira a la costa, es decir, la zona de babor. Veo que la ciudad moderna se extiende de este a oeste con el casco histórico sobre un extenso territorio. Próximos a la muralla se encuentran estos barrios exteriores. El Ploce y el

Pile. El primero albergaba los edificios que antaño eran los lazaretos. Está a los pies del monte Srd, que nunca entendí cómo son capaces de pronunciar algo sin vocales. En la cima del monte el Fuerte Imperial y la Cruz blanca. Allí se llega en teleférico. A la derecha de Frana Supila la gente se baña en una de las pocas, pero al mismo tiempo la mejor playa de la ciudad. El otro barrio es donde he cenado, el barro Pile, justo al lado de la puerta del mismo nombre. Llego a Cavtat. Atracamos. Desciendo la pasarela y me despido de los marineros. Nuestras miradas se cruzan. Ellos ya saben que será la última travesía que hagamos juntos. Mientras me dirijo a casa reflexiono en el gran teatro que he vivido. Imagino Dubrovnik como una ciudad y al mismo tiempo como un gran escenario viviente, que cada día representa la misma obra pero con diferentes adaptaciones. También la imagino como un gran circo de cuarenta pistas que a cada instante representan otras tantas modificaciones de la misma escena cotidiana.

Me duermo con lo que decía Fr. Benito J. Feijoo en *Obras Escogidas: "Dos errores comunes se me presentan en la materia de este discurso: uno teórico, otro práctico. El teórico es, reputarse entre los hombres la cualidad de mentiroso como un vicio de ínfima o casi íntima nota. Supongo la división que hacen los teólogos de la mentira, en oficiosa, jocosa y perniciosa. Supongo también, que la mentira perniciosa está, en la opinión común, reputada por lo que es, y padece toda la abominación que merece; de suerte, que los sujetos que están notados de inclinados a mentir en daño del prójimo, generalmente son considerados como pestes de la república. Mi reparo sólo se termina a las mentiras oficiosas y jocosas; esto es, aquellas en que no se pretende el daño de tercero, si sólo el deleite o la utilidad propia o ajena. También advierto, que trato este punto más como político que como teólogo moral. Los teólogos gradúan las mentiras oficiosa y jocosa de culpas veniales. Y ni yo, consideradas moralmente, puedo o debo denigrarlas más. Pero miradas a la luz de la política, juzgo que la común opinión está nimiamente indulgente con esta especie de vicios".*

CAPÍTULO VII

Cada una de tus palabras eran puras mentiras, ¿por qué engañarme si no me querías? (Maese Mercader)

Decía Aristóteles en *Ética a Nicómaco: "Ser, pues, uno arrogante no consiste en la facultad, sino en la elección y voluntad. Porque por tener tal hábito o costumbre y por ser de tal calidad, se dice uno arrogante. Así como se dice mentiroso uno, o porque se deleita en decir mentiras, o porque apetece alguna honra o interese. Aquéllos, pues, que por alcanzar alguna gloria son fanfarrones, fingen tener aquellas cosas de que son los hombres alabados y tenidos por dichosos. Pero los que por ganancia lo hacen, jáctanse de las cosas cuyo uso sirve para los otros, cuya falta puede muy bien encubrirse, como si se finge uno ser médico, o muy sabio en el arte de adevinar. Y por esto los más se jactan destas cosas y fingen tenerlas, porque en ellas hay lo que está dicho. Pero los disimulados, que hablan de sí menos de lo que son, parecen en sus costumbres más aceptos, porque no parece que lo dicen por interese ninguno, sino por no dar a nadie pesadumbre. Estos tales, pues, fingen no haber en sí las, cosas más ilustres, como lo hacía Sócrates. Pero los que las cosas pequeñas y manifiestas fingen no tener, dícense delicados, maliciosos o astutos, y son tenidos en poco. Y aún ésta parece algunas veces arrogancia, como el vestido de los lacedemonios. Porque el exceso y el demasiado defecto huele a arrogancia. Más los que con medianía usan de la disimulación y fingen no tener las cosas que no están en la mano y manifiestas, parecen*

hombres aceptos. El arrogante, pues, parece ser contrario del
que trata verdad, porque es el peor de todos tres".

Oigo el sonido del mar desde la cama. Entra el fresco aunque
sigue nublado. Toco un cuerpo a mi lado. Recuerdo la noche y
reconozco a la persona. Es Ivana que todas las noches llega muy
tarde por dejar a los clientes en los respectivos hoteles. Hace unos
días que dejé atrás Cavtat, para venirme con Ivana a esta
paradisíaca isla de Ibiza. Ivana es guía de turismo. Es preciosa y
si fuese celoso estaríamos todos los días discutiendo porque entre
los turistas, no falta quién cada día no quiera más cosas con ella y
confundan su sonrisa con otro tipo de invitaciones. Es mucho más
joven que yo, cuestión que me desorienta un poco porque no
entiendo qué encuentra en mí que no tenga en otro cuerpo más
atlético. Siento que mi vida se me escurre entre los dedos como el
agua del mar cuando intento atraparla en un puñado. Me
incorporo despacio. Me visto y salgo a pasear como siempre
hago. Hoy dejaré en un sobre la carta de despedida que escribí
anoche a esta mujer que ha formado parte de mi vida en este
viaje, y una mentirosa más, aunque en esta ocasión el más
mentiroso en la relación fui yo. Dice así:

Hola Cariño:
Al levantarme y abrir la ventana he visto otro amanecer frío y
nublado. Hace varios días que ha amanecido así, sin terminar de
romper a llover. Puede que sea lo mismo que me pase a mí, pues
mis días contigo se tornan grises sin que sea capaz de romper
contigo. Salgo a pasear por el parque, por el río o por la playa y
se repite la escena cotidiana del viento o de la brisa helada en la
cara, y el rocío en las botas según corresponda. Es curioso que no
decida quedarme contigo en la cama y prefiera salir al frío.
Infinidad de días nublados han pasado entre nosotros sin que
seamos capaces de reconocer nuestras mentiras. Las que nos

dijimos, las que ocultamos y las que vivimos, como esta en la que decimos que nos queremos, mientras tú llegas a las cuatro de la mañana oliendo a otro hombre y al día siguiente lo hago yo volviendo con otro perfume de mujer que no es el tuyo. Pero igual sigo mirando por la ventana hacia ninguna parte. Cada vez que siento este dolor en el pecho miro hacia afuera, como si la ayuda o la revelación estuvieran allí y yo tuviera que escrudiñar entre las hierbas para encontrarla. ¿La mentira hace más grande el amor? Podría decirse que sí. Te quiero más cuando no estás conmigo, que cuando estamos juntos. Las circunstancias de la vida son extrañas o misteriosas y los seres humanos somos mentirosos y egoístas. Cuando te conocí no tenía ni idea de que te convertirías en una compañera de mi vida. Y siempre en un sucedáneo del amor imposible de mi vida. No me caíste mal, pero un poco ñoña y mimada sí que eras. Chistosa, babardera y caprichosa, pero tenías un no sé qué, que me recordaba a ella. Reconozco que le busqué a ella en ti, y tú me la proporcionaste imitándola sin querer. Me molestaba toparme con tus gracias. Con esa gran sonrisa me la perpetuabas. Recuerdo aquel día en que llegaste por detrás de mí, poniendo tu cabeza sobre mi hombro te acercaste a mi oído y me dijiste: "El bigote más bonito que he visto en mi vida." Me paralicé. Al volverme y mirarte ya no pude hacer nada. Tus enormes ojos azules se me clavaron en el alma. Era lo único que te diferenciaba de ella. En el resto casi idénticas. En ese mismo instante comencé a quererte, queriéndola a ella. Hace tantas semanas de eso… y aún recuerdo la sensación que recorrió todo mi cuerpo cuando entendí que me estaba enamorando de ella en ti. Por fin tenía al amor de mi vida conmigo. Sin trabas. Sin problemas familiares. Sin recatos. Sin dudas. Toda mi vida se llena de recuerdos cuando te veo de espaldas peinándote como hacía ella. Esos pequeños instantes cuando todo el pasado se revive, cuando volvemos a sentir lo sentido marcan la diferencia. Supongo que por esas cosas me cuesta romper contigo, porque asumo que rompo con ella. Reconozco que eras el sucedáneo más parecido. El clon más perfecto que podría haber encontrado. Te encargaste de llenar estas semanas de buenos y malos momentos, de despertarme con un beso, (a veces dos) y yo devolviéndote el beso y una flor como hacía con ella el tiempo que estuvimos juntos. Sentir tu nariz rozando mis mejillas, la calidez de tu piel en la mía al apretar tu espalda contra mi pecho mientras besabas mi mano que se había deslizado por debajo de tu cuello y me hacías cosquillas con tu moreno pelo en la cara. Nunca pensé que me acostumbraría. Creo que no lo he hecho. Sólo estoy resignado a seguir viviendo una mentira contigo. A hacerte feliz e intentar recuperarte, porque haciéndolo, lo hago con ella. Me acusabas de recordar las fechas del primer beso, de la primera vez, del primer arroz con bogavante. ¿Sabes por qué?... ¿Por qué me eran tan fáciles de recordar?... Porque los hice coincidir con los que tuve con ella. Nunca creí que podía llegar a sentir un amor tan grande por alguien. Tanto fue así, que no supimos reconocerlo y chocamos cien veces como dos trenes de mercancías cada vez que nos juntábamos. Cariño, tú haces el sucedáneo número ciento siete que ha aguantado mis noventa kilos. Y veo que se vuelve a resquebrajar la relación. Estoy completamente seguro que no te gusta que lleve esta cuenta, porque nunca te gustaron las cosas tristes y menos ser el segundo plato de nadie. Hoy he decidido finalizar esta mentira y acabar con las tuyas también. Llevo una flor en la mano que dejaré por última vez en la almohada. Hoy no habrá beso, ni cuchicuchi posterior, pues no eres ella y yo no soy la persona que necesitas. Ojalá que la vida sea generosa contigo y conmigo cumpliendo nuestros deseos. Sabes que no fue tu culpa, pero tampoco creo que fuese la mía. En todo caso pertenezco a la generación de la culpa y una más no me pesa. Por todos los días y días que nos mentimos para ocultar la realidad, me sentí lleno de ira y de dolor. Me negaba a todo porque no podía entenderlo ni aceptarlo. A veces me sentía sucio y otras justificado ¿por qué tus mentiras equilibraban las mías?. ¿Qué hicimos de malo? ¿De quién es la culpa? Lo peor es que esto seguirá pasándome hasta que ella y yo nos volvamos a juntar. Lo execrable es que he sido culpable y víctima al mismo tiempo de esta sociedad de mentira y corrupción en la que me incluyeron sin saber muy bien por qué, ni para qué. Y aunque tu vida, la mía, la de tantas personas se va devastando cada día por las apariencias, ¡¡no pasa nada¡¡. ¡¡No hay nada, ni nadie que la detenga¡¡. Espero el milagro. Necesito el milagro y que Dios se apiade y me perdone por usar el arma del diablo junto al amor. Anhelo tanto volver a casa, para besarte, y que compartamos sofá, libros, casa, música y cama… pero… pero… al hacerlo volveré a mentirte y a mentirme a mí mismo, porque en realidad seguiré con este sucedáneo en el que te he convertido. Creo que ella y yo somos cómplices de una espera y de un fracaso al mismo tiempo. Muchas veces me has pillado mirando a ninguna parte y alego que me inspiro para el siguiente libro y así vuelvo a mentirte. La realidad es que ni ella, ni yo, renunciamos y ambos esperamos que ocurra ese milagro. Cariño, tomaré contigo un poco de café y me obligaré a comer algo. Recogeré mis cosas y romperé contigo la mentira que nos une. Gracias por todo lo bueno y disculpas por lo malo. ¡Hasta siempre Ivana¡

Dice *el manual de Epícteto: "Sábete que el principio y el fundamento de las religiones consiste en tener de Dios opiniones rectas y sanas, como de que Él existe y sostiene con Su Amor, todo cuanto ha sido creado. Que Él gobierna el mundo, de conformidad con las leyes de lo que existe, con sabiduría y amor. Que Tú estás aquí para descubrir-lo y acceder de voluntad y de corazón, a las cosas como que de Él provienen. De esta manera no te quejarás nunca de Dios, y no le acusarás de abandonarte, sino que buscaras en las cosas, el designio de Él. Pero, estos sentimientos, sólo puedes lograrlos, renunciando a todo lo que no depende de nosotros, y constituyendo como bienes todo lo que de ti depende. Pues si tomas por "bien" o por "mal" alguna cosa que de ti no depende, necesariamente, tus deseos quedarán frustrados y caerás en lo que temes, quejándote entonces y odiando a los que crees causantes de tu malestar. Pues todo animal ha nacido para aborrecer y para huir de lo que le parece malo o dañino y de lo que lo causa, y para amar lo que le parece útil y bueno y lo que lo causa. Es entonces imposible que aquel que cree ser perjudicado por algo se alegre del perjuicio y ame lo que lo causa. He aquí de donde viene el que un hijo llene de reproches e injurias a su padre, cuando su padre no lo hace parte "de lo que son los bienes". He aquí lo que hizo enemigos irreconciliables a Eteocles y Polinices: ellos toman el trono como un gran bien. He aquí lo que hace que el agricultor, el piloto, el comerciante, maldigan a Dios, y he aquí en fin, la causa de las murmuraciones de aquellos que pierden sus mujeres y sus niños. Pues Allí donde está lo útil, también está la piedad. Así pues, todo hombre que tiene cuidado de regular sus deseos y sus aversiones según las reglas prescritas, tiene cuidado de nutrir y aumentar su piedad. En sus oraciones y en sus ofrendas, cada uno debe seguir la costumbre de su país, y hacerlo con pureza, sin parsimonias ni negligencias, sin irreverencia, sin mezquindad, ni gastando más de lo que se puede".*

Cuando vienes a esta isla, traes una idea prefijada de superficial, materialista, y libertina. Para nada crees que es un paraje auténtico y natural. Cada vez que viajo por el mundo me sorprende que todo lo que se conoce de España es Ibiza, los toros y el fútbol. Lo que no deja de dolerme pues las mentiras, las corrupciones y los despilfarros han relegado al país de Cervantes a un concepto de vagos en donde todo el día estamos tumbados en la siesta y cuando nos levantamos estamos todo el día de fiesta. Nos lo tenemos bien merecido por estúpidos redomados que seguimos a docentes de tebeo, adoctrinadores de pacotilla y adivinadores de baratija. El primero en caer en esta idea preconcebida de Ibiza he sido yo mismo. Esta isla era completamente desconocida para mí, e incluso aborrecida por tanta superficialidad. Mi gran sorpresa ha sido descubrir que junto a calas con playas recónditas, que existen paisajes campestres rodeados de árboles frutales, por los que pasear alejado de cualquier ruido que no sea perteneciente a la naturaleza y descubrir tradiciones centenarias, asentamientos fenicios y cartagineses, para después zambullirme en cristalinos fondos marinos. La gente es amable y cálida con el forastero, pues no en vano viven del turismo, y al tiempo, abierta y generosa que no duda en sonreír. La sonrisa de la mujer ibicenca me ha cautivado. ¿Será por la luz especial que emana esta isla? Posiblemente. Aquí he entendido por qué los escritores venimos a buscar a las musas, al lado de pintores, de fotógrafos y de naturalistas. Los casi blancos del amanecer terminan en rojos intensos al atardecer, pasando por los amarillos del mediodía, los verdes esmeraldas del mar y el azul intenso del cielo. Hoy es un día gris que amenaza lluvia, aportando otra gama de colores para la paleta de mi amigo pintor que habita en el barco de al lado. No hemos alquilado ninguna habitación porque mi barco lo tiene todo y me permite pernoctar cada día en una de las cientos de calas que esta Eivissa tiene. Cuando pregunto en información y turismo una definición de la isla, absolutamente todo el mundo coincide en destacar su "autenticidad". ¿Quizás por eso sea el paraíso hippy, pijo y yuppie al mismo tiempo? Casi estoy convencido de ello.

Quiero transmitir aromas, colores, sabores, tactos y vistas al mismo tiempo, pero solo hay una manera de hacerlo, que es invitar a que se venga a esta isla para comprenderme, del mismo modo que hay que ver el Adriático, para entenderme. Traigo unas almendras en mi mano que he cogido de uno de los cientos de almendros que habitan en la isla. El sabor es muy diferente a las que yo cultivo en Toledo. Lo explico por el salitre de aquí. Miento si digo que tengo claro qué sitio me gusta más para retirarme. Cavtat tiene su paraíso, del mismo modo que Ibiza tiene el suyo y Toledo el propio. Cojo una batidora virtual para meter todo lo bonito de este mundo en un bol y construir en mi mente una nueva Tierra en la que retirarme. Entiendo que medio mundo pase por estos lugares y se enamore de ellos. Cuando aporto en mi mente la sociedad en la que vivimos, no puedo evitar recordar la mentira y la soledad que la dominan. Dentro de esta sociedad manipulada recuerdo el caso de la famosa gripe aviar que obligó a medio mundo a vacunarse y pasar una cantidad enorme de controles sanitarios. En realidad se creó una gran conmoción general de la que algunos laboratorios salieron muy beneficiados. Se sacaron anuncios de los millones de pandemias y epidemias que otras gripes habían causado en el mundo. Incluso a la peor de todas, la bautizaron con el nombre de gripe española. Si repaso la sucesión de acontecimientos con los mensajes publicitados en los medios de comunicación, veo la cantidad de detalles que no cuadran. Comenzando con los síntomas que se expusieron en tablones de anuncios de todos los hospitales para que la gente diferenciara la gripe aviar de la normal, (cuales médicos avezados), mientras los propiamente avezados debían hacer pruebas de laboratorio para distinguir las cepas, lo que indica un claro nivel de falta de profesionalidad, de desconocimiento o de interés por que se propague esta enfermedad. El paciente decidía por sí mismo si tenía o no la gripe aviar en función de si le dolía la garganta más que con la gripe normal, si la fiebre había sido o no repentina, si los escalofríos eran frecuentes o esporádicos, y si la tos era seca o frecuente. ¡Qué tomadura de pelo¡ Naturalmente todo el mundo optaba por vacunarse y de este modo poder hacer su vida normal.

¿No es extraño que en todo el mundo solamente murieran unas mil personas de los seis mil millones que habitamos este planeta, pero en cambio se vendieran más de quinientos millones de vacunas? Para comparar diré que solamente en Bolivia mueren esas mil personas por picadura de escorpión al año y nadie hace una vacuna. ¿Mentiras, mentiras y más mentiras? Supongo que todo se reduce a beneficios económicos. Ahora bien, si lo analizo desde otro punto de vista, observo que tras los tres primeros muertos, el cuarto fue un guardaespaldas del presidente de los Estados Unidos. ¡Ufff¡ la gripe aviar ha existido desde que se inventaron los pájaros en el pleistoceno y puede pasar al cerdo y del cerdo al hombre. A lo largo de la historia la gripe aviar nunca había contagiado tan virulentamente al hombre aunque se reconocen casos de mil muertos en miles de años. ¿No es curioso que de repente afecte a tanta gente y el cuarto muerto fuera alguien tan cercano al presidente americano? La guerra bacteriológica se ha empleado en el siglo XX de manera consciente y ese mismo año tras las guerras del Golfo, los atentados del 11S con el envío de sobres con ántrax (carbunco) ¿no es de extrañar toda esta conspiración? Por otra parte, los laboratorios americanos también fueron "casualmente" los primeros en sacar la vacuna. ¡Ufff¡ suspiro. Otra de las mentiras ocultas de las guerras es el dato de que al regresar a casa, los soldados no se adaptan a la vida normal y se suicidan. El dato estadístico es que se suicida un soldado cada ochenta minutos al volver a Estados Unidossin que a nadie le importe.

En otro orden de cosas, me río con tristeza de los mal llamados ecologistas que solo atienden a intereses económicos y políticos. Es curioso ver a los antitaurinos manifestarse por las corridas de toros en las Ventas y no en los pueblos. A los de Greenpeace descolgándose y atándose a nucleares mientras son financiados por las petroleras. A los defensores de las ballenas mientras llenan los KFC, Burguers y hot dogs, comiendo pollo y cerdo hasta que el colesterol les bloquea las arterias. Estoy convencido que existen entre ellos muchos voluntarios que acuden a las manifestaciones porque les duele que se maltrate el medio ambiente y a los animales. En mis años de estudios, jamás vía a ninguna Ong Verde en los laboratorios de medicamentos en donde la experimentación es digna de campos de concentración. Tampoco les veo a ninguno en las granjas de pollos, pero se hinchan a comer huevos. Solamente les veo soltando a los visones de las granjas, con lo que demuestran una incultura absoluta del mundo de la biología, pues esos animalitos no acostumbrados al campo, serán atropellados, maltratados y morirán de hambre y sed por no saber cazar, ni sobrevivir, pero ellos "habrán hecho una gran acción". Tampoco les veo defender los bosques de pirómanos y sin importarles desde lagartijas a osos, pasando por ardillas y mariposas. Si alguien de estos ecologistas de pacotilla y subvencionados me preguntase por las cosas que he visto en mataderos, granjas, selvas y laboratorios, sobre qué es lo que más me ha impactado, les diría que en lugar de salir en la televisión, en sitios donde la cárcel es con calefacción y existen derechos humanos junto a la libertad de expresión, que acudieran a los mercados de Indonesia y vieran a los animales en jaulas, junto con algunas especies en peligro de extinción sin que nadie mueva un dedo, o que vayan a Vietnam y Corea del Norte a proteger las vesículas biliares de los osos y si no tienen los huevos suficientes, que se queden en las granjas europeas de gallinas. Desde hace unos años, casi todos los huevos que compramos tienen grabado un código alfanumérico. La más importante de todas estas cifras es la primera. Ya que nos indica si la gallina vive en condiciones dignas o, por el contrario, está hacinada en una jaula y sin ver la luz del sol desde su nacimiento hasta su muerte. Cuando la primera cifra es un 3, significa que esa gallina vive hacinada en jaulas, con un espacio máximo para cada gallina de 600 cm^2, es decir, menor que la superficie de un folio. Se les suele cortar el pico (operación muy dolorosa) para que cuando estén desesperadas por el estrés, no puedan picotear a sus compañeras. Al pisar sólo el alambre de las jaulas se les producen gravísimas heridas y malformaciones en las patas. Es probable que estas gallinas nunca lleguen a ver la luz del sol. En resumen, los huevos cuyo primer código es un 3 vienen de gallinas que viven hacinadas en jaulas. Dicho de otra manera, hay leyes que gradúan el maltrato y lo consienten. Cuando la primera cifra del código del huevo es un 2, la gallina que lo ha puesto vive en el suelo de naves densamente pobladas, de hasta 12 gallinas por metro cuadrado. En épocas de calor, muchísimas mueren por asfixia. No están en jaulas, pero nunca salen al exterior y apenas tienen espacio para moverse. El amoníaco y el hedor de las heces contaminan el aire y proliferan las enfermedades. También se les suele cortar el pico para que no se agredan una a otras. Cuando el primer número del código es 1 quiere decir que ese huevo ha sido puesto por una gallina campera. Pueden salir al exterior, escarbar y moverse con cierta libertad. La densidad de las gallinas fuera del gallinero no puede ser superior a una cada 4 metros cuadrados. Si el primer número es un 0 ese huevo pertenece a la producción ecológica. Las gallinas se mueven con una libertad similar a las gallinas camperas (código 1), y además, el 80% de su alimentación debe proceder de la agricultura ecológica. Limitándose también el uso de antibióticos y medicamentos. Y el colmo de la mentira es cuando nos presentan en anuncios de televisión que si compramos los huevos ecológicos (productos en general) que son más caros, naturalmente, hacemos una buena labor. Subliminalmente nos inducen a obtener la responsabilidad de que todo depende de nosotros. Por ejemplo *"Tú decides si por unos céntimos que puedes ahorrar en una docena de huevos no te importa ser cómplice del maltrato animal"*, o bien *"Comprar huevos de producción ecológica o campera. No es tirar el dinero"*. ¡Dios mío¡ ¡mentiras sobre mentiras¡ Si hablo de los pollos, desde que nace el pollito y pasan por el sexador, son tirados literalmente a través de máquinas y cadenas de cintas continuas hasta meterles en cajas, transportados así hasta el hacinamiento en granjas, donde en menos de un mes (20 días) desarrollan lo que la naturaleza programo para ellos en tres meses. Resumo diciendo que en el relato de la historia que un mentiroso cuenta, por lo general deja de mencionar aspectos negativos; y lo plantea todo como algo positivo. Un mentiroso puede estar preparado para responder a las preguntas, pero él mismo no hace ninguna pregunta; o solo pregunta lo justo para aprender lo que el otro sabe y así retroalimentarse, del tipo:"¿Por qué te iba a mentir?", "A decir verdad...", "Para ser franco...", "¿De dónde sacas esa idea?", "Por qué me preguntas eso?", "¿Puedes repetir esa pregunta?", "Creo que este no es el lugar adecuado para discutir eso", "Podemos hablar de eso en otro momento?", "Cómo te atreves a preguntarme me eso?". Y siempre la culpa será del otro.

Dice *el manual de Epícteto: "Recuerda que debes conducirte en la vida como en un banquete. ¿Un plato ha llegado hasta ti? Extiende tu mano sin ambición, tómalo con modestia. ¿Se aleja? No lo retengas. ¿No ha llegado aún? No lances desde lejos tu deseo, sino que espera a que el plato esté a tu lado. Pórtate así con los amigos, con una mujer, con los cargos y las dignidades, con las riquezas, y serás digno de ser admitido en la mesa de los dioses. Y si sólo tomas lo que se te ofrece, y sabes contentarte con lo poco que es necesario sin ceder a la envidia, entonces no sólo serás convidado por los dioses sino su igual, y reinarás con ellos. Fue trabajando así que Diógenes, Heráclito y algunos otros merecieron ser llamados hombres de dios, como en efecto eran".*

La isla está situada al este de la Península Ibérica, en el mar Mediterráneo y forma parte de la Comunidad Autónoma de las islas Baleares (Illes Balears, como dicen aquí). La organización administrativa incluye cinco municipios: Ibiza, que es la capital; Santa Eulária des Riu, Sant Antoni de Portmany, Sant Josep de Sa Talaia y Sant Joan de Labritja. Cada uno de ellos ofrece al visitante posibilidades distintas y complementarias a la vez. Según los últimos datos del padrón de 2007, la población supera las 117.000 personas, aunque el número de residentes aumenta de forma considerable durante los meses de verano. Ibiza conforma, junto a Formentera, las Islas Pitiusas, con una extensión de 572 km². Ibiza ofrece 210 kilómetros de playas que se pueden disfrutar en cualquier época del año, gracias a sus cálidas temperaturas y a las 2.948 horas de sol anuales, como rezan todas las guías de turismo que se regalan en la isla. Las temperaturas son suaves desde enero a diciembre y la isla ofrece momentos mágicos durante todo el año. Imagino la floración de los almendros, momento en el que los campos de Ibiza se iluminan de blanco, sólo puede contemplarse en enero y febrero, como ocurre en el valle del Jerte en Extremadura, o en mi cigarral (mis almendros no van a ser menos). Igual sucede con el estallido de flores que inunda la primavera. Luego la época estival en donde florecen todas las mujeres y sirenas que se concentran aquí. ¡Menos mal que los hombres tenemos el mar y la sensación refrescante que en agosto produce un baño en sus playas, o el placer que causa disfrutar de un pescadito fresco bien cocinadito bajo el sol de enero en una terraza junto al mar. Creo que los niveles de magnetita del subsuelo deben ser muy altos, pues Ibiza actúa además como un imán para creadores de todo el mundo, que en la isla encontramos la libertad, los espacios y el estímulo para dar forma a nuestros proyectos sin molestarnos los unos a los otros, sin rencillas y con muchos ratos de compartir cosas. Me recuerda a las tertulias del café Gijón y del Lyon de antaño pero en bañador y al sol. El atractivo de Ibiza es tan potente, que muchos que llegaron para pasar unas cortas vacaciones han acabado quedándose para siempre. ¿Será mi caso?.

Recuerdo los innumerables puertos que he visitado en mi vida. Vendo recuerdos por donde voy de esos enclaves en los que lo líquido, lo solido y lo gaseoso de entremezclan dibujando las calas y muelles. Comparo estos momentos actuales con el pasado y me pregunto dónde dejaré mis pasos en el futuro. Escucho consejos, comentarios y advertencias pero siempre termino quedándome con los sonidos de la naturaleza. Muestro mis preguntas al mundo para el que me quiera oír. Dono mis consejos para el que me quiera seguir, como hizo Ivana en esta ocasión y otras anteriormente. Hablando de Ivana, viene a mi memoria que en la travesía desde Cavtat hasta aquí, le comenté que estaba escribiendo sobre las mentiras, e inmediatamente quiso leer los apuntes. Cualquiera que conozca a un escritor sabe que no deja leer nada de lo suyo hasta que está publicado. Su reacción fue la de acusarme, sin motivo aparente, de no mencionar en el libro nada de los sindicatos, ni de las finanzas. La realidad es que hasta el momento no me había metido con ellos y dio la casualidad que documentando mi información encontré lo que sigue. Me meto en internet. Me topo con la página siguiente: *http:// valor-crecimiento. blogspot. com. Es /2012/03/ los-sindicatos- al-descubierto- todo-.* Un blog de economía y política, pero también de ocio, curiosidades, anécdotas históricas, educación, salud, medio ambiente o religión. Tiene fecha del lunes, 12 de marzo de 2012. Habla de las mentiras de los sindicatos. La leo literal. Dice: *"Todas las mentiras de los sindicatos al descubierto. Todo lo que critican mientras se lucran y aprovechan haciendo lo contrario. (Política, Economía. 578). Los sindicatos al descubierto. Una muestra de toda su incongruencia, intenciones, falsa moral y suculento tinglado que tienen montado, y la desfachatez de muchas acusaciones, que al parecer debieran dirigirlas hacia ellos mismos: -Como todo el mundo sabe es constante su demonización del empresario, lo que le es muy rentable (desgraciadamente a la sociedad no por distintos motivos). Pero es curioso ver cómo ellos mismos tienen montada una red empresarial con sociedades tanto limitadas como anónimas que les da millonarios beneficios (y no es un decir lo de millonarios). Gracias a ellas cuentan con unos activos de más de 240 millones de euros, y unos beneficios anuales que superan los 10 millones de euros. -Demonizan y critican a las grandes empresas pero se convierten en patronos asociadas a muchas de ellas, incluyendo grandes multinacionales como Telefónica. - Critican a la banca pero también son patronos asociados con empresas como BBVA, o forman parte de los consejos de Administración de las Cajas cobrando abultadísimas dietas de cientos de miles de euros en unas entidades públicas cuya gestión ha sido un auténtico desastre y han provocado agujeros brutales pagados con los impuestos de trabajadores que nada tienen que ver. Estos son algunos ejemplos de los cargos y salarios que cobran en las grandes Cajas (del 2011):*

- *Bankia. BFA. Francisco B. N, CCOO, 317.000 euros.*
- *Bankia. BFA. Pedro B. P., CCOO, 308.000 euros.*
- *Bankia. Caja Madrid. Jose Ricardo M. C., UGT, 181.000 euros.*
- *Novacaixagalicia. Miguel A. R.. CSICA, 106.790 euros*
- *BMN. Caja Murcia. Sebastián V. M.. UGT, 432.000 euros.*
- *BMN. Caja Murcia. Florestán B. M.. CSICA, 332.000 euros.*
- *BMN. Caixa Penedés. Joan S. C.. CCOO, 134.000 euros.*

(Los dos primeros con dietas entre 58.000 y 69.000 euros y sistema de ahorro a largo plazo de 38.000 y 72.000 euros cada

uno.), y como no son poseedores de importantes patrimonios y negocios familiares. Por no nombrar las dietas de hasta 31.500€ anuales que cobran en otras empresas como Renfe, Adif... Y no tienen problemas en mandar literalmente "a su puta casa" al gobernador del Banco de España por hacer recomendaciones tales como que la subida de impuestos hecha por Zapatero fuese destinada a reducir el déficit o en lugar de subir los gastos o la necesidad de hacer reformas laborales que facilitaran la contratación o redujeran la elevada segmentación del mercado laboral (algo más que obvio y necesario). -Demonizan y critican los mercados y las pensiones privadas, de lo que dicen que es el negocio de unos pocos, pero gestionan los planes de pensiones de empleo privado, consiguen suculentos réditos, que no se negocian en otro sitio que los mercados financieros, bolsa y banca, siendo así uno de esos pocos que hacen negocio también con las pensiones privadas. Con datos actuales: *Poseen el 15% de la cuarta mayor gestora de España que les proporciona activos de más de 11 millones y beneficios de un millón en el ejercicio fiscal de 2010.*También poseen el 40% de otra gestora del BBVA, gestionando el plan de pensiones de la Administración del Estado, donde los sindicatos se llevan 537 millones de euros y cuya tercera parte invierte en Bolsa. La gestora BBVA-CC.OO-UGT cobró en 2011 una comisión por la administración de este plan que ronda el millón y medio de euros. *Están metidos en aseguradoras, lo que les proporciona activos e inversión en bolsa.*Poseen también empresas inmobiliarias, con decenas de millones de activos. *Poseen consultorías cuyo objeto social no deja dudas sobre su función: "la prestación de todo tipo de servicios de dirección, administración y gestión de empresas, ocupando para ello cargos en los órganos de administración si fuera necesario". *Poseen empresas para dar cursos de formación pagados todos ellos con recursos públicos por supuesto (cobran más 1.000Millones de € al año por ello de *nuestros impuestos). -Exigen y critican a muchos otros por no pagar impuestos o por no pagar aún muchos más o por tener privilegios de exenciones fiscales, pero ellos no tributan, al contrario que el resto de trabajadores o empresas, y todo ello pese a realizar explotación económica distinta de su objeto en los estatutos. En otras palabras, un sindicato puede prestar servicios de asesoría, vender productos o realizar cualquier otra actividad económica sin pagar impuestos. -No se acaban aquí los privilegios fiscales: los ingresos que obtienen por arrendamientos de bienes inmuebles no les son considerados como una explotación económica y por tanto escapan al control del fisco. Y de todas las muchas propiedades que tienen y disfrutan no pagan el Impuesto de Bienes Inmuebles (IBI), que además están situadas generalmente en las mejores zonas de las grandes ciudades.*

-Las cuotas de los afiliados, las donaciones recibidas (incluso las patrimoniales) o las subvenciones concedidas por organismos públicos también quedan expresamente fuera del impuesto de sociedades. -Incluso las rentas procedentes del patrimonio mobiliario de la entidad, como son los dividendos y participaciones en beneficios de sociedades, ingresos en bolsa, intereses y cánones también están exentas. Es decir, que ni tributan por el capital, ni por el impuesto de sociedades, ni por nada. -Critican al empresario y defienden supuestamente al trabajador, pero se lucran a costa del trabajador con cada ERE. Así, se llevan entre 100 y 400€ por cada trabajador, y no contentos con esto cobra a cada uno de estos trabajadores además entre un 10% y un 15% de la cantidad que obtiene como indemnización por encima de los veinte días por año trabajado. En la mayoría de los casos los trabajadores desconocen que se les descuenta estas minutas de su indemnización, pues se trata de un ingreso que no consta en ningún recibo ni factura. -Critican los despidos, pero ellos

mismos los hacen, y no solo eso, sino que muestran una vez más su falsa moral como muestran varios casos de despidos improcedentes sin recibir indemnización que han realizado a sus propios trabajadores, esos a los que tanto defienden. -Y también critican fuertemente los ERE s, especialmente en el ámbito público, pero ellos mismos han llevado a cabo ERES, en distintas regiones y están realizando despidos y planes de reducción de empleados, esos que criminalizan. Sin ir más lejos a finales de febrero hicieron 3 EREs en una semana, uno en Extremadura (que afectó al 83% de su plantilla), otro en Madrid, donde traicionaba sus principios y ofrecía bajas voluntarias con 37 días de indemnización (en lugar de los 45 días) y se siguen produciendo, como en Cataluña, argumentando en todas que están reduciéndose sus ingresos (vaya!! como ocurre en el resto de empresas que demonizan por ello). -Al contrario que cualquier otro trabajador, que en caso de acudir a una huelga pierde su salario ese día, ellos lo siguen cobrando íntegramente. -Tienen la desfachatez de negar que cobran subvenciones (como ha ocurrido en Andalucía) pocos días antes de recibir 9,7 millones de la Junta de Andalucía, y haber recibido solo en esa región en 2011 (hasta mediados de octubre) más de 70 millones de €.Una región (imagínense toda España) que entre 2005 y 2009 había dado con datos recogidos del BOJA (Boletín Oficial de la Junta de Andalucía) más de 253 millones de € de nuestros impuestos. Es curiosa también la utilización política que hacen de las manifestaciones. Mientras en el 2009 se manifestaban no contra el gobierno pese a la sangría del paro y la recesión, sino contra...¡los empresarios!, pese a que han cerrado cientos de miles de empresas durante esta crisis. -Ahora critican la nueva reforma laboral, anunciando una huelga general a las primeras de cambio, cuando han estado años callados pese a la destrucción de millones de puestos de trabajo con una normativa laboral rigidísima que no había por donde cogerla ni comparándola con ningún país europeo (incluyendo Grecia), y que ha sido responsable en muy alto grado de muchos de esos despidos. Pero sin embargo, tienen la desvergüenza (en el sentido de aplicar lo contrario a lo que dicen) de aplicar "despido libre" a sus propios trabajadores como ha ocurrido en Canarias (160 para ser concretos) tras estar 3 meses sin cobrar. El problema no está en liberalizar aunque sea un poquito el mercado laboral (más que necesario como se demuestra en cualquier otro país de Europa, con mucho menos paro y normativa mucho más flexible), sino porque hacer esto supone una amenaza intolerable a sus muchos privilegios, de los que gozan y de qué manera con un mercado laboral rígido a más no poder. Ese es el verdadero problema para ellos ante esta reforma, que su peso y millonarias subvenciones no serán las mismas, puesto que pierden el monopolio en distintos temas como la formación., por poner un ejemplo, o su inmenso poder monopolístico en los convenios colectivos. Y es que, las cantidades que se mueven en torno a la formación, el pasado año, al respecto de la financiación de los cursos fue la siguiente: -, sumaron 1.979.778.300 euros; la Ayuda del Fondo Social Europeo 100.000.000 euros; y la aportación del Servicio Público de Empleo estatal, 934.022.420 euros. En total, algo más de 3.000 millones para la formación. Y parte de ese dinero que llegaba a los sindicatos, ahora tendrán que compartirlo. Y un problema serio sería la irresponsabilidad tal como está el país de incentivar y acrecentar la conflictividad social, que podría precipitar aún más la situación del país, y por tanto perjudicar en mayor grado a todos sus ciudadanos. Pero nada de esto es de extrañar, puesto que forma parte de la naturaleza de los sindicatos espolear el resentimiento, la "lucha" de clases y el enfrentamiento. Cómo van a rectificar algo que les ha sido y es tan rentable para sus intereses, cuando además ven peligrar sus muchos privilegios? Y eso es precisamente lo que muestra un documento interno de los sindicatos: Una hoja de ruta de CCOO y UGT en los que buscan "Tensión diaria", "marchas a Madrid" y controlar el 15-M". Espero haber complacido a Ivana y que de paso, deje de acusarme de no meterme con los sindicatos, máxime cuando uno de ellos tenía mi foto con una diana en su despacho madrileño, cuestión que si hago yo con la suya, estaría la huelga en mi puerta y yo en la cárcel por intolerante.

Dice *el manual de Epícteto: "Cuando ves un gato negro bien de mañana, que tu fantasía no te lleve; sino, tú mismo distingue y di: "Por este augurio, ningún mal presagio me atañe, los infortunios atañen a mi cuerpo, a mis bienes, a mi reputación, a mis hijos, a mi mujer". Por mí (parte) sólo hay buenos presagios, si lo deseo; pues, cualquier cosa que llegue, depende de mí el obtener (de ella) alguna enseñanza que me aproveche".*

Mientras paseo por este municipio de Ibiza, para meditar elijo su impresionante recinto amurallado, símbolo de distinción y valor histórico, cultural y arquitectónico de esta fortaleza costera del Mediterráneo. Me llego hasta la acrópolis de Dalt Vila. Llego. Me detengo para elegir mi ruta en este entramado repleto de callejuelas y monumentos. Decido seguir mi subconsciente. Me guía al Castillo, del mismo modo que podría haberlo hecho hasta la Catedral. En cualquier caso, quedan lejos las imágenes de las borracheras, de las luces de neón y de las músicas de discotecas que cubren la isla por la noche. No cabe duda de que sea un meeting point de culturas, de gentes, y de civilizaciones. Desde hace siglos, Ibiza era el entorno de esta fortaleza. Hoy es el escenario de conciertos, de acontecimientos poéticos, de exposiciones y actividades pedagógicas a lo largo de todo el año, que se alternan en perfecto maridaje con las fiestas, el alcohol, las drogas y las músicas de todo tipo y procedencia. Decido sentarme en un pretil de piedra. Sonrío al día nublado de hoy y a las mujeres que se quedan mirándome. Aconsejo a algunas gaviotas que me sobrevuelan, que no se junten con un grupo de albatros que vi esta mañana. Juego con las luces grises del día guiñando los ojos al horizonte e imaginando formas y figuras, como si ese horizonte me hablase en una especie de lenguaje onírico. Pierdo la memoria rodeándome de nostalgia con el recuerdo de uno de los primeros paseos nocturnos que tuve con Ivana cuando nos conocimos. Hablábamos de los diferentes idiomas y del follón que se produjo allí en su tierra, hace unos pocos años cuando se pasó de hablar yugoslavo a seis idiomas parecidos pero diferentes en esta zona de los Balcanes. Todo ocasionado por los cambios políticos y mentiras de fronteras. Ella pasaba el rato intentando reproducir varias expresiones en los diferentes idiomas, con el fin de que yo fuese capaz de entender algo y de paso aprenderlo. Literalmente ¡imposible¡ Vale que el yugoeslavo sea difícil, pero pasar en un santiamén al esloveno, macedonio, serbio, bosnio, montenegrino y croata era misión imposible. Para devolverle el favor, yo intenté imitarle, explicándole varias expresiones en los idiomas o dialectos que habría en España (si esta se dividiera): castellano, guanche, catalán, gallego, vasco, valenciano, mallorquín, andaluz y manchego. Todo iba más o menos encauzado hasta que llegué al manchego. Entonces las risotadas de esta morena de ojos azules se podían oír en Istria. Para hacerme entender mejor reproduciré lo que le contaba del manchego, ayudado por la escenografía propia del momento que cualquier hombre usa para hacer reír e impresionar a la chica que luego se va a acostar con él y de paso hacer reivindicación de mi idioma. Le decía. *"El manchego No se cae: se pega una costalá. No dice hola: te dice ¡yeee, hermooooosoo! No es goloso: es galgo. No se enamora: se pone borrico. No se lanza: sale flojo. No trata de convencerte: se pone "cansino". No va sucio: lleva relejes. No se agacha: se amaga. No te llama la atención: te dice*

¡Ande vas! No tiene amantes: tiene zagalas o mozas. No pide que lo lleven: pide que lo acerquen. No se impresiona: dice ¡La Virgen! No tiene lumbalgias: está arriñonao. No cotillea: es un bacín, luego bacinea. No hace recados: hace mandaos. No es un gandul: es ¡mu peeerro¡. No pierde el tiempo: está perreando. No dice "No tardaré en venir": dice "vengo al contao". No te dice que estás equivocado: te dice" ¿te paece quéee?" o "amos calla". Para decir que sí (No niega dos veces), niega tres: ¡No, ni na! No se enfada: se condena. No está gordo: está lustroso. No duerme: se queda traspuesto. No se va: sale arreando. Y además se comen carcamusas, gachas, pisto, zarajos, morteruelo, duelos y quebrantos, tostones etc.".

Cojo otra guía de turismo de la isla para compararla con la que tengo en el barco. La abro por la página que recomienda determinados lugares. La leo y dice: *"Los restos fenicios de Sa Caleta (en Sant Josep) y la Necrópolis fenicio-púnica del Puig des Molins también forman parte de los bienes que se consideran que aportan un testimonio excepcional de la urbanización y la vida social de las colonias fenicias en el Mediterráneo occidental. Constituyen una fuente única, en cantidad e importancia, de los descubrimientos y el origen de las culturas fenicias y cartaginesas",* (según reza en el texto oficial de la Declaración de la Unesco). Toco los bordes de la guía como si fueran los límites de la isla, mientras dejo fluir la imaginación con el potencial recorrido que haré con el barco de cala en cala. Quemo las ilusiones de ser acompañado por Ivana después de que haya leído la carta que le dejé escrita. Cocino ideas en mi mente de buscar entre tantas mujeres con las que me cruzo y encontrar otro sucedáneo más que añadir a mi lista para compensar la ausencia de mi amor imposible. Encuentro relajo en ellas, del mismo modo que los heroinómanos lo encuentran en la metadona. Mato minutos de mi vida con la desesperación de la frustración, para evitar la soledad en la que me autoexilié, intentando camuflar mis mentiras. Todos los intentos por camuflar las mentiras y por intentar descubrirlas se basan en las emociones y los cambios que éstas ocasionan en el cuerpo. Así tenemos gestos, tics, énfasis, movimientos de manos, picores o cambios en la mirada. Resumiendo, me fijo en cómo actúen los músculos cuando mentimos. Ahora bien, estos músculos no van solos por el mundo, ni son independientes para tomar sus propias decisiones, sino que dependen del sistema nervioso autónomo (*SNA*), (concretamente el simpático), que regula las funciones vegetativas. Estos cambios son involuntarios y por tanto nos basamos en ellos para detectar al mentiroso, como hacen el polígrafo y el observador. El miedo, la rabia, la culpa o la vergüenza son emociones que desencadenan sudor, temblor, rubor o disnea. El mentiroso intentará disimularlo con gestos, tics, o deglución de saliva. De esta manera podemos intuirla, midiendo la intensidad. Ahora bien, el inocente puede actuar del mismo modo bajo presión y además las personas interpretamos de manera diferente el entorno (ref. al libro del mismo autor Sompnus), de tal manera que sienten sensaciones corporales distintas e interpretan de forma diferente el mismo conjunto de sensaciones corporales cuando están con miedo, que cuando están con rabia, confundiendo al aparato y al observador. La única manera de adquirir experiencia con cada sujeto es la de pasar mucho tiempo con él, de manera individualizada y personalizada, sometiéndole a entornos y situaciones diferentes pero de manera repetitiva e ir analizando los síntomas. Esto solo puede hacerse en las parejas que conviven juntos y similares ¡Y aún así¡, vemos la cantidad de sorpresas que algunos se llevan creyendo conocerse bien. El genio Alfred Hitchcock dominaba el arte de jugar con las emociones a través de sus películas. Simplemente la presentación inicial de la misma en donde su perfil encaja progresivamente con su figura, introduciendo al espectador un maridaje de sensaciones, de miedo, atención, sugestión y tensión es ya un impresionante modelo de estudio. (Ref. Al libro del mismo autor Mentes Rotas). Los mentirosos más grandes son los actores, que nos convencen de ser lo que nos son. Ahora bien, en las escuelas de arte dramático se les enseña una técnica, es la técnica de Stanislavski que los hace muy hábiles con los recuerdos. Entendamos que deben recordar textos y guiones infinitos y tan diferentes, que costaría mucho a un mortal normal. Esta técnica los vuelve ágiles con los recuerdos y reaviva las emociones, técnica que los actores practican a fin de utilizar sus recuerdos sensoriales cuando les toca representar un papel en particular. Otras veces, observamos con una sonrisa cómo los actores hacen grandes muecas faciales moviendo de manera exagerada los músculos de la cara. A todos nos hace gracia ver lo ridículos que quedan haciéndolo, pero en realidad lo que practican es la segunda técnica del mentiroso, o del actor. Científicamente está demostrado que desencadenar movimientos voluntarios en los músculos faciales, provoca cambios en el sistema nervioso autónomo. Dicho de otra manera, que manipulamos lo involuntario de manera consciente y voluntaria. Si midiésemos al mismo tiempo el ritmo respiratorio y el cardiaco, la temperatura, o el sudor, observaríamos que cada mentiroso o cada actor era diferente al otro. Como vemos, es harto complicado manipular la mentira sin síntomas, pero al mismo tiempo esa sintomatología puede servir al mentiroso de despiste o camuflaje. Alguien dijo:"*Sólo un poeta es capaz de transmitir todos los matices que revela una expresión. Manifestar en palabras un sentimiento propio que no existe puede no ser más difícil que manifestar uno real: por lo común, en ninguno de estos dos casos uno será lo bastante elocuente, sutil o convincente*". Me imagino a un mentiroso que además domine estas técnicas, jugando con sus víctimas como un gato con el ratón, sin que nadie sea capaz de saber en qué punto está en cada momento. Este individuo podría estar diciendo la verdad, del mismo modo que fingiendo gestos. Intentar pillarle sería como intentar superar a Sherlock Holmes con Poirot juntos. Solo cabría esperar un fallo del mentiroso en sus circunloquios, pausas, repeticiones, recuerdos o énfasis. Solamente el efecto de una emoción negativa como el aburrimiento, haría posible este fallo. Esto me recuerda lo que decía Vicente Blasco Ibáñez en su obra *"Guapeza valenciana"*: *"Sí, señor; él no podía transigir con ciertos valientes que no tienen corazón, sino estómago hambriento; ruquerols que olían todavía al estiércol de la cuadra en que habían nacido y venían a estorbar a las personas decentes. Si otros querían callar, que callasen. Él, no; y no pensaba parar hasta que se viera que toda la guapeza de esos tales era mentira, cortándoles la cara y lo de más allá. Por fortuna, estaban presentes los Bandullos mayores, gente sesuda que no gustaba de compromisos más que cuando eran irremediables. Miraban a Pepet, que estaba pálido, mascando furiosamente su cigarro, y le decían al oído excusando la embriaguez del pequeño: -No fases cas; está bufat. Pero buena excusa era aquélla con un bicho tan rabioso. Se crecía ante el silencio e insultaba sin miedo alguno. Lo que él decía allí lo repetía en todas partes. Había muchos embusteros. Valientes de matamorta, como los melones malos. Él conocía un guapo que se creía una fiera porque le habían vestido de señor; mentira todo, mentira. El muy fachenda, hasta intentaba presumir y le hacía corrococos a María la Borriquera, la cordobesa que cantaba flamenco en el café de la Peña... ¡Ya voy! ... Ella se burlaba del muy bruto: tenía poco mérito para engañarla: la chica se reservaba para hombres de valía, para valientes de verdad; él, por ejemplo, que estaba cansado de acompañarla por las madrugadas cuando salía del café. Ahora sí que no valieron las benévolas insinuaciones de los hermanos mayores. Pepet estaba magnífico, puesto en pie irguiendo su poderoso corpachón, con los ojos centelleantes bajo las espesas cejas y extendiendo aquel brazo musculoso y potente que era un verdadero ariete.*

Respondía con palabras que la ira cortaba y hacía temblar. -Aixó es mentira, ¡mocós! Pero apenas había terminado, un vaso de vino le fue recto a los ojos, separándolo Pepet de una zarpada e hiriéndose el dorso de la mano con los vidrios rotos".

¡Ufff¡ ¡qué difícil distinguir las emociones¡ subimos el tono de voz y aumentamos su frecuencia tanto en momentos de entusiasmo, como de miedo. O al contrario, nos quedamos paralizados. Tampoco nos favorece para la distinción el sudor o la boca seca. ¡En efecto¡, son síntomas de emoción fuerte y por ello constituyen una fuente de información importante para distinguir la mentira. Pero el mentiroso habitual, pondrá caretas a su cara, identidades falsas y hasta es posible que lo genuino y lo falso aparezcan en distintas partes del rostro dentro de una expresión combinada única. La cara es un sistema dual en el que tanto de manera consciente, como inconsciente, aparecen los mismos gestos. Ahora bien, existen lo que denominamos expresiones aprendidas que están en el límite de ese consciente-inconsciente. ¿Cuándo demostramos esta situación? Por ejemplo en el ejército, cuando se debe demostrar impertérrito ante la bronca de un superior. Desde pequeños aprendemos a dominar las expresiones para conseguir nuestros propósitos. O bien el llanto exagerado o la sonrisa amplia, ocultando así los verdaderos sentimientos y fingiendo otros falsos. Los padres contribuimos a ese aprendizaje con frases tales como "¿Ya estás haciendo pucheritos?" "Si pones esa cara estarás fea". Estos aprendizajes aumentan en la adolescencia en la que con la llamada "edad del pavo" los adolescentes aprenden a exhibirse. Con tantos años de ensayo, transformamos los gestos aprendidos en automáticos, se desvinculan de las emociones y ya son difíciles de corregir a estas alturas. Es cierto que existen gestos universales que cualquier cultura maneja, como el llanto y la sonrisa, ahora bien, existen en cada cultura gestos y expresiones diferentes que los identifican.

De este modo, ante un mismo estimulo, no se reacciona igual. Imaginemos a un alemán, un japonés, un argentino, un norteamericano y un español para entenderlo, o simplemente comparemos a un vasco con un andaluz. Hay miles de expresiones faciales diferentes. Muchas no tienen relación con ninguna emoción y solamente se usan para reforzar lo que se está diciendo. Del mismo modo que no hay una expresión única para cada sentimiento. Un profesor ruso dijo: *"Antes de la revolución solíamos decir que los ojos eran el espejo del alma. Pero ellos pueden mentir... ¡y cómo! Con los ojos usted puede expresar la más devota atención sin que, en realidad, esté prestando ninguna. Puede expresar serenidad o sorpresa".* Casi todos pedimos que nos miren a los ojos para sentir que se nos presta atención. Personalmente me parece una chorrada como un piano, porque se pueden hacer varias cosas a un tiempo y los ojos son una fuente de captar esa variedad de informaciones que se perderán por agradar al contertulio menos capaz. De todas maneras, existen detectives que rompen el campo personal de distancia refugio de una persona y se fijan en los ojos para detectar mentiras. Lo que podemos definir como "lealtad ocular", es traicionada por cinco síntomas, o potenciales indicadores de la mentira. En primer lugar están los músculos oculares, que modifican la forma de los párpados, la cantidad del "blanco del ojo" para hacerme entender mejor y del iris. La segunda fuente es la dirección de la mirada que baja con la tristeza, baja o mira a lo lejos con la vergüenza o la culpa, y mira a lo lejos con la repulsión. Estas dos primeras son tan fáciles de disimular que como ejemplo pongo al Casanova moderno que se casó con más de cien mujeres y todas alegaban que las miraba directamente a los ojos cuando les decía que las quería, me refiero a Giovanni Vigliotto (¡presunto¡). Las tres restantes fuentes de información serían el parpadeo, la dilatación de pupilas y las lágrimas, o mayor acumulación acuosa. Naturalmente, todo ello puede tener lugar en diferentes estados emocionales o patológicos. Con lo que mirar directamente a los ojos y detectar fidedignamente a un mentiroso daría lugar a un 65% de aciertos. Si queremos aumentar este porcentaje, añadiríamos el rubor, el sudor o los contrarios de palidez. En resumen, que es complicadísimo encontrar un sistema fidedigno que detecte al mentiroso de manera universal, ya que los síntomas basados en las emociones son similares tanto para los culpables como para los inocentes, del mismo modo que para una emoción y su antagónica.

Si tuviera que buscar una definición para esta isla, me costaría enormemente reducirlo a una frase, se me acabarían los calificativos y quedaría como un tonto. Estoy convencido de que la Naturaleza se detuvo a descansar aquí cuando se creó el mundo y dejó tras de sí una enorme biodiversidad, que va desde las praderas submarinas de posidonia oceánica en la Reserva Natural, hasta las praderas de almendros en flor de la primavera insular. Para entender lo que digo, debo compartir un dato. ¿Cuál? Pues que solamente en esas posidonias oceánicas, los naturalistas llevan contadas doscientas treinta especies diferentes de animales. ¿Cómo puedo describir la cristalinidad y transparencia de las aguas, contar la gran variedad de peces, moluscos, cefalópodos, crustáceos, mamíferos marinos y plantas al mismo tiempo y sin atropellarme en las frases? Para mi es imposible. Me rindo y me refugio en los criterios culturales junto con sus valores naturales, para seleccionar Ibiza como uno de los lugares que hay que preservar para mi jubilación y de paso para generaciones futuras. Vengo de nuevo junto a Ivana. Ha leído la carta y ha estado llorando. Como puedo conduzco la conversación con ella, impedido por sus lágrimas. Estudio sus gestos para detectar la mentira, del mismo modo que encajo sus desprecios. No reacciona tan natural como lo haría una mujer latina, lo identifico con su procedencia de un país sometido al comunismo, a los rusos y acostumbrado a no demostrar sus sentimientos. Muevo las maletas que ha preparado con sus pertenencias hasta el taxi que la espera en el muelle. Caminamos en silencio por las diferentes pasarelas y amarres. Respondo que yo también lo siento y dudo una vez más de que sea conveniente decir la verdad, pues como estoy demostrando, ser sincero destruye más que la mentira, o al menos en este mundo que se mueve por ella. Lamento no haber llegado a más con ella, pero me cansé de sus mentiras y de las mías. Estoy seguro que haremos honor a la frase *"de todas tus mentiras "te quiero" será la que mejor recordemos"*. Me detengo de repente cuando al acercarnos al taxi, se abre la puerta posterior y desciende un chico. Se acerca sin mirarme a la cara, manteniendo su mirada en ella. Se sonríen. Se besan delante de mí. Me coge las maletas y se dan la vuelta hacia el taxi. Se aleja de mi vida como entró en ella. Meto las manos en los bolsillos. Me doy la vuelta hacia el barco y a medida que voy andando, la sonrisa se me va dibujando en la cara, confirmando mis sospechas de sus mentiras y aliviado por haber sido sincero. Ya soy libre para volver a mentirle a la siguiente mujer que me sirva de paliativo y sucedáneo del amor imposible de mi vida. Llego al barco. Lo saco del amarre para adentrarme en alta mar, fondear por allí y pasar un par de días de olvido. Me encierro, pues no quiero recordar más que lo bonito de mi autoexilio. Me desconecto con lo que decía Fray Luís de León en *La perfecta casada: "Eso que pretendes hermosearte, eso que procuras adornarte, contradicción es que haces contra la obra de Dios, y traición contra la verdad. Dice el Apóstol, amonestándonos: «Desechad la levadura vieja, para que seáis nueva masa, así como sois sin levadura, porque nuestra pascua es Cristo sacrificado. Así que, celebremos la fiesta, no con la levadura vieja, ni con la levadura de malicia y de tacañería, sino con la pureza de sencillez y verdad». ¿Por ventura guardas esta sencillez y verdad cuando ensucias lo sencillo con adulterinos colores, y mudas en mentiras lo verdadero con posturas de afeites? Tu Señor dice que no tienes poder para tornar blanco o negro uno de tus cabellos; y tú pretendes ser más poderosa, para sobrepujar lo que tu Señor tiene dicho, con pretensión osada y con sacrílego menosprecio".*

CAPÍTULO VIII

La grandeza inspira envidia. La envidia engendra rencor. Y el rencor genera mentiras. (JK Rowling)

Decía Arthur Conan Doyle en *Las aventuras de Sherlock Holmes:* "- *¡Dios le bendiga! Está usted haciendo todo lo que puede por él y por mí. Pero es una tarea desmesurada. Al fin y al cabo, ¿qué estaba haciendo allí? Y si sus intenciones eran honradas, ¿por qué no lo dijo? - Exactamente. Y si era culpable, ¿por qué no inventó una mentira? Su silencio me parece un arma de dos filos. El caso presenta varios detalles muy curiosos. ¿Qué opinó la policía del ruido que le despertó a usted? - Opinan que pudo haberlo provocado Arthur al cerrar la puerta de su alcoba. - ¡Bonita explicación! Como si un hombre que se propone cometer un robo fuera dando portazos para despertar a toda la casa. ¿Y qué han dicho de la desaparición de las piedras? - Todavía están sondeando las tablas del suelo y agujereando muebles con la esperanza de encontrarlas. - ¿No se les ha ocurrido buscar fuera de la casa?*"

He estado dos días en alta mar recomponiéndome de mi ruptura con Ivana y comiendo de lo que pescaba como demostración de mi soledad. Necesito pisar tierra firme, comprar verdura y fruta, así como arroz y leche para volver a atar esa especie de cordón umbilical que se llama dependencia, con la sociedad que tristemente acato a mi pesar. Cualquiera que me vea cambiar el atractivo más importante de esta isla, que constituye la naturaleza, por un poco de civilización diría que no soy yo mismo. Quizás tuviese razón y el fracaso con Ivana me haya dañado más de lo que creí. Tal vez hasta me haya mentido a mi mismo creyendo que era solo un sucedáneo de mi amor verdadero y en realidad me haya enamorado de verdad de Ivana. Sin duda llaman la atención los frondosos bosques de pino mediterráneo que tapizan parte de esta isla, del mismo modo que no puedo quitarme de la cabeza los azules ojos de esta istria que ha compartido varias semanas de su vida junto a mí. Los griegos denominaron a estas islas Pitiusas "islas de pinos", por el manto verde que se extiende por sus campos y montañas a lo largo de todo el año y creo que de todos los apelativos cariñosos que he usado con Ivana, el de Pitiusa, le va que ni pintado. Los pinos caracterizan el paisaje de Ibiza desde hace siete mil años, según han constatado estudios científicos recientes y los ojos de Ivana han caracterizado mi paisaje desde hace siete semanas. Cuento las verdades que me dijo, en lugar de las mentiras que pronunció. Sé que no es habitual en mi hacerlo con las mujeres que dejé atrás, pero cada vez me convenzo a mi mismo un poco más, de que quizás no me haya enamorado de un sucedáneo y si de una mujer. Visito los lugares compartidos la última vez con ella para provocar un encuentro fortuito. Explico en mi diario miles de justificaciones por las que tomé la decisión de sincerarme y veo que me mentía a mí mismo. Afortunadamente la despedida del taxi fue lo suficientemente clarificante para corroborar otro amor imposible y mentiroso. Se me ocurre leer la carta de despedida que mandé a otra relación mentirosa de mi vida, que dice así...

Hola Cariño:
¿Te has fijado en las vueltas que da la vida? Al principio pensábamos en el futuro. Juntos comentábamos cómo nos gustaría que fuese y planeábamos de diez en diez los años. Más tarde lo hacíamos de año en año, luego de mes en mes y ahora de día en día. Cuando somos pequeños es fácil engañarnos y así todo

va bien. A medida que vamos creciendo nos decimos a nosotros mismos que sólo es un capricho y que ya se pasará, de hecho se pasa, pero solo es una temporada de la vida. Pasa la existencia, te enamoras, tienes hijos y te separas, entonces solo anhelas una pareja al lado aunque seamos amigos solamente. La consigues cada fin de semana o cada mes, según vayan pasando los años. Lo llevas bien porque está a tu lado. Lo malo es cuando está lejos, le echas de menos y ahí es cuando se nota la diferencia. ¿Te das cuenta de que hablo de nosotros? ¿Te das cuenta de que perdimos la vida entregándonosla cada uno al otro? Cuando en la madurez llegamos a este punto de tener amigos y no amor, y quieres dar un paso más con esa amiga, en ese momento ella empieza una nueva relación donde no tengo lugar. O bien pasa otra semana, o mes y yo conozco a otra persona y entonces eres tú la que ya no tiene lugar. Seguimos manteniendo una amistad pensando en que esa relación, con suerte finalice. Seguimos quedando los unos con los otros, más o menos ilusionados por romper la monotonía, más que por la relación o la amistad. Ella me cuenta, tú me cuentas, yo os cuento, todos lo comprendemos. Cariño discúlpame pero no me hace nada bien seguir con éso y menos a tantos kilómetros. Mentiras siempre escuché de tu boca, y tú de la mía. Mentiras que nos hicieron felices mientras nuestros corazones se rompían una y otra vez. Mentías al decirme que me querías, mientras también te besabas con otro. Mentías cuando me contabas que no podías dormirte por la noche deseando que estuviera a tu lado. ¿Cuántas veces estuviste con él, mientras me deseabas a mí? ¿Mentías por lo que hacías con los dos?. ¿Acaso no comprendías que no se puede amar así y llegar a realizar lo que se sueña día a día?. Mira cariño, fueron tantas las mentiras que salieron de tu boca, tantas las promesas incumplidas, tanto el daño causado sin motivo y tantos los fingimientos de sonrisas que ya estoy cansado. Al final me doy cuenta de que no puedo más. Necesito de nuevo volver a empezar. Volverme a ilusionar con la única mujer que he amado de verdad. Intento quedar con ella más a menudo. Volver a conquistarla y a que crea en mi. Recibo sus negativas alegando que aún no está preparada y que vernos duele. ¡Claro que duele¡ porque el corazón se encoge y se estira como con nadie más lo hace y a nuestra edad eso duele. Es difícil que al final nos cojamos la mano y hacer las cosas que habitualmente hacen los enamorados. Ella me dice que me quiere pero no confía en mí. Tiene razón. A mí me pasa lo mismo con ella. No fui muy hábil en reconocer lo que sentía por ella, del mismo modo que ella tampoco lo fue con sus sentimientos hacia mí. ¡No me importa¡ Son cosas lógicas, se va más despacio. Llevo esperando muchos años al amor de mi vida. Es complicado decirte ahora a ti, y a cada chica, en cada fin de semana que solo somos amigos. Amigos con derecho a roce, pero solo éso. ¡Amigos¡ Ahora es cuando más me doy cuenta de que no tenía que haberme ilusionado tanto contigo. No me gusta pasarlo mal. Ya estoy lleno de aplaques y el 80% de mi alma es tejido conjuntivo de cicatrización. Quiero volver a la normalidad. Anhelo poder pasar por su lado sin que el corazón se me salga del pecho. Del mismo modo que no quiero que contigo se me revuelvan las tripas imaginándote mía y con el otro. Por ese motivo, cariño, quiero cortar contigo por lo sano. Ojala valores todo lo que hemos pasado como algo a recordar en el futuro. Al menos yo no podré olvidarte. ¡Se feliz¡

Dice *el manual de Epícteto: "En todo asunto, antes de emprenderlo, mira bien lo que lo precede y lo que le sigue, y sólo después de tal examen, empréndelo. Si no observas esta conducta, tendrás en principio placer en lo que hagas, pues no tendrás en cuenta lo que sigue, pero al final, cuando aparezcan las dificultades, estarás lleno de confusión. Querías vencer en los juegos olímpicos. También yo, en verdad, pues !vaya, que hermoso!. Pero examina bien, de antemano, lo que precede y lo que sigue a una empresa semejante. Puedes emprenderla después de este examen. Tendrás que someterte al régimen disciplinario y alimenticio y abstenerte de golosinas, hacer ejercicios en las horas señaladas, haga frío o calor; beber agua y vino, sólo moderadamente; en una palabra, es preciso librarse sin reserva al ejercicios diarios como si del médico se tratase, y después de todo esto, participar en los juegos. Allí, puedes ser herido, descoyuntadas las piernas, ser humillado, y, después de todo esto, ser vencido. Cuando hayas sopesado todo esto, ve, si tú quieres, hazte atleta. Si no tomas precauciones, sólo harás tonterías y payasadas como los niños que tan pronto como son atletas son futbolistas, ahora son, llevados por los medios de comunicación, comediantes y un instante después representan tragedias. Así también tú: serás tan pronto atleta como futbolista, después de todo aquello, filósofo, y, en el fondo de tu alma, no serás nada. Como un payaso, imitarás todo lo que quisieras hacer, y cada vez te gusta algo distinto, pues a nada de esto has llegado con reflexión sino que actúas temerariamente, sin ninguna consideración, ni guía, sino por el sólo azar y capricho. Así es como muchos, habiendo visto o escuchado hablar a un filósofo como Éufrates, (aunque ¿quién es capaz de hablar como él?) quieren también ellos hacerse filósofos. Amigo mío, considera primero la naturaleza del asunto que emprenderás, y luego examina tu propia naturaleza, para ver si ella es tan fuerte como para llevar ese carga. ¿Quieres correr la maratón, o ser jugador de fútbol? Mira tus brazos, considera tus muslos, examina tu región lumbar, pues no nacimos todos para la misma cosa. ¿Quieres ser filósofo? Piensa si al abrazar tal oficio, ¿podrás comer como los otros, beber como ellos, renunciar como ellos a los placeres? Debes velar, trabajar, apartarte de tus familiares y amigos, soportar el desdén del joven esclavo, las burlas de todos, ser excluido de honores, cargos, magistraturas, en una palabras hasta del menos asunto. Reflexiona sobre ello: y ve si tú quieres pagar a este precio; la tranquilidad, la libertad, la constancia. Si no, aplícate a otra cosa, y no hagas como los niños, no sea s hoy filósofo y mañana político, luego negociante y después ministro. Estas cosas no concuerdan. Es preciso que seas sólo un hombre, y un solo hombre más, o menos lúcido; es preciso que te apliques a lo que tu alma desea, o a lo que tu cuerpo anhela: es preciso que trabajes en adquirir bienes interiores, o bienes exteriores, es decir que es preciso que soportes el carácter de un filósofo, o el de un hombre común. ¿Cuál es tu principio rector?".*

Llevo poco tiempo en esta isleña Ibiza para entender por qué no vine antes aquí. ¿Y todo por estereotipos que me controlaron? Pues ¡vaya mierda de sociedad en la que he vivido¡. Me fastidia ser dependiente de algo o de alguien y perderme el poder pasear por las calas de aguas turquesas, por los islotes que rompen la monotonía del horizonte y se alzan como colosos allí, por el parque natural de Ses Salines o por las reservas naturales de Es Vedrá, y Es Vedranell. Me desesperaría conmigo mismo si me hubiera perdido el poder alcanzar los islotes de Poniente. Cualquier punto, cala o paisaje de Ibiza impresiona e invita a realizar todo tipo de actividades al aire libre o encerrado en un estudio. Aquí disfruto de espectaculares puestas de sol sobre el Mediterráneo. Puedo bañarme en aguas cristalinas como las del Adriático y recorrer campos sembrados de trigo, chumberas, vides, almendros y frutales perfumados por tomillos, romeros o lavandas que crecen sin orden por todos los rincones. Cambio unos dólares que tenía en el barco por euros para no tener que llevarme la tarjeta de crédito en el bolsillo. Pulso el aire más cálido que ayer, menos tendente a llover para decidir mi camino de hoy. Tarareo canciones que anoche se me quedaron grabadas en el cerebro de tanto repetirlas, coincidentes con las que Ivana y yo oíamos en Istria. Empujo la melancolía de mi cerebro y los malos recuerdos del desván de mi hipotálamo. Lucho por no anclar mis recuerdos con Ivana en solamente las cosas buenas pues el final del taxi, el día de su despedida, se me quedó grabado al ratificar que había otro en su vida y me mentía al decirme "Te quiero". Pensando en sus mentiras, recuerdo que esta noche he terminado de leer el libro "La mafia médica". Al ser sanitario e hijo de sanitario me ha costado soltar lágrimas al ir leyéndolo. Personalmente no estoy de acuerdo con muchas de las denuncias que se hacen en el libro y considero que faltan otras muchas, tales como la experimentación con animales de laboratorio y su maltrato y los experimentos en humana que se hacen en África de los medicamentos sacados de los anteriores maltratos, y el coste de vidas que producen envueltos en mal llamadas "Organizaciones solidarias". Ahora bien, si quiero atenerme a la imparcialidad, debo describir lo que el libro expone. Pero como me encuentro incapaz de ello, considero mejor desplegar la entrevista y comentarios de la periodista que le hizo la encuesta a la autora. Dice así: *"Es el título del libro que le costó a la doctora Ghislaine Lanctot su expulsión del colegio de médicos y la retirada de su licencia para ejercer medicina. Se trata probablemente de la denuncia publicada más completa, integral, explícita y clara del papel que juega a nivel mundial el complejo formado por el Sistema Sanitario y la industria farmacéutica. La autora de "La mafia médica" acabó sus estudios de Medicina en 1967, una época en la que -como ella misma confiesa- estaba convencida de que la Medicina era extraordinaria y de que antes del final del siglo XX se tendría lo necesario para curar cualquier enfermedad. Sólo que esa primera ilusión fue apagándose hasta extinguirse".* A continuación, un extracto de la entrevista a la autora que realizó la periodista Laura Jimeno para Discovery Salud:

Discovery Salud: ¿Por qué esa decepción?

Lanctot- Porque empecé a ver muchas cosas que me hicieron reflexionar. Por ejemplo, que no todas las personas respondían a los maravillosos tratamientos de la medicina oficial. Además, en aquella época entré en contacto con varios 'terapeutas suaves' -es decir, practicantes de terapias no agresivas- que no tuvieron reparo alguno en abrirme sus consultas y dejarme ver lo que hacían. Y llegué pronto a la conclusión de que las medicinas no agresivas son más eficaces, más baratas y, encima, tienen menores efectos secundarios.

Discovery Salud: ¿Y supongo que empezó a preguntarse por qué en la Facultad nadie le había hablado de esas terapias alternativas no agresivas?
Lanctot- Así es. Luego mi mente fue más allá y empecé a cuestionarme cómo era posible que se tratara de charlatanes a personas a las que yo misma había visto curar y por qué se las perseguía como si fueran brujos o delincuentes. Por otra parte, como médico había participado en muchos congresos internacionales -en algunos como ponente- y me di cuenta de que todas las presentaciones y ponencias que aparecen en tales eventos están controladas y requieren obligatoriamente ser primero aceptadas por el 'comité científico' organizador del congreso. ¿Y quién designa a ese comité científico? Pues generalmente quién financia el evento: la industria farmacéutica. ¡Sí, hoy son las multinacionales las que deciden hasta qué se enseña a los futuros médicos en las facultades y qué se publica y expone en los congresos de medicina! El control es absoluto.

Discovery Salud: -¿Y eso fue clarificador para usted?
Lanctot- Y tanto. Darme cuenta del control y de la manipulación a la que están sometidos los médicos -y los futuros médicos, es decir, los estudiantes- me hizo entender claramente que la Medicina es, ante todo, un negocio. La Medicina está hoy

controlada por los seguros -públicos o privados, da igual- porque en cuanto alguien tiene un seguro pierde el control sobre el tipo de medicina al que accede. Ya no puede elegir. Es más, los seguros determinan incluso el precio de cada tratamiento y las terapias que se van a practicar. Y es que si miramos detrás de las compañías de seguros o de la seguridad social... encontramos lo mismo.

Discovery Salud: -¿El poder económico?

Lanctot- Exacto, es el dinero quien controla totalmente la Medicina. Y lo único que de verdad interesa a quienes manejan este negocio es ganar dinero. ¿Y cómo ganar más? Pues haciendo que la gente esté enferma... porque las personas sanas no generan ingresos. La estrategia consiste, en suma, en tener enfermos crónicos que tengan que consumir todo tipo de productos paliativos, es decir, para tratar sólo síntomas; medicamentos para aliviar el dolor, bajar la fiebre, disminuir la inflamación... pero nunca fármacos que puedan resolver una dolencia. Eso no es rentable, no interesa. La medicina actual está concebida para que la gente permanezca enferma el mayor tiempo posible y compre fármacos; si es posible, toda la vida.

Discovery Salud: -¿Infiero que ésa es la razón de que en su libro se refiera al sistema sanitario como 'sistema de enfermedad'?

Lanctot- Efectivamente. El llamado sistema sanitario es en realidad un sistema de enfermedad. Se practica una medicina de la enfermedad y no de la salud. Una medicina que sólo reconoce la existencia del cuerpo físico y no tiene en cuenta ni el espíritu, ni la mente, ni las emociones. Y que además trata sólo el síntoma y no la causa del problema. Se trata de un sistema que mantiene al paciente en la ignorancia y la dependencia, y al que se estimula para que consuma fármacos de todo tipo.

Discovery Salud: -¿Se supone que el sistema sanitario está al servicio de las personas?

Lanctot- Está al servicio de quien le saca provecho: la industria farmacéutica. De manera oficial -puramente ilusoria- el sistema está al servicio del paciente pero, oficiosamente, en la realidad, el sistema está a las órdenes de la industria que es la que mueve los hilos y mantiene el sistema de enfermedad en su propio beneficio. Se trata, en suma, de una auténtica mafia médica, de un sistema que crea enfermedades y mata por dinero y por poder.

Discovery Salud: -¿Y qué papel juega el médico en esa mafia?

Lanctot- El médico es -muchas veces de forma inconsciente, es verdad- la correa de transmisión de la gran industria. Durante los 5 a 10 años que pasa en la Facultad de Medicina el sistema se encarga de inculcarle unos determinados conocimientos y de cerrarle los ojos a otras posibilidades. Posteriormente, en los hospitales y congresos médicos, se les refuerza en la idea de que la función del médico es curar y salvar vidas, de que la enfermedad y la muerte son fracasos que debe evitar a toda costa y de que la enseñanza recibida es la única válida. Además se les enseña que el médico no debe implicarse emocionalmente y que es un 'dios' de la salud. De ahí que incluso exista caza de brujas entre los propios profesionales de la medicina. La medicina oficial, la 'científica', no puede permitir que existan otras formas de curar que no sean serviles al sistema.

Discovery Salud: -El sistema, en efecto, pretende hacer creer que la única medicina válida es la llamada 'medicina científica', la que usted aprendió y de la que ha renegado. Precisamente en el mismo número en que va a aparecer su entrevista publicamos un artículo al respecto.

Lanctot- La medicina científica está enormemente limitada porque se basa en la física materialista de Newton: tal efecto obedece a tal causa. Y, por ende, tal síntoma precede a tal enfermedad y requiere tal tratamiento. Se trata de una medicina que además sólo reconoce lo que se ve, se toca o se mide y niega toda conexión entre las emociones, el pensamiento, la conciencia y el estado de salud del físico. Y cuando se la importuna con algún problema de ese tipo le cuelga la etiqueta de 'enfermedad psicosomática' al paciente y le envía a casa tras recetarle pastillas para los nervios.

Discovery Salud: -Es decir, que a su juicio, ¿la medicina convencional sólo se ocupa de hacer desaparecer los síntomas?.

Lanctot- Salvo en lo que a cirugía se refiere, los antibióticos y algunas pocas cosas más, como los modernos medios de diagnóstico, sí. Da la impresión de curar pero no cura. Simplemente elimina la manifestación del problema en el cuerpo físico pero éste, tarde o temprano, resurge.

Discovery Salud: -Y, en su opinión, ¿por qué las autoridades políticas, médicas, mediáticas y económicas lo permiten? ¿Por qué los gobiernos no acaban con este sistema de enfermedad, costosísimo por otra parte?

Lanctot- A ese respecto tengo tres hipótesis. La primera es que quizás no saben que todo esto está pasando ... pero es difícil de aceptar porque la información está a su alcance desde hace muchos años y en los últimos veinte años son ya varias las publicaciones que han denunciado la corrupción del sistema y la conspiración existente. La segunda hipótesis es que no pueden acabar con ello... pero también resulta difícil de creer porque los gobiernos tienen el suficiente poder.

Discovery Salud: -¿Y la tercera, supongo, es que no quieren acabar con el sistema?

Lanctot- Pues lo cierto es que, eliminadas las otras dos hipótesis, ésa parece la más plausible. Y si un Gobierno se niega a acabar con un sistema que arruina y mata a sus ciudadanos es porque forma parte de él, porque forma parte de la mafia.

Discovery Salud: -¿Quiénes integran, a su juicio, la 'mafia médica'?

Lanctot- A diferentes escalas y con distintas implicaciones, por supuesto, la industria farmacéutica, las autoridades políticas, los grandes laboratorios, los hospitales, las compañías aseguradoras, las Agencias del Medicamento, los colegios de médicos, los propios médicos, la Organización Mundial de la Salud (OMS) -el Ministerio de Sanidad de la ONU- y, por supuesto, el gobierno mundial en la sombra del dinero.

Discovery Salud: -¿Tenemos entendido que para usted la Organización Mundial de la Salud es 'la mafia de las mafias?

Lanctot- Así es. Esa organización está completamente controlada por el dinero. La OMS es la organización que establece, en nombre de la salud, la 'política de enfermedad' en todos los países. Todo el mundo tiene que obedecer ciegamente las directrices de la OMS. No hay escapatoria. De hecho, desde 1977, con la Declaración de Alma Ata, nadie puede escapar de su control.

Discovery Salud: -¿En qué consiste esa declaración?

Lanctot- Se trata de una declaración que da a la OMS los medios para establecer los criterios y normas internacionales de práctica médica. Se desposeyó así a los países de su soberanía en materia de salud para transferirla a un gobierno mundial no elegido cuyo 'ministerio de salud' es la OMS. Desde entonces 'derecho a la salud' significa 'derecho a la medicación'. Así es como se han impuesto las vacunas y los medicamentos a toda la población del globo.

Discovery Salud: -¿Una labor que no se cuestiona?
Lanctot- Claro, porque, ¿quién va a osar dudar de las buenas intenciones de la Organización Mundial de la Salud? Sin embargo, hay que preguntarse quién controla a su vez esa organización a través de la ONU: el poder económico.

Discovery Salud: -¿Cree que ni siquiera las organizaciones humanitarias escapan a ese control?
Lanctot- Por supuesto que no. Las organizaciones humanitarias también dependen de la ONU, es decir, del dinero de las subvenciones. Y, por tanto, sus actividades están igualmente controladas. Organizaciones como Médicos Sin Fronteras creen que sirven altruistamente a la gente pero en realidad sirven al dinero.

Discovery Salud: -¿Una mafia sumamente poderosa?
Lanctot- Omnipotente, diría yo. Ha eliminado toda competencia. Hoy día a los investigadores se les 'orienta'. Los disidentes son encarcelados, maniatados y reducidos al silencio. Los productos alternativos rentables han caído igualmente en manos de las multinacionales gracias a las normativas de la OMS y a las patentes de la Organización Mundial del Comercio. Las autoridades y sus medios de comunicación social se ocupan de alimentar entre la población el miedo a la enfermedad, a la vejez y a la muerte. De hecho, la obsesión por vivir más o, simplemente, por sobrevivir ha hecho prosperar incluso el tráfico internacional de órganos, sangre y embriones humanos. Y en muchas clínicas de fertilización en realidad se 'fabrican' multitud de embriones que luego se almacenan para ser utilizados en

cosmética, en tratamientos rejuvenecedores, etc. Eso sin contar con que se irradian los alimentos, se modifican los genes, el agua está contaminada, el aire envenenado... Es más, los niños reciben absurdamente hasta 35 vacunas antes de ir a la escuela. Y así, cada miembro de la familia tiene ya su pastillita: el padre, la Viagra; la madre, el Prozac; el niño, el Ritalin. Y todo esto, ¿para qué? Porque el resultado es conocido: los costes sanitarios suben y suben pero la gente sigue enfermando y muriendo igual.

Discovery Salud: -Lo que usted explica del sistema sanitario imperante es una realidad que cada vez más gente empieza a conocer pero nos han sorprendido algunas de sus afirmaciones respecto a lo que define como 'las tres grandes mentiras de las autoridades políticas y sanitarias'.

Lanctot- Pues lo reitero: las autoridades mienten cuando dicen que las vacunas nos protegen, mienten cuando dicen que el sida es contagioso y mienten cuando dicen que el cáncer es un misterio.

Discovery Salud: -Bien, hablemos de ello aunque ya le adelanto que en la revista no compartimos algunos de sus puntos de vista. Si le parece, podemos empezar hablando de las vacunas. A nuestro juicio, afirmar que ninguna vacuna es útil no se sostiene. Otra cosa, que sí compartimos, es que algunas son ineficaces y otras inútiles; a veces, hasta peligrosas.

Lanctot- Pues yo mantengo todas mis afirmaciones. La única inmunidad auténtica es la natural y ésa la desarrolla el 90% de la población antes de los 15 años. Es más, las vacunas artificiales cortocircuitan por completo el desarrollo de las primeras defensas del organismo. Y que las vacunas tienen riesgos es algo muy evidente; a pesar de lo cual se oculta. Por ejemplo, una vacuna puede provocar la misma enfermedad para la que se pone. ¿Por qué no se advierte? También se oculta que la persona vacunada puede transmitir la enfermedad aunque no esté enferma. Asimismo, no se dice que la vacuna puede sensibilizar a la persona frente a la enfermedad. Aunque lo más grave es que se oculte la inutilidad constatada de ciertas vacunas.

Discovery Salud: -¿A cuáles se refiere?
Lanctot- A las de enfermedades como la tuberculosis y el tétanos, vacunas que no confieren ninguna inmunidad; la rubéola, de la que el 90% de las mujeres están protegidas de modo natural; la difteria, que durante las mayores epidemias sólo alcanzaba al 7% de los niños a pesar de lo cual hoy se vacuna a todos; la gripe y la hepatitis B, cuyos virus se hacen rápidamente resistentes a los anticuerpos de las vacunas.

Discovery Salud: -¿Y hasta qué punto pueden ser también peligrosas?
Lanctot- Las innumerables complicaciones que causan las vacunas -desde trastornos menores hasta la muerte- están suficientemente documentadas; por ejemplo, la muerte súbita del lactante. Por eso hay ya numerosas protestas de especialistas en la materia y son miles las demandas judiciales que se han interpuesto contra los fabricantes. Por otra parte, cuando se examinan las consecuencias de los programas de vacunaciones masivas se extraen conclusiones esclarecedoras.

Discovery Salud: -Le agradecería que mencionara algunas.
Lanctot- Mire, en primer lugar las vacunas son caras y le suponen a los estados un gasto de miles de millones de dólares al año. Por tanto, el único beneficio evidente y seguro de las vacunas... es el que obtiene la industria. Además, la vacunación estimula el sistema inmune pero, repetido la vacunación, el sistema se agota. Por tanto, la vacuna repetida puede hacer, por ejemplo, estallar el 'sida silencioso' y garantizar un 'mercado de

la enfermedad' perpetuamente floreciente. Más datos: la vacunación incita a la dependencia médica y refuerza la creencia de que nuestro sistema inmune es ineficaz. Aunque lo más horrible es que la vacunación facilita los genocidios selectivos pues permite liquidar a personas de cierta raza, de cierto grupo, de cierta región... Sirve como experimentación para probar nuevos productos sobre un amplio muestrario de la población y es un arma biológica potentísima al servicio de la guerra biológica porque permite intervenir en el patrimonio genético hereditario de quien se quiera.

Discovery Salud: -Bueno, es evidente que hay muchas cosas de las que se puede hacer un buen o mal uso pero eso depende de la voluntad e intención de quien las utiliza. Bien, hablemos si le parece de la segunda 'gran mentira' de las autoridades: usted afirma que el Sida no es contagioso. Y perdone, pero así como el resto de sus afirmaciones en este ámbito nos han parecido razonadas y razonables, no hemos visto que argumente esa afirmación.

Lanctot- Yo afirmo que la teoría de que el único causante del sida es el VIH o Virus de la Inmunodeficiencia Adquirida es falsa. Ésa es la gran mentira. La verdad es que tener el VIH no implica necesariamente desarrollar sida. Porque el sida no es sino una etiqueta que se 'coloca' a un estado de salud al que dan lugar numerosas patologías cuando el sistema inmune está bajo. Y niego que tener sida equivalga a muerte segura. Pero, claro, esa verdad no interesa. Las autoridades nos imponen a la fuerza la idea de que el Sida es una enfermedad causada por un solo virus a pesar de que el propio Luc Montagnier, del Instituto Pasteur, co-descubridor oficial del VIH en 1983, reconoció ya en 1990 que el VIH no es suficiente por sí solo para causar el sida. Otra evidencia es el hecho de que hay numerosos casos de sida sin virus VIH y numerosos casos de virus VIH sin sida (seropositivos). Por otro lado, aún no se ha conseguido demostrar que el virus VIH cause el sida, lo cual es una regla científica elemental para establecer una relación causa-efecto entre dos factores. Lo que sí se sabe, sin embargo, es que el VIH es un retrovirus inofensivo que sólo se activa cuando el sistema inmune está debilitado.

Discovery Salud: -Por cierto, usted afirma en su libro que el VIH fue creado artificialmente en un laboratorio.

Lanctot- Sí. Investigaciones de eminentes médicos indican que el VIH fue creado mientras se hacían ensayos de vacunación contra la hepatitis B en grupos de homosexuales. Y todo indica que el continente africano fue contaminado del mismo modo durante campañas de vacunación contra la viruela. Claro que otros investigadores van más lejos aún y afirman que el virus del sida fue cultivado como arma biológica y después deliberadamente propagado mediante la vacunación de grupos de población que se querían exterminar.

Discovery Salud: -También observamos que ataca duramente la utilización del AZT para tratar el sida.

Lanctot- Ya en el Congreso sobre SIDA celebrado en Copenhague en mayo de 1992 los 'supervivientes del sida' afirmaron que la solución entonces propuesta por la medicina científica para combatir el VIH, el AZT, era absolutamente ineficaz. Hoy eso está fuera de toda duda. Pues bien, yo afirmo que se puede sobrevivir al sida... pero no al AZT. Este medicamento es más mortal que el sida. El simple sentido común permite entender que no es con fármacos inmunodepresores como se refuerza el sistema inmunitario. Mire, el sida se ha convertido en otro gran negocio. Por tanto, se promociona ampliamente combatirlo porque ello da mucho dinero a la industria farmacéutica. Es así de simple.

Discovery Salud: -Hablemos de la 'tercera gran mentira' de las autoridades: la de que el cáncer es un misterio.

Lanctot- El llamado cáncer, es decir, la masiva proliferación anómala de células, es algo tan habitual que todos lo padecemos varias veces a lo largo de nuestra vida. Sólo que cuando eso sucede el sistema inmunitario actúa y destruye las células cancerígenas. El problema surge cuando nuestro sistema inmunitario está débil y no puede eliminarlas. Entonces el conjunto de células cancerosas acaba creciendo y formando un tumor.

Discovery Salud: -Y es en ese momento cuando se entra en el engranaje del 'sistema de enfermedad'.

Lanctot- Así es. Porque cuando se descubre un tumor se le ofrece de inmediato al paciente, con el pretexto de ayudarle, que elija entre estas tres posibilidades o 'formas de tortura': amputarle (cirugía), quemarle (radioterapia) o envenenarle (quimioterapia). Ocultándosele que hay remedios alternativos eficaces, inocuos y baratos. Y después de cuatro décadas de 'lucha intensiva' contra el cáncer, ¿cuál es la situación en los propios países industrializados? Que la tasa de mortalidad por cáncer ha aumentado. Ese simple hecho pone en evidencia el fracaso de su prevención y de su tratamiento. Se han despilfarrado miles de millones de euros y tanto el número de enfermos como de muertos sigue creciendo. Hoy sabemos a quién beneficia esta situación. Como sabemos quién la ha creado y quién la sostiene. En el caso de la guerra todos sabemos que ésta beneficia sobre todo a los fabricantes y traficantes de armas. Bueno, pues en medicina quienes se benefician son los fabricantes y traficantes del 'armamento contra el cáncer'; es decir, quienes están detrás de la quimioterapia, la radioterapia, la cirugía y toda la industria hospitalaria.

Discovery Salud: -¿Y en qué punto cree que estamos?

Lanctot- Pues no sabría cuantificarlo pero pienso que probablemente en menos de 5 años todo el mundo se dará cuenta ya de que cuando va al médico va a un especialista de la enfermedad y no a un especialista de la salud. Dejar a un lado la llamada 'medicina científica' y la seguridad que propone para ir a un terapeuta es ya un paso importante. También lo es perder el respeto y la obediencia ciega al médico. El gran paso es decir no a la autoridad exterior y decir sí a nuestra autoridad interior.

Discovery Salud: -¿Y qué es lo que nos impide romper con la autoridad exterior?

Lanctot- El miedo. Tenemos miedo a no acudir al médico. Pero es el miedo, por sí mismo, quien nos puede enfermar y matar. Nos morimos de miedo. Se nos olvida que la naturaleza humana es divina, es decir, concebida para comportarnos como dioses. ¿Y desde cuándo los dioses tienen miedo? Cada vez que nos comportamos de manera diferente a la de un dios nos ponemos enfermos. Esa es la realidad.

Discovery Salud: -¿Y qué cree que pueden hacer los medios de comunicación para contribuir a la elevación de la conciencia en esta materia?

Lanctot- Informar sin intentar convencer. Decir lo que sabéis y dejar a la gente hacer lo que quiera con la información. Porque intentar convencerles sería imponer otra verdad y de nuevo estaríamos en otra guerra. Se necesita sólo dar referencias. Basta decir las cosas. Luego, la gente las escuchará si resuenan en ellos. Y si su miedo es mayor que su amor por sí mismos dirán: 'Eso es imposible'. En cambio, si tienen abierto el corazón, escucharán y se cuestionarán sus convicciones. Es entonces, en ese momento, cuando quieran más, cuando se les puede dar más información.

Me canso de enumerar y justificar mentiras que tengo anotadas. Me apesadumbra, me hunde y me lastima entender que perdí los primeros cincuenta años de mi vida soportando mentiras en todos y cada uno de los sitios que fui, con las personas que estuve y del tema que tratase. Sobreleo rápidamente las que me quedan anotadas en mi la libreta antes de romperla y tirarla a la basura consciente de que aún me quedarán al menos otros veinte años de soportarlas: *"Este año sí que me pongo a estudiar. No te va a doler. Un momentito y nos vamos. El profe me tiene manía. ¿Yo te debo algo?... Ni me acordaba... Es culpa del árbitro. Pasé el semáforo en ámbar (amarillo). Págame tú que mañana te lo devuelvo. Te juro por mi madre que te lo envié. Ayer estaba enfermo. No pude ir porque me robaron. Veo si tengo correo un minuto y me desconecto. Sí, sí, el coche es mío. Se cayó sólo y se rompió. ¡Pero si yo estudié esta vez! Tuve un problema familiar, entiéndame, profesor. Te llamo en 5 minutos ¿Vale? Vente más tarde porque ahora voy a salir. Todavía no he cobrado. ¡Te queda tan bien...!! ¡Claro que el cheque tiene fondos! Te juro que no se lo voy a contar a nadie. Sí, salí con ella, pero no pasó nada. Préstamelo y mañana te lo devuelvo. Tienes los ojos más lindos que he visto en mi vida. ¿Yo? ¿Ir a esos lugares?... ¡Nunca! Sí, choqué, pero la culpa la tuvo el otro. Te estuve llamando, pero daba comunicando. Qué pena que no viniste, estuvimos toda la reunión hablando de ti. Me voy al cine solo. Estoy preparando mi informe. Lo que tú quieras. Jamás te olvidaré. Llego tarde porque estuve en la biblioteca. Mis ojos están irritados porque estoy resfriado. La puntita nada más, mi amor. De aquí hasta la eternidad. Yo tengo un tío en la policía. Hola, papá, me quedo a dormir en casa de un amigo. ¡A la tercera ronda invito yo!! ¡Me voy que tengo clase! Te debo tu regalo. Dame tiempo... ¿Yo, cumbia y salsa?... ¡Por favooor!! Yo a ella la veo como amiga. Mi ex y yo ahora somos muy amigos. Nunca he ido a una fiesta.*

Cuando me case, nunca más voy a mirar a otra." Me apenan los niños que acaban de nacer y pocos me comprenden al decir que el mejor favor que se le puede hacer a un hijo es no traerle a este mundo corrupto y despiadado, al menos podrían haberlo hecho conmigo y ahorrarme tanta tristeza que me llevo. Me relajo con el deseo de que estos niños, al menos tengan la suerte de que las mentiras que les sean contadas utilicen el humor y el sarcasmo para aliviar las tensiones del interlocutor. Rompo la libreta y la tiro a un contenedor de basura. Siento alivio de haberme quitado ese peso.

Dice *el manual de Epícteto: "Tu puedes ser invencible, si no te enganchas en combate alguno cuya victoria no dependa de ti. Cuídate de, que viendo a alguien colmado de honores, o elevado a un gran poder, o floreciendo de alguna manera, cuídate de, repito, al ser llevado y seducido por tu fantasía, cuídate de, creerlo feliz. Pues, si la esencia de lo verdadero consiste en cosas que no dependen de nosotros, ni la envidia, ni la emulación, ni los celos tendrán cabida, y tú mismo no querrás ser ni negociante, ni político, ni vedette del cine, sino libre; pero, una sola vía lleva a esto: el desprecio de todo lo que no dependa de nosotros".*

Es curioso que digan que Ibiza nunca deja de ser una isla tranquila, y menos durante los meses de verano, cuando un mayor número de turistas acuden a visitarla. A medida que camino, navego o conduzco por sus calles, pueblos y calas compruebo que existen cientos de parajes en los que reina la calma, la tranquilidad y hasta la soledad. Me han recomendado lugares solitarios tales como por ejemplo el norte de la isla, también en el espacio protegido de Es Amunts; o en pueblecitos como Sant Mateu, Santa Agnes, Sant Agustí o Es Cubells. Me ha llamado poderosamente la atención el hecho de que esta isla tan pequeña, pero al mismo tiempo tan concurrida y famosa en el mundo, sea capaz de mantener a día de hoy la mayor parte de su territorio virgen. Además de la paradoja anterior de mantener virginidad en el paraíso del sexo mediterráneo, Ibiza logra atesorar un valioso patrimonio botánico y animal en el que no habitan especies agresivas ni peligrosas. Solamente avispas, mosquitos, alguna viborilla pequeña, alguna arañita y escorpión mediterráneos y no mortales, así como los obvios peligros de la fauna y flora marinos. Dicho de otra manera, los bichos más peligrosos son los narcotraficantes. Deduzco que de la mezcla yuppie, pijo, hippie el capitalismo se mezcle con el ecologismo en simbiosis y no en destrucción. Aquí he visto olivos milenarios, sabinas espectaculares, flora multicolor, halcones, liebres, podencos (ibicenco), lagartijas verdes y azuladas protegidas, bandadas de perdices,...etc., mezcladas con turistas, fiestas, fumaderos, discotecas y yates. Alucino en colores, como decían en mi época y no precisamente por los efluvios de la "maría".

Continúo. Gano. Saco. Vivo. Corro por el paseo pues aún en la nostalgia de Ivana, imbuido en esta soledad reciente que viene tras la ruptura de un amor, puedo decir que casi soy feliz al compartir un entorno donde las guerras se han alejado y los seres humanos construyen juntos sin importarles la procedencia. Siempre me he preguntado por qué la gente en general y la sociedad en particular, son tan sordos a las mentiras. Si pregunto a los amigos su parecer de casi todo lo que pienso. Pocos quieren admitir la realidad de los hechos históricos y las influencias en el siguiente siglo del siglo anterior. Les digo en los blogs y chats que cada generación es peor que la anterior porque siempre sobreviven los más fuertes y no los mejores. Les pongo el ejemplo de que los israelitas fueron vencidos por los egipcios, éstos a su vez por los griegos, los griegos por los romanos, los romanos por los godos, los godos por los árabes, los árabes por los cristianos, y así sucesivamente hasta llegar al siglo XX. Todos ellos usaban esclavos de los territorios conquistados para su goce y crecimiento. ¿Qué pasó en el XX? Pues aparecieron las dos grandes guerras mundiales, con sus famosos campos de concentración. Una nueva forma de esclavitud. Alguno de mis amigos se echa las manos a la cabeza al oírme esta frase, porque según ellos eran prisioneros que morían en masacres y punto. ¡Qué tristeza me entra por dentro al oír estas mentiras¡ Por supuesto que fueron masacrados. Por supuesto que fue una aberración. Eso nadie lo niega. Yo voy más allá en la maldad de los dirigentes nazis, rusos y japoneses, porque eran laboratorios para todo tipo de experimentos. Los prisioneros no solo eran prisioneros, sino conejillos de indias de los laboratorios más crueles que nadie haya podido imaginar. Aunque en el mundo animal sea lo mismo para los animales que actualmente son torturados para que nosotros tengamos un medicamento. Existen torturas y campos de prisioneros en los que el maltrato y la muerte se quedan en eso. Pero en los que he mencionado se experimentaba con humanos de la manera más cruel y aberrante. Las lágrimas se me caen en el momento en el que los Aliados se aprovecharon de los resultados de esas experiencias para dar avances científicos que actualmente usamos sin querer conocer su procedencia. Me río tristemente cuando hoy en día, alguien pregunta si tal o cual producto ha sido experimentado en animales y no en humanos, porque hoy en día muchos laboratorios se cubren por una capa de Ong para experimentar en África, aunque no de manera tan aberrante y descarada, pero también ocasionando mutilaciones para ver cómo actúa tal o cuál tratamiento. Me centro en los campos nazis para hacerme entender mejor, aunque insisto que en todos los mencionados ocurrió lo mismo. Todo lo que recuerdo, se transcribe del proceso de Núremberg. Por ejemplo Friedrich Hoffman testificó acerca del asesinato de 324 sacerdotes católicos que fueron expuestos a la malaria durante unos experimentos médicos de los nazis en el campo de concentración de Dachau. Los experimentos nazis estaban enfocados en tres categorías. Para facilitar la supervivencia, lo que no deja de ser terrorífico y maquiavélico. La segunda categoría eran experimentos de fármacos, prótesis y tratamientos patológico-sanitarios. Y la tercera categoría en el genoma, la reproducción artificial, células madre, transplantes y genética de todo tipo. ¡Ufff¡ pienso en alguien que usa sulfamidas, una prótesis, o tenga hijos in vitro en la actualidad si será consciente de la cantidad de muertos que dieron su vida en los campos de concentración para su bienestar actual y aprovechamiento del "mundo civilizado" que lo hizo recopilando y adoptando esos resultados. Por lo general, los experimentos resultaron en muerte, desfiguración o discapacidad permanente, y por lo tanto son considerados como ejemplos de tortura médica. ¡Ufff¡ este capítulo de la mentira humana es de los que más me está costando recordar.

Por ubicar el asunto diré que en Dachau se hacían los experimentos de supervivencia a la congelación, de potabilización del agua salada del mar y de resistencia de paracaídas. En Sachsenhause, Dachau, Natzweiler, Buchenwald y en Neuengamme, se probaron compuestos de inmunización y sueros para la prevención y tratamiento de enfermedades contagiosas; entre ellas la malaria, el tifus, la tuberculosis, la fiebre tifoidea, la fiebre amarilla y la hepatitis infecciosa. En Ravensbrueck se realizaron experimentos con injertos óseos y experimentos para probar la eficacia de las sulfanilamidas. En Natzweiler y Sachsenhausen los efectos del fosgeno y al gas mostaza para poder probar los posibles antídotos. En Auschwitz, el famoso medico Josef Mengele hizo los experimentos genéticos, eficacia de sueros, y en coordinación con Werner Fischer en Sachsenhausen, los experimentos de resistencia a todo tipo de cosas de las diferentes razas. En Ravensbrueck los experimentos de esterilización del resto de razas diferentes a los nazis. En Mauthausen el Dr. Aribert Heim realizaba experimentos para aprender cómo debían recuperarse los heridos en combate. Carl Værnet se movía por todos los campos de concentración especializándose en experimentar las "curas" para los homosexuales. Cuando celebraron el proceso de Núremberg y dentro de él, el llamado "proceso de los doctores", todos los aliados firmaron el conocido como "Código de Núremberg sobre ética médica", rechazando todos los experimentos pero guardándose los resultados. Sin ellos ¿Dónde estaríamos en esos avances? Vomito por los nazis, pero más aún por los que desde su falsa moral usaron, se apropiaron y enriquecieron por esos resultados. ¿Nos imaginamos los experimentos? Desde ver si los diferentes ácidos cambian el color de los ojos, hasta ver qué ocurre cuando dos cuerpos se cosen como si fueran siameses, pasando por el estudio de la regeneración y trasplante de huesos, de músculos y de nervios previamente cortados, machacados o desplazados, mediante mutilaciones, torturas y agonías. Así por ejemplo, sujetaban a una silla desde niños a ancianos, y desde mujeres a hombres con diversos instrumentos suspendidos de artilugios mecánicos para ver cómo un martillo, sierra o pincho iba modificando piel, tejidos, tegumentos, vasos, nervios, músculos, vísceras y huesos con su reiteración automática. Si pienso en la cantidad de variaciones con repetición de todas las posibilidades, se me hace un nudo en el estómago. O también los diferentes experimentos en grados de congelación sobre humedad (mar, tina o río) o seco (intemperie, cámara frigorífica, etc.) de las diferentes partes del cuerpo. O de cómo se tiraban desde aviones a los prisioneros atados a diferentes modelos de paracaídas para ver cuál funcionaba mejor. Se les iban poniendo diferentes prendas de uniforme para estudiar las mejoras en ellos para el ejército nazi.

En otro orden de cosas, las investigaciones de inmunización a venenos, enfermedades y los diferentes tratamientos, inoculando las enfermedades y luego experimentando los fármacos, vacunas o lo que fuese, es algo que por desgracia puedo hacerme una idea al ver los esterilizados laboratorios de las multinacionales y los animales de laboratorio actuales. Por ejemplo calentando gradualmente una plancha de hierro y aplicando analgésicos o pomadas hasta ver cómo el animal es capaz de quemarse las patas sin quejarse. O cómo tras exponer a luz los ojos de un niño del desierto (hasta quemar su retina), se le practicaban diferentes operaciones para devolverle la vista, (o no), amparándose tras las máscaras de Ong. De modo que extrapolar éso a los campos de concentración aumentando por ene la crueldad, es fácil. O los sometimientos a la resistencia al gas mostaza, o gases lacrimógenos, o vesicantes, en las llamadas cámaras de gas, consiguiendo que a veces muriesen, o a veces no. Del mismo modo los estudios de resistencia del cuerpo a la cremación, sometiendo a los prisioneros a diferentes tipos de horno (en vivo). También fueron especialmente cruentas las experiencias para el uso de las sulfamidas, de tanto éxito en Estados Unidos (casualmente). Los prisioneros y demás sujetos eran infectados con bacterias o neurotoxinas, como *Streptococcus*, *Clostridium perfringens* (que ocasiona la gangrena gaseosa) y *Clostridium tetani* (que provoca el tétanos). La circulación de la sangre era interrumpida al tapar los vasos sanguíneos en ambos extremos de la herida y crear una condición similar a la de una herida en el campo de batalla. La infección era agravada al introducir virutas de madera y vidrio en las heridas. La infección era tratada con sulfamida y otras drogas para determinar su efectividad. Así podría seguir recordando mis lecturas de los juicios de Nuremberg con los experimentos con agua de mar, de esterilización, sobre impacto de altitud elevada, etc. Resulta curioso entender ahora, que los avances tecnológicos, médicos y biológicos de los rusos sean tan avanzados en productos radiactivos y cancerígenos ¿no?. Los Estados Unidos y Rusia, también se quedaron con los resultados de los experimentos en prisioneros de guerra del Escuadrón 731 del Ejército Imperial Japonés y posteriormente clasificados secretos. ¡Qué asco de sociedad de mentiras¡ Me pregunto ¿si esta sociedad puede ruborizarse, transpirar y respirar con dificultad? Porque si lo hace es síntoma de ansiedad, stress y posiblemente de mentirosa.

Dice *el manual de Epícteto: "Recuerda que no es ni quien lanza injurias, ni quien golpea, lo ultrajante, sino que la opinión, de injuriosas, que te has hecho de estos (acciones y agentes de la acción), es lo que las hace ver como de gentes de quienes has recibido ultraje. Cuando alguien entonces, te ofenda e irrite, sábelo que no es ese alguien quien te irrita, sino tu opinión. Esfuérzate entonces, ante todo, de no dejarte llevar por tu fantasía; pues, una vez ganes tiempo y alguna dilación, serás más fácilmente amo de ti mismo".*

Recibo informaciones de tradiciones milenarias junto con otras adquiridas de la   llegada de los viajeros de todo el mundo. Escondo mi intolerancia que a veces me invade en esta Ibiza, encrucijada de culturas que hoy representa la isla asombrado porque no hayan tenido que olvidar a las primeras para disfrutar de las nuevas. No se ha restado poder a lo antiguo, al contrario, ambas se han potenciado y hasta me atrevería a decir que se han revalorizado. Ibiza da ejemplo de tolerancia absoluta, frente a sus vecinos catalanes. Miro al ibicenco de nacimiento y al ibicenco de adopción y no encuentro diferencias más que en el color de la piel, en la altura de las personas y en el acento. Nacido y adoptado se refugian en su identidad y su cultura disfrutando compartiéndolas. Aproximándolas a un punto medio donde ninguno pierde y todos ganan. Las iglesias conviven con otras ideologías y religiones sin que nadie las queme. Nadie cambia los nombres ibicencos de los lugares aunque comiencen por "San..." o "Santa..." Comienzo a creer que los pozos tienen algo en el agua que transforman a las personas en lo que siempre he buscado. Observo que las casas diseminadas por todo el territorio constituyen un ejemplo de sabiduría popular y capacidad de adaptación al terreno y al vecino. Definitivamente certifico que los ibicencos crearon un modelo propio, la casa payesa, que pervive frente a los efectos de la modernidad. Estas construcciones centenarias, doman las altas construcciones de apartamentos que se han desenfrenado en cualquier punto costero del mundo. Las blancas casitas ancestrales que constituyen el origen de costumbres muy arraigadas, contagian a los ibicencos de adopción entorno al sol y bajo el "porxo" (porche) para cenar con los amigos o dormir la siesta en soledad. Las antiguas almazaras de aceite se mantienen, unas para su función y otras adaptadas como dormitorios, o como salones o como estudios de artistas, pero ¡se mantienen¡. Aquellos cubos encalados de diferentes dimensiones que constituyen la casa ibicenca, crecen con facilidad de manera proporcional a la familia. Siempre de rápida construcción, de protección contra el sol y orientadas hacia él en una especie de girasol blanco de hormigón y adobe, con tal poder que incluso apodan a la familia que cobijan. Es cierto, el apodo del ibicenco es el nombre que lleva su casa, que importa más que los propios apellidos. Se me eriza la piel de la emoción que estoy sintiendo ante las antiguas casas payesas que se transmiten de generación en generación y se intentan reformar manteniendo el respeto a la arquitectura tradicional. Después de cincuenta años navegando puedo decir ¡Por fin estoy en casa¡

Aquí también existe la mentira y la soledad. De modo que me vengo a la realidad tratando de identificar la mentira con el temblor particularmente las manos de mi contertulio. Si escondiera las manos, puede ser indicativo de intentar ocultar un temor incontrolable. Pero si recuerdo algunos casos muy cercanos a mí, veo que el temblor es una característica habitual en muchas enfermedades seniles y miedos juveniles, que no me ayudan en nada a diferenciarlo. Cuando hablo de miedo, veo el que tienen muchísimas personas a la soledad. Personalmente lo único que me hunde es no tener suficiente para mis gastos, el resto lo supero fácilmente, pues a mis años he visto que hay remedio para casi todo. En este autoexilio social que me he tomado, veo que debo reafirmarme aún más. Resulta que he intentado volver a esta sociedad para hacer lo que creo es una buena obra caritativa y una lección a la humanidad por otro. Desde que comencé a escribir decidí dar un libro a cambio de un kilo de comida para los bancos de alimentos o cáritas. Después de cuarenta libros escritos recuerdo la primera entrevista que me hicieron cuando se publicó el primero. Los periodistas curiosos no paraban de preguntar ¿Quién era Maese Mercader? Es decir ¿Quién era yo? Yo me evadía diciendo que comenzaba una serie de diez libros (ya cuarenta) y continuaba alegando que la serie giraba en torno al lema "Docere et delectare" (Enseñar deleitando). *"Son diez libros, Seis obras de teatro y cuatro novelas, Mezclan el género literario con una serie de conocimientos y reglas nemotécnicas de la vida, a modo de legado para personas carentes de buenos asesores en su vida La serie Maese Mercader, quiere también demostrar que hay una forma diferente de enseñar y de aprender, que no sea la habitual de... "abran el libro por la pagina tal"... la serie está unida por un personaje "Maese Mercader" ¿Quién es Maese Mercader?... Éste personaje, caballero toledano experimentado y triunfador en la vida es el hilo conductor de toda la serie. Como un moderno Sócrates, cada volumen propone un asunto concreto, que el protagonista plantea, desarrolla y concluye. Es el amigo, el asesor que todos deberíamos tener en la vida, en cada momento a nuestro lado. Al estar experimentado en ella, sirve de consejero, sin entrar a valorar más que lo esencial de la misma, dejando como meras observaciones todo lo que lo rodea. ¿Por qué se escribe la serie? Por cuatro motivos básicos. En primer lugar por dejar unas enseñanzas a mi hija y sus descendientes, como he dicho, todos los libros están basados en experiencias personales, apuntes, resúmenes y notas propias de los autores. Porque el escaso tiempo que la sociedad de hoy en día nos deja para transmitir nuestras experiencias es escasísimo, el trabajo o su falta, las obligaciones sociales, los divorcios, los accidentes, las preocupaciones, reducen ese tiempo a un simple 30% del mismo. ¿Os habéis parado a pensar el tiempo que dedicamos a hacer "manuales de procedimiento" para las empresas en que trabajamos, o de riesgos laborales, o de calidad o simplemente el tiempo que pasamos aportando soluciones a las crisis de los amigos? Realmente ¿Queremos ser los más listos y los más ricos del cementerio? En ocasiones el destino nos impide realizar esa labor y dejamos desamparados a los hijos, habiendo retenido en nosotros soluciones a los errores que ellos van a cometer en soledad. Yo no quiero que: ... ni a mi hija, ni a esos huérfanos de familia por muy grandes que éstas sean, les ocurra lo mismo que a mí en su día. En segundo lugar: porque si le sirve a alguien a entender mejor este mundo cambiante, o a adaptarse a él, o a superar fracasos y... a "saber leer y sumar"... los datos que le rodean, para mejorar algo en él, habrá merecido la pena. En tercer lugar: porque no se puede enseñar nada a nadie, si no le proporcionas descanso de mente y cuerpo al mismo tiempo, por eso un formato literario en el que se mezcla la trama con las enseñanzas, proporcionan descanso a la mente al tiempo que se aprende. En cuarto lugar: porque Si además logramos poner un ejemplo a seguir al resto de la sociedad, de cómo se pueden conseguir beneficios: personales, económicos y científicos; haciendo participes a los demás, al tiempo que unimos la solidaridad llegando al 10% de cada uno, conseguiremos una cadena que algunos ya llaman "Maese manía". En esas enseñanzas debes aprender sobre todo que... la "vida es vida, mientras tengas cosas que hacer, enseñar y mejorar".*

Hasta este momento era yo el que directamente envía los pallets de alimentos o los cuadernos a las escuelas que lo necesitaban. Pero cierto día pensé que si alguien recibía un libro (con todo lo que enseña y representa) por un valor de doce o quince euros, a cambio de un kilo de comida que puede variar entre 0'60€ – 5 euros, la solidaridad sería ampliada hasta el infinito en una especie de utópica cadena de favores universal. El desencanto fue manifiesto y a pesar de ello ya llevaremos más de tres toneladas de alimentos aportadas. Pues bien, como digo, en este último intento de insertarme de nuevo en esta sociedad he recibido las siguientes contestaciones. La primera de un periodista que representaba a una antigua revista castellano manchega que desapareció cuando le retiraron la subvención y ahora dirige una revista en internet. Primero me ceba proponiéndome una entrevista para hacer campaña solidaria. Pero cuando seguimos hablando me soterra un ligero chantaje alegando que si "colaboro" económicamente en el mantenimiento de su revista digital, entonces (y solo entonces) me pondrá muy bien, pero si me niego, entonces podría ponerme a bajar de un burro. Mantuve la calma el tiempo suficiente para preguntarle cuántos kilos de comida había dado en su vida él o su revista. Le dije a continuación que en mi siguiente libro yo también me acordaría de él y de su "solidaridad carroñera". Otro de los comentarios que me llegaron fue del tipo de que garantizase la llegada del alimento a su destino o podrían denunciarme por estafa. ¡Naturalmente¡ Le dije que agradecía que por fin los solidarios empezasen a sospechar de las mentiras de las Ong solidarias que se quedan con la "pasta" y nunca llega la ayuda. Le propuse venir a ayudarme a transportar y repartirlo, pero alegó una antigua lesión lumbar... A continuación le recordé que no daba un kilo de comida a cambio de nada, sino de un libro nuevo que podía comprar en el Corte Inglés por quince euros, luego la rentabilidad de su inversión era impresionante. Seguimos hablando de las Ongs y le recordé el caso de Haití, en donde la ayuda internacional que llegó semejaba a que cada habitante de la isla hubiera recibido el equivalente proporcional a un millón de dólares y como vemos varios años después siguen en la miseria. Otra de las propuestas llegó de Navarra en donde van y me dicen que aportaran tres kilos de comida, "si, y solo si", reciben el libro que escribí de los romanos, o si no, se negaban a participar. De entrada te quedas alucinado que te impongan el libro o la solidaridad, pero la cosa continuó diciendo que les enviáramos los libros y nosotros pusiéramos los alimentos, porque enviarlos desde Pamplona era muy costoso. Yo no pude por menos que echarme a reír y colgarles el teléfono. Recordándome la propuesta de un amigo que quería montar una empresa conmigo y no tenía dinero para su 50%. El chavalín (por llamarle de alguna manera elegante) me dijo "Maese, no te preocupes. Tu lo montas, y con la parte de los beneficios que me corresponda pago mi parte". Desde luego di los alimentos, guardé los libros para venderlos o regalárselos a quien me diese la gana y volví a mi autoexilio social. ¡Mentiras, mentiras y más mentiras¡ ¡Vaya mierda de sociedad¡ claro que todo esto fue compensado con creces por personas como Mª Angeles, Macarena, Santiago, Beatriz, etc. que dieron dos cientos kilos de comida a cambio de veinte libros, alegando que habría otras personas que lo necesitarían.

El problema del autoexilio es la soledad. Personalmente siempre he estado solo en la vida, menos cuando tuve familia y aún así me sentía muy solo. Soledad significa aislamiento, confinamiento, falta de contacto con otras personas. Puede tener origen en diferentes causas, como la propia elección del individuo, que es mi caso, o una enfermedad contagiosa, o hábitos socialmente inaceptados, en donde la sociedad te rechaza, u otras causas, tales como la situación social, económica o laboral del individuo. Hace tiempo leí el libro "La misión de la mujer" de Edith Stein, (Obras completas, IV volumen, Ed. Monte Carmelo) que en su Conferencia de la pagina 249. Que también fue publicado por Nieves García en su artículo "Mujer Nueva" publicado en "El Norte". Dice así: *"La soledad es la autonomía, el individualismo, la independencia, la libertad sin trabas... son los slogans que deleitan a la humanidad del tercer milenio. Se presentan como conquistas que asegurarán a quien los posean la felicidad y la dicha. Espoleado por estos acicates el hombre ha creado una sociedad de multitudes pero en la que, curiosamente, se siente solo. Al final, es la soledad el botín real que se ha conquistado después de romper lazos (independencia), de elegir antes mi interés que el ajeno (individualismo), de ser yo mi propia norma (autonomía). Cuando el "yo" se agiganta, el corazón se vacía de "otros", y si no hay otros, por rodeado que esté de gente, el ser humano estará solo. El 26% de los americanos se califica de solitarios crónicos. El 54% de los franceses afirma haber sufrido de soledad alguna vez. El 30% de los españoles dice sentirse solo con frecuencia, el 40% confiesa no tener ningún amigo íntimo y el 20% declara haber tenido problemas de depresión. Ni los millones de teléfonos celulares o móviles, ni el chat, ni la facilidad para los viajes llenan el hueco interior que crece en miles de occidentales. Bien escribía Víctor Hugo que "el infierno está todo en esta palabra: soledad". Si al final de la vertiginosa carrera promovida por el individualismo se encuentra la soledad ¿Merece la pena seguir en la competición? Hay un antídoto contra la soledad, a la mano de todos, natural como la vida misma, para evitar la más peor de las pobrezas, la soledad; es gratuito, funciona siempre, no crea adicción y mejora enormemente la calidad de la vida. Sólo es cuestión de cambiar los ingredientes que nos proponen. En lugar de individualismo poner solidaridad; sustituir la autonomía por la donación desinteresada, y orientar la libertad al servicio de bien del otro. Si la soledad es el sentimiento que surge cuando se constata que no soy nada, ni nadie para un alguien, el antídoto eficaz será la experiencia de importar a otro, y de importarle mucho. En una palabra, la soledad muere cuando nace el amor. Nada llena más el corazón del ser humano que descubrir que por mí, otro piensa, vive, actúa y elige. Mi existencia tiene sentido; la indiferencia queda en el olvido. Sentirse amado, sencillamente por ser yo; no por lo que hago, ni por mi dinero, ni por ningún otro interés. Se es amado por ser, nada más y nada menos... que uno mismo. Justamente esta experiencia, así de sencilla y natural, es la que el niño advierte cuando su madre lo acepta –al conocer que viene en camino–, lo desea, lo ama. Él no aporta absolutamente nada; quizás molestias, roba algo del sueño materno, tiempo y da más trabajo. Lo único que da a cambio, y depende del humor del bebé, es una sonrisa... que para la madre es el pago generoso a su desvelo. La madre sigue amándole, no por lo que recibe del pequeño, sino llanamente porque es su hijo, y basta. Este estilo de vida es el que hay que recuperar para nuestra sociedad. Dar sin pedir, para ganar lo que no se compra con dinero: confianza unos en otros. No se oye hablar mucho a favor de la maternidad, excepto en los comerciales típicos de esta época, pero que tristemente suenan a sospechosos. El hijo se nos presenta como un problema para la mujer, y no digamos si ya es madre de otros o si quiere trabajar fuera del hogar. El cáncer del individualismo también infecta a la mujer, y se comienza a ver como carga lo que es un don. Un ser humano no es un problema para otro, es una oportunidad para crecer en humanidad. En casi todas las culturas se ha admirado el valor de la maternidad por los bienes que procura al ser humano. La madre, naturalmente, es la que ama sin esperar nada a cambio. Se realiza en el otro. Su alegría no proviene de sus propias conquistas, sino del triunfo de su hijo. Y sus tristezas también nacen del dolor de su hijo. Por ello, la mujer madre ha sido modelo de desinterés, y reserva de lo mejor a lo que puede aspirar el ser humano. La mujer madre es un estupendo modelo para aprender a generar el antídoto para la soledad. Merece la pena invertir en este estilo si queremos humanizar la sociedad. Con razón escribía Edith Stein: "En todas partes donde haya un hombre solo, especialmente si éste está necesitado, ella estará a su lado llena de amor, tomando parte, comprendiendo, aconsejando, ayudando; así se convierte en compañera... En todas partes donde ella ayuda a un hombre a comprender el desarrollo de su camino hacia la meta en su despliegue corporal, anímico o espiritual, ella es madre""*

Naturalmente me impresiona el libro y comparto muchas de las cosas que ahí se mencionan, pero discrepo en algunas que intentaré ir desgranado en estos días que me quedan, para aportar otros puntos de vista menos utópicos y parciales de las maravillas que se pintan aquí. Vaya como anticipo mi aportación del hecho estadístico que muchos de esos hombres solos que se mencionan, son causados por los divorcios desequilibrados y tiránicos que el 80% de las mujeres solicita (y no entro si con o sin razón). Personalmente tuve que pagar a hacienda el 55% de lo que ganaba, a ella el 20% y vivir con el otro 25% durante muchos años y manteniendo a una madre enferma. De esa manera es imposible levantar cabeza si no fue por la ayuda única y exclusiva de Dios. Puede ser que con tantas mentiras me haya tenido que autoexiliar para poder vomitar a gusto. Estuve con una persona que nunca me quiso más que como vaca lechera (los de Potter saben a qué me refiero). Me encontraba solo en casa, en la empresa y hasta llegué a encontrarme solo en la iglesia. ¿Por qué? Porque el directivo toma decisiones en soledad. El que no es amado se aísla para pegar los trozos de su corazón y recoger ánimos para seguir por su hija. El creativo crea en soledad. El pensador lo hace en soledad. El que reza también lo hace solo y la mayoría de las veces parece que lo hace contra un hueco vacío. Cuando alimentas a treinta personas en casa, nadie se preocupa de traerte una cerveza y solo te piden que se lo calientes más. Cuando soy solidario y llevo una tonelada de botes de tomate a un comedor social, me siento solo porque ninguno de los que hacen cola me echa una mano en descargar la furgoneta, ni da las gracias y menos se acercan a preguntar si pueden hacer algo por ti, más al contrario, se lanzan a mirar la caducidad de la lata como si quisieras envenenarles. ¡Mentiras, mentiras y más soledad¡ ¡Vaya mierda de sociedad¡

Pongo puntos en mi mente a los artesanos con los que me cruzo. En lbiza, los artesanos encuentran a quién legar su sabiduría y las canciones populares pasan de abuelos a nietos. De la misma forma, el "balI pagés", la danza tradicional de la isla, evoca la Ibiza de hace cientos o tal vez miles de años. Tiro poco de reloj cuando me detengo en los mercadillos, puestos y tenderetes porque me identifico con los artistas y artesanos, no en vano soy escritor. Veo "balI pagés" en las plazas de las iglesias cualquier día de fiesta o en los antiguos pozos comunales, lo que pone de manifiesto la importancia que tiene para el ibicenco mantener vivas sus costumbres. Me duele cuando la gente tacha de vagos y parásitos a los artesanos y artistas. ¿Por qué les ofendes? Les pregunto a veces, sintiéndome yo también insultado. Porque no pagan impuestos, ni trabajan en nada. Esta es otra de las mentiras de la sociedad. Es cierto que los *top manta* no pagan y además parasitan a los autores, y personalmente les erradicaría. Si tienen que comer, yo también y si yo dedico un mes de imaginación para crear un libro, un cuadro, una escultura o diez abalorios, podrían esos parásitos imitadores que no pagan nada y reciben todo, hacer lo mismo que nosotros. ¿Acaso un creativo de marketing de la 5ª Avenida de Nueva York es un vago por ser un artista? O ¿Es también Picasso un vago? O ¿es que su triunfo ya le elimina del mundo bohemio? Antiguamente estos bailes eran menospreciados por el resto de culturas hasta que la investigación histórica ha permitido documentar que estos bailes, con una coreografía que repite los círculos y la figura del número ocho, son ancestrales. Llaman la atención la importancia de la mujer en el baile, sus trajes (los más antiguos datan del siglo XVIII) y el valor de sus joyas: las "emprendades", de oro, plata y coral, constituyen auténticas obras de arte. Ayudo a que hagamos a entender lo que los artistas, artesanos y escritores hacemos porque nadie entiende una zarzuela y menos una ópera si no conoce previamente el libreto. Limpio las telarañas de muchos de los que me rodean cuando observan el baile pues junto a la peculiaridad del papel del hombre y la mujer en esta danza tradicional y a la belleza de sus respectivos atuendos, también llaman la atención los instrumentos y, sobre todo, el hecho de que muchos niños y jóvenes ibicencos mantienen estas danzas en las que se pone en valor la tradición y la cultura de la isla.

Sigo viendo que los gestos y los síntomas faciales son los únicos determinantes más fiables para detectar mentiras y al mismo tiempo para equivocarnos en esa detección. Debemos fijarnos en los previos, siguientes y los que se hacen durante el momento del relato de la posible mentira. Luego le sumaremos los tonos y fluidez verbal y los movimientos ilustrativos del resto del cuerpo. Recordemos que los ojos, los músculos faciales y las alteraciones que el sistema nervioso autónomo produzca son nuestras mejores alternativas. La asimetría en los gestos, el tiempo, la duración, la frecuencia y el ritmo respiratorios o circulatorios, nos acercan al embuste. Cuando alguien es autentico, no prolonga los gestos, ¿Para qué? "es lo que es y punto". No necesita remarcarlos para convencer. ¿Qué ocurre con la demostración de sorpresa? Una sorpresa real dura muy poco tiempo, se demuestra casi instantáneamente y además desaparece también rápidamente, dando paso a risas, lloros o enfados. Una crónica periodística que no recuerdo ahora su procedencia, dice: *"Un individuo, condenado por error, a quien se acusaba de ser el autor de un asalto a mano armada, fue liberado ayer después de que el abogado querellante, tras advertir la reacción del sujeto frente al veredicto de culpabilidad, recogiera nuevas pruebas de su inocencia. El fiscal auxiliar del Estado, aseguró darse cuenta de que algún error se había producido cuando vio cómo se descomponía el rostro del acusado en el momento en que el jurado lo condenó por el robo".* Supongo que ese fiscal seguiría fijándose en si se sincronizaban los gestos y lo que se decía. Por ejemplo, un sincero, primero se enfada y se precipita levantándose de la silla, en cambio, un mentiroso suele levantarse primero en estruendo y luego hablar. ¿Qué ocurre con la sonrisa? ¡Ufff¡ aquí se presenta el elemento más mortífero para la víctima de un mentiroso. Habitualmente mentirosa. Y yo he conocido y sufrido varias sonrisas que podrían pasar a la historia del cine con varios Oscar en su haber. Es que para mostrar contento o bienestar, basta con mover un solo músculo. En el resto de gestos siempre participan varios músculos. Es el gesto que se ve desde más lejos. Es el que siempre hacemos cuando nos fotografían aunque lo estemos pasando mal. Todos somos mentirosos con la sonrisa cuando posamos en una foto, porque intentamos transmitir alegría, bienestar y simpatía, aún sin serlo. Es lo primero que presentan las imágenes de cualquier anuncio de publicidad para convencernos de comprar el producto anunciado. ¿Cuántas sonrisas hay? ¡Ufff¡ ¡Esa es la cuestión¡ Hay tantas sonrisas como bocas multiplicadas por diez. ¿Por qué? Porque cada uno de nosotros somos capaces de efectuar al menos diez tipos diferentes de sonrisas, según el mensaje, el destinatario y el momento. Una sonrisa puede ser el método de transmisión de miedo peor que existe. Recordemos a los asesinos acercándose a su víctima y su sonrisa. Recordemos las películas de miedo en las que los payasos tienen pintada esa sonrisa mientras descuartizan a alguien. Puede ser el método de comunicación de tristeza más grande que existe. ¿Cuántas veces sonríen las personas que nos quieren pero están a punto de morir y la usan como tranquilizante y despedida? O ¿Cuántas dan lástima desde su pobreza pero aún así sonríen? ¡Ufff¡, ¡la sonrisa¡ ¡El más atractivo y al mismo tiempo repulsivo de los gestos¡. ¿Cómo podríamos distinguir las sonrisas buenas de las maléficas? Si partimos de la base que actúa el músculo cigomático mayor, que une los malares con las comisuras de los labios, cruzando cada lado del rostro, únicamente por su tensión, fuerza, sutileza. Con lo que nos es imposible. Ahora bien, si actúan más músculos, entonces deja de ser una sonrisa natural. Me explico, si actúan a la vez los labios, las mejillas, los párpados, las comisuras de los ojos, o la nariz, entonces es cuando deberemos sospechar. Imaginemos una sonrisa ladeada. Ahora imaginemos una sonrisa con los ojos ligeramente guiñados, ¿a que ya no nos parecen sinceras? Con las diferentes combinaciones tendríamos sonrisas: sinceras, falsas, tristes, de miedo, de terror, de psicópata, de político, mitigadora, de acatamiento, de coordinador, de interlocutor, de picardía, de flirteo, de encandilamiento, de enamorado, de absorto, de ilusión, de regocijo, de sorpresa, etc. Lo mejor para entender lo que digo es ver a los mimos y a los actores del cine mudo. Siempre que se habla de sonrisas se termina hablando de la *Gioconda* pintado por Leonardo da Vinci. ¿Alguien me podría decir a qué tipo de sonrisa pertenece? Cualquier analista vendría a decir que es una sonrisa de flirteo, con el rostro apuntando hacia adelante pero los ojos hacia un costado, mirando a hurtadillas al objeto de su interés. Otras sonrisas estereotipadas son las de los payasos, o el Jocker de Batman, sin embargo, las únicas personas que se conocen que podían representar esa sonrisa de manera natural fueron Charles Chaplin y Robert de Niro. Es una sonrisa insolente y burlona a la vez, que se sonríe del propio sonreír.

¿Podemos diferenciar una sonrisa falsa de una verdadera? La mentirosa es asimétrica, se acompaña de los músculos orbiculares de los ojos, se alzarán las mejillas, no participan las cejas, durará más tiempo. Me miro en el app de espejo que tengo en el iphone y voy sonriendo de manera cada vez más pronunciada para entender lo que pienso.

Mando que me lleven la compra al barco y así dejar de ir cargado. Me sonríen y lo aceptan. Están acostumbrados a ello y por eso deduzco que la sonrisa es sincera. Me quedo por las callejas de Ibiza. Entro y salgo de las tiendas de tal manera que yo mismo me echo a reír pensando la cara que pondría Ivana si me viera. La de veces que refunfuñé cuando le acompañaba de compras y ahora en soledad lo hago encantado. Desde luego no hay quien entienda al ser humano y menos a mí. ¿Dónde podemos ver "ball pagés"? me preguntan unos alemanes que acaban de llegar a la isla y les han gustado mis explicaciones. Extraigo la guía de turismo y les traduzco lo que pone. *"Todos los viernes de junio a septiembre, a las 21.00 horas en el Baluarte de Sant Pere (Dalt Vila). Todos los jueves de los meses de verano, a las 18.00 horas, en el Patio de la Iglesia de Sant Miquel. En todas las iglesias de los pueblos, en las fiestas patronales. En los bailes en los pozos que se celebran a lo largo del verano. Además: En las fiestas de Navidad, y en concreto en Nochebuena, se siguen celebrando las conocidas "Caramelles de Nadal», conciertos de música tradicional que recorren las iglesias de la isla; también durante la Semana Santa y se llaman "Caramelles de Pasqua"."* Me encuentro ya un poco cansado de pasear. Me duele el pecho y me agoto con las cuestas. No he parado a tomar nada y lo noto. Me siento en una de las terrazas que los bares acondicionan con un sombrajo de toldos a modo de porche. Viene el camarero. Pido una cerveza y unos calamares para alimentar al gusanillo del estómago. Estiro los pies y me semitumbo. Entorno los ojos y me evado del bullicio del entorno. Pasa un rato. Me espabilo. Recuerdo que si quiero comer en el barco y aprovechar la pesca que tengo descongelando y no se me estropee o llene el barco de moscas y mosquitos, debo darme prisa para cocinarlo. Pago y regreso al barco. Cierro mis pensamientos de hoy con lo que decía Giovanni Bocaccio en *El Decamerón:* *"A quien la mujer dijo:—Mira, Salabaetto, todo este arreglo tuyo me place mucho, como de quien amo más que a mi vida, y me place mucho que hayas vuelto con intención de quedarte porque espero pasar todavía muchos buenos ratos contigo; pero quiero excusarme un poco porque, en aquellos tiempos en que te fuiste algunas veces quisiste venir y no pudiste, y algunas viniste y no fuiste tan alegremente recibido como solías, y además de esto, de que en el plazo convenido no te devolví tu dinero. Debes saber que entonces estaba yo en grandísima aflicción; y quien está en tal estado, por mucho que ame a otro no le puede poner tan buena cara ni atender aún a él como quisiera; y además debes saber que es muy penoso a una mujer poder encontrar mil florines de oro, y todos los días le dicen mentiras y no se cumple lo que se ha prometido, y por esto necesitamos también nosotras mentir a los demás; y de ahí viene, y no de otro defecto, que yo no te devolviese tu dinero. Pero lo tuve poco después de tu partida y si hubiera sabido dónde mandártelo ten por cierto que te lo habría hecho mandar; pero como no lo supe, te lo he guardado".*

CAPÍTULO IX

Nunca nos engañan, nos engañamos a nosotros mismos.
Preferimos creer mentiras, que creer que nos están mintiendo.
(Johann Wolfgang Von Goethe)

Decía Benito Pérez Galdós en *Miau: "No siguió, porque con sutil instinto comprendía que la excesiva sutileza le llevaba a la ridiculez. Para la pobre Abelarda, estos conceptos ardorosos, pronunciados con cierta mímica elegante por aquel hombre guapísimo que, al decirlos, ponía en sus ojos negros expresión tan dulce y patética, eran lo más elocuente que había oído en su vida, y el alma se le desgarraba al escucharlos. Comprendiendo el efecto, Víctor buscaba en su mente discursiva nuevos arbitrios para seguir sorbiendo el seso a la cuitada joven. Allí le soltó algunas frases más, paradójicas y acaloradas, en contradicción con las anteriores; pero Abelarda no se fijaba en lo contradictorio. La honda impresión de los últimos conceptos borraba en su mente la de los primeros, y se dejaba arrastrar por aquel torbellino, entre un hervidero de sentimientos encontrados, curiosidad, amor, celos, gozo y rabia. Víctor doraba sus mentiras con metáforas y antítesis de un romanticismo pesimista que está ya mandado recoger. Más para la señorita Villaamil, la quincalla deslucida y sin valor era oro de ley, pues su escasa instrucción no le permitía quilatar los textos olvidados de que Víctor tomaba aquella monserga de la fatalidad. Él volvió a la carga, diciéndole en tono un tanto lúgubre: «No puedo seguir hablando de esto. Lo que no debe ser, no es. Comprendo que convendría más entregarme a ti... quizá me salvarías. Pero no, no me quiero salvar. Debo perderme, y llevarme conmigo este sentimiento que no merecí, este rayo celestial que guardo con susto como si lo hubiera robado... En mí tienes un trasunto del Prometeo de la fábula. He arrebatado el fuego celeste, y en castigo de esto, un buitre me roe las entrañas".*

Reprendo a las gaviotas que han tomado mi cubierta como su discoteca y con sus graznidos me han despertado antes de tiempo. En esto también he cambiado desde que Ivana se marchó y yo me he quedado en Ibiza. Pasé mi vida durmiendo tres horas diarias y desde que he llegado duermo ocho. A cualquiera que se lo comente me dirá que el raro soy yo pues voy al revés del resto del mundo. En Ibiza es donde debería dormir tres horas diarias. ¡En fin que no tengo remedio¡ de cualquier manera, el mayor placer que existe para los ibicencos es disfrutar de la comida. Sienten auténtica devoción por los productos frescos y naturales, y antaño era imposible ver una casa de campo que no se autoabasteciera con su propia huerta, sus árboles frutales y su granja de animales. Trabajo en los libros, en el barco y en la vida para estar integrado, porque si hubiera sido consciente de las posibilidades ibicencas, ¡a buenas horas¡ me iban a pillar a mi aguantando memeces de un consejo de administración, dirigido y rodeado de pelotas, prepotentes y patógenos contaminantes. El mar me proporciona además de viajes, naturaleza y reflexiones, pescados y mariscos, y los bosques ofrecen setas, frutas, espárragos, caza, etc. Mejoro los condimentos de los platos que elaboro, porque llevo la alquimia en los genes y no lo puedo evitar. Uso la sal mezclada con picaduras de pétalos de flores que fabrican en las salinas de la isla para las ensaladas y la sal mezclada con hibisco para los pescados. Esta surtida despensa, me ha originado una sabiduría culinaria que aderezada por las distintas culturas con las que en mi vida que he cohabitado, llego a preparar arroces, platos con aves, o con vaca, o cordero, o caza desarrollando guisos que son la envidia del embarcadero y no falta el día que alguien que pasa por los amarres no me diga aquello de "qué bien huele…" seguido de un silencio por si cuela la invitación a pasar y almorzar conmigo. Intento pescados horneados y remato con repostería para dar forma al variado abanico gastronómico que patrocino en mi barco, del mismo modo que Ibiza lo hace con su gastronomía. Consigo levantarme, asearme y hasta prepararme el desayuno. Me cuesta menos que ayer subirlo a la cubierta y desayunar bajo un toldo que puse a modo de sombrajo imitando los porches de la isla. No puedo evitar la nostalgia, pues es consecuencia de la soledad. Me asomo por la borda dejándome hipnotizar por los reflejos que el sol hace en la superficie del agua. ¡Hoy por fin hace sol¡. En este estado de narcolepsia que tengo en este momento, recuerdo otra carta de despedida de mi vida. Dice así…

Hola Cariño:
¿Sabes una cosa? La duda mata y crea nubes en mi mente que hacen que deje de creer y confiar en ti. Me encantaban las charlas que manteníamos todas las noches durante la cena. Era maravilloso hablar contigo durante tanto tiempo, conocer tus ideas políticas, religiosas, tus sentimientos hacia mí y hacia las cosas de este mundo. Hablábamos de cómo sería nuestro final y escribíamos varios finales posibles pero siempre acordando que lo haríamos civilizadamente, con educación y a ser posible con anticipación y cariño. Por eso te lo digo por escrito, para que si tú lo decides así, perdure en el tiempo y en el tiempo nos recordemos como parte de nuestras vidas. Decías que empezabas a amarme con todo tu corazón y yo te contestaba que también tenía sentimientos hacia ti, pero nunca te dije "te quiero", porque lo tenía reservado desde hacía muchos años a otra persona. Hemos pasado por situaciones muy difíciles de pareja pero últimamente te ha entrado una inseguridad sorprendente y eso nos

ha llevado a muchos problemas. Te han entrado celos por todo y me controlas de tal modo que me estás ahogando. Por eso te digo que tengo muchas dudas de que seas la compañera que quiero y necesito para compartir mi vida. Por mi parte estoy tranquilo porque yo no te engaño, pero ¿y tú? ¿Me respetas? Es difícil vivir con esta duda y esta opresión que me mata, tus llamadas telefónicas, tus seguimientos, tus registros de bolsillos y debajo de los asientos del coche. Cariño, ya tengo mucha edad, experiencia y si quisiera a otra mujer te lo diría y hubiéramos roto como es debido. He aguantado todo este tiempo esta situación por entender que era reconducible, hasta que me he dado cuenta que el ladrón cree que todos son de su condición, es decir, que quien estaba engañando eras tú y el miedo a ser descubierta era lo que te hacía ser así de celosa. Si tú tienes una aventura yo no puedo estar esperando hasta que se te ocurra dejarla, no se puede vivir así pero sé que jamás me lo vas a decir porque me has dicho que no quieres perderme. Me gustaría saber ¿Qué buscas en la otra persona? ¿En qué he fallado? Te agradecería respuestas porque las dudas matan. Piensa en que este adiós es lo más sensato que podemos hacer. Tú me mientes diciéndome que me quieres, me engañas yéndote con otro y encima me acusas de hacerlo sometiéndome a una cárcel en vida siendo inocente y tú culpable. Decía el poeta "Ver cómo empiezan a languidecer las últimas sombras de la noche en un parcial y absoluto desfallecer sin remedio de esta incesante penumbra, es algo que no logra colmar mi satisfacción." Pues eso mismo me pasa a mí. Si estoy contigo vivo un amanecer en el fracaso y si lo hago sin ti, lo vivo en la soledad pero con la seca ilusión de no poder sentir ni un abrazo tuyo, ni tus desafiantes miradas azules. Disfruta de la vida.

Tumbado en la hamaca, con los primeros rayos del sol en la cara recordaré la textura, el color, y el dulce perfume de tu cabello (Anaïs Anaïs). El no poder extrañarte llegará con el tiempo, cuando otra mujer ocupe tu lugar y yo sea un anónimo recuerdo en tu vida. Luego me levantaré abriendo la ventana y siguiendo mi ritual de cada día observaré en un agudo, largo y completo silencio la belleza de este fugaz amanecer, sus matices en el cielo y en el mar, su mágico efecto en mi ánimo. No cabe duda que disfruto este instante que tantos años pasé de largo por las prisas de ir al trabajo y dejar a la niña en el colegio, tras prepararle el desayuno. Sigue transcurriendo lenta y absurda esta monotonía contigo, mientras mis sentidos disfrutan de este momento sin tu compañía, y con tu ausencia. Sólo pienso en que tal vez en estos momentos, tú te encuentres sumergida entre sus brazos, mintiéndole como hacías conmigo. Puedo imaginarte entre las sábanas, soñando con tus fantasías para que así puedas llenar tal vez su vida y hacerle gozar de lo elocuente de tus sonrisas, del dulce sabor de tus labios, de tu profunda mirada, o de ser el dueño absoluto de tu corazón, para que tiempo más tarde se despierte como yo hastiado de tanta mentira. Y mientras trasciende el tiempo, me resigno en habitar en esta soledad. En la espera de que por fin aparezca el amor imposible de mi vida o al menos otro sucedáneo suyo, como fuiste tú. Mi soledad de hoy y las pequeñeces diarias adquieren cada día que pasa su propia dimensión, su propia circunstancia, su propia trascendencia. Es necesario que sepas que no hay ningún matiz materialista en ellos. Echo de menos los momentos, los aromas, los sabores del despertar a tu lado, del desayuno juntos, del beso y la flor con la que rematábamos los momentos carnales. Echo de menos cuando hablabas, cuando reías y hasta cuando hacías las pícaras morisquetas. Echo de menos verte entrar y salir de la ducha. Abrazarte con el albornoz puesto impregnado con tu perfume. Echo de menos tus miradas perdidas por los rincones, tus tarareos de las canciones que salían del hilo musical y hasta tu taza de té. Aprovecha y no desperdicies esta nueva oportunidad que te da la vida con él. Abandona las mentiras en la papelera y abandera la sinceridad. Por suerte o por desgracia, eres mujer y la sociedad tan falsa es cruel con vosotras cuando pasáis los cuarenta y cinco años. Siembra un futuro junto a él para cosechar compañía en la vejez. Cuando cumplas los cincuenta, y un día te levantes, te mires al espejo puede que no te reconozcas. Cuando salgas a la calle y los hombres te traten de "señora" y no se vuelvan a mirarte, entonces te acordarás de mis palabras. La vida y su alidada la sociedad os favorecen en leyes y favores hasta los cincuenta años en que si no habéis sabido sembrar, os condena al ostracismo. Caeréis entonces en cirugías y pociones para recuperar lo que la naturaleza se cobra en vosotras. Me dirás que con los hombres también, pero nos dan una tregua hasta los sesenta y es lo que voy a recuperar sin ti. Cariño piensa que para todo existe un lugar y un momento adecuados, sólo que a veces, pasamos tanto tiempo buscando el lugar, que miles de momentos se pierden en el camino. Que seas muy feliz. Adiós.

Dice *el manual de Epícteto: "Han preferido a alguien más que a ti, en una recepción, en un consejo de administración, en una visita. Si estos son bienes, debes alegrarte de que al otro le hubiesen llegado. Y si son males, no te aflijas que tú hayas sido eximido. Pero recuerda que, no haciendo, para obtener las cosas que no dependen de nosotros, lo mismo que aquellos que las obtienen, es imposible que seas igualmente recompensado. Pues, ¿cómo, aquel que no va nunca a tocar la puerta de un hombre rico y poderoso, ha de ser igualmente tratado que aquel que va allí todos los días?. ¿Aquel que no le corteja, que aquel que si? Aquel que no cesa de alabarlo que el que no lo elogia? Eres entonces injusto e insaciable, si, no dando las cosas con las cuales se compran los favores, quieres obtenerlas gratis. ¿En cuánto se venden las lechugas en el mercado?. Mil pesos colombianos. Si entonces, tu vecino da mil pesos y se lleva una lechuga, no te imagines tener que dar menos que él; pues, si él tiene su lechuga, tú tienes tus mil pesos, que tú no has dado. Es lo mismo en esto. ¿No has sido, Tú, invitado a un aniversario?. Pues es que no has pagado al anfitrión el precio por el que vende su comida: lisonjas, servilismo, complacencia, dependencia. Da entonces el precio, si te interesa el objeto que se vende. Pero si, sin pagar el costo, quieres tener la mercancía, eres insaciable e injusto. ¿No tienes algo que ocupe el lugar de este aniversario en que no has estado? Verdaderamente, vale más que esta fiesta el no haber alabado a aquel que no hubieras querido alabar, y no haber sufrido el orgullo e insolencia de quienes custodian a su puerta".*

Llamo suerte a lo que estoy viviendo en estos momentos, pues es semejante a la que tienen los que pusieron los restaurantes en esta isla eligiendo sus ubicaciones y aportando además, un valor añadido, ¿Cuál? la oportunidad de saborear estos platos en entornos únicos, con los pies enterrados en la arena y el sonido de las olas de fondo, o en las intrincadas callejuelas de la ciudadela, o en antiguas casas payesas en mitad del campo. Duermo a pierna suelta sin preocuparme de tener obligaciones al día siguiente, ni tener que dar explicaciones y mucho menos sin tener que aguantar a nadie. ¿Sería eso lo que hubiera necesitado los primeros cincuenta años? Para celebrarlo, hoy cocinaré uno de los platos tradicionales ibicencos. Elegiré entre el arroz a la marinera, el "bollit de peix" o la "borrida de rajada". Prefiero creer que he adquirido experiencias en mi vida y no que he tirado los primeros cincuenta años. ¿Qué tal si en lugar de esos platos elijo entre el arroz de matanzas, la "frita de porc", o el "sofrit pagés"? ¡No lo séi, luego decido. Bailo los compases más extravagantes que cualquiera que me hubiera conocido en el pasado diría que estoy loco, o que no soy yo mismo. Siempre tan recto, con la responsabilidad agarrada como una hipoteca a mis costillas y "lo que se debe hacer" como modelo de vida. ¡Ja, ja, jai Me río de lo estúpido que he sido por no hacer caso a Jung cuando decía aquello de *"El problema de tener una mente abierta es que la gente intenta entrar hasta dentro y poner allí sus cosas para instalarse definitivamente"*. Lo que si tengo claro que voy a comer es algo de la repostería ibicenca, como la tarta elaborada a base de queso de cabra y oveja y hierbabuena llamada "flaó", o un pudding de ensaimadas, leche y huevo conocido como "greixonera". De momento pico unas pequeñas pastas con forma de oreja llamadas "orelletes" que me traje el otro día al barco. Al menos estas son de verdad y no mienten. La mayoría de las veces que he terminado una relación distingo si he sido algo para esa persona o no. ¿Cómo? Pues en el momento de la despedida observo la voz de las que me hablan. Puede fallar y la persona parecer incoherente; entonces detecto el nerviosismo y quizás la mentira. Infinidad de veces nos sentimos incapaces de cortar una relación, aún cuando sabemos que es totalmente necesario hacerlo y llevamos ya derramadas demasiadas lágrimas. Por ejemplo en el caso de ellas con los malos tratos y en el nuestro con las infidelidades. El amor es adictivo. En este momento viene a mi memoria la conversación que mantuve con Natalia (Ref. al libro del mismo autor Mentes Rotas), dice así:

- *Menos mal que hay cosas que no dependen de las sustancias como tú dices. Me refiero al amor.- Me contestó Natalia inspirándose en el escaparate de una perfumería en la que nos habíamos vuelto a detener.*
- *¿Qué no dependen de sustancias? – Me revolví resuelto a zanjar esa cuestión de inmediato.- Te aseguro que podría hacer un producto para vender que garantizara tener y sentir los mismos resultados de estar enamorada/o sin necesidad de aguantar a la otra pareja.*

- *¿Seguro que estás trabajando en ello? – Me respondió mirándome directamente a la cara para saber si faroleaba o decía la verdad?*
- *No te quepa la menor duda y cuando lo consiga patentarlo me voy a forrar. – Le bromeé.-*
- *Dime la fórmula, ¡venga Maese por fa....¡ - Me pidió poniendo carita de niña, como hacía con su padre de pequeña para conseguir algo de él.-*

Natalia había perdido la atención del escaparate de la perfumería. Bromeamos y jugamos con ello. Intentando retrasar lo más posible la solución de la pócima mágica que todos llevamos en nuestro interior.

- *Es muy simple. – Le respondí - ¿Cuáles son los síntomas de esa enfermedad llamada amor? (Me refiero al de pareja no al fraternal, ni al familiar). – Sin darle opción a responder, continué mi exposición.- Yo te los digo, dejas de dormir, dejas de comer, te sube la tensión, tienes más tono muscular. Todos esos síntomas están regulados hormonalmente. Pones unas gotas de noradrenalina para preparar al cuerpo, le continúas echando feniletilamina para que el cerebro segregue dopamina, que es el responsable de estimular el deseo en el cerebro. Le continúas estimulando con norepinefrina y oxitocina, que además de ser responsables hormonales de la reproducción, son los responsables de los arrebatos sentimentales y ¡ya tienes una enamorada/o¡.*
- *Esa fórmula produce sintomatología pero nada más.- Le dije dejando un espacio de tiempo para la reflexión y poder continuar con los preparados.-*

Seguimos el paseo por los comercios de la villa. Natalia miraba en los escaparates y se detuvo en el de la farmacia. Entiendo que dudaba en entrar a preguntar por aquel preparado que le estaba dictando. Volviéndose hacía mí, me animó a continuar abriendo de par en par aquellos enormes ojos.

- *¿Quieres el segundo preparado para la lujuria, eh picara? ¿Sabes que el 20% de los niños no son de sus padres legales? – Le dije guiñándole un ojo de complicidad.- Estadísticas aparte, para hacer que alguien sea lujurioso, le debes poner en la sopita una dosis de testosterona. Que es la responsable. A los hombres se nos acusa de infieles, pero si a los toxicómanos se les considera enfermos, ¿Por qué no a los hombres deberían tratarnos de igual modo, no somos responsables de la testosterona que segregamos? – Quise entrar en un juego de palabras vacilón.*

- *¡Anda que no tienes cara dura ni nada, ¡venga sigue con tu química, o me voy a enfadar¡ - Me reprochó sin comprender a los hombres.-*

- *Eso no lo digo yo solo, sino Helen Fisher, profesora de investigación de la Rutgers University de New Jersey, que además es mujer. – Me defendí.- A la testosterona le debes añadir unas gotas de endorfinas que rebajan la serotonina; la cual actúa sobre las células cromoafines del cerebro. Confieren la sensación de seguridad y de apego. Es por lo que sufrimos tanto al perder al ser querido. Porque dejamos de recibir la dosis diaria de narcóticos. Está estudiado que los efectos duran menos de tres años. - Me puse de nuevo más serio, sin dejar de sentirme muy a gusto con ella.*

- *¿Entonces es que estamos drogados? Somos toxicómanos del amor y se confirma porque hasta ahora me has dicho entre otros compuestos, más que familiares de las anfetaminas como la feniletilamina, parientes de los opiáceos como las endorfinas y de la adrenalina. – Me dijo demostrándome de paso que recordaba la bioquímica de la carrera.-*

Amoldé mis palabras al paseo y continué diciéndole que cuando la relación amorosa es más duradera, la vasopresina y la oxitocina mantienen los niveles altos. El problema del abatimiento viene cuando existe la ruptura de la pareja. El que queda se enfrenta a una desintoxicación en toda regla, unida a los estereotipos sociales de su entorno. Es cuando en lugar de ser consciente de esta "dependencia", su "mente rota" no lo soporta e intenta sustituirlo de inmediato, cayendo en manos de más peligros.

- Es decir, tu solución pasa ¿por tomarse tres años de vacaciones amorosas como desintoxicación? – Natalia continuaba cinchándome, desafiando mi inteligencia con su sutil sensualidad.- Es decir que está intoxicado y no debe tener prisa en resolverlo inmediatamente.
- No es necesario.- Le resolví su ataque.- Si no ser consciente de ello. Para que te des cuenta de la importancia de lo que digo; debes saber que está demostrado que el simple hecho de despedirse con un beso de la pareja por la mañana, reduce las bajas laborales por enfermedad, se tienen menos accidentes, se rinde de un 20% a un 30% más y se vive unos ¡cinco años más!
- Voy entendiendo lo que quieres decir de los adoctrinadores y docentes. ¡Cuántos tabúes y charlas se habrían evitado¡ – Me dijo soltando mi brazo para acercarse a otro de los escaparates.- Cambiando de tema, ¿has leído que retiran a Plutón como planeta?-

Natalia era consciente que estaba conmigo y que los juegos y arrumacos debían tener un fin. En otro momento y con otra edad, ella sería la mejor compañera que un hombre podría tener, pero yo le duplicaba la edad y la conocía desde niña, era imposible para mis principios el pensar de manera diferente.

Regreso al momento actual determinando que el amor es una droga que nos produce una necesidad desmesurada e irracional del otro. Que nos lleva a mantener esa relación a cualquier precio, aunque estemos sufriendo sin mesura. Pero el amor también forma parte de la patología obsesiva compulsiva creándonos una ofuscación con el otro. Quizás también una falsa atracción de ternura y de cariño que confundimos con el enamoramiento. ¿Será esto, lo que me mantiene unido al amor imposible de mi vida? Me hizo reflexionar las conclusiones que escribió en su blog la psicóloga especializada en autoestima y dependencia emocional Silvia Congost (www. silviacongost. com), en donde utiliza la palabra "enganche emocional". Que sería el equivalente al "amarre" de las brujas. Tras leer el blog, compré su libro *"Cuando amar demasiado es depender"* en donde focaliza hacia las relaciones de maltrato, pero que sirve de orientación para entender la mezcla entre obsesión y falsa atracción que hacen un coctel maquiavélico de "enganche emocional". Resumiéndolo en tres mentiras. Dice así: *"1) Creer que va a cambiar. Si con todo el tiempo que ha pasado, ya desde el principio ha sido así, ¿por qué mantenemos esa creencia irracional?* «*Es evidente que no va a dejar de ser como es, por mucho que en momentos de arrepentimiento jure y perjure que cambiará. En realidad, a no ser que viéramos que pide ayuda psicológica por sí mismo, sin que nadie se lo diga, podemos asegurar que no tiene ningún interés en cambiar. Y digo bien, ¡Ninguno!*». *2. Pensar que cambiará, y que su siguiente pareja disfrutará esa transformación. Esta creencia también tiene una parte sorprendente.* «*Pensamos que todo el esfuerzo, la lucha y el sufrimiento que hemos vivido para conseguir que él cambie, todo lo que hemos tolerado, lo que le hemos ayudado... el hecho de haberle mantenido incluso, algún día servirá para algo. Queremos creer que llegado el momento nos lo agradecerá y nos recompensará por todo*». «*Esta creencia es, como la anterior, absolutamente ridícula. Cuando esté con la siguiente, reproducirá fielmente la misma relación que teníamos con él. A no ser, claro que encuentre a una mujer con una buena autoestima e independiente que, a la primera conducta extraña que vea, le diga que no le quiere ver nunca más». 3. Pensar que nunca jamás encontraré a nadie como él/ ella. «Esto, en realidad, debería ser un motivo de alegría».* Ella bromea pero creo que tiene toda la razón y además presenta la clave de cómo romper ese enganche que no lleva más que a prolongar el ego de la otra persona y seguir acumulando lágrimas en nosotros. «El gran objetivo debería ser, precisamente, no encontrar a otra persona igual». Para ello recomienda que cada día repasemos la lista de razones por las que sufrimos. «Entonces quizá llegue un momento en el pensemos que mejor no encontrar a otro que sea así. Y que lo bueno que tiene, lo que nos engancha, tampoco es tan difícil de encontrar». ¿Será ésta mi solución para ver que he vivido entre mentiras y poder encontrar a la persona adecuada olvidándome de ella? ¿Debería seguir intentándolo a pesar de que casi ni hablamos? Ahora bien, cuando lo hacemos se enciende un volcán en ambos. ¡Ufff¡ no sé siquiera, qué decisión tomar que no me parta la vida o el corazón, tanto una, como otra decisión. Solo me resta rematar diciendo *"Amor, cuántas mentiras hasta llegar a un beso, ¡qué soledad errante hasta tu compañía!".*

Dice el manual de Epícteto: "Si alguien "se baña temprano". No dices que hace mal al "bañarse tan pronto", sino que él "se baña antes de cierta hora". Alguien "bebe" mucho vino. No dices que él hace mal en "beber", sino que el "bebe". Pues, antes de conocer lo que lo hace "beber", ¿cómo sabes que hace mal? Así, razonando, de este modo, siempre, no darás cabida a tus fantasías"..."Si te has acostumbrado a llevar una vida sencilla y a dominar tu cuerpo, no te envanezcas por ello, y, si no bebes sino agua, no andes diciendo a cada momento que tu no bebes sino agua. Si quieres ejercitar la paciencia y la tolerancia, hazlo por y para ti y no por y para los otros; no muestres tu devoción, y en la sed más ardiente, toma el agua en tu boca, tírala, y no le digas a nadie".

Empiezo a recoger los trastos que he dejado por todas partes para limpiar un poco y adecentar el barco. Me acuerdo de que tengo que decidir con qué vino acompañaré la comida de hoy. No sé si elegir uno de las bodegas más antiguas de la isla o cuál. Sa Coya, en Sant Mateu d'Aubarca, es la bodega pionera en la producción de vinos. Todo va a depender que mi decisión de plato principal. Cuando era joven acompañaba las comidas con vino, después me vino el rollo abstemio, hasta que una equivocación en unos análisis clínicos me dio como resultado un cáncer de hígado. Entonces pensé que vaya mierda de vida que me castigaba de ese modo. Lloro de rabia por no tener quién me ayude, ni comparta mi compañía y yo la suya. Reconozco que he sido demasiado exigente en mi vida y también muy intransigente. Veo que aún puedo moverme pero sin la agilidad, ni la fuerza que antaño gastaba y me empieza a asustar la vejez. Caigo en la cuenta de que la vejez no se puede desarrollar en solitario en un barco. ¿O quizás sí y sea esa la solución más rápida sin esperar a que el cáncer, el párkinson y qué sé yo me invadan? Tengo claro que zambullirme en alta mar con los pañales de viejo sería perjudicial para mi imagen, pero una solución rápida a mis penas. ¡Está bien¡ no lo haré por no contaminar el mar con celulosas, ¡je je¡ Lo que tengo claro es que tomaré un vino de la tierra. Bajo a la bodega del barco acondicionada a tal fin y repaso las botellas que tengo. ¿Un Can Maymó?, es una bodega de San Mateu, que elabora vino tinto macerado con tomillo. ¿O quizás un Can Rich? La bodega del Buscatell que se encuentra en una extensa finca dedicada al cultivo ecológico y utiliza variedades francesas combinadas con las uvas típicas de Ibiza. Aún hay más, ¿Cómo me quedaría un Totem Wines? De la bodega de Sant Josep que también elabora su vino con la uva monastrel, variedad tradicional ibicenca. Me siento a disfrutar de lo que la vida me ha dado aunque haya sido un verdadero cafre con las mujeres que quisieron compartirla. Es cierto que me mintieron y yo también a ellas. Pero es la vida que nos hemos forjado y a la que he dedicado a despreciar los buenos momentos. Prometo imitar en los amores de mi vida a esta isla de Ibiza en lo referente a sus bodegas. Manoseo las botellas para decidir sobre cuál abriré, mientras entiendo la enseñanza ibicenca. ¿Cuál? Pues por ejemplo sus bodegas como digo y toda la artesanía por extensión. Ibiza pone al alcance del viajero el mejor recuerdo que puede llevarse de la isla, como el aceite de oliva virgen o la miel, pasando por los licores, como las famosas hierbas ibicencas o el palo, sin olvidar otros productos como quesos, sobrasadas, diversos embutidos, almendras o higos secos y yo me quedo con lo peor de mis relaciones. ¡Vaya tonto que estoy hecho¡ Subo de la bodega con mi elección de vino y el plato que voy a preparar. Voy a la cocina y comienzo todo el proceso.

Mientras preparo la comida reflexiono en este sambenito de las mentiras viendo a los adultos que mentimos constantemente para sacar provecho de algo o para conseguir nuestros objetivos. En otras ocasiones mentimos porque tenemos buena educación, porque no queremos hacer daño, porque estamos incómodos y no queremos que se note. Los adolescentes mienten para cubrir sus errores o travesuras. En todo caso, tanto adultos como adolescentes mentimos para "salirnos con la nuestra". Ahora bien ¿cuántos procesos mentales por segundo pasan por cada cerebro para mentir? Son infinitos los procesos. Eso me lleva al estudio del cerebro y compruebo que el desarrollo de los lóbulos frontales tiene mucho que ver en las mentiras. En ellos también se localiza la capacidad de supervivencia y de la competitividad. También están implicadas las áreas del autocontrol. ¡Ufff¡ por aquí tampoco creo que pueda llegar a ningún sistema para diferenciar al mentiroso del sincero. Me entristece pensar que todo lo anterior forma parte de los logros de esta sociedad tanto para lo bueno, como para los malo. Del mismo modo observo que la reiteración de mentiras nos lleva a la profesionalización del mentiroso y por ende a la automatización. Muchísimos adultos siquiera son conscientes de cuándo se inventan una mentira. Por motivos altruistas lo hacen con tanta frecuencia que pueden acabar no distinguiendo entre mentir por educación o lástima y hacerlo por otros motivos. ¿Qué ocurre con los niños? ¿Son más inteligentes los niños mentirosos que los sinceros? Si pienso que mentimos desde que estamos en la cuna, creo que los mentirosos no son más listos, pero tienen ventaja. Hay estudios científicos que avalan que un niño mentiroso aprende más deprisa que el sincero. Añaden que las primeras mentiras ayudan a su maduración como persona, ¡y lo peor¡, al propio cerebro. Desarrollan más interconexiones neuronales que un sincero y además los padres las aplauden retroalimentando esa patología, (por llamarla de alguna manera) aunque lo padezcamos el 100% de la población. En la universidad de Toronto dicen en esos estudios: *«Nos sorprendió mucho que tantos niños mintiesen y que, además, lo hiciesen a una edad tan temprana»* ¿En qué consistieron sus experimentos? La prueba principal consistía en un juego de adivinanzas. Al niño se le ponían varios objetos detrás y debía adivinar lo que era cada uno por las pistas que le daba el psicólogo. En un momento dado, éste abandonaba la habitación, pidiéndole antes al crío que no se volviera a mirar. El 80 por ciento de los pequeños, que desconocen el concepto de cámara oculta, se volvían y echaban un vistazo en cuanto el adulto salía por la puerta. Cuando este regresaba, les preguntaba si habían mirado. La mayoría de los fisgones confesaban, pero el 40 por ciento mentía. Uno de cada cuatro tramposos tenía dos años. Las mentiras, sin embargo, por todos es sabido, tienen las patas muy cortas y, cuando el interrogatorio proseguía para valorar la habilidad de las criaturas a la hora de taparlas, casi todos fracasaban. Solo tres de los 65 niños tuvieron la suficiente imaginación y sangre fría para contar una trola y dotarla de cierta verosimilitud. Esos pequeños resultaron tener mejores habilidades cognitivas que el resto. Eran los más espabilados. *«Cuanto más precoces sean a la hora de mentir y más elaborados y convincentes sean sus engaños, más posibilidades de éxito tendrán en el futuro. Puede que acaben siendo banqueros»*, termina diciendo el Dr. Kang, director del estudio. Y yo añado, que sería interesante hacer unas pruebas a este nivel a toda la población y el posterior seguimiento para saber qué profesión terminan siendo esos mentirosos precoces. ¿Banqueros, políticos, delincuentes...? O ¡quizás nos sorprendiésemos y terminasen dirigiendo alguna Ong. ¿Quién sabe? ¿Por qué pueden ser más inteligentes? Tras esas conclusiones, deduzco que el esfuerzo para distinguir la verdad de la mentira, hacer una postulación falsa, ser convincente y no arrepentirse requiere de cuatro pasos que el sincero no da. Según Kang Lee *"los pequeños mentirosos tienen más desarrollada su función ejecutiva, una serie de procesos mentales que incluyen la planificación, la resolución de problemas y la memoria de los detalles. También demuestran tener una percepción más aguda de la teoría de la mente, que nos permite adivinar lo que piensan otras personas. «Si yo te miento, es porque sé algo que tú no sabes. Eso requiere que yo pueda leer tu mente."* Espero que a estas alturas no haya nadie escuchándome y deduzca que si su niño es un mentiroso con un año de edad, o se crea en posesión de un superdotado y se convierta en un genio interestelar, porque estaría muy equivocada. En estas edades la llamada "mirada de Pinocho" si que nos sirve. Es decir, si un niño al que se le pregunta algo, mira a la derecha mientras responde, probablemente miente (si es diestro). Sus ojos están visualizando una imagen que ha imaginado y construido en su cerebro. Si mira hacia la izquierda, lo más probable es que esté recordando un suceso real y contando la verdad. En Toronto siguen diciendo: «*Al principio, no conocen las reglas de la sociedad o del hogar. Cuando se percatan de que han incurrido en una transgresión, hacen todo lo posible para evitar que los pillen. Mentir es algo natural y espontáneo para salir de una situación comprometida porque requiere muy poco esfuerzo físico. Solo tienes que mover los labios*». Las primeras mentiras suelen ser "Yo no he sido" o "ha sido éste" todo por librarse de las regañinas y posibles castigos. Solo el 25 por ciento de los niños de dos años, según estudios recientes, mienten acerca de algo que han hecho y que saben que está mal. Cuando llegan a los 15 años, sin embargo, casi el cien por cien de los chavales mentirán en esa misma situación. Con cinco o seis años de edad, los niños ya saben esconder las pistas que los puedan delatar y destapar su mentira. También empiezan a mentir por buenos modales. Sueltan unos doce embustes al día. Los niños con un desarrollo cognitivo más avanzado tienden a mentir con mayor frecuencia. Las enseñanzas morales y religiosas no parecen ser suficientes para que un niño no desarrolle su habilidad para mentir. Lo malo es que los niños son como esponjitas aprendiendo lo que ven y oyen, y además son imitadores natos. Inmediatamente copiaran frases de mentiras de sus padres "ya estoy llegando…", "dile que no estoy…" y semejantes. Lo que hacemos es formarles para mentir y con ello para adaptarse a esta sociedad corrupta. ¿Cuál es la mejor cadena de favores que hay? ¿La solidaria? ¿La del trueque? Personalmente creo que la mejor es la cadena de favores en la que los enchufados, los hijos del amigo, y los sobresueldos, mordidas y chantajes dominan la política, los trabajos y hasta el mundo. Recuerdo cuando mi hija iba a ir al colegio con tres años y pasamos los dos anteriores convenciéndola de compartir los juguetes, de no pegar a los niños y decir siempre la verdad. Cuando la vi el primer día que llegó del colegio, traía el babi roto, un ojo morado y había llorado. La niña me miraba desconcertada. Con su mirad me interrogaba buscando respuestas y soluciones. Yo me entristecí porque fracasé intentando hacerla una buena persona y debía enseñarle la realidad de que el mundo es egoísta, cruel y falso. El que no esté de acuerdo es que no ha vivido lo suficiente o se ampara en una careta de falsa moralidad (luego es otro mentiroso). Si tengo otro hijo, le enseñaré a poner la zancadilla por detrás cuando bajen las escaleras, a sacar un ojo con la punta del lapicero, a robar los juguetes del niño más débil y a cómo echarle la culpa a su propia víctima, o a la sociedad como hacen todos los defensores de los delincuentes. Claro que la otra opción es la de autoexiliarse de la sociedad cuando tenga los cincuenta años y esté tan aquedado como yo. La verdad se considera demasiado brusca. Y pretendemos que cuando reciban un regalo que no les gusta, disimulen su decepción, amparándose en que "están muy bien educados". Los padres se sienten incluso orgullosos de que sus hijos se traguen lo que piensan y sonrían cortésmente. Los que a estas alturas piensen que estoy loco, o soy un negativo, les invito si quieren a que hablemos de moralidad, para analizarnos mutuamente a ver quién es más falso de los dos. En todo caso, la moralidad es un asunto altamente resbaladizo. Empezaría preguntándole ¿Me prometes decir la verdad? supongo que instintivamente me contestaría ¡Si, claro¡ Continuaría preguntándole ¿Qué entiendes realmente como una promesa? Y sin dejarle responder le pondría el ejemplo de cuando se le pregunta al niño ¿Me lo prometes? cuando está justificándose de alguna falta que ha cometido. Por lo general, el interlocutor no sabe definir siquiera qué es una promesa, aunque no domine el concepto, intuyen que hay una obligación moral en contar la verdad. Para lo único que sirve esa pregunta ¿Me lo prometes? es para construir unos vínculos de confianza que resistan el afán de mentir. Por desgracia, esa pregunta también consigue el efecto contrario al previsto, procurando mejorar su destreza a la hora del engaño. Lo que más me hizo reír al leer las conclusiones de los experimentos canadienses fue que paradójicamente, son los hijos respondones y criticones los que menos mienten. ¡Vaya¡ ahora veré a muchas de las mentirosas que me achaquen a mí la culpa de sus mentiras con la voz fuera de tono y las cuerdas vocales, como cualquier otro músculo, tendiendo a ponerse rígidas cuando la persona está bajo presión. Eso producirá un tono más alto; pero seguirán sin tener razón y mintiendo.

Dice *el manual de Epícteto: "Lo que turba a los hombres no son las cosas, sino las opiniones que de ellas se hacen. Por ejemplo, la muerte no es algo terrible, pues, si lo fuera, a Sócrates le hubiera parecido terrible; por el contrario lo terrible es la opinión de que la muerte sea terrible. Por lo que, cuando estamos contrariados, turbados o tristes, no acusemos a los otros sino a nosotros mismos, es decir, a nuestras opiniones. Acusar a los otros por nuestros fracasos es de ignorantes; no acusar más que a sí mismo es de hombres que comienzan a instruirse; y no acusar ni a sí mismo ni a los otros, es de un hombre ya instruido".*

Termino de preparar la comida y dejo reposando el arrocito ibicenco por el que me decidí. Me limpio las manos y me preparo para zambullirme en el mar. Lo hago. Grito al saltar para dar envidia a los vecinos y de paso invitar a alguna vecinita a seguirme. Sonrío por mi estupidez de ser español y no haber conocido la libertad de Ibiza, teniendo que seguir a aquellos de los años sesenta que vinieron aquí. Muchos americanos y europeos descubrieron un lugar Mediterráneo que hasta entonces había permanecido aislado del turismo: Ibiza. Poco a poco, la isla se convirtió en uno de los refugios internacionales del movimiento hippy, y en ese ambiente desbordante de libertad y desenfado nació la moda M-lib (M) de moda y (lib) del latín "ad-llbitum": "a placer", una estética cómoda y sencilla que pronto exportó la fama de Ibiza al mundo entero. De modo que desde que llegué a la isla no visto de otra manera. ¿Quién me lo iba a decir a mí? Corto por lo sano el agua en la que nado. Me subo de nuevo al barco para volver con aletas, tubo y gafas. Me tiro a bucear y alguien de otro barco me ha seguido. Me da un susto de muerte al creer que quien me agarraba el tobillo era algo con dientes y aletas. Claro que bien mirado no me he equivocado en la descripción, salvo que en lugar de escamas, tiene una melena rubia y nada le cubre los pechos. Me hace indicaciones de subir a respirar. Lo hago. Nos saludamos. Me sonríe y me dice que ha venido con un tío rico de un yate. Le invito a subir al mío. Se sorprende por el olorcito del arroz. La invito a comer y le doy una toalla. Acepta la invitación. Le pregunto que si quiere ponerse algo. Me pregunta ¿qué tengo?. Afortunadamente Ivana se había dejado mucha ropa. Casi toda la inspirada por las prendas y vestidos típicos de las Pitiusas y con claras influencias del movimiento hippy, la moda Adlib fue impulsada hacia el año 1971 por la princesa yugoslava Smilja Mihailovitch. Mientras abro su armario y se lo enseño a la sirena que acabo de capturar, le comento que esa princesa yugoslava (y no la que yo traje), defendió un estilo que proporcionaba a la mujer más conciencia de su cuerpo y a la vez una sensación de libertad. Su lema era: "Viste como quieras, pero viste con gusto". ¿Qué coincidencias tiene la vida verdad? Vengo con una Istria y es una yugoslava la que saca la moda ibicenca. ¡A veces no entiendo al destino¡. Nos arreglamos un poco para comer. Le ofrezco el vino y lo acepta encantada. Da la impresión de no haber comido en dos días. Comentamos que la moda Adlib es una marca consolidada que ha inspirado a algunos de los diseñadores más prestigiosos de las pasarelas internacionales. Sin embargo, las creaciones originales de Ibiza continúan manteniendo el carácter artesanal y sus principales señas de identidad: el blanco como color predominante, los tejidos 100% naturales y una filosofía que apenas ha cambiado con el paso de las décadas. Pasa el tiempo, terminamos de comer y ella se levanta, me coge de la mano y me lleva hasta el camarote. Aún no sé siquiera el nombre y ya paso la tarde con mi sirena. Luego se despide y se aleja por las pasarelas del puerto. ¡Esto es Ibiza¡

Cuando reflexiono sobre las posibilidades de encontrar un método que determine fehacientemente los síntomas de un mentiroso, siempre caigo una y otra vez en el hecho de no tomar en cuenta las diferencias individuales. Los científicos lo denominan el *riesgo de Brokaw*. Ahora bien lo que me he dado cuenta en mi mismo es que con tanta mentira que me ha apaleado en la vida, me he vuelto un susceptible de campeonato y ya no me creo nada de nadie. Veo que es una fuente de perturbaciones igualmente importante a la hora de detectar la mentira. Dicho de otra manera, la profesionalización del mentiroso automatizando y personalizando su forma de mentir por un lado, se une a la posibilidad de que el perseguidor de la mentira se obsesione, por decirlo de alguna manera comprensible, de tal modo que se convierta en una fuente de errores por incredulidad. Los profesionales lo definen como el *error de Otelo*. Si recordamos la obra de Shakespeare, vemos cómo Otelo somete a presión a Desdémona, llevándola al límite y provocando la sospecha de mentira. ¿Me estará pasando eso a mí en la vida? Pudiera ser, no lo niego. Es extraño que más de cien mujeres me dijeran en mi vida que me querían y con las mentiras que iba descubriendo todas fueran mentirosas. Del mismo modo pudiera haberme convertido en un Otelo y haber incurrido en su error más de cien veces. Si extrapolo este pensamiento al resto de situaciones que he vivido… ¡Ufff¡ no quiero ni pensar que me haya equivocado tanto. Una pista sobre el embuste, puede asimismo ser experimentado por una persona sincera si se sospecha de ella, a raíz de otros motivos. ¿Cuántas situaciones pasamos en la vida en la que tememos que no nos crean e inducimos con ello a la sospecha de que somos mentirosos? ¡Ufff¡ reconozco que pertenezco a la generación de la culpa, como tristemente nos llamamos, porque siempre nos echaron la culpa de todo. De si nuestros padres discutían, de si Franco murió o vivió, de si trajimos la democracia o la dictadura, de si ganamos mucho o poco para nuestros hijos, de no entenderlos además. A lo largo de mi vida me he topado con cientos de personas de mi generación con grandes sentimientos de culpa aún sin resolver y estos sentimientos de culpa pueden confundirse con los que siente el mentiroso por el engaño en que está incurriendo. Cuando Inma y yo hablamos, siempre sale la conversación de que tuvimos la culpa de nuestro fracaso cuando en realidad no queremos echársela a quien realmente la tuvo, por el simple hecho de que ellos no carguen con el peso. Digo que somos la generación de la culpa por que nos inculcaron valores de abnegación, sacrificio, responsabilidad y solidaridad de tal grado que no solo cargamos con nuestras culpas, sino que vamos recogiendo las de los demás para aliviarles el peso sin importarnos nosotros mismos y sin recibir agradecimiento porque "tenemos la culpa". La culpa es como el testigo de las carreras de relevos que se van pasando de mano en mano hasta que el último (que es el mejor, el que más corre, el más veloz), se la queda hasta el final. Con el tiempo y con tanto llevar la culpa, ya no hay quien nos la quite y pasamos a la historia como los culpables, siendo inocentes o al menos parcialmente culpables, pero nos educaron para recoger culpas y no para repartirlas. ¡Qué tristeza de vida¡ En mis observaciones de los demás, he visto el desprecio de algunos sinceros cuando han sido acusados injustamente y ahora entiendo algunas de las causas de mi autoexilio. Realmente no quiero pertenecer a esta sociedad que me asquea aunque intente ayudarla, porque siento desprecio por los que me acusaron injustamente, por los que me mintieron y más aun por las que lo hicieron diciéndome ¡Te quiero¡. También desprecio a los que nunca me ayudaron y por los que se aprovecharon de mi cuando estaba caído. El desprecio es compatible con el perdón, de modo que a todos he perdonado. Pero me doy cuenta de que puede que yo también acusara injustamente. Cientos de veces esas acusaciones falsas que me hicieron, no produjeron desprecio, más al contrario creo que me espolearon a modo de reto para probar el error de mis acusadores, y tener el placer anticipado de mi venganza. Reconozco que aunque las razones no sean las mismas, tanto falsos acusadores, como vengativos no fuimos honestos. Sucesiva y alternadamente ambos nos sentíamos sorprendidos o enojados, decepcionados o disgustados, contentos o angustiados ante las sospechas de unos y los resarcimientos de los otros. Los acontecimientos de mi vida de los últimos diez años superaron todas mis ganas de seguir perteneciendo a esta sociedad corrupta y decidí autoexiliarme de ella convirtiéndome en una especie de turista científico que observa desde la barrera los acontecimientos que le rodean. Para hacerme entender mejor recuerdo el acto donde Otelo acaba de acusar a Desdémona de amar a Casio y le pide que confiese su amor, añadiendo que de todas maneras va a matarla por serle infiel. Desdémona le pide que le haga venir para dar testimonio de su inocencia, pero Otelo le miente que ya lo hizo matar anteriormente. Abatida Desdémona comprende que no podrá probar su inocencia y que Otelo la matará sin poder hacer nada:

DESDÉMONA

Te lo pido de rodillas: ¿Qué significa lo que dices? Entiendo el furor de tus palabras, más no las palabras.

OTELO

Pues, ¿quién eres tú?

DESDÉMONA

Tú esposa, señor. Tú esposa fiel y leal,

OTELO

Vamos, júralo y condénate, no sea que, siendo angelical, los propios demonios teman apresarte. Conque doble condena: jura que eres honesta.

DESDÉMONA

Bien lo sabe el cielo.

OTELO

El cielo bien sabe que eres más falsa que el diablo.

DESDÉMONA

¿Cómo soy falsa, señor? ¿Con quién, para quién?

OTELO

¡Ah, Desdémona, vete, vete, vete!

DESDÉMONA

¡Dios bendito! ¿Por qué lloras? ¿Soy yo la causa de tus lágrimas, señor? Si acaso sospechas que mi padre intervino en tu orden de regreso, a mí no me culpes. Si tú le perdiste, yo también le perdí.

OTELO

Si los cielos me hubieran puesto a prueba con padecimientos, vertiendo sobre mí toda suerte de angustias y deshonras, sumiéndome hasta el labio en la miseria, cautivos mis afanes y mí ser, habría hallado una gota de paciencia en alguna parte de mi alma. Pero, ¡ay, convertirme en el número inmóvil que la aguja del escarnio señala en su curso imperceptible! Aún eso podría soportar, aún eso. Más del ser en que he depositado el corazón, que me da vida y, si no, sería mi muerte, del manantial de donde brota o se seca mi corriente, ¡verme separado o tenerlo como ciénaga de sapos inmundos que se juntan y aparean ... ! Palidece de verlo, paciencia, tierno querubín de labios rosados. ¡Sí, ponte más sañudo que el infierno!

DESDÉMONA

Señor, supongo que me crees honesta.

OTELO

¡Oh, sí! Como moscas de verano en matadero, que nacen criando. ¡Ah, flor silvestre, tan hermosa y de olor tan delicado que lastimas el sentido! ¡Ojalá no hubieras nacido!

DESDÉMONA

Pero, ¿qué pecado he cometido sin saberlo?

OTELO

¿Se hizo este bello papel, este hermoso libro, para escribir en él «puta»? ¿Qué pecado? ¿Pecado? ¡Ah, mujerzuela! Si nombrase tus acciones, mis mejillas serían fraguas que el pudor reduciría a cenizas. ¿Qué pecado? Al cielo le hiede, la luna cierra los ojos; el viento sensual, que todo lo besa, enmudece en la cóncava tierra y no quiere oírlo. ¿Qué pecado? ¡Impúdica ramera!

DESDÉMONA

Por Dios, me estás injuriando.

OTELO

¿No eres una ramera?

DESDÉMONA

No, o no soy cristiana. Si, para honra de mi esposo, preservar este cuerpo de contactos ilícitos e impuros es no ser una ramera, no lo soy.

OTELO

¿Que no eres una puta?

DESDÉMONA

¡No, por mi salvación!

OTELO

¿Es posible?

DESDÉMONA

¡Ah, que Dios nos perdone!

OTELO

Entonces disculpad. Os tomé por la astuta ramera de Venecia que se casó con Otelo. -¡Tú, mujer, que, al revés que San Pedro, custodias la puerta del infierno!...

... YAGO

¿Qué deseáis, señora? ¿Estáis bien?

DESDÉMONA

No sé. Los que educan a los niños les hablan con dulzura y corrigen con bondad. Debió hacerlo así, pues soy como niña que ignora el reproche.

YAGO

¿Qué ocurre, señora?

EMILIA

¡Ah, Yago! El señor la ha tratado de puta, la ha cubierto de insultos y de ofensas que la honra no puede soportar.

DESDÉMONA

¿Acaso lo soy, Yago?

YAGO

¿Sois qué, mi bella señora?

DESDÉMONA

Lo que dice que mi esposo me llamó.

EMILIA

La llamó puta. Ni un mendigo borracho le habría dicho eso a su golfa.

YAGO

¿Por qué lo hizo?

DESDÉMONA

No lo sé. Juro que no lo soy.

YAGO

No lloréis, no lloréis. ¡Válgame!

EMILIA

¿Renunció a tan nobles pretendientes, a su padre, su tierra y su familia, para ser llamada puta? ¿No es para llorar?

DESDÉMONA

Es mi desventura.

YAGO

¡Maldito sea! ¿Cómo se le habrá ocurrido?

DESDÉMONA

Sabe Dios.

EMILIA

Que me cuelguen si no es una calumnia de algún canalla redomado, algún bribón entrometido, algún embaucador mentiroso y retorcido que va buscando un puesto. ¡Que me cuelguen!

YAGO

¡Bah! Ese hombre no existe. Es imposible.

DESDÉMONA

Si existe, que Dios le perdone.

EMILIA

Que le perdone la horca y se pudra en el infierno. ¿Por qué la llamó puta? ¿Quién va con ella? ¿Dónde, cuándo, cómo, por qué motivo? Algún mal nacido engaña a Otelo, algún granuja ruin y despreciable. ¡Quiera Dios descubrir a estos sujetos y poner un látigo en toda mano honrada que desnudos los azote por el mundo desde el este hasta el oeste!

YAGO

Habla más bajo.

EMILIA

¡Mala peste...! Alguno de ésos fue quien te puso el juicio del revés, haciéndote creer que yo te engañaba con Otelo.

YAGO

Tú eres tonta. Calla.

DESDÉMONA

¡Ah, Yago! ¿Qué puedo hacer por recobrar el cariño de mi esposo? Buen amigo, ve con él, pues, por la luz del cielo, no sé cómo le perdí. Lo digo de rodillas: si alguna vez pequé contra su amor por vía de pensamiento o de obra; si mis ojos, oídos o sentidos gozaron con algún otro semblante; si no le quiero con toda mi alma, como siempre le quise y le querré, aunque me eche de su lado como a una pordiosera, ¡que el sosiego me abandone!

Mucho puede el desamor, más aunque el suyo acabe con mi vida, con mi amor nunca podrá. No puedo decir «puta»; me repugna la palabra. Ni por todas las glorias de este mundo haría nada que me diera un nombre así.

YAGO
Calmaos, os lo ruego. Es el mal humor.
Le enojan los asuntos de gobierno
Y por eso os riñe.

DESDÉMONA
Si sólo fuera eso...
... ¿Qué hay, Rodrigo?

RODRIGO
Veo que no juegas limpio conmigo.

YAGO
¿En qué te fundas?

RODRIGO
Día tras día me vas dando largas, Yago, y creo que, más que darme ocasión, me vas menguando la esperanza. Ahora ya no pienso tolerarlo, ni estoy dispuesto a sufrir en silencio lo que ya he soportado como un tonto.

YAGO
¿Quieres oírme, Rodrigo?

RODRIGO
He oído demasiado. Tus hechos no hacen juego con tus dichos.

YAGO
Me acusas sin razón.

RODRIGO
Con la pura verdad. Me he quedado sin recursos. Las joyas que te di para Desdémona podían haber comprado a una monja. Me dices que las tiene y que me da esperanzas y ánimo de inmediato favor y relaciones, más no veo nada.

YAGO
Bueno, vamos, vamos.

RODRIGO

¡Bueno, vamos! ¿Cómo voy a irme? Y de bueno, nada. Todo esto es vil y empiezo a sentirme estafado.

YAGO

Bueno.

RODRIGO

Te digo que de bueno, nada. Voy a presentarme a Desdémona. Si me devuelve las joyas, renuncio a mi pretensión y a galanteos ilícitos. Si no, te exigiré reparación.

YAGO

¿Has dicho?

RODRIGO

Sí, y no he dicho nada que no piense hacer.

YAGO

¡Vaya! Ahora veo que tienes bríos, y desde ahora mi opinión de ti es mejor que nunca. Dame la mano, Rodrigo. Me has hecho una justísima objeción; más yo te aseguro que siempre jugué limpio con tu asunto.

RODRIGO

No se ha visto.

YAGO

Reconozco que no se ha visto, y a tus reservas no les falta seso ni cordura. Pero Rodrigo, si de veras tienes lo que ahora tengo más razón para creer, decisión, arrojo y hombría, demuéstralo esta noche. Si a la siguiente no gozas a Desdémona, quítame de en medio a traición y ponle trampas a mi vida.

RODRIGO

¿Qué planeas? ¿Es prudente y hacedero?

YAGO

Por orden especial llegada de Venecia, Casio pasa a ocupar el puesto de Otelo.

RODRIGO

¿Es verdad? Entonces Otelo y Desdémona vuelven a Venecia.

YAGO

Ah, no: él se va a Mauritania con su bella Desdémona, a no ser que algún accidente demore su marcha. Para lo cual lo más contundente es librarse de Casio.

RODRIGO

¿Qué quiere decir «librarse»?

YAGO

Pues impedirle que ocupe el puesto de Otelo; cortarle el cuello.

RODRIGO

¿Y quieres que lo haga yo?

YAGO

Sí, si tienes valor para hacerte servicio y justicia. Él cena esta noche con una pérdida; yo iré a verle. Aún no sabe nada de sus nuevos honores. Si aguardas su salida (yo haré que salga entre las doce y la una), le tendrás a tu alcance. Yo estaré cerca para secundarte y entre los dos lo matamos. Anda, no te desconciertes y ven conmigo. Te haré ver la necesidad de su muerte y tú te sentirás obligado a dársela. Es la hora de la cena y corren las horas. ¡En marcha!

RODRIGO

Necesito más razones para hacerlo.

Vemos cómo las acusaciones y deseos de venganza van y vienen entre los personajes, unidos a los sentimientos de culpa y suspicacias. Dice el libreto: *"Otelo interpreta el temor y la angustia de Desdémona como reacción ante la noticia de la presunta muerte de su amante, y cree corroborada así su infidelidad. No se da cuenta de que aunque Desdémona fuese inocente padecería esas mismas emociones: angustia y desesperación por el hecho de que su marido no le crea y por haber perdido la esperanza de probar su inocencia con la muerte de Casio, y a la vez temor de que Otelo la mate. Desdémona lloraba por su vida, su difícil situación, la desconfianza de su esposo, no por la muerte de su amante."*

Claramente Otelo está tan suspicaz que pasa por alto cualquier otra posible explicación de su comportamiento, no toma en cuenta el hecho que las emociones de Desdémona no prueban nada ni en un sentido, ni en el otro. Distorsiona la razón y los hechos para obtener su razón a toda costa. Rechaza todo lo que le lleva a concluir que es sincera. Otelo tiene tal ataque de celos que le tortura la posibilidad de que le hayan mentido e interpreta a Desdémona precisamente en lo contrario de lo que él mismo desea. Hay que analizar de dónde le vienen esas suspicacias. ¿De él mismo por antecedentes pasados? O ¿Por qué hay alguien interesado que le malmete? En este caso es Lago, su malévolo consejero, quien le atosiga en este sentido y en su propio provecho, ¿Cuántas veces nos ha ocurrido esto en la vida? Tristemente reflexiono que en cientos de ocasiones haya podido escuchar a malos consejeros antes que a las personas que quería, o que decían que me querían y si lo amplio al ámbito social, económico o laboral, veo la inmensa cantidad de veces que tenemos malos consejeros interesados que nos meten en guerras con otros para su propio beneficio, o nos inducen a tomar decisiones equivocadas en su propio provecho. Lago no habría tenido éxito si Otelo no hubiese sido celoso. Las personas que por naturaleza ya son bastante celosas no precisan de ningún Lago para que sus celos se movilicen. Del mismo modo que los suspicaces no sirven para detectar mentiras. Y por ende existen las víctimas de los mentirosos, de los suspicaces y de los malos consejeros que suelen ser ingenuos que hacen lo contrario, no sospechan jamás de quienes los embaucan, y así cometen errores por credulidad, hasta que con tantas mentiras y palos se convierten en mentirosos para sobrevivir, o en suspicaces para aislarse. ¡No me extraña que la mentira sea la peor arma del diablo¡

¡Ufff¡ sin darme cuenta ha pasado el día. Decido salir a tomar una copa y ver si me tropiezo con la sirena de esta mañana. Me visto para salir de paseo nocturno. Pienso en cómo se organizan los ibicencos cada año cuando empieza la época estival y la moda de la isla se renueva con pases de modelos y fiestas. Soy de los que opinan que muchos de los que van a la pasarela Cibeles deberían quedarse en casita y que solo aparecen allí por ser quienes son, por sus relaciones políticas y no por su calidad. Son más mentiras a las que añadir a estos apuntes. En las últimas colecciones ibicencas se han incorporado vestidos de novias, trajes de baño, prendas de piel, complementos y joyería artesanal sin que los ecologistas hayan manchado de sangre sintética (pintura) las prendas, ni hayan puesto el grito en el cielo los defensores de las piedras preciosas sintéticas. Acabo de acicalarme. Imito a los creadores de las Pitiusas incorporando el color a sus propuestas. Apoyo que el blanco base de la moda isleña deba diferenciarse de los trajes criollos que usaba en Cuba y para ello añado desde el rojo, al negro, pasando por el turquesa de las aguas ibicencas. Me encanta esta moda porque es fácilmente lavable, se seca bien (aunque lo de las arrugas es algo a mejorar), pero se compensa por la comodidad que proporcionan los volúmenes amplios y ligeros de la confección del algodón ribeteado con ganchillo, volantes, tules, bordados y encajes tradicionales. Naturalmente las prendas masculinas carecen de tanta historia. Lavo la mente de estereotipos por los que jamás me hubiera vestido de este modo y salgo con la libertad que mi posición me proporciona esta moda casta y divertida para el día y seductora en la noche ibicenca. Cuando he comentado que muchas veces me he encontrado solo en la iglesia, varias personas que nunca ayudaron a nadie, pero figuran siempre en las fotografías de los periódicos, me criticaron duramente. Tranquilo les senté en un banco de la iglesia y les pedí sinceridad a la hora de decir cuántas veces se sintieron abandonados y solos en la iglesia. Las bajadas de vista, los cambios de tono de voz, las exageraciones gesticulares de falsa ofensa les iban delatando. Les dejé expresarse como el torero deja que se canse el toro antes de la faena y les pregunté si conocían las veces que la Biblia habla del sentimiento de soledad y abandono. Por ejemplo el abandono del Padre que sintió Cristo en su vida carnal. Naturalmente éstos que acuden con misales de cinco kilos a la misa dominical, no supieron responder. Le ayudé diciendo que entre la palabra soledad y mentira se superan las ciento quince veces. Continué recordándoles la soledad de la Virgen en el Gólgota ante la muerte de su hijo, como la mayoría de las madres en casos equivalentes. O la soledad de los grandes militares, santos, estadistas, sanitarios, empresarios que alternaron los baños de multitudes, con el ostracismo y la soledad. No soy especial, al contrario. No soy ejemplo para nadie, solo soy un turista que alguien decidió incluir en esta sociedad para escribir sus crónicas y seguramente informar a ese "alguien" en el mundo interior y reflexivo en el que florece el pensamiento. Por ello, hablar sobre la soledad no me resultará arduo, pues el tema de la soledad me interesa y apasiona, debido al vínculo especial con mi experiencia personal y profesional como socio director de varias residencias de ancianos, como viajante y observador de la conducta animal y humana en donde la soledad se presenta cruel y se respira tanto en suburbios y desiertos, del mismo modo que entre multitudes y vergeles. Que afecta a la riqueza y a la pobreza, a la manada y a la asociación, a la infancia y a la vejez, a la capacidad y a la discapacidad, al humano y al animal. Tan solo soy un experimentado aprendiz de la vida que necesita respuestas, a los infinitos ¿por qués...? que salen de su cerebro a modo de catarata.

Traslado los sentimientos humanos y sus dudas a palabras escritas para que sean transmitidos, sentidos y de alguna forma, vistos desde la cruda realidad y desde varios puntos de vista diferentes, tanto heterodoxos como ortodoxos. Desde muy joven, la vida me ha permitido disfrutar y sufrir de la soledad en todo su esplendor. Incluso puedo decir que *"he vivido la soledad de manera aislada"*, es decir, que *"conozco la soledad desde la soledad"*. He pasado la mayor parte de las diferentes etapas de mi vida en soledad, estando rodeado de gente y sin ellos. Estoy convencido de que para llegar al fondo de la soledad y entenderla es conveniente aproximarse a ella, adentrándose en su misterio y en su oscuridad. Nada se puede entender si no se ha sufrido, si no se ha vivido hasta el final. Como dice mi amiga Beatriz *"La vida tiene dos caras, pero hay que vivirla entera para que tenga sentido"*. ¿Qué hay tras el límite de la soledad? Esa era mi pregunta más difícil de contestar. Cuando lanzas una pregunta al aire estando acompañado, puedes encontrar una respuesta, aunque no sea la verdadera o la que te solucione la cuestión. Pero ¿qué ocurre cuando lanzas una pregunta desde lo más profundo de la soledad? ¡Ufff¡ allí todo resuena más fuerte, nadie te abraza, nadie te soluciona nada, pero nadie te miente más que tú a ti mismo. Entonces es cuando te das cuenta de la realidad de lo que eres, de si eres sincero o mentiroso. Ahora se entiende por qué los santos de todas las religiones, los filósofos de verdad y los que quieren respuestas, o crear algo se aíslan para meditar. En los abismos de la soledad los mudos sonidos del paso de la sangre por nuestras venas es amplificado en los oídos y se transforman en el frío de una gélida compañía que es uno mismo. Ahora entiendo a los torturadores que emplean este sistema para destrozar los cerebros y las personalidades de sus víctimas, porque no hay nada peor que enfrentarse con uno mismo en lo más profundo de la soledad día tras día. La soledad amplia los días y hace amistad con crepúsculos y amaneceres enturbiando nuestros sentimientos hasta el punto de vernos en una especie de espejo de Blancanieves o cuadro de Dorian Grey donde no nos reconocemos. ¿Cuántos tipos de soledades hay? ¡Ufff¡ esa es otra de las cuestiones a las que he pretendido dar respuesta en este autoexilio de la sociedad al que me estoy sometiendo. Hay soledades (y hablo en plural de manera consciente) amigas, enemigas, traicioneras, clarificadoras, desgarradoras, constructoras, creativas, reflexivas, importunas, benevolentes, etc. y todas ellas sin excepción son austeras. Este es uno de los denominadores comunes de la soledad, que son frugales, sobrias, parcas, abstinentes, templadas e inmateriales. El segundo denominador común que encuentro en los diferentes tipos de soledad es que absolutamente todos nos hacen sentir algo, y que ninguna pasa desapercibida. El tercer denominador común de todas las soledades que he conseguido estudiar y experimentar desencadena una acción, tanto positiva como negativa, pero siempre hay una decisión. Mal usamos la palabra soledad como sinónimo de independencia, pues en esta última compartimos materiales, ideas, deseos y sentimientos con los demás y en la soledad no. La independencia implica el mantenimiento de una especie de cordón umbilical con algo, con alguien, o con la sociedad. En la soledad, ese cordón umbilical es una forma endogámica de comunicación que puede crear, destruir, o modificarnos. En la soledad hay debilidad articular, muscular, ósea y hasta del alma, donde los sentidos, olfato, gusto, vista, tacto, oído y hasta el más común de ellos, se apean o se guindan sucesiva y alternadamente sin que podamos sujetarlos en ningún sitio. Dichosos los que encuentran la paz y el equilibrio en la soledad. Privilegiados los elegidos que avanzan en la soledad con una sonrisa sincera, pues al final de la vida, todos pasaremos en solitario por el último trance queramos o no queramos.

¿Cuál es la puerta que abre y cierra el paso a la soledad? O mejor aún ¿Cuál es la llave que abre y cierra esa puerta? Porque si la descubro, tendré la solución en mis manos. En este momento veo la soledad como una especie de poliedro. ¿Por qué? porque tiene lados que no puedo pasar. Tiene ángulos que me acorralan y de este poliedro puedo sacar mediatrices, medianas, áreas, perímetros, senos, cosenos, arcotangentes, y hasta volúmenes. Para entrar y salir de este poliedro dependo del salvoconducto del constructor o del dibujante. ¿Cuál es ese salvoconducto? Pues la respuesta adecuada a por qué estoy en esta soledad y además en este tipo concreto de soledad de todas las posibles. ¿Quién es el constructor o dibujante? Seguramente habré sido yo mismo, o quizás un extraño me haya inducido a la soledad. En todo caso depende única y exclusivamente de mí salir de este poliedro, en que se convierte la soledad humana (y animal). En mis experimentos, en mis estudios empíricos y en mi propia vida he ido recopilando datos y ahora tristemente me convierto en una especie de patobiógrafo de la soledad. ¿Para qué ha servido mi vida? ¿Para qué me autoexilio ahora? ¿Para qué experimento los diferentes tipos de soledades sin necesidad? No soy un masoquista. No me gusta ir de sufridor, pero tengo hambre. ¿Hambre de qué? ¡De respuestas¡. Busco respuestas a los por qués de la mentira y de la soledad para intentar entender al ser humano y la sociedad de mierda que construye a su paso. ¿Es la sociedad consciente del daño que se autoinfluye?, o ¿es acaso miope y sin corazón? ¿Entiende la sociedad que avanza hacia un abismo de autofagocitación? ¿Por qué esa sociedad de corrupción zahiere a los sinceros? Estoy seguro que los perinatólogos adivinan frases de mentira en el feto que ecografían. La soledad ha sido, es y será motivo de estudio por parte de psiquiatras, de psicólogos, de pensadores, de terapeutas, de médicos, de religiosos y de filósofos porque es la más real de las epidemias que afectan al ser humano y a los animales. Ha habido quienes me han aconsejado fijarme en las soledades de los demás antes de la mía propia para poder estudiar este tema. Les agradezco la sugerencia porque tienen toda la razón. Me hubiera sido imposible estudiar la soledad objetivamente, porque la soledad es demasiado subjetiva y cada uno tiene su propia soledad que experimenta de manera diferente al de al lado. Definir la soledad fue fácil y el otro día lo hice haciendo referencia al diccionario de la Real Academia de la lengua. Recuerdo que venía a ser un estado anímico, o un sentimiento personal que se traduce en forma de un conjunto de síntomas entre los que destaca la ansiedad, la depresión, la pérdida de la autoestima, la desesperación, la misoginia interpersonal, la nostalgia, la rotura de la convivencia con el entorno, el desafecto, la pérdida de amistades, la sensación de vacío físico y espiritual, el no reconocimiento de sí mismo, la hipocondría, el retraimiento, el ascetismo, la decepción, el pesimismo, la desilusión, la desazón, la incertidumbre, la pena y la desesperanza. Dicho de otro modo, es tan complejo que no basta con un pensamiento reflexivo de un par de horas para comprenderlo. Hay que bajarse y abajarse hasta el fondo, para clasificar los diferentes tipos de soledad y empezar a entenderlos. ¿La soledad nos invade, nos atrapa, nos cerca o qué narices nos hace? Para responder solo se me ocurre ver las diferentes etapas que un ser humano pasa por la vida, pues no será lo mismo la soledad del niño que la del anciano, la del profesional, que la del que decide. En cada momento, situación y entorno la soledad llega a nosotros de diferentes maneras. Quizás nos atrape por un accidente, quizás nos cerque como en una guerra, a lo mejor nos invade desde fuera, o quizás lo haga desde dentro de nosotros mismos. El psicólogo Juan Cruz dice que la soledad es *"La gran compañera en cada proceso de cambio vital"*. Estoy convencido que el feto rodeado por el amnios ya tiene sentimientos de soledad aunque esté dentro de su madre. Está claro que entre ambos hay intercambios nutricionales, hormonales, serológicos, seguro que hay comunicación mental y hasta espiritual. Cuando he estado observando diferentes ecografías y magnetoencefalografías para este estudio, he comprobado los mismos gestos que observo en un adulto en cuanto a bostezos, enfados y sonrisas, así como también las mismas reacciones a las pesadillas. He leído los estudios del Dr. Gerhardt, de la Universidad de Florida y otros de la universidad de Carolina del Norte, referentes a comprobar si el feto oye, o no, los sonidos externos y ¡Oh sorpresa¡ son sensibles a las vocales más que a las consonantes. Se me erizan los pelos al recordar los fetos que estudié poniéndome gestos en sus caras ante diferentes tonos de mis vocales. ¿Qué pensarían esos fetos después de terminar los experimentos y dejarles aislados en su útero? ¿Sentirían nostalgia, depresión, soledad por habernos ido? ¿Qué reacciones tendrán entonces ante las broncas de sus padres oyendo que quieren acabar con él? ¡Ufff¡ ¿Cómo reaccionarías tú si impotente oyes a tus padres planificar tu muerte? Pienso que si ese feto sobrevive, habrá grabado en su subconsciente esas conversaciones, convirtiéndose en un mentiroso desde el principio cuando sonría a sus padres mientras recuerda las conversaciones. ¡Ufff¡ propondría obligatorio que todos los seres humanos presenciasen estos experimentos en el colegio para comprender bien la realidad, sin manipulaciones religiosas o políticas. ¿Qué grado de frustración, desamparo, soledad y desesperación sufrirá ese feto siendo consciente de las conversaciones de aborto de sus padres? Recordemos que por genética tenemos el instinto de supervivencia. Recomiendo a todos leer el libro "Psicología fetal" de Arnaldo Racosvsky, que explica muchas de las fobias y reacciones del ser humano motivadas por traumas en el estado fetal, con casos reales que ponen los pelos de punta. Estoy convencido que muchos de los que pudieran escucharme acudirían a interrogar a sus madres sobre todo el proceso de su gestación para comprenderse a si mismos. Trago saliva. Tengo la garganta seca por las experiencias y la tensión acumulada.

Entro en la primera discoteca que veo para resolver mi problema de la sequedad de garganta. Luego seguiré buscando a mi sirena de discoteca en discoteca, aunque creo que será en Pachá donde la encuentre. Lo pienso así, porque si ha venido con un tío rico, esa será su posición inicial en la isla. Bajo a los sótanos de una discoteca en la que hacen precisamente una presentación de alguien de la moda. Poca gente conoce el hecho de que muchas firmas conocidas a nivel nacional e internacional confeccionen y produzcan sus diseños en esta isla. Si no recuerdo mal, algunas de ellas vienen anunciadas por doquier, Charo Ruiz, Juanita Díaz, Francisca Ferrer, Melania Piris, Maru García, Luis Ferrer, Zarabanda, Bianca, Catalina Bonet, Pepa Bonett, Marta Raifo o Nacho Ruiz. Estas firmas son las clásicas. Hoy en día, muchos noveles se han apuntado a crear en este paraíso. Abro la puerta del jardín que da acceso al desfile de moda. Pago un ron con limón, como ya es costumbre. Inmediatamente el camarero me dice que estoy invitado y me entrega un pase vip. Me sorprende y al mismo tiempo no me sorprende, porque aquí suelen ocurrir cosas así. Confío en que nadie me haya confundido con un famoso y me ponga luego en un aprieto. Me devuelven el dinero del combinado. Miro el cartel anunciador y leo que son varios los modistos que exponen   Tony Bonet para Bianca, Eva Cardona, Ruben Perlotti en novias, Piluca Bayarri, Kathia Alves, Ibimoda, Dira Moda, Tres Ibiza, Hippy Chick, Beatrice San Francisco, Marmade en joyería, lshvara y Cristine Astruc en piel, de los Ángeles y MYC en ropa de niños. ¡Madre mía¡ ¿Todos esos caben hoy aquí? Mientras estoy terminando de entender la ecuación física que me permitiría ubicar a todos en este espacio, alguien por detrás me tapa los ojos y me pregunta... jutro musimy jesc?.- Me quedo sonriente porque reconocí el acento polaco y el perfume. ¡Dorada a la sal¡ si quieres.- Le contesto. Me giro y recibo un beso de aceptación. ¿Me vas a decir ya tu nombre?- Le pregunto. ¡Agniezska¡.- Me responde y se aleja esta sirena modelo. Mando a paseo los rollos de soledad y acepto intentar pasar un par de días con ella. La veo alejarse y mezclarse con los invitados. Me fijo que sus prendas acompañan y embellecen el movimiento natural del cuerpo y siempre evocan la isla de Ibiza, con lo que siempre la recordaré. Regreso al barco algo precipitadamente para dejar preparadas en la nevera sendas doradas.

Me duermo con lo que decía Goethe en *Fausto: "Bachiller (Acercándose impetuosamente por el corredor.): He encontrado abiertos el portal y la puerta. Espero al fin que este hombre que se encontraba vivo entre la podredumbre no siga decayendo como un muerto, atrofiándose y muriendo en la vida misma. Estos muros, estos tabiques, se inclinan y amenazan al final con caerse, y si no huimos pronto, su caída y su ruina nos alcanzarán. Soy audaz como ningún otro, pero nadie puede obligarme a dar un paso más. Pero, ¿qué tengo que aprender hoy? ¿No fue aquí donde vine, hace ya muchos años, siendo un bienintencionado estudiante de primer curso temeroso y cohibido? ¿No fue aquí donde me confié a esos barbudos para instruirme con sus paparruchas? Pertrechados con sus libracos me dijeron tantas mentiras como cosas sabían, pues no creían en lo que sabían y así consumieron su vida y la mía. ¿Cómo? Allí en el claroscuro de esa celda todavía hay alguien sentado. Al acercarme, veo con asombro que está metido aún en su pelliza parda; está tal como lo dejé, envuelto en ese tosco abrigo de pieles. La verdad es que entonces me pareció muy capaz, cuando yo no tenía suficiente juicio. Pero esta vez no me atrapará, iré a abordarlo con decisión. (A Mefistófeles.) ¡Viejo señor!, si no fue bañada tu cabeza calva e inclinada hacia delante por las aguas del Leteo, reconoced en mí al estudiante emancipado ya de las ligaduras académicas. Os encuentro tal como os conocí; sin embargo, yo soy otro".*

CAPÍTULO X

Seducimos valiéndonos de mentiras y pretendemos ser amados por nosotros mismos. (Maese Mercader)

Decía Charles Dickens en *Tiempos difíciles: "Su figura no podía ser más ridícula al ser puesto en evidencia como el fanfarrón de la Humildad, que se había creado una triste leyenda a fuerza de mentiras y que había llegado, con sus jactancias, a alejar de sí la verdad, igual que si con ello aspirase de una manera despreciable – de la más despreciable de las maneras- a ligar su apellido a una genealogía ilustre. Y mientras la gente desfilaba por la puerta que él mantenía de par en par abierta, sabiendo como sabía que iban a contar en la ciudad todo lo allí ocurrido, esparciéndolo a los cuatro vientos, el señor Bounderby parecía un fanfarrón tan lamentable y abyecto, que ni aún dejándose desorejar hubiera podido parecerlo más. Ni siquiera aquella desafortunada mujer, la señora Sparsit, caída desde el pináculo de la gloria en la charca de la desesperación, se encontraba en situación tan desairada como aquel ciudadano distinguido y farsante por méritos propios, Cosías Bounderby, de Coketown".*

Me levanto. A duras penas mi cuerpo responde, me duele la espalda y las piernas me tiemblan. Me calzo las zapatillas, enciendo la luz del baño, apoyo ambas manos a sendos lados del lavabo y acerco la cara al espejo. Está arrugada y amarillenta, los años no pasaron en balde y dejaron cicatrices. Inmediatamente me espabilo al recordar que mi sirena vuelve a comer hoy. ¡Sí¡

291

Agniezska viene a comer la dorada a la sal que le prometí ayer en la fiesta. Aprendo de las enseñanzas de la isla, en el sentido de que aquí todo es atemporal y por tanto, yo también lo soy. Así me conforto que este viejo marinero pueda estar con una Ivana de treinta y siete años del mismo modo que con una Agniezska de veintiséis. Juego con los elementos que la naturaleza me proporciona desde que tengo uso de razón. Intento combinarlos de todas las maneras posibles y en toda proporción imaginable. Así compongo platos de cocina, lo mismo que cosmética, o industria. Tengo libros de recetas publicados y de cosmética, pero en todo lo que hago la alquimia está presente, como me dice mi editor, hasta en la forma de escribir. En esta isla he encontrado mi sitio, pues aunque Ibiza sea famosa por sus mercadillos, por su artesanía, o por su carácter cosmopolita y multicultural, es en los mercadillos que atraen a curiosos y celebridades del mundo entero donde encuentro esos pequeños laboratorios de tendencias. Donde se encuentran diseños, géneros y objetos que tiempo después saltan a los escaparates de las grandes ciudades europeas. Pierdo la noción del tiempo, se me olvida cenar, o si estoy de mañana o de tarde. A veces sé que es sábado, porque estoy en las Dalias, pues aquí es donde ese día de la semana acuden miles de personas como si se tratara de una cita a lo bestia para comprar artesanía, cerámica, moda Adlib, instrumentos musicales exóticos, joyas, bisutería, libros, y cualquier recuerdo de la isla, o simplemente disfrutar de la magia que ofrece el ambiente del mercadillo. Sonrío porque cualquiera que me haya conocido no daría crédito a sus ojos al verme, ¡Se ha vuelto loco¡ es lo que afirmarían rotundamente. ¿Dónde está el gruñón de la responsabilidad como bandera? ¿Nos ha estado engañando todo este tiempo? O ¿Es ahora cuando nos miente? Otros apostarían a que es otro de mis ensayos para luego escribir sobre ello. Realmente es un poco de todo. Y les contestaría saliéndome por la tangente, diciéndoles que si es de noche y estoy en un mercadillo gigantesco, será que estoy otra vez en las Dalias, pues es cuando al caer la noche se celebra el mercadillo nocturno de junio a septiembre. A los que me lo piden les aconsejo ir a las salas de conciertos de ese lugar cualquier día del año. No voy a conseguir que me entiendan, de modo que me centro en desayunar para tener las fuerzas suficientes para cuando sestee esta tarde con mi sirena después de la comida. Me río con tristeza al recordar otra despedida que tuve en mi vida y la carta que le mandé. Dice así…

Hola Cariño:

¿Te das cuenta que te has convertido en la confidente ciega de mis noches más que en mi compañera? Cuando nos conocimos, lo primero que nos preguntamos después de hacer el amor por primera vez fue ¿qué camino tomábamos a partir de ese momento? Fui sincero contigo. Te comenté el pantanal de vida que estaba detrás de mí, que no podía ofrecer nada sólido y pasaría mucho tiempo antes de volver a poner otra solera de hormigón donde construir otra vez un futuro con alguien. Me preguntaste que por qué pensaba que tú no podías soportarlo cuando querías compartirlo y vivirlo a mi lado. Te besé y contesté que cuando realmente quieres a alguien, lo primero que haces es apartarle del peligro poniéndola a salvo y eso mismo era lo que pretendía hacer contigo. Recuerdo que cogí una de tus manos, mientras con la otra iba separando los mechones de pelo que te iban cayendo por la cara y tú la bajabas mirando al colchón. ¿Cómo pretendes que te meta en una lancha llenas de agujeros para atravesar un pantano lleno de peligros y sin saber siquiera si seré capaz de conseguirlo? Es lo que te dije a continuación. Me abrazaste llorando. Insististe en decir que si el destino nos había juntado no era para una noche. Cariño, la tentación era tan fuerte que no pude resistirme al roce de tus pechos en mis rodillas, ni al roce de tus labios mojados por las lágrimas descendiendo por debajo de mi ombligo. Disculpa pero hay ocasiones en que el alma se choca como un miura con lo correcto. Creo que en esos momentos el deber "la responsabilidad" deberían serlo aún más. Son cosas que no planeamos. Pero por un lado, el deseo de retenerte para repetir cada noche lo de la primera, por otro la losa de la responsabilidad alejándote para salvarte de mí mismo. Simplemente ocurre y no supe reaccionar. Nos mentimos mutuamente diciéndonos que juntos lo superaríamos, pero no es cierto. Ya no hacemos el amor sino que simplemente hay sexo entre nosotros. Ya no te escucho y en cambio te has convertido en mi psicóloga nocturna. Nuestra vida se ha convertido en una mentira que me recuerda a la mentira de las galletas chinas de la suerte, (que son invento americano), que son huecas por dentro, que se quiebran fácilmente y además siempre dan mensajes ambiguos. En la soledad encuentro las respuestas, contigo las doy forma. Los gritos del pasado atruenan en el silencio. No quise entonces y no quiero ahora seguir viviendo una mentira, ni seguir cometiendo más errores y mucho menos causarte heridas. Cada noche acudo a ti en busca de consejos, en busca de verdades que a veces no quería escuchar y mucho menos aceptar. Tal vez algo dentro de mí creía que merecía algo más de la vida. Quizás lo que me pasó debía pasar, tanto las cosas buenas como las malas. Sólo que a veces me cuesta creer merecer tantos golpes, por ser tan inútil de no poder ver mis propios errores. Creo no ser una mala persona, no creo merecer tantos obstáculos en el camino, ni que la vida me sea tan difícil mientras a otros muchos nunca les pasa nada. No quise llegar hasta aquí... o tal vez sí, pero no de esta manera. ¿Queremos seguir viviendo una mentira que no conduce a nada? Me había forjado la idea de una relación en la que yo también te aportara algo. Tú insistes en decirme que conmigo lo tienes todo y eres feliz. Pensé en la idea de poder aconsejarte cuando necesitaras un amigo, la posibilidad de poder cuidarte y tú dices que doy más de lo que necesitas. Me miro al espejo cada mañana preguntándome por qué te conformas con tan poco cuando yo necesito mucho más. También me canso de los reproches que por un lado y otro me hacen sobre ti. Que si no estás a mi altura, que si no eres mujer para mi, que no tienes personalidad o que solo quieres ser mi amiga. No comprendo y dudo que algún día entienda realmente lo ciego que soy al no ver el daño que mutuamente nos hemos causado y que ya no tiene solución. No te molesto más. Sé que estás bien y sin mí podrás encontrar al hombre que necesites. Discúlpame, pero me marcho porque veo pasar los meses conteniéndome cada día en hacerlo; a veces no doy más de sí y lo pago contigo. Y cuando menos lo espero algo pasa, como ahora, que alguien de mi pasado vuelve a mi vida, me trae recuerdos y carpetas sin cerrar. Carol ha vuelto a mi vida hace unos meses. Hablamos, paseamos y al principio la rechazaba pero es imposible que algo que hay en brasas no arda en un momento dado. Y ardió. Conozco tus reacciones, tus agresiones y lo perversa que puedes llegar a ser. Pensé las mil formas en que podrías herirme con esto, pero sinceramente ya nada me importa. Repasé mil maneras más que podrías tener para humillarme, y aunque te seguiré queriendo, me di cuenta que tampoco me importa. Con ella ocurrió como ahora contigo, se quedó en éso, en una carpeta sin cerrar y puede que tú vuelvas a mi vida dentro de unos años de igual manera. Habremos madurado los dos. Seremos mejores o quizás peores, eso nadie lo puede predecir. Queda un poco de dolor que seguro sanará con el tiempo. Sólo eso podrá curar las cosas que quedan. Nunca quise decirte que siempre luchaba contra mi otro yo cuando estabas cerca de mí. No te imaginas las veces que me preguntaba si estabas mal, o si estabas triste, o si necesitabas algo. Me hubiera gustado un resultado diferente y haber encontrado en ti la mujer completa que busco y necesito. Me doy cuenta que puede que esa mujer no exista y hasta soy consciente de que la mujer ideal se formaría con una parte de todas las que pasaron por mi vida. ¿Me humillo? ¡Si quieres lo hago¡, si con eso te hago sentir mejor y no me arrepiento de hacerlo contigo. Hasta hoy no te he dicho que sé con quién estás y cómo estás. Nada más importa. Soy consciente de que también tú tienes otra persona en tu vida y eso me refuerza a dar el paso con menos sentimiento de culpa. Es lógico y lo admito porque lo nuestro es un sinsentido monumental. Aguantas conmigo por ciertas seguridades, pero buscas en otro el amor y en ambos el sexo. Personalmente busco otras cosas que distan mucho de estar en tus genes y por mucho que pudiera explicártelo, no me comprenderías porque eres más materialista que yo y profundizas muy poco en los conceptos. Por las noches me escuchas y me aconsejas sin llegar a entender mis por qués de la vida. A escondidas me criticas que tenga tanta hambre de comprender el universo, la naturaleza, el comportamiento animal, al ser humano y a la sociedad. Y cuando terminas de aconsejarme, mi corazón se llena de tristeza por el vacio que encuentro y lleno con sexo contigo como medio de acortar distancias. Gracias por haberme mostrado cómo se vive contigo, ahora sé lo que busco y voy en busca de ella...y a pesar de todo. ¡Gracias! Quizá cuando sientas esto que siento al rededor de mi garganta, de mi cabeza, de mis ojos... tal vez en ese momento me entiendas. ¿Sabes? Sí ¡Gracias! Y aunque pienses lo contrario (como siempre) ¡No! No me arrepiento de lo que fue. Solo que dejaré de estar cogiéndote la mano mientras paseamos sobre nuestras alfombras, ¿las recuerdas? la ocre de hojas en otoño, la blanca de la nieve en invierno, la verde de la primavera y la azul del mar en verano. Cuando me rocen en el futuro las hojas de un árbol. Cuando observe el reflejo de la luna en el Tajo. Cuando despierte cada anochecer las cenizas de la chimenea. Cuando recorra los caminos inciertos de mi silencio. Cuando me siente en la cama. Cuando me tape la vista con el sueño. Cuando surja tu nombre en cualquier conversación a mi lado. Sabré que estás de nuevo a mi lado como el primer día que hicimos el amor y nos conocimos. No quería mentirme más, lo hago ahora que estás bien con él. Besos y adiós.

Dice *el manual de Epícteto:* *"Que pensamientos y razonamientos, como: "Permaneceré despreciado; jamás seré alguien en el mundo"; no te preocupen nunca. Pues, si el desprecio es un mal, tú no puedes estar en el mal por medio de ajeno, no más que en lo feo. ¿Depende de ti ser nombrado en un puesto prestigioso? ¿Depende de ti ser invitado a una fiesta? En absoluto. ¿Cómo puede entonces ser esto un desprecio y un deshonor para ti? ¿Cómo puede ser que no seas alguien en el mundo, tú, que no puedes ser más que de lo que ti depende, y de lo que tú puedes responder con la mayor consideración? "Pero no tendré recursos para proteger a los míos..." ¿Qué significa, "tener recursos"? ¿Que tú no les darás dinero? ¿Qué no les invitarás a pasar vacaciones contigo? ¿Quién te ha dicho que estas cosas son del número de aquellas que están en nuestro poder, y que no pertenecen más que a nosotros?. ¿Y quién puede dar a los otros, lo que no puede darse a sí mismo?. "Adquiere bienes, dirán, para que nosotros los tengamos" Si puedo adquirir, sin perder el pudor, la modestia, la fidelidad, la magnanimidad, muéstrame el camino que hay que tomar para ser rico, y lo seguiré. Pero si quieres que yo pierda mis verdaderos bienes a fin de adquirir falsos, ve por ti mismo cuál desigual ti enes la balanza, y hasta qué punto eres ingrato y desconsiderado. ¿Qué es lo que más amas, el dinero, o un amigo sabio y fiel?. Ah! Ayúdame entonces a adquirir virtudes, y no exijas que haga cosas que me harían perderme. "Pero, dirás aún, mi ciudad no tendrá de mi, mis servicios". ¿Cuáles servicios? ¿No recibirá acaso tus dones? "! No tendrá de mí, un nuevo hospital!" ¿Y qué con eso?. Basta con que cada uno en su estado haga lo suyo. Pero si, por tu ejemplo, tú das a tu ciudad otro habitante sabio, modesto y fiel, ¿no le prestarás servicio alguno?. En verdad le darás uno, y uno muy grande; no le serás entonces inútil. "¿Que puesto, dices, tendré en la ciudad? Aquel que puedas obtener conservándote fiel y modesto. Pero sí, queriéndola servir, pierdes tus virtudes, qué servicio le brindarás cuando devengas imprudente y desvergonzado?".*

Saldré un momento al mercadillo para comprar algunas cosas de picar como aperitivos antes del plato principal, como por ejemplo algo de ensalada con queso y manzana, algunas aceitunas y unos moluscos que haré al vapor. Lloro de placer al poder permitirme estas comidas en un mundo que se tambalea por consecuencia de las mentiras, de los egoísmos y de las guerras. Ibiza es un paraíso en este sentido y un ejemplo de tolerancia. Hablando de ejemplos, anoto en mi iphone el ir a Punta Arabí el miércoles. Pues de abril a octubre, desde hace 25 años, el mercadillo de Es Canar se convierte en otra de las visitas indispensables. Sobre un terreno asfaltado y en un núcleo urbano rodeado de bares, restaurantes y hoteles, ofrece más de 400 puestos, distribuidos en callejuelas, que se pueden recorrer en un agradable paseo, amenizado durante la tarde por música en vivo. Me lanzo a mi mismo la idea de poner algún día un mercadillo con mis libros, mis recetas de mermeladas y las de cosmética. ¡Ja, ja, ja¡ Me encanta esta posibilidad. Punta Arabí no sería mala elección pues junto con el mercadillo, hay tiendas y puestos donde comprar artesanía, moda y regalos en Dalt Vila, la Marina, Av. Bartolomé Roselló y en Ses Figueretes, y todo sin salir del municipio de Ibiza. Me perdono a mi mismo la precipitación de la elección del lugar para mi futuro puesto de mercadillo porque en Sant Antoni, los puestos de artesanía y de regalos se encuentran en el Paseo de Ses Fonts, junto a la zona más comercial. ¡Ufff¡ tengo un verdadero problema de elección de mi ubicación porque en Santa Eulária, también se pueden recorrer los puestos de los artesanos que todos los días del verano se colocan en el Paseo de S'Alamera. Amo esta isla y que me complique la vida solamente en la elección de mi puesto callejero. Camino al mercadillo para comprar los aperitivos, me percato que en la calle principal de Sant Miquel también hay un mercadillo de artesanos todos los jueves en temporada alta. Cambio de preocupación y me centro en Agniezska. No lo puedo evitar, parece que esto de analizar a la gente forma parte de mis genes lo mismo que la alquimia. ¡No tengo remedio¡ cuando me diga que le gusta la comida sabré si me está mintiendo y además con muchas probabilidades de acertar, si carraspea a menudo. ¿Por qué? Porque una vez descartada cualquier patología faringolaringea, la ansiedad se acumula en las mucosas de la garganta. Para hacerme comprender mejor, solo hay que pensar en las personas que van a hablar en público y veremos cómo siempre se humedecen la garganta con agua y carraspean para aclarar la voz. Hablando de mentiras, recuerdo haber leído este artículo que apareció publicado en la revista colombiana "la Bezaca" y dejo en el que me oiga en averiguar quién miente, si la revista o lo que denuncia la revista. Dice así: *"Mínima Historia Universal de la Mentira a través de los Astros cercanos y los Grandes Libros. La luna: En el hemisferio norte la Luna tiene forma de C cuando es Decreciente y forma de D cuando es Creciente. La nemotecnia para saber si la luna crece o decrece, se resume con la frase "la luna es mentirosa". El sol. Nos reímos ahora de nuestros antepasados, aquellos que creían que el sol giraba en torno a la tierra; la razón ve más allá que la vista y sabemos ahora que es la tierra la que gira en torno al sol. Esto, que cuentan los profesores en la escuela, es una muestra de que la ciencia libera al hombre de su antropocentrismo. Y sin embargo no es cierto que la tierra gire en torno al sol, o al menos es tan cierto, o tan mentira como que el sol gira en torno a la tierra. Lo único objetivamente verídico es que desde el punto de vista de la mecánica clásica fundada por Newton y Leibniz, las ecuaciones son más simples si se asume el sol como el centro sobre el cual gira la tierra y si se hace una aproximación –una pequeña mentira piadosa- por la cual la tierra no afecta gravitatoriamente al astro. Decir que la tierra gira alrededor del sol es una gran mentira que se supone nos libera de otra mentira. Libros. "Dijo el cretense Epímenides allá por el siglo VI. a.n.e: 'Los cretenses, siempre embusteros'." La Biblia, Epístola a Tito, v. 12. "'si alguno pasare por esta puente de una parte a otra ha de jurar primero adónde y a qué va; y si jurare verdad déjenle pasar; y si dijere mentira, muera por ello ahorcado en la horca que allí se muestra, sin remisión alguna'. Sabida esta ley y la rigurosa condición della pasaban muchos, y luego en lo que juraban se echaba de ver que decían verdad, y los jueces los dejaban pasar libremente. Sucedió, pues, que, tomando juramento a un hombre, juró y dijo que para el juramento que hacía, que iba a morir en aquella horca que allí estaba, y no a otra cosa. Repararon los jueces en el juramento y dijeron: "Si a este hombre le dejamos pasar libremente mintió en su juramento, y, conforme a la ley, debe morir; y si le ahorcamos él juró que iba a morir en aquella horca, y, habiendo jurado verdad, por la misma ley debe ser libre". Segunda parte de El Quijote, Miguel de Cervantes. "Sin embargo, ¿qué te dijo en otro tiempo Zaratustra? ¿Que los poetas mienten demasiado? - Más también Zaratustra es un poeta." Así hablaba Zaratustra, Friedrich Nietzche. "-No aceptes nunca un consejo de alguien con el que no te hayas acostado. -Pero tú y yo nunca nos hemos acostado, ¿he de seguir tu consejo? "En sexo, mentiras y video, film escrito y dirigido por Steven Soderbergh. La paradoja del mentiroso, presentada aquí en cuatro variantes, y que en su versión más sintética es "esta frase es falsa", guarda estrecha relación con la definición de un conjunto matemático: El conjunto de todos los conjuntos que no se autocontienen. Una paradoja surge con la pregunta ¿tal conjunto, se autocontiene?. Esta paradoja la inventó o descubrió Bertrand Russell, y la reformuló de la siguiente forma: "el barbero de esta ciudad, que afeita a todos los hombres que no se afeitan a sí mismos, ¿se*

*afeita a sí mismo?" Russell la envió a su colega Gottlob Frege –
en una carta cuyo único contenido era la paradoja- cuando este
último estaba a punto de publicar el segundo tomo de su obra
cumbre en lógica matemática. La paradoja delataba que su
teoría era inconsistente –es decir, con ella se podía demostrar
cualquier proposición-, y por lo tanto inútil, fallida. Frege
publicó el libro, con una fe de erratas muy particular, ya que en
ella consta que todo el libro es en sí un error. Puede que el
siguiente fragmento sea el más honesto jamás escrito en
literatura científica: "Con nada más indeseable puede
enfrentarse un científico que con deshacerse de sus fundamentos
después de terminar su obra. Me ha puesto en esa situación una
carta de Mr. Bertrand Russell cuando estaba a punto de mandar
mi obra a la imprenta" Un fragmento de honestidad para un libro
de mentiras inauguraba el siglo XX".* ¿Lo has averiguado? Lo
curioso es que todo gira en torno a lo que trato, ¡mentiras,
mentiras y más mentiras¡

He vuelto del mercado de comprar los aperitivos. Los preparo
en bandejitas. Limpio las doradas y las aclaro con agua. Congelo
las tripas en un congelador aparte, para guardarlas como cebo y
me cambio para zambullirme un rato en el mar. Ya que he
comenzado con los astros, me pregunto si ¿tienen algo que ver
con las mentiras?. La mayoría de la gente cree que la luna y los
astros tienen mucho que ver con lo que nos ocurre. Si delibero
sobre el asunto, compruebo que además lo dicen con cierto temor
y llegan a rodear la luna de un cierto halo de misterio tenebroso.
No es objeto de culto de tal o cual cultura, ni de tal o cual era,
sino de todas y cada una de ellas. Me pregunto ¿Qué tiene que ver
la luna con la mentira y con la soledad que nos infecta? De
entrada se me vienen a la memoria los aquelarres y las leyendas
de licántropos y además todo depende de la fase lunar. Según éso
los hombres lobo se desarrollan en luna llena y está comprobado

que en esa misma fase, el pelo de los humanos crece más, las plantas crecen más y las mareas también son afectadas. Del mismo modo, en luna nueva, ocurre todo lo contrario, se nos cae el pelo más, las plantas crecen menos y las mareas también son afectadas. Las mareas son un efecto de la fuerza de atracción que ejerce la luna sobre la Tierra. Debido al movimiento de traslación de la Tierra se genera una fuerza centrífuga, que ocasiona que las cosas tiendan a irse hacia fuera. Además, como la Luna gira alrededor de la Tierra, esta ejerce una atracción sobre el océano y al combinar estas fuerzas (centrífuga y de atracción) el nivel del agua sube y se producen las mareas. Que la Luna es capaz de influir sobre las mareas es un dato científicamente comprobado. Me llama la atención el hecho de que esos mismos científicos aseguren sin lugar a dudas que la luna no afecta en absoluto al clima. ¡A ver señores¡ En el colegio se estudia el ciclo de la lluvia y en física de fluidos y de gases los movimientos de estos elementos condicionados por la presión y la temperatura (termodinámica de fluidos) ¿Y me aseguran que el provocar movimientos de masas de aguas no afecta al clima? Pues una de dos, o yo debo volver al colegio, o ustedes son unos adoctrinadores de pacotilla pendientes de la subvención de la beca para dar de comer a su ego a costa de los impuestos, lo que me remite a otra de mis carreras en las que estudie parasitología. Hasta los pescadores controlan estas fases lunares para determinar los momentos de más actividad de los peces y las de menos picadas. ¿Mentimos más en luna llena o en luna nueva? De los experimentos llevados a cabo con personas que conocía con antelación, para poder determinar estas alteraciones más fehacientemente, he concluido que efectivamente, el teorema de Pareto se mantenía y el 80% de ellos actuaban directamente proporcional a la fase lunar. El otro 20% no eran afectados. Otro denominador común en esas fases lunares es su ciclo de 28 días, coincidente con el periodo menstrual de la mujer y el ciclo de vida de muchos insectos. ¿Qué produjeron estas fases en los individuos ensayados? En luna llena se provocaba euforia y alegría así como un aumento de las mentiras. En la luna menguante, que es un tiempo de depuración y limpieza, los arrepentimientos eran más frecuentes. En luna nueva, que es momento de inestabilidad e incertidumbre, las mentiras iban acompañadas de más gestos e ilustraciones para convencer, no aumentaban en cantidad, pero sí que notaba un aumento de la calidad de la mentira. Y en luna creciente, que da lugar al crecimiento y ascenso, aumentaban también los gestos e ilustraciones, se mantenía la cantidad de mentiras, pero la calidad era muy inferior a lo normal. ¿Podríamos aplicar los detectores de mentiras en función de las fases lunares para pillar al mentiroso de mejor manera? Posiblemente sería algo a estudiar, sin caer en la promoción de las teorías lunares esotéricas. Ahora que he estudiado estas fases lunares, me doy cuenta de la constante "luna" condicionando durante generaciones los quehaceres del ser humano. Desde podar una planta hasta quedar embarazada. ¿Estamos a merced de un satélite? Parece que sí. Hasta el punto de que los giros lingüísticos mantienen esa invariable: "Eres un lunático"… "Siempre estás en la luna" y similares. ¿Qué significa luna? La palabra «luna» viene del latín y su raíz, «leuk», es de origen indoeuropeo y está presente por ejemplo en el griego: «leukós». Luego "luna" quiere decir "blanco brillante". ¡Ufff, qué contradicción más curiosa¡ por un lado "blanco + brillante" y por el otro "misterio + tenebroso".

Dice *el manual de Epícteto: "Si tu imaginación te presenta la imagen de algo voluptuoso, entonces, como siempre, vigila sobre ti, teme ser de ella cautivo. Que esta voluptuosidad espere y dale dilación. Luego, compara los dos momentos, el del goce y el del impedir que siga, y los reproches que te harás a ti mismo, y opón la satisfacción que te proveen estos dos momentos. Si encuentras que es el tiempo para ti de gozar de tal placer, ten cuidado de que su agrado no te venza y no te dejes seducir por el placer, oponle cuánto mejor es tener de ti conciencia del logro de la victoria".*

Salgo del agua para secarme al sol de la cubierta del barco. Sin mucho éxito me distraigo intentando sacar alguna ecuación o serie matemática con las circunvoluciones de las gaviotas en el cielo, de modo que sigo centrado en mis reflexiones anteriores, pensando que cuando estamos convencidos de lo que decimos, nuestras manos y brazos gesticulan, enfatizando nuestro punto de vista y demostrando convicción. La persona que miente no consigue hacerlo a pesar de intentarlo. Reflexiono sobre el hecho de que la mayoría de las personas se creen a pies juntillas los artículos de los periódicos, de las revistas, lo que oyen en la radio o ven en la televisión, sin darse cuenta de que son las víctimas de los llamados "índices de audiencia" en los que alguien va controlando cuánta gente se une en ese minuto a la audiencia en función de los que en ella comentan. Entonces otro "alguien" de la otra emisora o cadena de tv hace lo propio y reacciona sin que a nadie le importe decir la verdad. Lo que importa son los índices de audiencia. Me recuerda a la ridiculez de los años 2011 al 2014 en el que de repente, toda la economía se basaba en la "prima de riesgo". ¿Qué ocurre? ¿Es que no había ese índice junto con otros doscientos más en los años anteriores? La mentira es por un lado, que los que se las daban de periodistas financieros no tenían ni idea antes ni después, pero la gente invertía y seguirá haciéndolo en donde ellos y sus cadenas de tv o emisoras de radio prescriban. Por otro lado, la mentira es que mientras todos los neófitos y paletos cerebrales se fijan en la actual prima de riesgo, no se fijan en otros índices que si claman al cielo. He terminado de leer otro libro que orienta, aunque es muy parcial y tendencioso, poco objetivo y solo ve la paja ajena, pero a fin de cuentas orienta al público sobre la mierda, las mentiras, la corrupción y los "sobre-cogedores" que hay en el mundo periodístico amparándose en su poder de manipulación y su influencia mediática. El autor de *"La explosión del periodismo"* se refiere a los artículos mentirosos que completan el capítulo de *"Mentirosos compulsivos"*. Lejos de mi intención es reproducir los ejemplos que se describen en el libro y los dejo para el curioso que pudiera oírme. Ignacio Ramonet es su autor y vincula estas mentiras y la extensiva practica que de ellas se ha hecho con el descrédito de la prensa diaria y del cierre de las cadenas, emisoras y rotativos que no son amparadas bajo la subvención estatal. Los políticos están desacreditados, el mundo financiero también, los sindicatos y empresarios ¿para qué hablar? Personalmente creo que la sociedad se encuentra al borde del precipicio, al que ha llegado por la mentira y la división de la sociedad hasta la soledad del individuo. Cuando un individuo deja de creer en algo porque ese algo le ha mentido, es complicado que se vuelvan a unir por mucho perdón que se pidan mutuamente. El descrédito de los periodistas se debe solamente a comunicar mensajes complacientes y aduladores en favor de los poderes que se las encargan y se venden por el plato de lentejas. La prostitución existente en los medios de comunicación es vomitiva. El peaje del concubinato entre políticos y periodistas ha cambiado la dirección de la información y el sentido de la comunicación. ¿Por qué? Porque antes, los periódicos vendían información a los lectores y ahora con la concentración monopolística de los medios, lo que hacen es vender "consumidores" a los anunciantes y políticos, contaminando a las empresas de servicios que lo llaman "fondo de comercio" y hasta lo reflejan en sus Capex y ebitdas, para cotizar en bolsa. El descrédito, sin embargo, no es el único problema de los medios de comunicación. Como todo lo que es corrupto, fagocita lo que no le sirve o lo que es competencia sin someterse al sistema impuesto. Todos los que no reciben subvenciones mueren o se adaptan y de esta adaptación crece internet, provocando un cambio sustantivo del ecosistema mediático y la extinción masiva de los diarios de la prensa escrita. Aquellos poderes que mantenían subvenciones, ahora giran y subvencionan a los que tienen más clientes, seguidores u oyentes.

¿Van a desaparecer los periódicos de papel? Personalmente creo que tardarán unos cincuenta años más, pero lo harán. Lo que si desaparecerán son los periodistas. Solo hay que fijarse en los programas de televisión para ver que los periodistas están siendo desplazados a la radio por personajes sintéticos. Además, con el desarrollo de los foros, chats y blogs, cualquiera puede ser periodista. La prensa se difumina cada vez más en su orientación al cliente final, se agujerea con la metralla de la revolución digital, con el surgimiento y expansión de las redes sociales, la fragmentación de los lectores, el colapso de la credibilidad de los medios y el impacto de la crisis económica. Las estadísticas me avalan. Tan sólo entre 2003 y 2008, la difusión mundial de los diarios de pago cayó 7.9 por ciento en Europa y 10.6 por ciento en América del Norte. Solamente en Estados Unidos desaparecieron 120 periódicos, con la pérdida de unos 25 mil empleos. La difusión de la prensa escrita cae 10 por ciento al año. Numerosas publicaciones han sacrificado sus ediciones impresas. Solo hay que ver las nominas de los históricos grandes periódicos y ver cómo se paga a sus redactores (solamente tres días por semana), con lo que se comprende cómo se aprovechan en poner ridículos a muchas personas e incluso a países para que éstos se sometan a un peaje para mantenerse a flote. ¡Mentiras, mentiras y más mentiras¡ Luego aparecen los "Wikileaks" de turno, sacando a la luz documentos de todo tipo. Entonces el mecanismo de acoso y destrucción se pone en marcha amparándose en normas de espionaje y traición a la patria. ¿Quién es el traidor y el mentiroso? ¿El que denuncia al mentiroso y traidor en el poder o el que espía al ciudadano, le manipula y es capaz de ensayar con él como rata de laboratorio?. Siempre me he preguntado ¿Por qué la gente sigue comprando los periódicos, viendo los noticiarios y semejantes cosas, sabiendo que se les miente? ¿Para entender, comparar, analizar, confrontar, revisar el revés y el derecho de la realidad? O ¿Solamente por el hecho de oír lo que quieren oír? Sinceramente creo que a medida que se crece en la cadena evolutiva y en la pirámide depredadora, hay un agravamiento de la decadencia y la prensa no va ser menos. En ella se concentra poder, y dinero, una mezcla que conlleva competición, depredación, especulación, pisoteo y hacer lo que sea necesario para subir. A medida que se asciende hay menos puestos que se cubren, bien por victoria, o fusiones, o adquisiciones, o concentraciones de los grandes grupos hasta conseguir los monopolios. Éstos no sobreviven solo de las cuotas de afiliados, de suscriptores, de accionistas, sino que se deben a las subvenciones políticas y a las inyecciones monetarias de las empresas en forma de publicidad. Otro factor es que el lector al que llegan, o el oyente que se trate, van envejeciendo y tiene fecha de caducidad y pueden dejarles de comprar a favor de prensa gratis o de internet. Entonces deben acaparar ese mundo virtual, deben estudiar las necesidades de sus lectores adaptándose a ellas para luego poder venderlos a las agencias de publicidad a cambio de renunciar a las morales, éticas y verdades que conllevan publicar artículos largos, documentados y serios. ¡Vaya mierda de sociedad¡

Describo gestos, estudios, análisis, productos, ciudades, paisajes y naturaleza del mismo modo que los artistas de todo el planeta exponen sus creaciones en mercadillos, galerías de arte, talleres artesanos y ferias de Ibiza. Ibiza es fuente de inspiración y cuna de las propuestas más innovadoras y un buen ejemplo de ello es la música que nace en la isla y tiene resonancia internacional. Mato el reloj cada día cuando cae el sol porque no hay derecho a que dure tan poco el ocaso. En mi vida y en mis viajes había presenciado el amanecer en el desierto, el sol de medianoche en el polo, los atardeceres de Asia, los mediodías de la selva, pero no hay nada comparable al grandioso espectáculo de la puesta de sol que se convierte cada verano en el banco de pruebas donde los más conocidos DJs ensayan nuevos ritmos. La industria de la música y algunos de los compositores más famosos del mundo encuentran en Ibiza el estímulo necesario a su proceso creativo. Llega mi sirena. Nos saludamos y sin tardar nos zambullimos en el agua. Menos mal que esta vez me dio tiempo de coger aletas, tubo y gafas para los dos y así poder bucear juntos sin regresar al barco. Quemo el tiempo que me queda con esta sirena dejando llevar mi imaginación a una vida en común. Acaricio su pelo en tierra como lo hago ahora con ella en estas praderas marinas. Evado el momento con la elección de mi puesto de mercadillo pensando si debería empezar por las dos ferias artesanales que se organizan en la "Plaça d'Art", en Semana Santa, y en "Sa Tardor", a finales de septiembre, en el céntrico Paseo de Vara de Rey. En mis tiempos también hice cerámica y sobretodo decoración de cerámica. Mi estilo es la herencia de mi padre, que me enseñó su estilo personal y me encantó. Lo continué un tiempo hasta que las mudanzas fueron acabando con los cacharros de barro. No estaría mal recuperar esta actividad y añadir otro espacio más a mi puesto callejero de mercadillo ibicenco con las pinturas y las cerámicas. Para ello debería ir a Sant Antoni, pues como dicen en las guías turísticas *"Quienes deseen conocer la obra de los ceramistas de la isla, deben saber que a ocho kilómetros de Sant Antoni y próximo a Ibiza se encuentra Sant Rafel, el único pueblo de la isla que ha sido declarado "Zona de interés artesanal", y donde trabajan algunos de los mejores maestros de la isla, que han creado escuela con piezas de inspiración púnica. Sus talleres están abiertos al público."*

Agniezska y yo llevamos buceando y emergiendo por espacio de una hora y ya es tiempo de volver al barco, pues la dorada necesita al menos veinte minutos de horno a 180°. Se lo comento. Asiente con las gafas puestas y con un movimiento de cabeza. Llegamos al barco. Mientras ella se seca en la cubierta, caliento el horno y meto el pescado. Me seco yo también y juntos ponemos la mesa y decoramos las bandejas de aperitivos. No podemos evitar ir picando y jugando con la comida. Agniezska lee mis apuntes de mentiras que tengo a la vista en el ordenador y me pregunta qué hago. Le contesto y comenzamos a hablar mientras comemos. Por ejemplo.- Le digo para que entienda lo que hago.- Todos los que usamos internet y máxime los que en más de una ocasión han entrado en algún chat o similar para conseguir relaciones, amigos, amoríos o como sea que se llamen ahora, a estas cosas que ni son amigos, ni relaciones, ni amoríos, habrán mentido o sufrido mentiras de todos contra todos. Socialmente tiene explicación en el denominador común de la soledad y de la frustración del ser humano, que es capaz de hacer lo que sea por sobrevivir y más aún si no tiene que dar la cara. Está demostrada la cobardía de la mayoría de esas personas. Personalmente he conocido hackers que han destrozado los ordenadores de todo el mundo, sin importarles si eran los de un niño, o un impedido, o una multinacional. A cambio de un contrato posterior en la consabida multinacional. Eso es piratería mafiosa. Y digo que son unos cobardes, porque tuve delante al que me copió las tarjetas de crédito y los códigos secretos de mis cuentas. Estaba allí sentado en el banquillo de los acusados en el juicio, tranquilo como una manzana sabedor que no habría más que declararse insolvente. Su error fue mirarme con una sonrisa. Yo le mantuve la mirada a medida que la mía se iba dibujando lentamente hacia el lado derecho de mi cara... - En la cárcel hay muchos accidentes...- Le comenté en voz baja.- Y a partir de su accidente temblaba como un conejo cada día del juicio. ¿Por qué sería? ¡No lo sé¡... ¡cachisss¡ ... Lo que este chico no sabía es que en la vida real, te vas a tomar un café. En ese café hay más gente y es posible que alguien se fije en nosotros. Se nos acerque o nos acercamos. Hablamos cara a cara y es posible que sea el momento de entablar una relación, tanto amistosa como de algo más. En el mundo de este chico es lo mismo. Te metes en un chat, conoces a alguien por una foto o avatar que ha colgado, lees un perfil que esa persona añade y si te cae bien y hay un cierto feelling también es posible que se entable una relación. ¿Cuál es la diferencia? en la vida real lo primero que vemos es el físico y en este mundo virtual no. Conoces su porte, su entorno, sus maneras, su cultura. En el virtual no sabes si es hombre o mujer lo que hay tras un avatar, o si es joven o viejo, soltero o casado, solvente o moroso, delincuente u honesto. En este mundo, la gente se esconde detrás de un Nick y el lenguaje escrito es el que hace que nos interesemos más o menos por lo que nos dice. Desconoces si copia de otro sus frases o son propias. En un chat se pueden expresar muchas cosas por escrito, muchas palabras bonitas, se pueden expresar los sentimientos de una forma que muchas veces no se dicen verbalmente por vergüenza, o se dicen para atrapar inocentes. Se piden fotos desnudándose y luego se le chantajea. Conocen cuándo y cómo son las casas por dentro, para asaltarlas o para saber si se nos miente. Si en persona somos víctimas de estafadores, mentirosos y psicópatas, imaginemos por un momento quiénes son los que necesitan de un chat para ligar, o para tener amigos. Solamente por eso, se me ponen los pelos de punta de tener que perderme el compartir un estupendo café, perdiendo el tiempo chateando con mutantes cerebrales y parapléjicos sociales.

Hace tiempo, mi amiga Ivana y yo hicimos experimentos con esos chats a ver quiénes eran esas personas. En una semana, ella recibió tres mil contactos, que posteriormente clasificamos, dando como resultado los siguientes perfiles: Los que van de poetas, habitualmente son musulmanes y chicos más jóvenes. Estos copian y pegan el mismo texto para cualquier mujer....¡atención al español maravilloso y a los que sucumben ante tu personalidad o se les derrite el alma con solo ver tu foto!. o los casados, pero que nunca dicen que lo son, siempre dicen que son solteros, separados o viudos, esos suelen ser los peores, suelen ser los más mentirosos. Les siguen los que quieren casarse. En este segundo apartado están los que lo quieren hacer y te pagan para conseguir los papeles de inmigración, los que van prometiendo relación "honesta" y los que "ya te conocen" solo por una foto, y eres "la mujer de su vida". El siguiente grupo tipo son los que cambian Nombre, Edad, Profesión, Estado civil, y en la Foto que puede ser antigua. Otro perfil son los que buscan sexo y lo hacen pidiendo o dando otra cosa. Los casados que dicen estar muy mal con su pareja y te cuentan lo desgraciados que son, pero que aguantan por los hijos, pero seguro que se van a separar en breve. Si repaso mentalmente las frases que fui anotando en mi cuaderno todos estos años, veo que se repiten como una peonza. Les siguen los caraduras, que mienten de entrada "Dicen que les has aceptado como amigo, en el grupo" y es mentira, son ellos los que te han escrito porque el grupo es abierto. Otros serian los que van de "especiales", aquí entran todos los fantasiosos neuróticos desquiciados, desde el de la conspiración política y es espía, hasta el extraterrestre que perdió su nave, pasando por el visionario y el superdotado físico. Finalmente existe un grupo de captadores que supuestamente "ofrecen trabajo". Entre ellos detectamos desde captadores de sectas, a obsesivos desesperados, pasando por estafadores a los que había que mandar dinero para que te diesen un listado de clientes. Y los acosadores que en primer lugar piden el Messenger, luego la Cam, tras y después decirte lo maravillosa que eres y que jamás encontró a una mujer como tú, te pide que te pongas de pie para verte mejor, luego que te pongas cómoda y que te quites la blusa que llevas, luego te pide que le enseñes los pechos, y si vas a accediendo... ya te puedes imaginar lo que viene después. ¿Qué ocurrió en mi chat? Pusimos lo siguiente: como avatar una foto de un cerebro y como texto lo siguiente: *"S.O.S. Especie en peligro de extinción, busca pareja". (Abstenerse mutantes)"*. Lógicamente no tuve los tres mil de Ivana, solamente once fueron las candidatas. Tuve citas con todas ellas y eran universitarias, auxiliares de clínica, administrativas y una cajera de supermercado. Ivana y yo demostramos que la mentira es la dueña del mundo y la soledad su asalariada. Si todo el mundo fuera sincero y fuera de buena fe no habría ningún problema, pero hay gente que se cree que al ponerse el disfraz del Nick ya le da derecho a todo y parece ser que no se dan cuenta muchas veces de que siempre detrás de cualquier Nick hay una persona con sus sentimientos, que sufre, llora y ríe y hasta se puede enamorar. La mayor parte de la gente está invadida de soledad y en internet encuentran una forma de comunicarse, de apoyarse y de poder compartir sus penas y alegrías con otras personas sin necesidad de moverse de su casa, en donde se sienten más seguros. Además, allí no tienen que mantener composturas, modales y pueden reírse de la otra persona sin ser pillados. Me alegro que los experimentos de Ivana y míos coincidan con los de la universidad de Columbia con 170 alumnos a los que se les propuso un juego de transacciones bursátiles para clientes ficticios. Pues bien, el 95% de los voluntarios alteró los datos que le había dado a su interlocutor mediante mensajes instantáneos. En cambio, la proporción fue del 31% de engaños cuando el contacto se efectuó por vídeo y del 18% en los casos en los que la información fue facilitada cara a cara. Columbia termina diciendo: *"Los chats y mensajes de texto a través de dispositivos tecnológicos favorecen la mentira. Se produce incluso si el destinatario de los embustes es alguien conocido por el emisor. El hecho de que no se requiera la presencia física en el proceso genera en quienes emplean su ordenador, su teléfono móvil o su tableta la sensación de un cierto anonimato. La exigencia moral se relaja entonces, lo cual aboca a ese desajuste."* (Fuente: www. la vanguardia. com/ internet/ un- estudio- revela- la- propensión- a- mentir- en-chats-y-mensajes). La tertulia nos ha agotado y decidimos dormir juntos una siesta, tras la cual ella se irá a cumplir con sus obligaciones.

Dice *el manual de Epícteto: "La enfermedad es un obstáculo para el cuerpo, pero no para la voluntad, a menos que ésta esté debilitada. "Soy discapacitado". He aquí un impedimento para mis pies, pero en lo absoluto para mi voluntad. Para todos los accidentes que te lleguen, dítelo de este modo, y encontrarás que este es un impedimento para cualquiera otra cosa, y no para ti".*

Termina la siesta con la sirena y ella se marcha como hizo ayer, mientras yo me quedo recogiendo en el barco hasta que venga la noche. Hoy daré un paseo por el Barrio de la Marina, seguiré por el paseo de Vara de Rey, continuaré por la Plaza de Vila, la Plaza de Sa Carrosa y la Calle de la Virgen, aunque ya los tengo muy vistos porque son los ejes principales de la capital ibicenca. Posiblemente me centre en el Casco histórico, pues entre sus callejuelas sopeso la historia con el encanto de una ciudad alegre y abierta al mundo. Puedo elegir entre mucho y poco al mismo tiempo pues la isla es como la ciudad, pequeña y apretada. Daré paseos cuesta arriba y cuesta abajo. Entraré y saldré de tiendas de artesanos, de restaurantes, de discotecas, y terminaré como cada noche por las murallas. Supongo que cualquier psicoanalista me diría que necesito protección, que busco seguridad y aislamiento. Posiblemente tenga el mismo porcentaje de acierto que de error. Unas veces visito la Catedral y otras el museo Arqueológico. Otros días entro en la Capilla de San Ciriaco, o en el Museo de Arte Contemporáneo según me pida el cuerpo. Y las terceras veces entro a rezar en la Iglesia de Santo Domingo. Es cierto que Ibiza tiene cientos de enclaves diferentes y multitud de lugares de interés. Daré por terminado el camino del casco antiguo y me enfocaré a un paseo más solitario en la necrópolis de Puig des Molins. Desconozco los motivos por los que hoy me atraen los cementerios en medio de la noche. El caso es que una vez llegado a este cementerio de mil años en el que tres mil quinientos hipogeos (tumbas subterráneas) tienen su ubicación. Me sentaré en un poyete, a caballo entre las murallas, las sepulturas y el mar, para meditar en soledad. Cuando estoy solo me pregunto mucha veces ¿Qué experimentan los recién nacidos? Cuando estudiaba los fetos me impresionó el hecho de comprobar cómo reaccionaban a los estímulos que les iba poniendo. Recuerdos esos cambios de expresiones faciales cuando oían las vocales en detrimento de las consonantes. Ahora bien, ¿qué ocurre con el recién nacido? De momento ha pasado de un medio acuoso a uno seco, de un estado de flotación a un estado gravitacional, de un ambiente estable en temperatura y presión a otro cambiante, de un entorno oscuro a otro luminoso, de la protección a la desprotección más absoluta y de un mundo silencioso a un autentico trajín de manos, roces, chillidos, ruidos y conversaciones diferentes con tonos y timbres de voz desiguales. Ha pasado de un entorno controlado y estable a otro caótico. Por otro lado ha pasado de no sufrir agresiones a sufrir una autentica paliza para estimularle la respiración y su hipotonía. Es decir, de no respirar a sentir la extensión y contracción de sus músculos intercostales, de sus brazos y piernas, de sus intestinos y órganos comenzando a funcionar. Todo ello es una especie de cursillo acelerado de lo que le espera en la vida, que debe superar en soledad, ante lo cual se limita a llorar. Aún no he visto a ningún recién nacido que haya pasado por todo este cursillo dando carcajadas, sino llorando. Impotencia, frustración, aturdimiento, dolor, soledad, desesperación y desamparo son los síntomas que aprende el neonato en este cursillo iniciático. A medida que va creciendo, esta especie de esponja de conocimientos humana sufre la más secreta de las soledades en la infancia. Según Gastón Bachelard. *"Son soledades infantiles de niños soñadores que viven solos, porque desprecian el entorno. Suelen vivir en el mundo de la ensoñación y su soledad es menos social, menos dirigida contra la sociedad, que la soledad del adulto. Son niños solitarios, sin relaciones interpersonales, poco desarrolladas o nulas, que no echan de menos la compañía de los demás. Tienen compañeros, pero no amigos, y sin amistad se degrada la interrelación social"*.

Si me centro en la casuística de situaciones que pueden darse en la infancia, me sobrecoge pensar en la soledad, dentro de esa soledad infantil que sufren los maltratados, los agredidos sexualmente por las personas que supuestamente deben cuidarles y darles protección o los niños con enfermedades. Lo más duro de la vida es la soledad dentro de la soledad, está claro, pero si además se produce dentro del silencio como son estos casos, el trauma mental es irreversible y pocos logran superarlo. Clínicamente lo denominamos "grito silencioso", porque el niño no lo denuncia, no protesta durante años, se reconcome por dentro, su personalidad se pudre en su soledad, se culpan a sí mismos de todo y solo encuentran refugio en el aislamiento y la soledad. ¿Qué ocurre a los adolescentes? La "edad del pavo" es la más recóndita de las soledades y es compensada con expresiones de estar constantemente abrazándose con las amigas. En esta fase el adolescente el contacto humano como cuando era un bebé para reforzar los lazos de unión y de pertenencia. Me parece una ironía macabra el hecho de tener la necesidad de pertenecer a esta porquería de sociedad que les va a manipular, a mentir y a usar amenazándoles constantemente con el ostracismo, el aislamiento y por tanto con la soledad. En la adolescencia se pierde la necesidad de seguridad que daban los padres. Cuando se rompen esos vínculos se creen poderosos e independientes, pero con esa ruptura, aparecen huecos en su vida que deben rellenar y además lo quieren hacer ¡ya¡ El 8% de estos chicos se aíslan y confiesan no tener amigos, ni deseos de tenerlos. Esos huecos, esos espacios vitales son para ellos momentos de soledad, de frustración y de rechazo social que necesitan a toda costa tapar buscando su identidad en identidades afines e iguales. Por ese motivo, los amigos tienen más importancia que los propios padres. No se dan cuenta de lo indefensos que son y están. No se percatan de los peligros y mucho menos son conscientes de las ínfimas probabilidades que por lógica pura, tienen de conseguir esa identidad entre iguales. Este momento es el que todas las sectas, malas personas, depravados, mafias y gente tóxica aprovechan para captarlos o usarlos a placer con sus mentiras. Las niñas se quedan embarazadas, los niños se hacen soldados o pandilleros, ambos son inducidos a la toxicomanía y falsas religiones. Siempre lo hubo, pero ahora tiene nombre. Me refiero a los acosos escolares por parte de otros alumnos. Esta es otra amargura más que añadir a la soledad. Imagino a un adolescente con problemas en casa, sin mucha personalidad, que se aísla en un ordenador y que cuando va a al colegio sufre acoso psicológico y hasta físico por parte de unos matones o de un grupo que se burla de él, le pone motes y le insulta constantemente. Habitualmente liderados por un matón que suele ser el más vulnerable, como se ha demostrado científicamente. Dice Calvo Serraller: *"El daño que infringen al chico hostigado, puede acarrear serias repercusiones en su estabilidad psicológica, con pérdida de la autoestima, de su nivel y capacidad de estudio. La soledad puede invadirles - sobre todo a los más débiles anímicos- y conducirles a un insano autoaislamiento y al rechazo general a su entorno como "sociedad culpable" que permite esta situación. Ya tiene triste nombre americano: el "bullying"".*

Luego vienen más sentimientos de culpa, de frustraciones, de inadaptaciones y de incomunicación con las personas que realmente les podían haber protegido. Afortunadamente todos pasamos por esa etapa corta y la mayoría la supera. Otros en cambio acaba suicidándose, matando a otros chicos con la pistola de su padre, o se tornan inadaptados de por vida. Hay un segmento de esa juventud que se adapta a su manera. Me refiero a que por el afán de pertenecer a un grupo e integrarse a toda costa en la sociedad o por el simple hecho de parecer "ser mayor" les convierte en drogadictos, alcohólicos o delincuentes. Todos ellos terminan en soledad, pues la sociedad que antes les acogía, ahora les rechaza por inaguantables. Siempre me ha llamado poderosamente la atención comparar a aquel recién nacido que lloraba por entrar en un ambiente caótico, de luces y ruidos que es la vida y ahora, en esta edad, necesitan acudir a las discotecas en donde no pueden hablar del ruido que hay, ni ver por los cambios de luces y sombras. Por si fuera poco, no aprecian un baile agarrados sino al contrario, desencadenan todo tipo de contracciones y extensiones espasmódicas corpóreas que son capaces de imaginar en solitario atentando a las leyes de la física y la fisiología. ¡Ufff¡ no entiendo nada, ¿necesitan abrazarse fuera de la discoteca y dentro bailar aislados?. ¿Necesitan el grupo y terminan en una triste soledad multitudinaria? ¡Curioso personaje este ser humano¡ Dice Tagore: *"El hombre se adentra en la multitud para ahogar el clamor de su propio silencio ".* El ser humano se resume en ser lo más contradictorio que ha sido posible crearse ¿Necesita soledad dentro de la multitud y asociación individual al mismo tiempo? ¿Es extrovertido dentro de un espíritu silencioso e introvertido en un elaborado grupo? ¡Ufff¡ Me gustaría conocer al que se le ocurrió incluirme en este jueguecito proporcionándome un cerebro, para tener una charlita de tú a tú y comprobar que somos a imagen y semejanza suya. Personalmente creo que son soledades para relegar y sociedades para sobrevolar.

Cumplo con lo que predije de mi paseo. Termino en la necrópolis y regreso al barco vía el puerto. El puerto de Ibiza, además de ser el punto de llegada de los barcos procedentes de la península, es uno de los lugares donde se concentra gran parte de la actividad comercial y de ocio. Todos suelen quedar citados en el obelisco dedicado a los corsarios, el único homenaje público a los piratas que existe en el mundo, junto al monumento que los británicos dedicaron a Sir Francis Drake. Personalmente prefiero para este caso la ciudad de Saint Maló en Francia, no solo por ser la dedicatoria completa a un pirata, sino por mis recuerdos personales y laborales que allí tuvieron lugar. El obelisco de Ibiza se levantó en 1906 en recuerdo de los valientes corsarios que se jugaron la vida en las aguas del Mediterráneo para salvaguardar la paz amenazada de la isla blanca. Cuando amarras en el puerto, todos los capitanes tenemos que presentar nuestra documentación en la Marina. Aquí hay un barrio entero que se llama de este modo y con ello tenemos garantizadas las retahílas de chistes fáciles. Vuelvo por este barrio que de día tiene sus calles llenas de gente que va de compras, utiliza los bancos y oficinas de la zona, visita museos y galerías de arte o aprovecha las mañanas soleadas y tranquilas para leer el periódico y desayunar en las terrazas de los bares. Ahora por la noche lo que observo y me circunda es todo el ocio nocturno. Aquí no hay horarios de apertura y cierre de tiendas como en la Península, ni discuten si tu abres y me perjudicas ni chorradas de este estilo que son más bien inventos sindicalistas para justificar su existencia y recibir la subvención de turno. En los meses de verano todas estas tiendas permanecen abiertas hasta más allá de la medianoche. En la Marina, cualquiera encuentra su ocio, pues se pueden encontrar multitud de bares, restaurantes y terrazas que ofrecen muy diversas alternativas de ocio para parejas, familias o grupos de amigos. Me adentro en el puerto deportivo en donde tengo mi amarre. Me detengo y mirando el reloj compruebo que es pronto para volverme a enclaustrar. De modo que decido pasear por la playa. Otra cosa no tendrá esta isla pero playas, costas rocosas, calas y acantilados para no repetir en todo el año. En esta capital destacan tres playas: la playa de Figueretes que es accesible desde el casco urbano; la playa de Talamanca que es una playa tranquila, con ambiente familiar, y la Platja d'en Bossa que es el arenal más extenso de la isla. Mientras camino, alterno con los momentos de beber algo en algún chiringuito, con los de sentarme a recibir la brisa y contemplar las estrellas. Pasa el tiempo y compruebo que estoy lejos del barco. Me decido a regresar hasta la Marina Botafoc en donde tengo el amarre alquilado. Probé a amarrar en el otro puerto deportivo, el de Ibiza Nueva, pero no había plazas, aunque lo cruzo muy a menudo porque me encanta llegarme hasta el final del dique y conversar con los pescadores viejos que allí se colocan y me cuentan sus hazañas con el sedal. Naturalmente les creo a medias porque no hay pescador sincero.

Cuando converso con alguien del que sospecho que pudiera ser un mentiroso, siempre presto mucha atención a las señales corporales que muestra tras plantear la pregunta. Nunca acuso directamente de mentiroso a nadie sin pruebas, me limito a insinuárselo. ¿Cómo? Lo que busco es hacer una pregunta que no sea acusación para que ni se ponga a la defensiva, ni se altere. Por ejemplo, nunca preguntaré de manera directa *"¿Me pusiste los cuernos anoche?"* Lo que preguntaré será algo por el estilo a: *¿Pasó algo raro (o que deba saber) ayer noche?"* luego sigo con mis cosas como si no le diera importancia pero sin perder de vista sus expresiones corporales. Si encuentro indicios de preocupación o nerviosismo junto con respuestas del tipo *"¿Por qué me preguntas eso?"* o *¿Alguien te ha dicho algo?* Deduzco que me oculta algo y me miente. ¿Por qué? Muy sencillo, no responde a la pregunta que le hice, sino que está más preocupada de obtener más información sobre lo que yo sé y responde a la gallega (con otra pregunta). Freud había dicho: *"Quien tenga ojos para ver y oídos para oír puede convencerse a sí mismo de que ningún mortal es capaz de guardar un secreto. Lo que sus labios callan, lo dicen sus dedos; cada uno de sus poros lo traiciona"*. Cuando nacemos, no podemos hacernos una idea de cómo será nuestra vida. ¿Qué vamos a encontrar? Muchos avanzamos y estudiamos la mente, la conducta humana a base de golpes y textos. Unos terminan en psicólogos, otros en abogados, los terceros en psiquiatras, los cuartos en policías y todos en mentirosos más o menos evolucionados. ¿Existe la mentira perfecta? Hago un símil con el asesinato para responder que no existe la mentira perfecta, del mismo modo que no existe el asesinato perfecto. Lo que existen en todos los casos son víctimas imperfectas. ¿Cómo sería la vida en el supuesto caso de que todos mintiésemos perfectamente? Lo primero que deduzco es que se verían afectados los gestos y los sentimientos, luego las emociones y las conductas. ¿Cómo saber qué siente en realidad alguien si todos mentimos perfectamente? ¿Qué sociedad sería ésa? Está claro que necesitamos la mentira para sobrevivir en esta sociedad. Ahora bien veámoslo desde el punto de vista contrario ¿Cómo sería la vida en el supuesto caso de que nadie supiese mentir? Admitamos que todos mienten, pero lo hacen fatal y son continuamente pillados. ¡Ufff¡ ¡ya veo la cantidad de reproches que habría por unidad de tiempo¡ ¿Nos imaginamos la situación

320

de una madre familia intentando satisfacer a sus hijos(bebé, niño y adolescente) en ambas situaciones anteriores? Unos intentando agradar, manipular o desorientar al otro, y ese otro ocultando y falseando sus emociones. ¡Ufff¡ Todo un caos ¿no? Ahora bien, si le añadimos a los sinceros, entonces encontraríamos a gente transformando emociones, a otros viciando ideas, a los terceros falseando los hechos y a los cuartos intentando descubrir a quiénes cree. ¡Esa es la sociedad en que vivimos¡ ¿De qué nos sorprendemos?

Al regresar me cruzo con Agniezska que vuelve llorando. Me siento junto a ella en un pretil y me dice que tengo razón al decir que esta sociedad es un fajo de mentiras. Según parece le habían prometido dos o tres pases de modelos importantes en el mundo de la joyería y le acaban de comunicar que se lo han dado a otra chica. Le tranquilizo haciéndole ver que Dios provee seguro y mañana es posible que le ofrezcan otra cosa. Esta polaca de ojos azules es una muñeca viviente que atrae a la cámara y cualquiera que quiera salir en una revista de moda tiene en ella la imagen perfecta. Le invito a pasear conmigo por Dalt Vila y ella acepta. Ayudo a levantarse a mi sirena. Me coge de la mano y yo presumo de compañera. Conforme caminamos le comento que en Ibiza es imprescindible recorrer la acrópolis, para apreciarla baste contar los baluartes de su muralla…uno, dos, tres, cuatro, cinco, seis y siete. El de Sant Pere, también llamado Es Portal Nou, es una de las entradas al recinto, junto al parque Reina Sofía. En este acceso se colocaban los soldados para hacer frente a los enemigos y hoy en día es escenario de conciertos y actividades al aire libre. Nosotros entramos a lo grande por otra puerta de acceso. Me refiero al Portal de Ses Taules, donde se ubica el espectacular patio de armas y, a continuación, la Plaza de Vila, llena de restaurantes, galerías de arte y tiendas de artesanía. Vamos en silencio, concentrados en el entorno y en los pensamientos de cada uno. De vez en cuando soy yo el que rompe ese silencio para llamar su atención sobre alguna curiosidad. Seguimos subiendo hasta la calle de Sa Carrosa desde donde contemplamos el baluarte de Santa Llúcia, que acoge el antiguo polvorín, que data del siglo XVIII. Es otro Lugar fantástico para contemplarla maravillosa vista del puerto de Ibiza y la bahía. Nos detenemos a contemplar las vistas. A ver las lucecitas rielar en el agua mientras el viento ondea el cabello dorado de la sirena. Seguimos subiendo, porque Ibiza es como Toledo, cuesta más cuesta igual a descenso siguiente. Llegamos al Claustro del Ayuntamiento. En Ibiza es como Toledo, la Catedral hace de referencia para aquellos que se olvidaron el sentido de la orientación. Nos dirigimos al este de esta referencia para ver el baluarte de Santa Tecla y desde ahí continuamos un breve tramo de la muralla que acaba confundiéndose con el acantilado, y hace las veces de muralla natural y de privilegiado mirador hacia el mar. Debajo del revellín existe un túnel que comunica el Castillo y la actual sede del Ayuntamiento de Ibiza. Nos sentamos en una terraza para tomar una copa, ron con limón para mí y un San Francisco para ella. La vista nos permite distinguir el baluarte de Sant Joan lo que aprovecho para contarle a Inés, como yo la llamo, que adaptado en los años 60 como nueva entrada a Dalt Vila también para vehículos, con acceso restringido a residentes, taxis y clientes alojados en los hoteles de la zona. Ella se acurruca contra mí, pues la brisita marina es algo fría. Es lógico pues el verano ya se ha acabado y el otoño llama a la puerta. Paso mi brazo por detrás de ella y continúo mis explicaciones diciéndole que la muralla fue impulsada por Carlos I y Felipe II para mantener y defender los territorios de la Corona española contra los ataques bereberes y turcos. Le pregunto por sus planes del día siguiente. Me responde que si no me molesta, quisiera seguir conmigo hasta que se le pase el disgusto de las mentiras de su representante. Acepto encantado y le propongo no quedarnos en el puerto e ir a fondear en otros sitios de la isla. Ella deshace el nudo que nos mantenía unidos. Se queda mirándome fijo con esos marinos ojos y me besa cerrando el acuerdo de esta manera.

Me relajo y dejo pasar el tiempo hasta regresar al barco abrazándome a ella. Me dolería suponer que me está ocurriendo a mí, como lo que decía Gustave Flaubert en *Madame Bovary:* *"Emma se arrepintió de haber dejado tan bruscamente al recaudador. Sin duda, él iba a hacer conjeturas desfavorables. El cuento de la nodriza era la peor excusa, pues todo el mundo sabía bien en Yonville que la pequeña Bovary desde hacía un año había vuelto a casa de sus padres. Además, nadie vivía en los alrededores; aquel camino sólo llevaba a la Huchette; Binet había adivinado, pues, de dónde venía, y no callaría, hablaría, estaba segura. Ella permaneció hasta la noche torturándose la mente con todos los proyectos de mentiras imaginables, y teniendo sin cesar delante de sus ojos a aquel imbécil con morral. Carlos, después de la cena, viéndola preocupada, quiso, para distraerla, llevarla a casa del farmacéutico; y la primera persona que vio en la farmacia fue precisamente al recaudador. Estaba de pie delante del mostrador, alumbrado por la luz del bocal rojo, y decía: -Déme, por favor, media onza de vitriolo".*

Espero que su representante no decida envenenarse como este recaudador y mañana le ofrezca otro contrato. Dejamos el bar y abrazados regresamos al barco. Después de hacer el amor Agniezska se duerme abrazada a mí y yo la imito.

CAPÍTULO XI

Somos fácilmente engañados por aquellos a quienes amamos. (Maese Mercader)

Decía Chrétien de Troyes en *El cuento del Grial:* "—*Desdichada y maldita sea la hora en que te vi y te di mi confianza. Vete, te dispenso la promesa y tú dispénsamela a mí; porque yo quería preguntarte nuevas de allí, pero tú, por lo que veo, sabes tanto del castillo como de la luna. —Señor —dijo él—, anoche estuve allí y me acosté en el Lecho de la Maravilla, que no se parece a ninguno, pues nunca se vio otro igual. —Por Dios —dice él—, me sorprenden mucho las nuevas que me das. Ahora me deleita y me divierte oír tus mentiras, y te escucho como escucharía los cuentos de un narrador mentiroso. Veo que tú eres un juglar, y me imaginaba que eras un caballero y que allí hubieses hecho alguna hazaña. No obstante hazme sabedor de alguna de las proezas que hiciste y de algo que allí viste".*

Me despierto y palpo un cuerpo a mi lado. Me giro y veo a mi sirena que aún duerme. Agniezska y yo hemos pasado la noche juntos en el barco. La tristeza que le tenía encogido el corazón se le empieza a pasar. Supongo que yo habré tenido algo que ver pero estoy convencido de que estas mujeres que provienen del Telón de Acero están acostumbradas a llevar la profesión por dentro y no demostrar sus sentimientos con facilidad. Repaso con mi vista su cuerpo desnudo, mediocubierto tan solo por una sábana. ¡Es impresionante¡ Me levanto despacio para asearme, preparar el desayuno y cortar una flor de uno de los pocos tiestos que tengo en el barco. Se lo dejo en la almohada y regreso a la cocina. Anoche me comentó que hoy pasaríamos los días juntos pues no quería ver de momento a su representante. De modo que he pensado alquilar un coche y por la mañana acercarnos a Sant Josep de Sa Talaia. Es el pueblo más extenso de la isla y el que cuenta con mayor número de playas y calas a lo largo de sus 80 kilómetros de costa. Si nos da tiempo veremos el parque natural de Ses Salines y las reservas naturales de Es Vedrá, Es Vedranell y los islotes de Poniente. A la hora del ocaso todo el que viene a Ibiza se pelea por un lugar en la Cala Carbó o en la Cala d´Hort que son los mejores puntos de toda la isla para ese momento y en donde los Djs aprovechan a ambientar con el chillaout. Cuando se despierte, le explicaré que la sal es uno de los elementos más importantes de la isla. Antaño servía como moneda y ahora como aporte culinario. Los artesanos mezclan la sal con picaduras de pétalos, hibisco y otras especias para venderlo en los quioscos como condimentos autóctonos a las comida. Para entender de dónde se saca la sal, lo mejor es que la lleve al parque natural de Es Salines, que en realidad es un paraíso de dunas de arena blanca y aguas cristalinas dentro del olimpo de Ibiza. Después daremos un largo paseo hasta la torre de Es Savinar que ofrece una vista espectacular de Vedrá. Éste es un islote muy particular, alrededor del cual han surgido numerosas leyendas. Intentaré encontrar a alguien que nos relate algunas de ellas. Terminaremos la visita en la guinda del pastel ¿Cuál? Pues en lo más alto que podamos subir sin cansarnos mucho. Me refiero a que este pueblo está coronado por Sa Talaia, el monte más alto de Ibiza (475 metros), me río de que sea lo más alto, pues es una altura muy similar a la de Toledo. Agniezska se ha levantado y estaba apoyada en el quicio de la puerta escuchándome divertida al verme hablar conmigo mismo. Se acerca. Me besa y sin preguntar qué hago, como habitualmente hacen el resto de chicas, me ayuda a poner la mesa en la cubierta del barco. Juntos subimos el desayuno y le continúo explicando el plan del día, diciéndole que en el municipio de Sant Josep predomina un paisaje rural plagado de pinos, sabinas, higueras y algarrobos, con casas encaladas dispersas por el territorio. En el centro urbano, veremos la iglesia y que podemos rezar un rato en ella, con la curiosidad de que está encalada como todas las construcciones de la isla. Es un templo fortificado, lo que aporta otra curiosidad más. Es del 1730. Tomaremos el aperitivo por allí y seguiremos el paseo comprando algún recuerdo en las infinitas tiendas de decoración, moda y regalos. Si sigue abierto, el aperitivo lo tomaremos en el bar "El Destino" de la calle Atalaya numero 15 pues va a resultar curiosa la coincidencia con habernos juntado ese destino, ¿no?. Terminamos el desayuno. Recogemos juntos la mesa y mientras ella se viste, yo termino de recoger. Me río con tristeza al recordar otra despedida que tuve en mi vida y la carta que me mandó ella. Dice así…

Hola Cariño:
¿Recuerdas?... Spa, chimenea, vino blanco, flores, viejas canciones… y tú. Es increíble pensar cómo ha pasado el tiempo. Ya me cansé de barrer las hojas de cada otoño desde nuestra despedida. Desde que te dejé, el invierno se instaló en mi alma congelando mis sueños. Imagino tu cara al recibir esta carta. Seguro que habrás empezado a elaborar teorías e hipótesis de los por qués para escribirte. Conozco tus preguntas, tus interrogantes hasta descubrir ¿por qué esta carta después de tanto tiempo? Habrás empezado creyendo que quiero volver contigo. Habrás seguido recordando el recorrido que hiciste con el último preservativo y si el motivo de la carta es decirte que tienes un hijo conmigo. ¿Por qué acorto tanta vida y te escribo ahora sabiendo que hay una barrera invisible que posiblemente jamás dejará que volvamos a estar juntos? ¡Maese¡ No te preocupes, es más sencillo de lo que parece. Me conoces y sabes que soy tonta.

Cometí el error de elegirle a él en lugar de a ti y eso me condenó a vivir en el recuerdo de lo que nunca pudo ser. No tardaste mucho en tener colgada de tu brazo a otra. No lo niegues pues te vi pasear con ella por el Jardín Botánico. Te he imaginado abrazándola por la noche, mientras yo abrazo el recuerdo de una almohada que guarda tu olor, (Declaration de Cartier). Es la última que usamos y aún no la he lavado. Tu perfume es como tú, que no se va nunca, él de la tela y tú de mi corazón. Ayer te vi en el parque, tú no me viste, lo sé. Otra vez acompañado, esta vez no era la rubia, ésta era castaña con el pelo a lo Cleopatra. Espero que ella tenga estrías, celulitis y patas gallo, para que cuando leas esta carta la dejes y me des una segunda oportunidad. Anoche soñé con "nosotros", como tú siempre decías que buscabas. Con todo lo que compartimos en aquel apartamento tuyo de Benalmádena que tenías en la playa. Todavía me pregunto ¿por qué no pudo ser?, ¿por qué me decidí por el otro si sabía que tú eras mi vida?. ¡Qué idiota pude ser! ¡Qué desperdicio de vida! Estuve a punto de hacerme la encontradiza para ver qué cara ponías al verme, para darte un beso de los míos y que ella rompiese contigo, pero sé que así no me darías la menor oportunidad. Mi teléfono es… Llámame para tomar un café como siempre haces en la primera cita, en donde nos estudias y luego ya decides si sigues o no. ¿Qué sería esta vez? ¿Fin de semana en una capital europea? ¿Concierto y baile de gala? o ¿quizás al monte para ver la berrea de los ciervos? Aún recuerdo la finca "Ballesteros" en los Yébenes donde me llevaste a verla. Contigo nunca se sabe ni cómo estarás de humor, si serás adorable u odioso, ni dónde terminaremos. ¡Qué nostalgia de tu cuerpo¡ ¿y tú, la tienes del mío? Llámame y lo comprobamos…Á bien tôt mon petit.

Dice *el manual de Epícteto: "En cuanto a todas las cosas que existen en el mundo, unas dependen de nosotros, otras no dependen de nosotros. De nosotros dependen; nuestras opiniones, nuestros movimientos, nuestros deseos, nuestras inclinaciones, nuestras aversiones; en una palabra, todas nuestras acciones. Las cosas que no dependen de nosotros son: el cuerpo, los bienes, la reputación, la honra; en una palabra, todo lo que no es nuestra propia acción. Las cosas que dependen de nosotros son por naturaleza libres, nada puede detenerlas, ni obstaculizarlas; las que no dependen de nosotros son débiles, esclavas, dependientes, sujetas a mil obstáculos y a mil inconvenientes, y enteramente ajenas. Recuerda pues que, si tú crees libres, a las cosas por naturaleza esclavas, y propias, a las que dependen de otro; encontrarás obstáculos a cada paso, estarás afligido, alterado, e increparas a Dios y a los Hombres. En cambio si tú tienes, a lo que te pertenece, como propio y, a lo ajeno como de otro; nunca, nadie, te forzará a hacer lo que no quieres ni te impedirá hacer lo que quieres. No increparás a nadie, ni acusarás a persona alguna; no harás ni la más pequeña cosa, que no desees; nadie, entonces, te hará mal alguno, y no tendrás enemigos, pues nada aceptarás que te sea perjudicial. Aspirando entonces a tan grandes bienes, recuerda que tú no debes trabajar mediocremente para lograrlos, y que, en lo que concierne a las cosas exteriores, debes enteramente renunciar a algunas y diferir otras. Pues si buscas armonizarlas, y ambicionas estos bienes y también riquezas y honores, quizá no obtengas ni siquiera éstos últimos, por desear también los otros; pero con toda seguridad, no obtendrás los únicos bienes con los que logras tu libertad y felicidad. Así, ante toda fantasía perturbadora, está presto a decir: "Tú no eres sino una imaginación, y en absoluto eres lo que parece", enseguida examínala con atención y ponla a prueba, para ello sírvete de las reglas que tienes, principalmente con esta primera que es, a saber: de si la cosa que te hace penar es del número de aquellas que dependen de nosotros o de aquellas que no están en nuestro poder. Di sin titubear: "Esa en nada me atañe".*

La sirena y yo cumplimos desde primera hora de la mañana con lo previsto. Terminamos el aperitivo en un bar próximo a la iglesia de San Josep y compramos unos recuerdos en las tiendas de alrededor. Ahora le propongo ver los alrededores, pues las distancias en la isla son chiquititas. Caigo en la cuenta de que Sant Agustí des Vedrá está al lado y le propongo ir. Lo hacemos. Llegamos a punto de ver que han terminado el mes pasado las fiestas. Este es su máximo apogeo y cuando más turistas vienen, sobre todo es a los conciertos al aire libre que se continúan noche tras noche casi toda una semana entera. Nosotros vivimos un Sant Agustí equivalente a un oasis de paz. Nos quedamos sorprendidos al contemplar uno de los enclaves mejor conservados de la isla. Nos sentamos en un banco de la placita ante una encantadora casa parroquial adherida a una preciosa iglesia. Subimos hasta la colina como hicimos en San Josep, para tener una vista panorámica de los campos de vides. Dado que las distancias como digo, son pequeñas, no tenemos pereza en ir en dirección contraria, pasar de nuevo san Josep y llegarnos hasta el pueblo de Es Cubells en la costa. Es otro de los pequeños y encantadores pueblos de este municipio. Merece la pena acercarse hasta él para contemplar la pequeña iglesia, ubicada al borde de un acantilado con vistas espectaculares. Lo hacemos. Dejamos el coche y caminamos. Ambos tenemos sed y elegimos a cara o cruz, entre los dos únicos bares. Aprovechamos a picar algunas tapas típicas antes de darnos un baño en la cala Cap Negret. Observamos que hay muchos acantilados que no podemos alcanzar y decidimos que por la tarde cogeremos el barco y haremos esta ruta, pero desde el mar. Alguien nos aconseja que no nos perdamos los acantilados de Ses Boques y Cala Llentrisca. Nos miramos aceptando el reto y lo anotamos en nuestra agenda neuronal para hacerlo por la tarde al pasar. Mientras Inés se baña, yo la miro desde la playa y me da tiempo para meditar un rato. Al levantarme esta mañana he conectado la radio del despertador en contra de lo habitual en mí. ¿Por qué? Porque despertarse oyendo las miserias de esta sociedad es perjudicial para el resto del día. Estaban hablando de las guerras del mundo árabe, de que si la ONU actúa o no en cada una de ellas y me pregunto ¿para qué sirve esa actuación?. Seguían hablando de los muertos, de los mutilados, de los exiliados y sobretodo hablaban de quién sale beneficiado de estos desastres. Me he sentado en el borde de la cama con mi cara cubierta por las manos y los codos apoyados en mis rodillas para meditar y rezar por esta mierda de sociedad de corrupción y mentiras. He recordado que pocos hablan de la guerra del Congo y me afecta personalmente porque cuando era colonia española mi padre fue de médico. Lo recuerdo como ejemplo extrapolable a cualquier beligerancia. Allí existe una guerra permanente que se ha acuciado en la última década sin que a nadie le interese pararla. ¿Por qué? porque allí se ha encontrado el Coltán. El mineral compuesto por colombio y tantalio del que coge el nombre. El *oro gris* como le llaman. Este "bien" se ha convertido en un recurso escaso y estratégico, imprescindible para el desarrollo de las nuevas tecnologías, sobretodo en teléfonos y tablets móviles. Levanto la mirada y me quedo contemplando mi iphone. Me siento responsable por tenerlo y comprender que varios seres humanos hayan muerto por ello y otros tantos hayan sido explotados en las minas para que yo pueda bajarme los apps, llevar mil canciones, doscientos libros, cámara fotográfica, radio, televisión, reloj, gps, e internet en el bolsillo. ¿Para qué sirve este mineral? Para la fabricación de: Teléfonos móviles, GPS, satélites artificiales, armas teledirigidas, televisores de plasma, videoconsolas, ordenadores portátiles, PDAs, MP3, MP4, cohetes espaciales, misiles, juguetes electrónicos, cámaras de fotos, etc.... ¿Dónde se encuentra? En Brasil 5%, Tailandia 5%, África 80%, y Australia 10%.

Pocos se preguntan qué hacen las naciones que fabrican armas, que se las venden a las diferentes tribus africanas, que derrocan regímenes y consolidan líderes pero siempre África está en guerra. Si el Congo, sin ir más lejos, fuera propietario de sus recursos naturales y tuviera un líder o un sistema político como Dios manda, sería más rico y poderoso que los EEUU y Rusia juntos. Todos sus habitantes podrían vivir de las rentas de una explotación controlada de sus recursos. Imaginemos los jeques árabes que solo tienen petróleo y cómo viven, pues traslademos lo de un solo producto (petróleo) a un territorio que además del petróleo, tiene piedras preciosas, y toda la naturaleza concentrada allí mas el coltán. Entonces nos daríamos cuenta de su potencial. Visto desde fuera es fácil comprender que todos lo quieren y nadie quiere estar fuera del chollo, por ese motivo, jamás de los jamases tendrán la paz o serán propietarios de lo suyo. Siempre deberán dinero, siempre estarán sometidos como mano de obra barata y siempre se mataran los unos a los otros. En mis viajes he visto cómo se explotan muchos tipos de minas, desde las más poderosas y organizadas hasta las de rubíes en Tailandia, o esmeraldas en Sudamérica y puedo hacerme una idea de lo que ocurre con el coltán. ¿Cómo se extrae el coltán? Los métodos de trabajo son parecidos a los antiguos buscadores de oro del Oeste Americano. Un buen trabajador puede producir un kilo de coltán al día. La media de un trabajador congoleño son 10$ al mes, mientras que un trabajador del coltán puede conseguir de 10 $ a 50 $ a la semana. ¿Quiénes trabajan en las minas? Campesinos y ganaderos jóvenes que dejan sus campos. Desplazados de guerra. Prisioneros de guerra. Miles de niños, cuyos cuerpos pueden fácilmente adentrarse en las minas a ras de tierra. Y siempre vigilados por militares o rebeldes del ejército que lidere en cada momento ese territorio. ¿Qué consecuencias salen de esta situación? De entrada, que los bosques y los campos de cultivo se transforman en lodazales. Los animales huyen, se desertiza la zona, el ecosistema se altera, vienen nuevos tipos de infecciones y enfermedades, los chicos y chicas no van a la escuela. El analfabetismo es casi del 99% de la población. Sufren abusos laborales, del mismo modo que sexuales y muchos se convierten en niños soldado. No hay agua potable porque se contamina con los restos del lavado y la lixiviación. Muchas enfermedades por falta de agua limpia, de alimentos, jornadas agotadoras... y Sida. Las estadística (que pueden mentir al alza o a la baja) dicen que por cada kilo de coltán que se extrae, le cuesta la vida a dos niños, la mayoría por desprendimientos de tierra. Miles de desplazamientos forzosos. Miles de civiles han huido de sus hogares. Millones de personas refugiadas. Para extraer el coltán se han invadido los parques nacionales del Congo. Dejan de cultivar sus tierras. Otras estadísticas más creíbles dicen que la población de elefantes ha disminuido un 80%, que la de gorilas ha descendido un 90%. ¿Quiénes se benefician del coltán? Pues los mismos que financian ese conflicto bélico y luego reconstruyen el país a su modo con el dinero de los habitantes. ¿Quién financia el conflicto? Un informe de las Naciones Unidas sacó a la luz la explotación de los recursos naturales en el Congo.

Hay informes que demuestran que Ruanda, Uganda y Burundi están involucradas en el contrabando de Coltán en el Congo, usando las ganancias generadas por su alto precio para continuar la guerra. Se estima que el ejército ruandés consiguió al menos 250 millones $ en 18 meses por la venta de coltán, a pesar de que no hay coltán en Ruanda. ¿Por qué no paramos la guerra? Porque todos queremos lo último en tecnologías y eso lo abastecen las grandes corporaciones, cuyos gobiernos no solo lo consienten, sino que están orgullosos de sus ventas, además aparecen los grandes fabricantes de armas que cierran el círculo junto con loas Ongs pertenecientes a los laboratorios farmacéuticos que tienen allí sus recintos de ensayos subvencionados "en humana" a plena disposición. Le sigue la ONU, que no lo para porque ¿Quién manda en la ONU? Casualmente los países de esas corporaciones de nuevas tecnologías y de fabricantes de armas que para mayor inri, tienen derecho de veto en esa organización mundial de naciones unidas y por ende de todas y cada una de sus organizaciones FAO, OMS, UNESCO, etc. (Fuente: Federación de Comités de Solidaridad con África Negra. www. umoya.org) ¿Qué importan 5 millones de negritos muertos, si total, se iban a morir igual? Esa es la contestación que algunos dirigentes españoles me soltaron cuando comentaba con ellos estos temas delante de un café. Claro que eran los que agarran la bandera de los derechos, libertades y de "papeles para todos", desde sus chalets vigilados por las fuerzas del orden.

Estos políticos hacen campañas de televisión para que aumentemos el consumo, porque de este modo se revitaliza la economía, ¡y tienen razón¡ ahora bien ¿Necesitamos un móvil nuevo cada año? ¿Necesitamos consumir tanto? ¿Sólo vale el usar y tirar? La situación del Congo me recuerda la de Hispania en la época de las invasiones romanas cuando se llevaron todo el oro de las minas Astur leonesas. Al final, el desarrollo de unos siempre es a costa del empobrecimiento de otros. ¡Mentiras, mentiras y más mentiras en esta sociedad de mierda¡ claro que sobre mentiras de las causas de las guerras podríamos estarnos tres vidas y aún no terminaríamos de relatarlas. Todas las guerras van precedidas por una gran mentira mediática, a la que le siguen otra serie de mentiras mediáticas del otro bando. Panamá (1989) la mentira mediática fue decir que la invasión tenía por objeto detener al presidente Noriega por tráfico de drogas, lo que era verdad, pero no el motivo real de la invasión que era hacerse con el control del "Canal". Noriega era un producto de la CIA y reclamaba la soberanía del canal cuando acabase la concesión a USA. Intolerable para Estados Unidos. Las consecuencias fueron los bombardeos estadounidenses contra un inexistente ejercito capaz de hacerles frente y mataron entre 2.000 y 4.000 civiles, ignorados por los medios de comunicación. Iraq (1991), la mentira mediática fue que os Iraquíes habían robado las incubadoras de la maternidad de Kuwait City, bombardeando algunos pozos de petróleo. La realidad es que fue una guerra por el control del petróleo, para la instalación de bases militares en la zona, para el posterior ataque de Afganistán e Irak. El primero invadido por los rusos y el segundo entre medias de Irán e Israel. Las consecuencias fueron innumerables víctimas de la guerra, miles de americanos muertos, fracaso en Afganistán, control de los pozos petrolíferos del Golfo, instalación de bases militares y descontrol de la zona convirtiéndola en un polvorín que tuvo que proseguirse años más tarde con otra justificación: ¿Cuál? Que Irak tenía armas de destrucción masiva afirmó Colin Powell a la ONU, que posteriormente se demostraría era falso. Iraq (2003). Sadam Husein fue puesto anteriormente como líder irakí con el apoyo de la CIA para derrocar al anterior líder apoyado por los rusos. ¿Las consecuencias?... pues un Iraq hundido. Hoy en día nos acordamos de la existencia de Somalia cuando los piratas secuestran a los barcos y los países mandamos barcos de guerra para protegerlos (operación Atalanta en España). ¿De dónde parte esta miseria? En 1993 Kouchner «sale a escena» como héroe de una intervención humanitaria (otra Ong de las que denuncio siempre), posteriormente se supo que esta Ong pertenecía a cuatro sociedades estadounidenses que habían comprado la cuarta parte del subsuelo somalí, rico en petróleo. Está claro que el objetivo real no era dar de comer a los negritos con la tripa hinchada que aparecían en televisión, sino controlar una región militarmente estratégica. ¿Qué pasó? Pues los rusos pensaron de igual modo y desencadenaron lo mismo que en el Congo, desestabilizando una zona a base de provocar guerras entre tribus. Al no conseguir controlar la zona, como consecuencia, despertaron un afán de dinero a las tribus a las que habían prometido financiarles y no cumplieron ni americanos, ni rusos y los somalíes vieron dinero fácil aprovechando las rutas marítimas que tenían enfrente de sus costas. Afganistán (2001), la mentira es localizar y matar Bin Laden como responsable de Al Qaeda por los ataques terroristas de Nueva York el 11-S. En ese momento, Bin Laden estaba financiado por la CIA y tenía todo su dinero en bancos americanos, lo que sorprende a todos, es que no retirase sus fondos antes de atacar, pero en cualquier caso, curiosamente le localizan precisamente en Afganistán. Casualmente después de haber establecido las bases en Irak y los rusos haberse desplazado ya de ese territorio. ¿Cuál era la realidad de las invasiones rusas y americanas de esta zona? Controlar militarmente el centro estratégico de Asia, construir un oleoducto que permitiera controlar el suministro energético del sur de Asia y el control del opio. Los talibanes que habían sido financiados por los americanos contra los rusos, se convierten ahora en los enemigos. La consecuencia fue otra derrota más de los americanos, otra desestabilización más de la zona, otro enriquecimiento de las empresas militares y de reconstrucción y un gran incremento de la producción y el tráfico de opio. ¡En resumen¡ Todas las guerras van precedidas y «justificadas» por una gran mentira mediática, a la que les siguen más mentiras de los contrarios, pero siempre hay una gran masa de recursos materiales a conquistar y un sinfín de negocios satélites alrededor que se justifican con más mentiras.

Dice *el manual de Epícteto: "Quieres devenir filósofo. Prepárate desde ahora a ser ridiculizado y persuádete de que las gentes ordinarias quieren de ti burlarse y decirte: "!De un día para otro se volvió filósofo. ¿De dónde acá tanta arrogancia?!". Desde ti, que no haya soberbia; pero ataréate fuertemente en las máximas que mejores te hayan parecido y las más bellas. Y recuerda que, si perseveras en tus propósitos, aquellos que en principio se burlaron de ti, enseguida te aceptarán; mientras que si cedes a sus insultos, serás doblemente burlado".*

Agniezska vuelve de su baño y se tumba a mi lado para secarse al sol, tiempo que aprovecho para presumir de "pececita". Comentamos la cantidad de playas que tiene la isla y le digo que para entender esa enorme cantidad de calas, playas y enclaves para el baño de Ibiza, baste comprender que solamente Sant Josep tiene algunas de las playas más bellas de la isla, como Es Cavallet y Ses Salines (dentro del Parque Natural), Platges de Comte, Cala d'Hort, Cala Vedella, Cala Bassa, Cala Jondal, Cala Tanda o Cala Carbó, entre otras. Permito que pase un tiempo de silencio para asentar los datos antes de continuar comentando que además de ser playas familiares, son las mejores para ver la puesta de sol y nosotros lo veremos desde el barco esta tarde cuando pasemos por aquí. Le invito a que practiquemos algún tipo de experiencia en deportes acuáticos que nos ofrecen los representantes de las diferentes escuelas y acepta. Es increíble practicar piragua, vela, paracaidismo o buceo en esta agua transparentes y poder hacerlo durante todo el año. En invierno tú te dedicarías a la arqueología y la escritura ¿no?.- Me pregunta cuando regresamos a secarnos de las actividades. – Ya que hablas de arqueología, te voy a llevar a una excavación que además nos pilla de paso de regreso al barco.- Le contesto. Ella sonríe y yo me doy cuenta de que he caído en su deseo sin pedírmelo. ¡En fin¡ soy hombre y con una neurona. Terminamos de secarnos, cogemos el coche y regresamos hacia el barco pasando primero por el asentamiento púnico-romano de Ses Països de Cala d'Hort, y luego por el poblado fenicio de Sa Caleta. Sin lugar a dudas, para entender el "hoy" de cualquier sitio, hay que conocer el "ayer" del mismo, así por ejemplo el yacimiento de Sa Caleta es el lugar donde probablemente se ubicó la primera ciudad fenicia de las Pitiusas (fundada en el siglo VII a.C.). A partir de ahí podemos entender el mundo del comercio en esta zona. Agniezska está preocupada por su representante y cree que ha encontrado otra chica. Le recomiendo que cuando hable con él, presente una situación semejante a la que se da cuando se sospecha que se está siendo infiel en la pareja. Le digo que nunca le pregunte de manera directa *"¿Me estás siendo infiel con Tal?*, sino algo parecido a *"¿Sabes, mi amiga Zutana dice que desconfía de su novio. Casi está segura de que le está siendo infiel. Le encuentra raro y nervioso cuando hay algo sobre infidelidad. ¿A ti qué te parece?"* Si se siente culpable, se mostrará preocupada, consternada o contrariada y querrá cambiar de asunto rápidamente. Pero si le parece curioso, seguirá la conversación. Es un indicador muy plausible de inocencia, porque no se tiene recelo de discutir el tema y no se está preguntando por qué se le habla de eso. También puedes preguntarle de esta manera: *"Qué cosa más tonta... esta mañana mi amiga Tal me ha dicho que se la pegó al novio ayer con orto tipo. ¿No es impresionante cómo alguien puede ser infiel y no tener recelo de que lo descubran?"* Lo normal es que tu representante te conteste *"¿Por qué me cuentas eso?"* Si le ves que está nervioso, no te mira a la cara y quiere cambiar de tema, demostrará preocupación y sentimiento de carga, sino de culpa.- Le termino de contestar.

Mientras nos vestimos, regresamos al coche y vamos a los yacimientos arqueológicos Inés no pronuncia palabra. Lo siento por ella y por su preocupación sobre las mentiras de este mundo pero ¿Cómo me pongo a explicarle que todo es mentira en esta sociedad sin cargarme el día con ella? Decido respetar su silencio y recordar que hasta en el mundo de la alimentación la mentira está permitida y legalizada y reside en todos los lineales de los supermercados. Los quiebros de cintura y giros en el aire que se hacen en los pesos, calidades y en las etiquetas, están institucionalizados. Por ejemplo cuando dice *aceite vegetal* no lo identifica, pudiendo ser de oliva virgen hasta el de soja, cactus, palma o alga. Como el marketing nos tiene lavado el cerebro diciendo que "cuando hay aceite vegetal es bueno para la salud en contra del aceite animal", todos nos lanzamos al primero sin más y así pasa como el fraude del aceite de Colza que afectó a tantísimas personas dejándolas inválidas de por vida sin que el gobierno de UCD hiciera nada. Después están los conservantes, colorantes, acidulantes y demás "…antes", que vienen identificados con códigos desconocidos para la mayoría. Si eres de los que les gusta dar un paso más…, cuando lees la lista de los códigos, te echas las manos a la cabeza que en cada uno de ellos puedan entrar tantísimas procedencias diferentes. Otro de los trucos es la de congelar y descongelar los productos para vender como "fresco" algo que ya no lo es; comprobando al llegar a casa, cómo preciosas manzanas o melocotones por fuera aparecen negras por dentro, o cómo se acartonan los pescados y mariscos en la cocina. En el mundo de las carnes, los esteroides y aceleradores del crecimiento están tan presentes que son capaces de criar un pollo en veinte días o un choto en dos meses con pesos de adulto. Naturalmente hay que acordarse de no echar mucho aceite en la sartén pues con el agua que sueltan se va a cocer el filete en lugar de freírse. Muchos de los aceites y vinos que se venden, contienen mezclas de semillas con el producto original, o bien, son el resultado de subproductos de moliendas y productos semielaborados del proceso de producción. En las leches, no hace mucho tiempo los ganaderos y centrales lecheras le añadían agua para aumentar la cantidad de producción y orina de vaca para mantener los niveles de proteína, pasando los análisis de proteínas de la inspección. Muchas de las máquinas de zumo de los bares y de refrescos comerciales, van enchufados a las tomas de agua, con lo que venden agua al precio del zumo natural o del refresco en cuestión. A cantidad de purés, yogures y semejantes les añaden agar (alga) como espesante, sin ser perjudicial para la salud, pero si al bolsillo. Todos esos ejemplos son mentiras legalizadas y obvias, que consentimos porque esas multinacionales proporcionan muchos puestos de trabajo. Lo mismo que en Eurovegas se permitirá fumar, mientras el resto de bares de España han tenido que acondicionar sus locales. Todo ello porque el " tabaco mata" (menos en Eurovegas), y entonces los gastos de seguridad social por esas enfermedades ya no ocurren (naturalmente estoy irónico).

De vuelta al barco decido enseñar a Inés otra vista diferente de Sant Jordi de Ses Salines. Nos encaminamos a esta localidad. Siempre que paso por aquí me sorprende la proximidad al aeropuerto y por ello el que sea la primera vista de Ibiza que tienen los turistas que eligen este medio de transporte. Al llegar, Agniezska me comenta que todas las iglesias están fortificadas. Me sonrío porque en una isla tan pequeña en medio del Mediterráneo y a tiro de piedra del mundo musulmán, es lo más lógico. Le digo que se concentre en la otra forma de protección que tiene la iglesia. ¿Cuál? – Me pregunta girando la cabeza a todos los lados.- Sonrío porque a pesar de que los polacos son muy parecidos a los españoles, carecen de la picardía latina. La recojo entre mis brazos por detrás y con el dedo a la altura de sus ojos le voy señalando la muralla de flores y palmeras que la embellecen. Su reacción es la obvia y se remata con un beso. Continuamos a otra de la iglesias más bellas del municipio, me refiero a la pequeña ermita de Sant Francesc de S'Estany, ubicada a la entrada del parque natural de Ses Salines. Fue construida para atender las necesidades espirituales de los trabajadores de la sal. Mi sirena comenta extrañada que las iglesias tengan torres de defensa. ¡Natural¡ .- Le contesto uniendo el comentario al anterior de los ataques berberiscos. - Todas las iglesias de la isla fueron concebidas para proteger a la población del ataque de los piratas.- Le sigo profundizando.- Si miras la isla en un mapa o desde el cielo, observarás que hay más torres de vigilancia diseminadas por la costa. Si las unes con un lápiz imaginario, verás que dan forma a una especie de castillo gigante, con murallas de acantilados. Si te parece.- Le sigo proponiendo.- Otro día que te apetezca recorremos algunas como por ejemplo las torres de Ses Portes, la de En Rovira y la de Es Carregador. Sin embargo, la más impresionante, por su ubicación, es la citada torre del pirata o d'Es Savinar enfrente de los islotes de Es Vedrá y Es Vedranell, por las que pasaremos esta tarde.- Le termino de comentar mientras volvemos al coche y con ello al amarre del barco. Durante el trayecto, ella vuelve a sumirse en el silencio y yo me relajo bebiendo algo y continúo reflexionando sobre más mentiras de las que nos rodean a diario. Una de las mentiras que más daño económico ha causado a lo largo de la historia y que se repite con frecuencia a pesar de ser archiconocida es lo que se conoce como el "Sistema piramidal o Ponzi". Famoso también como los "círculos de la plata", las "células de la abundancia", el de los "quesitos", o el método de las "piedras de Ica". Curiosamente es uno de los más antiguos, de los más universales y de los peores sistemas de mentiras con fines lucrativos que existe en el mundo. Debe su nombre a los diferentes activistas que lo usaron. Se sabe que es una estafa y sin embargo una y otra vez sigue vigente e incluso amparado en muchas ocasiones por las propias autoridades. Tanto es así que incluso en muchos países no está considerado siquiera como delito hasta que no haya impago, a pesar de ser conscientes de que la empresa o la persona que lo desarrolla no tiene activos suficientes que cubran la inversión de los clientes. Si tuviera que reducir en una frase en qué consiste esta mentira, diría que *en robar a uno, para pagar a otro*, o también *en pagar a uno con el dinero de otro, habiéndoles prometido a ambos altas remuneraciones.*

Este negocio se basa en hacer que los primeros inversionistas 1, 2, 3, cambien su dinero y reciban altos rendimientos gracias a que les pagan con el dinero que transformaron otros inversionistas, por ejemplo el 4, 5, 6. De manera que mientras tenga nuevos clientes se mantendrá el negocio, más aún si convence a los primeros 1, 2, 3, a reinvertir el principal de su inversión y seguir jugando, darán dinero para que éste sea recibido por los inversionistas que invirtieron antes que ellos. ¿Qué pasa al final? Al final ocurre que se acaban los inversionistas que puedan continuar la hucha y no haya dinero para pagar a los antiguos. Puede ocurrir que el organizador huya con todo el botín y puede ocurrir que una inspección de hacienda compruebe que no hay activos que respalden a la empresa y la declaren en quiebra. Ejemplos de uso de este sistema hay cientos, tan solo enumeraré algunos clásicos (¡presuntamente¡, ¡claro¡): en 1920 Carlo Ponzi, 1899 William "520 Por ciento" Millar, 1875 Baldomera Larra, Sofico (1974), Fidecaya (1982), Banesto (1993), Gescartera (2001), FinanzasForex.com (2009), 2006 Fórum Filatélico y Afinsa, 1993 Ioan Stoica en Rumanía, 1984 en Portugal Dona Branca, 1984 Adrian Nieuwoudt en Sudáfrica, 1989 CLAE de Carlos Manrique en Perú, Diamond Mortgage y A.J. Obie, en USA, 2005 en Ecuador José Cabrera Román, 1994 la empresa Rusa MMM de Sergey Mavrodi, 2008 en Colombia Proyecciones D.R.F.E. (*Dinero Rápido, Fácil y Efectivo*) y DMG, 2009 Bernard Madoff la mayor mentira mundial de bonos basura, 2006 en Argentina Eugenio Curatola, 2007 en Argentina Boston Continental, en Paraguay Roxana Mascheroni, 1997 en Albania presuntamente por Enver Hoxha, 2007 en la ciudad de Concepción en Chile, El arca de Noe y Crisol en España, Inversiones Alina, Universal de Inversiones, Inversiones Bonilla, Trébol Inversiones, EuroAcciones, Fundación FPC, Multinversiones de los Andes , Inverbonilla, Inverfo de Ipiales,

Nariño , Inversiones Panamáde Putumayo, Red Linede Putumayo, Interamericana de Inversiones de La Unión, Élite Resurrected, Élite Activity, Madoff, Leemann Brothers y he procurado no incluir muchas ONGs, para que no te sangren las manos de arañar la mesa. ¡Por cierto¡ Si me paro a reflexionar en el sistema de Seguridad Social de España, ¿no se parece mucho a ésto? Por otro lado me divierto mucho con los sindicatos de izquierdas actuales en España, viéndoles ponerse en huelga por defender este sistema de Seguridad Social y de Pensiones, consciente de que es un "fraude Ponzi" y además inventado y desarrollado por el Generalísimo Francisco Franco. ¿No es ridículo? Pero el mundo gira y del mismo modo Cristo era tachado de anarquista de izquierdas con los judíos y romanos, y en cambio ahora es tachado de "facha". ¡Vaya mierda de sociedad¡

Regresamos a por el barco. Agniezska decide quedarse para hablar con su representante y quitarse las preocupaciones de la cabeza. Le comento que yo parto con el barco a san Antonio como tenía previsto hacer con ella. Si quiere reunirse conmigo solo tiene que alquilar un taxi y cenamos allí. En caso contrario pues ya nos volveremos a ver alguna vez. Nos despedimos conscientes de que nuestros caminos se separan para siempre. La veo alejarse por la pasarela de mi pantalán y cuando la pierdo de vista saco el barco a alta mar en dirección sur–sudoeste. Mientras navego, recuerdo todos los detalles de la isla. Admito que tengo nostalgia de estar acompañado pues lo necesito. Sinceramente siempre hubo una mujer a mi lado en cada momento de mi vida y a pesar del autoexilio social al que yo mismo me someto, reconozco que necesito su compañía, aunque no de seguido, ni con la misma mujer. Voy dejando la costa a estribor mientras navego y contemplo la gran cantidad de valores ecológicos que Ibiza posee. Los parques naturales, las reservas ecológicas y los famosos islotes de Poniente. Cualquier guía de turismo comenta que *"el parque natural de Ses Salines comprende el área situada entre el sur de Ibiza y el norte de Formentera y ocupa un territorio aproximado de 3.000 hectáreas terrestres y más de 13.000 marinas. En este parque podemos encontrar una gran variedad de ambientes con características ecológicas diferentes: los estanques de las salinas, las playas, los cordones dunares con sabinas centenarias, los acantilados o las costas rocosas, donde se encuentran aves como el halcón peregrino y el águila pescadora."* Del mismo modo, la misma guía aporta datos de las reservas naturales de Es Vedrá, *"El territorio protegido comprende islotes y medio marino. Merece la pena recorrer esta zona de la costa de Ibiza y acercarse al acantilado para ver la puesta de sol frente a Es Vedrá. La silueta de Es Vedrá (381 metros) sobresaliendo del mar es una de las imágenes más emblemáticas de la isla de Ibiza"*. Pero el motivo de aglutinarse gente a la hora de la puesta de sol, es que este atardecer sea a lo mejor, el más extraordinario que se puede disfrutar en la isla. Mientras circundo la isla en el sentido de las agujas del reloj y viro al norte para embocar mi destino de Sant Antoni, me relajo bebiendo algo y continúo pensando en más mentiras que nos envuelven a cada momento. Claro que si busco mentiras, no hay como el mundo de los abogados, jueces, notarios, delincuentes y registradores, para encontrar verdaderos chollos y filones de mentiras. Es curioso comprobar cómo los que se suponen deben dar ejemplo y defendernos, pueden ser la causa de nuestros desastres. Están aquellos abogados que alegan que no se les ha entregado un aval bancario, mientras negocian con el banco una compensación para ellos (no para su cliente) por no ir a juicio. O aquellos otros que defendiendo a una víctima de accidente contra las aseguradoras, consiguen primas muy inferiores a cambio de recompensas personales de sus contrarias. Están también aquellos que son primados por los antónimos para dejar prescribir los casos de sus defendidos. O aquellos procuradores que se quedan dos meses con las primas cobradas de sus defendidos para invertir en letras del tesoro. También están aquellos notarios que por su negligencia ni leen los escritos y se tragan hasta falsificaciones de firmas, de actas empresariales y compra ventas fraudulentas. De igual modo existen los registradores de la propiedad que para introducir un añadido en un acta, obligan a modificar todo lo anterior, yendo en contra de los derechos de los clientes. En el caso de los jueces, vemos salir una y otra vez en televisión a "jueces estrellas" que tras la foto, resulta que no meten a nadie en la cárcel por la inmensidad de "defectos de forma" de sus escritos, o aquellos que tan solo son "presuntos jueces" porque aún no han aprobado la oposición, es más, han suspendido reiteradamente y a pesar de ello, sus compañeros les dejan que les sustituyan para lograr puntos para la siguiente oposición a judicatura. ¡En fin¡ estos casos no solo son mentiras que afectan a la economía de manera directa, sino que son estafas al propio sistema judicial y a los ciudadanos por el desamparo que les dejan. Desecho entrar a comentar el mundo de los seguros por su extensión de mentiras que harían imposible estos apuntes y si alguien me pregunta ¿por qué no me meto con las religiones? Les diré que la única verdad es la existencia de Dios y del demonio, pero cuando antaño tuve la intención de comprobar si tenía vocación sacerdotal y me fui a Salamanca para convivir con los Legionarios de Cristo, la conclusión fue que no me hice cura, porque quería seguir siendo cristiano. Parto de la base que existe una mentira dentro de la mentira ¿Cuál es la mentira de la mentira? Me pregunto a menudo. De entrada veo que decir con rotundidad ¡Eso es mentira¡ implica una verdad. Luego ¿deja de ser mentira si es una verdad? Parece una paradoja y lo es, pues ¿cómo podemos decir verdad si es mentira? Dejo la pregunta en el aire en confianza que exista alguna vez alguien que me sepa responder de manera que me convenza y no me venza.

Dice *el manual de Epícteto: "Nunca digas respecto a nada* *"Lo he perdido", sino "Lo he devuelto". ¿Ha muerto tu hijo? Lo* *has devuelto. ¿Ha muerto tu mujer? La has devuelto. ¿Te han* *robado la tierra? También esto has restituido. "Pero, aquel que* *la ha tomado es un malvado" ¿Y a ti, que te importan las manos* *por las cuales aquel que te la ha dado a querido retirártela?* *Mientras Él te la deje, úsala como algo que no te pertenece,* *como los turistas disfrutan los hoteles".*

Si quiero conjugar mar, tierra y cielo, San Antoni me ofrece la solución. Aquí tengo campos de almendros, aguas cristalinas y por supuesto, las mágicas puestas de sol en Ses Variad. Lamento que el ocaso de hoy lo veré en soledad pues Inés no me ha llamado y deduzco que se habrá arreglado con su representante. Me alegro por ella pues se lo merece y lo que dejó en mi vida y en mis sábanas, no se va a olvidar fácilmente. Siempre digo que alguien que es capaz de aguantar mis noventa kilos y al día siguiente seguir besándome se merece permanecer en mis sinapsis neuronales con palco de honor. Estoy convencido que una vez haya dejado el barco en el amarre y mis neuronas se hayan despejado del shock producido por su espléndida Bahía de Sant Antoni, junto al casco urbano y centro de la vida del pueblo, merecerá la pena descubrir Sant Antoni, más allá del casco urbano, y recorrer Rafel, Santa Agnés, Mateu o Buscastell. Ahí tengo otro detalle que me va a producir nostalgia cuando lo visite. Me refiero a Santa Agnès, pues recordaré a mi sirena sin poder decirle que construyeron el pueblo y le pusieron el nombre en su honor. Como capitán que acaba de amarrar, debo presentarme en el representante de la Capitanía de marina con los papeles en regla y poner a disposición mi barco para inspección de aduanas. Mientras paseo a ver a la autoridad de ida, me percato de que esta zona de la Bahía de Sant Antoni está rodeada de tiendas, restaurantes y todo tipo de servicios, incluidos los barcos que comunican el municipio con otros puntos de la isla y la península, además del muelle pesquero, el club náutico y el puerto deportivo. Llego. Me presento. Me miran de arriba abajo y me dicen que esté pendiente del teléfono por si me requieren para la inspección. ¡Ok¡ daré un paseo para tomar algo por aquí cerca.- Le contesto. Me acerco al Paseo de Ses Fonts, por el que tengo acceso al resto de calles interiores del pueblo, donde existen todo tipo de comercios, entre los que pueden encontrar moda ibicenca y otros productos específicos de la isla como telas bordadas a mano, trabajos en piel, cerámica, bisutería y una oferta gastronómica que incluye repostería, quesos, sobrasadas, licores o vinos, entre otros. Me siento en una terraza. Pido algo de comer, porque en el barco solo tomé los restos que habían quedado de estos días. Me fijo que desde el centro urbano de este pueblo parte una especie de paseo marítimo hacia la costa y une Ses Variades con el Paseo de Ses Fonts y continúa hasta el espacio cultural de Sa Punta des Molí. ¡Lástima, no tener una chica con la que recorrerlo¡. Recuerdo los consejos que esta mañana le día a Agniezska sobre cómo preguntarle a su representante si había elegido a otra chica en su lugar para esos contratos. Algunas veces que me enfrento a mentirosos me gusta atacar su ego. Me explico, ataco su ser poniendo su propio orgullo en contra suya. Le digo que jamás sería capaz de confesar su mentira, porque otra persona le presiona para que no diga la verdad y que esa persona tiene poder sobre él (o ella). Reconozco que es una técnica muy empleada en interrogatorio policial. ¿Cómo lo hago? Bien, nunca se me ocurre preguntarle de manera directa *"Vas a confesar que has robado en la empresa o no?"* Siempre doy un rodeo del modo *"Ya sé cuál es el problema, no me dices la verdad porque alguien te controla. Tú no tienes ni la capacidad, ni el poder de decidir por ti mismo y menos una cosa así. ¿Me equivoco?"* Generalmente la persona acaba confesando o que alguien se lo ha pedido o el hecho en sí porque se siente orgullosa de hacerlo y no quiere que nadie se atribuya el éxito. Este es el punto de Aquiles de muchos asesinos en serie que nunca pillaban y comenzaban a aparecer en escena imitadores que se llevaban el éxito y los honores.

Me miro en un reflejo en el que me envuelve un escaparate y veo a un hombre solitario, adulto, casi viejo y antisociable porque quiso y porque así decidió autoexiliarse. Existimos personas solitarias, que nos encontramos agusto en soledad y no la abandonamos hasta que un día nos invade la melancolía y la depresión. En ese momento unos se suicidan, otros se refugian en la solidaridad acudiendo a comedores sociales, los terceros buscan residencias de la tercera edad en las que aún no pueden entrar por edad y entonces buscan cualquier pareja para que les haga compañía. ¿Cuáles? Pues desde un ama de casa hasta alquilar habitaciones de su casa a estudiantes, pasando por cualquier pareja que pase por su lado para olvidar la soledad, aunque sea para discutir. Si no se consigue evitar la depresión por esas vías, irremediablemente está abocado a que se le cierren las puertas de la sociedad y les haga cautivos. Si en las fases anteriores de la vida la soledad es constante, en el adulto es un denominador común. La soledad enraíza, cautiva, fructifica inexorablemente ¿Por qué? Yo lo achaco a que en la edad adulta todos somos ricos, pero nuestra riqueza no es material, sino de experiencias horribles que tienen su causa ¿Cuál? Las mentiras que sufrimos y las que dijimos. Además tiene su consecuencia ¿Cuál? La soledad. Es increíble la cantidad de adultos entre 40 y 55 años que me encuentro con las mismas características, ni somos jóvenes, ni somos viejos, mantenemos más o menos una cierta esperanza y creemos que ocurrirá el milagro de terminar nuestros días siendo felices, pensamos que la vida pasada no ha sido más que un cúmulo de errores provocados por la inexperiencia y esa experiencia es la conclusión del montón de mentiras y decepciones vividas. Todos llegamos de maneras distintas a esta soledad e incomunicación, unos por divorcios, otros por accidentes, otros por catástrofes ambientales o personales, los que más por toxicomanías. Todos mantenemos mordazas para ver si callando tenemos una oportunidad, mantenemos abierta la esperanza de encontrar en este *desecho de tienta* en que nos convertimos, alguien bueno, cariñoso y sincero que nos quiera y ayude a formar un "nosotros", sin pararnos a pensar ¿qué se puede construir con tanto escombro?. Somos suspicaces, fríos, oscuros, vacios de compañía, pero llenos de miserias. Seducimos con mentiras pero ¿queremos que nos quieran por nosotros mismos? Describo duramente los síntomas, echo mano de metáforas para reflejar la dureza de una soledad profunda. Evado las filosofías, retiro las metafísicas huyo de misticismos y basamentos doctrinales de pacotilla que nada ayudan y más manipulan, para no distanciarme de la realidad. Todos los supervivientes de esta soledad adulta mantienen una gran fuerza psicoemocional, en la montaña rusa en que se convierte el día a día, a lo que hay que añadir que tampoco hay una única soledad, sino que hay muchos tipos de soledad adulta. ¿Cuáles? Se me ocurre empezar por la soledad de la recién parida, que he podido analizar tanto en animales como en humanos. Es un clásico. La depresión postparto, que los sanitarios compensamos con complejos vitaminicominerales, pero que no deja de ser una paradoja de la vida. ¿Cómo puede sentir soledad alguien que está acompañada por su hijo y tiene que cuidar? Por muchas preguntas que haya hecho para entenderlo, nadie ha sabido explicármelo nunca. Una amiga matrona (Mª Paz) me dijo. *"Es feliz con su nuevo hijo, pero también siente que ha "perdido" el otro hijo"*. ¿A qué otro hijo te refieres? - Le pregunté estupefacto. *"El que albergó en su vientre durante nueve meses"*.- Me respondió. ¡Vaya tela¡ Puede causar risa al principio, puede parecer un absurdo a continuación, pero cuando te sientas en el poyo que da acceso a la casa y reflexionas, es de lo más profundo que jamás oí. A partir de entonces, me mantuve observador de más soledades de este tipo. La siguiente que hallé fue en otra paradoja ¿Cuál? La del amamantamiento. La chica en cuestión estaba triste y alegre al mismo tiempo que daba de mamar al bebé ¡Narices¡ ¿por qué? Yo alucinaba en colores, como se dice habitualmente. Me quedé pasmado al oírlo. Con el transcurso de los días la cosa evolucionaba a peor, tanto era así que tenía que dar el pecho a solas. Le pregunté ¿si era yo el motivo? Me contestó algo similar a la parturienta. Mª Paz me lo volvió a explicar. Esta chica deseaba tanto al niño que la época de mayor felicidad fue el embarazo, ahora se alegra de tenerlo entre sus brazos y poder amamantarlo, pero ya no es lo mismo, siente que lo ha perdido. ¡Ufff¡ ¿ Y luego soy yo el raro?, ¡vaya tela¡ Es decir, que como su hijo es un ser independiente, ya se siente sola… ¡pues no te digo nada lo que esta chica va a sufrir cuando se vaya de casa¡ - Le dije a mi amiga. Se volverá a quedar embarazada para volver a recuperar esos sentimientos.- Me contestó. Luego, para ella es como una droga y se convierte en mentirosa cuando dice que quiere ser madre. ¿Por qué? - Me preguntó Mª Paz. Porque lo hace para ella sentirse bien, no por el niño, ni su marido.- Le respondí, mientras Mª Paz bajaba la cabeza sin contestar. ¡Soledad y mentiras siempre van una detrás de la otra¡

Regreso al representante de capitanía de marina y me dice que no van a inspeccionar el barco y todo está ok. Respondo ¡A sus órdenes¡ y me voy rapidito, no vaya a ser que por la gracia se arrepienta y me tengan bloqueado el barco dos días de rigor. Decido poner tierra por medio alquilando un coche y me voy a la Cueva de Ses Fontanelles para ver una colección de pinturas rupestres. Situada en una zona escarpada entre Sa Foradada y el

Cap Nonó, esta cueva, a la que se accede desde Cala Salada, también recibe el nombre de Sa Coya des Vi (cueva del vino), ya que sirvió de bodega. Los dibujos fueron realizados en la Edad de Bronce (1.000 años a.C.), según un arqueólogo francés, el abate Henri Breuil, que las descubrió en 1917. Me quedo con los acantilados que rodean la cueva y me acuerdo que a dos kilómetros del centro de Sant Antoni, muy cerca de Cala Gració, junto a la carretera, está el camino hacia el Aquarium de Es Cap Blanc, también conocido como Sa Coya de Ses Llagostes. Dado que las distancias son ridículas en comparación con la provincia de Toledo a la que estoy más acostumbrado, no me importa recorrer esta distancia y ver el Aquarium. Llego. Aparco el coche y entro en el recinto del mismo. Me sorprende cuando leo el letrero de las focas monje, "Veil Marí", pues coincide con el nombre de la cueva donde se ubica el acuario, llamada Sa Coya des Veil Marí. Pregunto al encargado del recinto por la coincidencia. Me contesta que hasta no hace demasiados años estos animalitos se refugiaban en esta cueva natural. ¡Bueno¡ siempre se aprende algo nuevo. Continúo mi paseo contemplando la extensa variedad de la fauna marina pitiusa. Me detengo en un acuario que aparentemente no tiene nada. El encargado anda cerca y le pregunto qué había en el acuario antes de estar vacío. Se acerca sonriente y me dice. No está vacío. Está lleno de Posidonia oceánica.- Y diciendo esto se aleja. Ante el ridículo que acabo de hacer, me quedo reflexionando y recordando mis lecciones de oceanografía, pues no en vano también soy biólogo. ¡Ufff¡, ¿Seré idiota?.- Me digo a mi mismo. Esta planta es una joya ecológica que tenemos y nadie aprecia ni valora. De momento, es el ser vivo más longevo que existe en la tierra. En segundo lugar es endémico del Mediterráneo y en especial de las Baleares. Puede vivir doscientos mil años y los análisis de ésta de Ibiza, junto a la de Formentera dicen que la de aquí tiene cien mil años. Para darse cuenta de la importancia de lo que digo, aporto el siguiente dato. El segundo ser vivo más longevo es un arbusto de Tasmania con cuarenta y cinco mil años de antigüedad. Esta planta es un clon de las primeras que se formaron con el mundo. Lo consigue por división de sus meristemos y rizomas. Lo tercero de importancia de esta planta es que sin ella todo el ecosistema de este paraíso desaparecería. Depura el agua, da de comer a muchas especies marinas, protege el litoral de la erosión y a muchas especies de sus depredadores. De ahora en adelante tendré más cuidado con la hélice del barco para no segarla como si fuera césped. Aquí tengo otra de las cosas que me desesperan de esta sociedad y de España en particular. Nadie la protege y nadie la pone en su bandera. Personalmente la bautizaría como la "Lemniscata española" (El infinito español). Termino mi provechoso recorrido por el acuario lamentando no poder contárselo a mi sirena, pero recordándo siempre el día que nos conocimos buceando con su amarillo pelo entremezclándose con este verde tapiz marino. ¡Eso si que era poesía pura¡ Miro el reloj comprobando que aún podría ver Sant Rafel de Sa Creu. Aunque en un mapa de Ibiza parezca lejísimos, en realidad está a doce kilómetros de aquí. De modo que me da tiempo a ir y volver para la puesta de sol.

En tanto conduzco en silencio, recuerdo que "El Cantar de los Cantares" dice: *"viajo de noche por mi lecho en busca del amado sin hallarlo"*. Mucha gente cree que los adultos que se deciden por ser monjas, o monjes de clausura, lamas, ascetas, eremitas o ermitaños, están todos en soledad. ¡Pues se equivocan¡ Los de clausura viven en comunidad aunque pasen muchas horas en meditación en sus celdas. El resto si están "más solos que la una". En todo caso, añaden los votos de pobreza que endurece la soledad y los que además hacen votos de silencio (en todas las religiones los hay) entonces la soledad es martirizante, quedándoles tan solo la esperanza de encontrar a Dios (el que sea en cada caso particular). Existen casos en los que dentro de esas comunidades siquiera existe la posibilidad de comentar o interpretar en voz alta los textos religiosos, lo que me conduce a otra mentira, que en este caso es más paradoja que mentira. ¿Cuál? Me refiero a que "comunidad" viene de "Poner algo en común", aunque lo único que les una sean una serie de normas que constituyen la Regla a la que se someten. Lo que está claro es que el stress no les afecta, ni están agotados por la sociedad. Los que si están afectados del mal de la tensión del día a día, necesitan aislarse en los balnearios o de vacaciones porque solo con el descanso, el dormir y el olvidar, es posible la regeneración y reconstrucción. Dentro de éstos últimos hay muchos que se echan una mochila a la espalda, o cogen un barco, o su caballo y se van solos a algún destino. No importa dónde, sino el propio trayecto es lo importante. Necesitan encontrarse a sí mismos, rellenándose de experiencias con la naturaleza, con la cultura y en soledad. Necesitan una introspección controlada para realizarse corporal y espiritualmente. Ejemplo de ello es el libro "El viejo y el mar", que leí de pequeño. Cosa bien distinta es cuando la sociedad se convierte en muros, cuando lo que era acogimiento se transforma en ladrillos, me refiero a cuando por causas de divorcios las familias se rompen y los amigos, los compañeros de trabajo y las religiones aumentan el dolor desamparando aún más. En todos esos casos el desamor sustituye a lo que, en su día, fue amor. Decía Campoamor *"Sin el amor que encanta, la soledad de un ermitaño espanta. Pero es más espantosa todavía la soledad de dos en compaña"*. Convivir no es vivir con otra persona, ni usar el mismo espacio, los mismos muebles y tener el mismo juego de llaves. Esa soledad hace que antes de entrar en casa te lo pienses un cuarto de hora porque esa convivencia es una de las grandes mentiras de esta sociedad por ser falsa. La compañía se recibe como una donación distante y amarga. Los silencios se alternan con las broncas y tras ellas el aislamiento en cuartos diferentes. Si ahondo en este capítulo, veo que la soledad por la tortura es muy frecuente. ¿A qué me refiero? Al maltrato y me da igual cuál sea el género que lo sufre o la edad, la soledad es la misma, una soledad fundamentada en el miedo. No me olvido que la soledad del enviudado, es diferente de la del divorciado pues si en éste los recuerdos son mezcla de dolor y reproche, en el primero lo son de felicidad y añoranza. Por lo general la viudedad pilla en edades avanzadas en donde la compañía es importante, pero el apoyo y la ayuda en el día a día lo son aún más. Les invade la tristeza y sobre todo las ganas de seguir al amante muerto. Los seres humanos divorciados suelen recomponer su vida con otra pareja, si no tienen problemas con la nulidad ni les pesan losas religiosas. En cambio, los enviudados casi nunca. Se pasan la vida tocando recuerdos o viendo fotos de su vida. Dice Pedro Salinas *"Porque para llorar una soledad solitaria, dos ojos solos no bastan"*. Y el Génesis (cap.II-V.8) dice: *"No es bueno que el hombre esté solo"*. La mentira de las religiones es que te obligan a obtener su permiso para que puedas volver a tener pareja o en caso contrario siempre estarás condenado. ¿Muchas veces he preguntado lo mismo ¿Por qué? Y el cristianismo me dice que Dios así lo exige. A lo que respondo "Ok, pues concédanmela". Y soy respondido, "Vale, si la quieres son seis mil euros, si quieres superar el juicio". ¡Ufff¡ le respondo. Es decir, que quitarme el pecado y obtener su licencia es cuestión de dinero, que gratis no me lo dan. Por lo general el cura de turno sale por peteneras acusándome de mal cristiano o amenazándome con el "Tú sabrás...¡, Bécquer dijo: *"La soledad es hermosa... cuando se tiene alguien cerca a quien decírselo."* Las otras soledades de los adultos son las propias de la toma de decisiones, las de sus cargos o las de sus profesiones. Así el cirujano en la operación, el albañil en el andamio, el ciclista en su bicicleta, el torero ante el toro, el escritor ante la hoja en blanco, el pintor ante el lienzo del mismo color, el escultor ante el bloque de barro, el ejecutivo ante el proyecto o el empresario ante las nóminas, por ejemplo. La soledad es algo tan importante en la vida del ser humano que hasta inventan bailes y cantares en su honor, así encontramos por ejemplo la soleá flamenca, o las saetas de Semana Santa. En la Pasión encontramos la Virgen de la Soledad como máxima representación del dolor.

Continúo unos ocho kilómetros más allá de Sant Antoni para ver un pueblo declarado "Zona de interés artesanal". Me sorprende la denominación y me pica la curiosidad que se destaque un punto específico dentro de un mar de puntos donde se dedican a la artesanía. Cualquier guía de turismo añade que aquí se puede conversar con los artesanos mientras trabajan. Gano en curiosidad porque no he tenido problema en hablar con ningún artesano de la isla. Llego en un santiamén. Doy una vuelta que si no hubiera venido condicionado por encontrar lo más de lo más, me sorprendería de este lugar impresionante, pero como me habían mentalizado con esos comentarios, me defraudé. Si fuera por mí, escribiría a turismo insular para que no hiciesen esas cosas. Me cuesta un poco reacondicionarme y para compensar me meto en la iglesia. Rezo un poco y aprovecho para recordar las islas que voy viendo en este recorrido, tales como las iglesias de Sant Antoni, Sant Mateu, Sant Rafel, la pequeña capilla de Buscasteil y espero ver mañana la capilla subterránea de Santa Agnés. Hago un esfuerzo por volver al barco antes del atardecer. Olvido los recorridos que había planeado hacer con Agniezska y las playas situadas en la Bahía de Sant Antoni donde muchos turistas suelen concentrarse para tomar el sol o bañarse en lugar de elegir las calas próximas, como Cala Gració y Cala Gracioneta, dos preciosas calitas unidas por un pequeño paseo de rocas, situadas a 2,5 kilómetros del centro de Sant Antoni. Personalmente prefiero Cala Salada si voy con familia y niños o la opción de los más aventureros es Punta Galera, una zona de rocas que se ha convertido en una de los rincones preferidos para los aficionados al nudismo, ¡je, je, je¡. Llego al barco a punto de la puesta de sol. Me cambio de ropa para estar cómodo. Lo saco del amarre para adentrarme en alta mar en un puesto preferente sin apreturas. Elijo un punto enfrente de Ses Variades. Desde aquí se escucha la música que están poniendo en tierra. ¡Ufff¡ ¡Vaya volumen que ponen hoy para que se oiga desde aquí¡ Decido volver en otro momento del año, pues las puestas de sol son iguales pero más tranquilitas. Remato este rato que he pasado mirando el ocaso y reflexionando sobre la soledad, haciendo un solitario en el iphone, mientras regreso el barco al amarre y decido mi siguiente paso.

Me duermo con lo que decía Gustavo Adolfo Bécquer en *Obras completas (Leyendas y cartas)*: *"Habían pasado algunos años. Manrique, sentado en un sitial junto a la alta chimenea gótica de su castillo, inmóvil casi y con una mirada vaga e inquieta como la de un idiota, apenas prestaba atención ni a las caricias de su madre, ni a los consuelos de sus servidores. -Tú eres joven, tú eres hermoso -le decía aquélla;- ¿por qué te consumes en la soledad? ¿Por qué no buscas una mujer a quien ames, y que amándote pueda hacerte feliz? -¡El amor!... El amor es un rayo de luna - murmuraba el joven. -¿Por qué no despertáis de ese letargo? –Le decía uno de sus escuderos;- os vestís de hierro de pies a cabeza, mandáis desplegar al aire vuestro pendón de ricohombre, y marchamos a la guerra: en la guerra se encuentra la gloria. -¡La gloria!... La gloria es un rayo de luna. Ha compuesto mosén Arnaldo, el trovador provenzal? -¡No! ¡No! -exclamó el joven incorporándose colérico en su sitial;- no quiero nada... es decir, sí quiero... quiero que me dejéis solo... Cantigas... mujeres... glorias... felicidad... mentiras todo, fantasmas vanos que formamos en nuestra imaginación y vestimos a nuestro antojo, y los amamos y corremos tras ellos,*

¿para qué?, ¿para qué?, para encontrar un rayo de luna.
Manrique estaba loco: por lo menos, todo el mundo lo creía así.
A mí, por el contrario, se me figuraba que lo que había hecho era
recuperar el juicio".

CAPÍTULO XII

De vez en cuando di la verdad para que te crean cuando mientes. (Maese Mercader)

Decía D. H. Lawrence en *El Amante de Lady Chatterley: "Y aún más, media hora después Connie oyó a Clifford hablando con la señora Bolton, con una voz excitada e impulsiva, mostrándose con una especie de pasión desapasionada ante la mujer, como si fuera mitad su amante, mitad su madre adoptiva. Y la señora Bolton le estaba vistiendo un traje oscuro, porque había importantes hombres de negocios de visita. En aquella época Connie creía a veces que iba a morir. Se sentía aplastada por la opresión de las burdas mentiras y la asombrosa crueldad de la estupidez. La extraña eficacia de Clifford para los negocios la aniquilaba en cierto sentido, y su declaración de adoración privada la llenó de pánico. No había nada entre ellos. Ahora ya ni siquiera le tocaba y él nunca la tocaba a ella. Ni siquiera le tomaba la mano y la mantenía tiernamente. No, y justamente porque estaba tan fuera de contacto, la torturaba con aquella declaración de idolatría. Era la crueldad de la impotencia absoluta. Y ella sentía que llegaría a perder la razón o morir".*

Agniezska me ha telefoneado para despedirse, según parece, se marcha de Ibiza porque su representante le ha conseguido compensar los contratos perdidos con otros nuevos. Me alegro por ella y sigo solo. Alquilo un coche para visitar el pueblo de Santa Agnés de Corona, su iglesia y recorrer sus caminos de almendros. Lamento que la sirena no me acompañe al pueblo que lleva su nombre. Entiendo que el trabajo es lo primero en una sociedad como la que hemos montado, pero lucho porque esa misma sociedad aprecie la cultura y el conocimiento por encima del dinero, pues con cultura y conocimiento la mentira y su lacaya la soledad tienen menos cabida. La religión dice que los hombres elegimos entre el culto a Dios y el culto al dinero, yo añado que tanto los unos como los otros se olvidan de la cultura sin que sea necesario adorarla. Hoy me he levantado muy despistado. Desorientado, más bien diría yo. La visita de este pueblo había sido programada con alegría y acompañado por Inés, por lo que haberlo visitado sin esos parámetros me ha perjudicado más de lo que esperaba. Continúo el recorrido hacia Cala d'Aubarca, a ver si aquí tengo más éxito al animarme. Me derrumbo cuando llego pues tengo que hacer el último tramo a través de un camino que debe realizarse a pie, para descubrir una costa acantilada de enorme belleza en la que suelen refugiarse numerosas aves, entre ellos el halcón Eleonora y el halcón Real. ¡Ufff¡ me he dejado la botella del agua en el coche. Ciertamente hoy no ando muy bien que digamos y el día se me está complicando. No soy capaz de disfrutar de estas vistas que en otro momento ya estaría dibujando bichos, paisajes o creando algún cuento o poesía. De salud no me encuentro mal y achaco mi depresión al periodo de transición entre estar acompañado y la soledad. Descanso lo suficiente para deshacer el trayecto a pie y regresar al coche. Me siento en el puesto del conductor como es obvio y bebo de la botella de agua hasta acabarla. En Ibiza se puede permitir este tipo de lujos que en otros sitios no. ¿Por qué? Pues porque las distancias son ridículas y en cinco minutos tienes un pueblo, un bar o un hotel donde reabastecerte. Decido acercarme hasta Sant Mateu d'Aubarca, para visitar las bodegas en las que se producen los vinos Ibicencos y continuar después hasta Ses Torres d'en Lluc. Allí hay un yacimiento arqueológico que probablemente data de la Edad Media y consta de dos antiguas torres y una muralla. Lo hago. Pasa media mañana y estoy aburrido deambulando sin rumbo. Decido dar por terminado este punto occidental de la isla e intentar alegrarme el día cambiando de ubicación. Regreso a San Antonio. Devuelvo el coche y tras echar un vistazo panorámico a la bahía, desamarro el barco y emboco alta mar. Continúo hacia el norte. Hacia la zona más despoblada de la isla, siguiendo las agujas del reloj y llevando siempre la costa a estribor en una navegación de cabotaje facilita.

Sonrío al recordar las discusiones que mantuvimos en mi familia a la hora de rotular las residencias que habíamos construido como negocio, para asistir a los que ya superaban la edad de jubilación y en su casa eran un problema. Esta edad es la edad provecta (Referencia al libro del mismo autor Bitácora de la edad provecta"), pero la gente odia decir la palabra "viejo", de modo que se rebusca en el diccionario, ayudados por el marketing para encontrar un término menos directo. Así aparecen los siguientes términos: mayores, tercera edad, abuelos, senectud, anciano, etc. Personalmente creo que es una chorrada para ahorrar complejos a unos y llenar los autobuses del inmerso a los otros como si fueran los viajes de fin de curso del colegio. Cualquiera con un dedo de frente puede entender que en la etapa final de la vida la soledad es la compañía más frecuente. Siempre decíamos en la residencia, que el viejo que deja la pensión en casa, saca a pasear al perro o a los nietos y deja la pensión a los hijos, ese nunca vendría a la residencia. En cambio. el que babea, se olvida de todo, necesita que le cambien los pañales y que le empujen la silla de ruedas, ése es el que nos traen. Tiene su lógica y para eso construimos estos edificios. ¿Existe algún tipo de soledad que sea bonita? Pues sí, la que voluntariamente elegimos, en la que estamos pertrechados de lo que queremos y en la que dominamos el tiempo que queremos estar en esa situación. El resto de soledades son feas, dolorosas y crueles. Se da la circunstancia que en esta edad provecta, las mentiras también son el caballo de batalla del anciano. Constantemente se les dice que están mejor o que tal o cual cosa les sirve. Cada día que pasa es mejor que el siguiente y ellos lo saben pero se callan. Otros caen en depresiones abismales y los terceros sostienen enfermedades progresivas a base de veinte pastillas diarias. La mayoría se hunden en miserias personales, mientras los menos, adoptan posturas más o menos dignas que adornan con estéticas para disimular amarguras. Decía Lope de Vega: *"A mis soledades voy/De mis soledades vengo/Porque para andar conmigo/me bastan mis pensamientos/"*. El período que más se nos llenaban las residencias eran precisa y curiosamente las coincidentes con las vacaciones de verano, Navidad y Semana Santa. Dicho de otra manera, los hijos elegían un viaje al extranjero o a la playa y premiaban al anciano con unas vacaciones en la residencia. Dicho así parece un sacrificio, pero en ambos casos (hijos y padres) obtienen lo mismo. Me explico, los hijos se van a un tour con todo incluido, se van a la Caribe en las mismas condiciones que dejan a su padre con el "todo incluido", el problema venía en el anciano que sentía un sabor amargo por el sentimiento de abandono de sus hijos, y no porque fuera a estar mal, porque al contrario, estaban mejor que en su casa. Al regresar los hijos, recogen primero a la mascota de la residencia en que le hayan dejado (si no lo abandonaron en la carretera) y al anciano que nos dejaron después. Al menos a éste viejo no lo abandonaron en una gasolinera. Muchos de estos ancianos estivales, como les llamábamos, se quedan en la residencia al darse cuenta de su situación. Otros en cambio mueren a los quince días de pena. No todos somos iguales ni reaccionamos igual ante las mentiras y la soledad. A medida que avanzamos en la vida nos vamos preparando para la profesión, para los hijos, para ser exitosos en la sociedad, y en cambio, poquísimos somos los que nos preparamos para la soledad de nuestra tercera edad. No nos preparamos tampoco para los cambios corporales, ni las enfermedades, ni las incapacidades y mucho menos para los abandonos familiares. ¿Por qué? He llegado a la conclusión de que no lo hacemos por el miedo atroz que eso nos produce y cerramos los ojos como avestruces ante la realidad. Nos autoconvencemos de que seremos siempre fuertes y resistentes sin comprender que absolutamente nadie de la historia del ser humano ha conseguido semejantes hazañas. La soledad y la depresión vienen reforzadas a medida que los amigos se van muriendo y tenemos que asistir cada semana a uno de esos entierros. Yo lo comparo con la edad de las bodas en las que la presión crece para conseguir pareja definitiva a medida que los grupos de amigos se van casando y ya no puedes ver ni un partido de fútbol con ellos porque "tienen niños". La sociedad y ellos mismos te presionan para que participes en ese modus vivendi. Pues bien, ahora la sociedad parece empujarte a que uno de esos días que acudes al cementerio a enterrar a otro amigo, vecino o familiar de tu edad, te quedes por allí para evitar a los demás la parafernalia de tener que enterrarte otro día. La dependencia es algo que se lleva fatal. Entender que alguien del que han dependido el resto de personas, que era ejemplo de autosuficiencia y solidaridad, ahora necesite a alguien hasta para comer, es algo que pocos sobrellevan. Yo no quiero ser un vegetal al que cambian los pañales, riegan, podan y colocan ante una ventana. La mayoría se suicida, cambia el carácter o se deprime. Sonrío cuando los de Occidente nos llamamos solidarios y avanzados, mientras leo estadísticas. El 50% de los noruegos vive en residencias, mientras que hay tribus que el anciano es el jefe de la misma. ¿Avanzados?, ¿Civilizados?, o… ¿mentirosos? ¿Qué somos en realidad? Cuando una supuesta sociedad que se autodefine como civilizada, solidaria y avanzada es capaz de aguantar en la conciencia pagar impuestos a su gobierno para crear residencias y para financiar ayudas con el lema "cuidar al cuidador", desarrollando el egoísmo de parientes, la desestructuración de la familia, la amargura de todos y potencian la soledad, es cuando decido seguir mi camino al autoexilio para no vomitarle a alguien encima. ¿Cuál es mi camino? El de hacerme mi propia residencia para autoexiliarme de esa sociedad a mi gusto y no al suyo.

Me reprendo a mi mismo por estar ensimismado en mis pensamientos y no darme cuenta de que casi me paso de largo el Port de san Miguel. Trabajo con rapidez en mis sinapsis neuronales para decidir lo que quiero hacer este día. Lo más lógico sería llegarme hasta alguna cala cercana a San Joan de Labritja. Fondear allí y con la zodiac llegarme a tierra. Dudo en hacerlo porque esta parte de la isla es la zona con menor número de habitantes. Todo el que viene hasta aquí es porque quiere introducir cosas de contrabando en la isla, porque le encanta la naturaleza, porque quiere soledad absoluta, o porque no quieren que se les encuentre. Sin duda, esta zona destaca porque ofrece los parajes naturales más agrestes con espectaculares acantilados que han sido declarados Área Natural de Especial Interés, ya que en sus ecosistemas conviven flora y fauna de gran valor ecológico. Saco la guía de turismo y leo: *"Siempre fue una localidad conocida por su gran número de manantiales, la calidad de su miel por la fertilidad de sus tierras, teñidas de un intenso rojo férrico. Hoy se mantiene prácticamente igual: todavía existen amplias zonas aisladas de la masificación y en las que el viajero amante de la naturaleza y con el alma inquieta sentirá el reto de encontrar calas recónditas prácticamente vírgenes. En toda la zona existen tres núcleos turísticos de dimensiones más amplias, que son el Port de Sant Miquel, Portinatx y Cala de Sant Vicent. En el pueblo de Sant Joan los dos edificios más emblemáticos son la pequeña Casa Consistorial, sede del gobierno del municipio, y la iglesia. El municipio está compuesto por cuatro parroquias: Sant Joan, Sant Miquel, Sant Vicent y Sant Llorenç. Se trata de pueblos pequeños en los que vecinos de toda la vida conviven con personas llegadas de todo el mundo, que han querido refugiarse en la Ibiza más rural."*

¡Bueno¡ lo de los tres puntos de interés ya lo sabía, pero me ha ayudado a echar el ancla en el primero que me toca por geografía, que es este que tengo enfrente de San Miguel. Me preparo una pequeña mochilita con algunos víveres para que no me ocurra lo de esta mañana y me quede sin agua en un punto importante. También he cogido el dictáfono por si se me ocurre algún relato o descripción para usar en próximos libros. Dejo la zodiac en un chiringuito para que me la vigilen y comienzo la caminata, corta pero empinada hasta el pueblo de San Miguel de Balansat que le da nombre a este lugar. Llego. El pueblo es como cualquiera a los que Ibiza te termina acostumbrando y a medida que pasas ese periodo de aclimatación ya no aprecias tanto como el primer día. A lo largo de su calle principal hay todo tipo de servicios tanto en invierno como en verano. El lugar de visita obligada es la iglesia, que para variar y lo digo en sentido irónico, está construida sobre una colina. Dado que es obligatorio desde el punto de vista turístico y como cristiano me debo a la oración diaria, me apechugo más cuestecitas de este monte llamado 'Puig de… (no me acuerdo)'. ¡Qué bien le irá el nombrecito¡ Llego. Rezo. Saco fotos. Bebo de mi botella y tras recuperar el aliento comienzo la bajada hasta el puerto. Desde esta rampa se aprecia mejor la belleza del lugar. Que descrita en modo telegráfico podría twittear más o menos lo siguiente: El Port de Sant Miquel es uno de los núcleos turísticos más importantes de Sant Joan, con hoteles, restaurantes en los que degustar el pescado fresco de la isla, comercios y locales de ocio. Su playa es muy bella y regala a la vista el islote Sa Ferradura, un islote conectado a la orilla gracias a una lengua de tierra. Me siento en el chiringuito al que le deje la vigilancia de la zodiac a tomar unas tapas. En el mostrador veo un tríptico de información sobre unas cuevas visitables. Debo decir que en Ibiza las cuevas submarinas son su principal atractivo a la hora de bucear, pero en tierra hay cuatro cuevas muy famosas y éstas son las que más publicidad hacen. Leo el tríptico para enterarme de qué van y dice: "Cueva de Can Marçá en el Puerto de San Miguel – Ibiza: *"Desde el primer mirador se divisa toda la perspectiva de la bahía del Pto. San Miguel, también llamado Pto. Bolonzat, con lo isla Murada al fondo, donde existe una especie única de lagartija muradensis con colores intensos y formas prehistóricas. Después de un camino excavado en la roca se llega a la entrada de la cueva en una cota de 12/14 metros sobre el nivel de mar desde donde se inicia la visita. La cueva tiene una antigüedad de más de 100.000 años y se forma por fallas telúricas y ha pasado por glaciaciones y calores tropicales estando en la actualidad casi fosilizada salvo en las más profundas galerías donde el goteo continúa formando estalactitas, La cavidad denominada Can Marçó, fue descubierta y utilizada por contrabandistas en la que escondían bultos de mercancías izándolas desde el mar desde una abertura situada en una coto de 8/10 metros y actualmente se pueden distinguir claramente los señales de pintura, roja o negra, que marcaban el camino para otra salida en caso de huida o emergencia. Las formas geológicas quedan patentes en la riqueza del curso de aguas subterráneas que discurrían, quedando fosilizadas las cascadas y cursos de las aguas. La aportación de los geólogos espeleólogos que han intervenido para la puesta a punto de la cueva ha sido reproducir lo que existió en remotos tiempos recuperando artificialmente las cascadas y los cursos que existieron en aquellos tiempos. Se han encontrado huesos y fósiles de animales roedores de especies extinguidas cuyos esqueletos han sido mandados al Museo de Historia Natural para que sean catalogados y enriquezcan la fauna prehistórica de nuestras viejas tierras mediterráneas."* Ya se me ha pasado casi toda la mañana y si tuviera otra edad y otro estímulo volvería a subir la cuestecita y visitar las cuevas, pero como lo los tengo, pago la cuenta, agradezco la vigilancia y parto hacia mi cala Xuclar en donde me quedaré a pasar la noche.

Dice *el manual de Epícteto: "Recuerda pues que: el objeto de tus deseos, es obtener lo que tú deseas, lo que anhelas; tú no te lamentarás de nadie; no acusarás a nadie, no harás nada, ni siquiera la cosa más pequeña, sin que corresponda a tú deseo; entonces, nadie te hará mal, y no tendrás enemigos, pues nada que no desees te motivará. Y que, el objeto de tus temores, es evitar lo que temes. Quien no logra lo que desea es desafortunado, y quien cae en lo que teme es miserable. Si no rechazas sino lo que no corresponde a tu verdadero bien, y que depende sólo de ti, entonces nunca caerás en lo que no deseas. En cambio si te empeñas en huir de lo que temes, como la muerte, la enfermedad, la pobreza, serás miserable. Si tal ha sido tu elección, conduce entonces tus miedos, y pásalos de las cosas que no dependen de nosotros, a las que sí dependen; y, en cuanto a los deseos, suprímelos enteramente, por el momento. Pues si tú deseas alguna cosa que no está en nuestro poder, necesariamente, estarás fracasado; y, en cuanto a las cosas que están en nuestro poder, no estás en estado aún de saber cuál es la que deseas. Mientras lo sabes, conténtate por el momento con escucharte y analizar las cosas, pero lentamente, siempre con reservas y sin prisa pero sin pausa".*

Cuando estoy ante un mentiroso, me gusta hacer preguntas que restrinjan la respuesta. En el mundo comercial se usan mucho para ir cerrando tratos y en mi vida enseñé a demasiados a hacerlas. Ahora con el mentiroso la respuesta se circunscribe a algo que esa persona estime como positivo. ¿Por qué lo hago? Porque seguramente será la única verdad que obtenga de esa persona. Ejemplo. Nunca le preguntaría de manera directa a este mentiroso algo como *"¿Estuviste de fiesta sin decírmelo?"* Más bien le preguntaría *"Ayer llegaste a casa después de las 12, ¿no?"* Si se hubiera quedado en casa, será libre de responder; pero si realmente hubiera salido, también se sentirá libre de responder sinceramente, porque le he dado a entender que ya lo sabía y que por mi parte no había ningún problema. El mentiroso no ve en mí que le cuestione la hora de llegada y yo habré conseguido una respuesta verdadera y otra encriptada. Obviamente esta pequeña manipulación solamente la puedo hacer con personas que tienen sus facultades mentales en condiciones. Lo que me lleva a recordar las mentiras y la soledad que tienen las personas de la tercera edad con patologías mentales, alzhéimer, deficiencias de riego cerebrales, párkinson, etc. Ciertamente, poco se sabe de lo que piensan de ellos mismos y de su entorno, de si son conscientes o inconscientes de su situación o de si sus llantos, chillidos y actuaciones son provocadas para comunicarse o son reflejos instintivos de su sistema nervioso. ¿Las demencias seniles nos convierten en enfermos sin memoria? ¿O mantenemos la memoria y no podemos conectarla? En ambos casos nos convierten en desorientados, ajenos a su propio yo y al entorno. He presenciado muchas veces en las residencias que tenemos a personas que eran elegantes y correctos, convertirse en agresivos y soeces, del mismo modo que al contrario. ¿Por qué? Preguntaba constantemente a las asociaciones correspondientes, sin obtener respuestas concretas. ¿Sufren con su enfermedad y son conscientes de su soledad? Nadie lo sabe con certeza. Entonces me pregunto si ¿la soledad es un sentimiento que podríamos cortar y encender con una especie de interruptor biológico? Lo digo porque si existiese solucionaría el problema de la soledad y angustia que sienten sus cuidadores. Los cuales son capaces de postergar a otros familiares volcándose única y exclusivamente con estos dependientes con los que siquiera son capaces de comunicarse. En las residencias solemos rotar a los cuidadores para que este problema desaparezca y no aíslen a su propios hijos (y eso que es su trabajo) He comprobado cómo la impotencia les iba comiendo. De qué manera se contagiaban de esa vegetabilidad indiferente que les absorbía como un remolino a otra soledad, porque yo mismo lo he sufrido y sé de qué hablo. Puedo certificar que cuando no había personal suficiente para esas rotaciones, el 50% del personal cuidador sufría ansiedad y depresión, así como el 75% estaban agotados físicamente. Los problemas psicoemocionales no desaparecían en tres meses y algunas chicas tuvieron problemas con su familia. Un año más tarde aún recordaban aquella soledad interior con miedo. Si mentalmente traslado estos datos sacados de un entorno profesional a un entorno familiar en donde los hijos se encargan mañana, tarde y noche, sin descanso semanal, ni vacaciones, así año tras año de un pariente con estas patologías, comprendo perfectamente las secuelas posteriores de vacío, soledad e integración social de ese cuidador amateur, pero obligado.

Fondeo en cala Xarraca, en lugar de hacerlo en cala Xuclar, porque me pilla más cerca y veo más segura la noche. ¿No sé si luego me habré equivocado o no a la hora de elegir? Pero dejo de preocuparme ahora por eso. Se me ocurre visitar lo que en la isla definen como la quietud de las aguas de Portinatx. Me llego andando por un camino de cabras (literal y textual). ¡Ufff¡ está claro que hubiera sido mejor continuar un trecho munúsculo para fondear aquí n mejor situación que donde yo lo he hecho, pero ya no hay remedio hasta que regrese. Pasado un tiempo me desdigo, pues cuando me fijo mejor, compruebo que todos los deportes de agua se están practicando a la vez en esta especie de ensenada y eso ya no me complace tanto. Si hablo de playas, aquí mismo están las dos más conocidas del norte de la isla, S'Arenal Petit y S'Arenal Gros, y en la parte final de la bahía se encuentra el llamado "puerto", un lugar especialmente indicado para disfrutar del baño y de las aguas transparentes. Otras calas de particular encanto son Benirrás (donde reina un sorprendente ambiente hippy y se disfruta de una bella puesta de sol), S'lllot des Renclí, Caló d'en Serra, Cala Xuclar o Cala Xarraca que es donde yo estoy fondeado. Alquilo un quad y por estos caminitos que solo burros y cabras son capaces de hacer, me llego a Sant Vicent. Me detengo para entender que estoy en lo que antiguamente era la zona más aislada de Ibiza. ¡Quién lo iba a decir, viendo lo que hay ahora¡ Familias enteras lo tienen colonizado por multitud de urbanizaciones. Dado que antiguamente era más fácil y rápido llegar a la capital por mar que por tierra, se siguen manteniendo esas tradiciones y desde su pequeño puerto parten excursiones hacia la isla de Tagomago y en las proximidades puede visitarse también la Coya des Culleram. Yo continuaré por tierra con el quad hasta esta última. Hay un camino de menos cabras y más civilizado, que llega hasta el punto de estar incluso señalizado. ¡Alucinante¡ Freno en seco al toparme con un santuario de la época púnica en el que se adoraba a la diosa Tanit, a la que algunos autores identifican como la Venus romana. Hay otra indicación que guía hasta otra cueva visitable. Me llego a curiosear. La gruta natural está rodeada de pinos y fue utilizada durante años para guardar explosivos. Pero según ponía en la guía de turismo que leí en el barco, en el verano de 1907 se descubrió dentro de la cueva un importante yacimiento, con centenares de estatuillas y objetos que representan a Tanit, y que fueron trasladados al Museo Arqueológico. Se me empieza a hacer tarde y no quiero seguir apostando a caerme con el quad por estos caminos capriles y asnales. De modo que regreso, devuelvo la moto de cuatro ruedas y antes de regresar al barco, me doy un baño en la playa. Me relajo un momento. Estoy convencido que todos los seres humanos podemos luchar para que la siguiente generación no sea peor que la anterior. ¿Cómo? Pues si todos plantásemos un árbol, criásemos un animal, tuviéramos un hijo, escribiéramos un libro, enseñáramos algo a alguien que lo necesite y construyéramos puentes en lugar de rejas, la siguiente generación sería menos mala que nosotros. Suspiro profundo para prepararme para la siguiente fase de la soledad. Me refiero a la soledad del momento de la muerte. Decía Jorge Manrique *"Nuestras vidas son los ríos que van a dar a la mar! que es el morir!"* A medida que los años se caen del calendario nos acercamos a ese final. Justifico en ello que los ancianos sean los que más hablen de ello. En las residencias sus preocupaciones diarias son básicas, la comida, las medicinas, el aire acondicionado, la televisión y la muerte. Es duro saber que por muy rodeados de personas que esté nuestro lecho de muerte, el paseo en el barco de Caronte lo hacemos solitos. Claro que si ese fallecimiento tiene lugar sin nadie alrededor de la cama, entonces la soledad es doble. La tristeza que siento por esa persona es mucha al pensar que solo al otro lado encontrará la compañía. Lo siento por aquellos que no creen en nada y aseveran que la muerte es el fin, pues su dolor y desamparo es inconsolable. Decía Woody Allen: *"No es que tenga miedo de morir. Lo que no quiero es estar solo allí cuando ocurra"*.

La Madre Teresa de Calcuta decía: *"La soledad causa más muertes que cualquier otra enfermedad"*. Con mis contactos en la Comunidad de Madrid por el tema de las camas concertadas que tenemos con las residencias, mi amiga Carmina me dijo que habitualmente mueren en sus casas, en la soledad más absoluta unos sesenta ancianos cada trimestre. Lo que supone doscientos cuarenta ancianos al año solo en la capital. A lo que yo añado el dato de que la tercera parte de ellos son encontrados en torno a la semana de haber fallecido. ¿Y nos llamamos civilizados, avanzados y solidarios? ¿Y defendemos la familia? o ¿con las nuevas teorías de libertad ya no lo tenemos que defender porque el Estado se ocupa (a veces)? ¿Para ésto pago los impuestos? ¿Por qué alguien quiso que perteneciera a esta sociedad? Entonces algún político apoya eso que llama "teleasistencia", donde a través de un botón correspondiente a un aparatito que deben llevar colgado del cuello, el anciano manda una señal de alarma a un ordenador. ¡Yuupiii¡ ¡Chachi¡ Yo propongo sustituir a los políticos por otros botones similares, que también llevemos en el iphone y "a votos" decidimos lo que hacer en el país de manera rápida y eficaz, ahorrándonos corruptores, ladrones, mentirosos y demás calificativos. Al menos en Suiza lo hacen muy parecido y les va bien. No cabe duda de que la noche es horrorosa en la soledad. Yo mismo tuve que poner en el ordenador como pantalla de protección *La noche es larga pero pasa* para ser consciente de que el sol saldría en un rato y con él la "cosa cambia", como dice mi amiga Mª Angeles, *Mañana es una nueva oportunidad*. En la oscuridad, los biorritmos son diferentes, los sonidos se agrandan, las pesadillas afloran, sin mencionar los asaltos y con todo ello los sentimientos negativos campan por sus respetos apoderándose de la casa y su habitante. Estos hombres y mujeres solitarios que han superado todo tipo de ataques en su vida, incluido el día en que sus hijos abandonaron el nido, o el día en que perdieron a su pareja, ahora no tienen fuerzas en sus manos para sostener un tenedor o para abrir una lata "abre fácil" (otra ironía y por tanto otra mentira que añadir) y sucumben a la depresión e incluso al suicidio. ¿Quizás hayan descubierto lo que se encuentra después de la soledad y no les haya gustado, o puede que les haya gustado tanto que hayan querido reunirse allí lo antes posible? En todo caso, Benedetti lo plantea mejor que yo con sus palabras cuando dice: *"Ellos tienen razón esa felicidad al menos con mayúscula no existe ah pero si existiera con minúscula seria semejante a nuestra breve presoledad después de la alegría viene la soledad después de la plenitud viene la soledad después del amor viene la soledad ya sé que es una pobre deformación pero lo cierto es que en ese durable minuto uno se siente solo en el mundo sin asideros sin pretextos sin abrazos sin rencores sin las cosas que unen o separan y en es sola manera de estar solo ni siquiera uno se apiada de uno mismo los datos objetivos son como sigue hay diez centímetros de silencio entre tus manos y mis manos una frontera de palabras no dichas entre tus labios y mis labios y algo que brilla así de triste entre tus ojos y mis ojos claro que la soledad no viene sola si se mira por sobre el hombro mustio de nuestras soledades se verá un largo y compacto imposible un sencillo respeto por terceros o cuartos ese percance de ser buena gente después de la alegría después de la plenitud después del amor viene la soledad conforme pero que vendrá después de la soledad a veces no me siento tan solo si imagino mejor dicho si se que más allá de mi soledad y de la tuya otra vez estas vos aunque sea preguntándote a solas que vendrá después de la soledad.”*

Dice *el manual de Epícteto: “Que de la muerte y el exilio y de todas las otras cosas que parecen terribles seas de ellas consciente, sobre todo de la mortalidad, y tu no darás cabida a bajos pensamientos, y no desearás nada con ardor”… “Así como no se coloca un blanco para desacertarlo, de igual manera no se genera en el mundo una naturaleza del mal”… “Si tomas cualquier rol superior a tus fuerzas, has procedido torpemente, a la vez que desechaste el que habrías representado bien”.*

La isla se ha especializado en deportes al aire libre, que permiten vivir con toda intensidad el paisaje pitiuso. Los recursos deportivos y culturales existentes ofrecen posibilidades tan atractivas como explorar los fondos submarinos, recorrer las áreas naturales a caballo o andando, disfrutar de paseos organizados bajo la luna llena, observar los acantilados desde el mar a bordo de un kayac, participar en rutas de mountain bike o descubrir las calas más recónditas practicando senderismo. Como en un chiringuito de la playa. Paso el resto del día practicando algunos de estos deportes náuticos y meditando. Me imagino en el día del Juicio Final presentando mi vida a modo de curriculum vitae. Me planteo la cuestión también desde el otro lado de la mesa como seleccionador de personal a lo que he dedicado gran parte de mi vida. Allí recibo curriculums de todo tipo y color, consciente de que el 100% de ellos miente. Muchos tienen experiencia en lo que se solicita, otros serían candidatos a becarios porque carecen de ella y en ambos casos leo curriculums supuestamente capaces de pilotar una nave espacial del mismo modo que llevar la gestión de la Reserva Federal. ¿Pretenden tomarme el pelo? En absoluto, pretenden sobrevivir y alcanzar el puesto eliminando a la competencia a costa de mentiras y de ser capaces de engañarme. ¿Ocurre lo mismo en el Juicio Final? Cuando me he enfrentado a alguien que me subestimaba, no dudaba en preguntarle de manera directa *"Tienes experiencia! Cuéntame más sobre tus increíbles técnicas, me parecen fantásticas"* Nunca les digo que tales y cuales puestos o fechas son falsos y no coinciden con su "Vida Laboral" oficial que la Seguridad Social nos manda. Si el candidato es más afectuoso, entonces le digo *"En confianza, ambos sabemos que todo el mundo miente un poco en su CV. Personalmente creo que eso demuestra coraje, porque la persona no tiene miedo de asumir nuevas responsabilidades. Dime, ¿en qué aspectos has sido más creativo en tu CV?"* ¿Qué tendrá que soportar Dios en ese Juicio Final en el que no se juega un trabajo, sino salvarse o condenarse para el infinito? Supongo que la soledad es algo que Dios mismo tuvo que soportar y por eso nos creó, para que le hiciéramos compañía. Del mismo modo que imagino la soledad y tristeza que sentirá en ese momento crucial del ser humano en el que tiene que aguantar mentiras para convencerle de que salve al juzgado. ¡Ufff, vaya papelón¡ Reflexiono en esto último y lo junto con todo lo que he pensado en este viaje. Concluyo que la mentira y la soledad es algo que todos repudiamos y que afecta a todo ser humano. Además veo que constantemente se denuncian estas lacras sin que nadir las oiga y menos las remedie. Tengo fé en Dios y creo que es amor, pero dudo muchas veces cuando me detengo a ver el resultado de su creación y me pregunto ¿si nos hizo defectuosos a propósito? o ¿solamente éramos una prueba en barro para ver qué hacíamos?. También vienen mis dudas cuando veo la muerte, las enfermedades, el hambre y las guerras que nos asolan. ¿Por qué? Porque cuando abro la Biblia y llego al Apocalipsis, leo que fue el mismo Cristo el que dejó libres a los cuatro jinetes con esos propósitos. Reflexiono y profundizo qué nombres tendrían los caballos respectivos y se me ocurren bautizarles como: Mentira, Soledad, Desesperación y Miedo. *Apocalipsis 6: 1 Vi cuando el Cordero abrió uno de los sellos, y oí a uno de los cuatro seres vivientes decir como con voz de trueno: Ven y mira. 2 Y miré, y he aquí un caballo blanco; y el que lo montaba tenía un arco; y le fue dada una corona, y salió venciendo, y para vencer. 3 Cuando abrió el segundo sello, oí al segundo ser viviente, que decía: Ven y mira. 4 Y salió otro caballo, bermejo; y al que lo montaba le fue dado poder de quitar de la tierra la paz, y que se matasen unos a otros; y se le dio una gran espada. 5 Cuando abrió el tercer sello, oí al tercer ser viviente, que decía: Ven y mira. Y miré, y he aquí un caballo negro; y el que lo montaba tenía una balanza en la mano. 6 Y oí una voz de en medio de los cuatro seres vivientes, que decía: Dos libras de trigo por un denario, y seis libras de cebada por un denario; pero no dañes el aceite ni el vino. 7 Cuando abrió el cuarto sello, oí la voz del cuarto ser viviente, que decía: Ven y mira. 8 Miré, y he aquí un caballo amarillo, y el que lo montaba tenía por nombre Muerte, y el Hades le seguía; y le fue dada potestad sobre la cuarta parte de la tierra, para matar con espada, con hambre, con mortandad, y con las fieras de la tierra.*

Alguien que me ataca constantemente por mi fe en Dios, me sigue leyendo el apocalipsis y con una sonrisa me pregunta ¿si sigo creyendo en que Dios es amor cuando los ángeles vierten las siete copas en la tierra? Y sin dejar siquiera que me recomponga me pregunta ¿No crees que tu Dios te ha mentido y no es amor? Tampoco ahora me deja levantarme y continúa machacándome ¿No crees que también os miente cuando abandera el lema *"Todo por amor, nada por fuerza"?.* Apenas tengo aliento para contestarle pero le digo que si todos cumpliésemos sus mandamientos sobrarían las leyes de los humanos, los candados y las cerraduras de las puertas. Todos tendríamos pan y una mano compañera en donde Odio, Crueldad, Miedo, Soledad y Dolor dejarían de existir. ¿No crees que el mensaje de Dios, no sea amor? Tendríamos una sociedad sin pastillas para dormir porque otro velaría nuestros sueños mientras un tercero nos acurruca. Sobrarían los psicotécnicos para erradicar la depresión porque la autoestima estaría cubierta por los amigos. Donde el dinero no es necesario porque tú compartes lo mío y yo lo tuyo. Donde nadie pediría auxilio para salir del pozo de la angustia, porque tendría cientos de escalas para trepar. ¿Te parece que Dios no es amor? Mi amigo y yo terminábamos siempre la conversación del siguiente modo, pagando yo los cafés y él yéndose cabizbajo hasta el siguiente encuentro. Nos atacábamos y defendíamos pero nunca nos mentimos, ni estuvimos solos, pues nos teníamos el uno al otro.

Dice *el manual de Epícteto: "Cuando hagas algo, luego de haber reconocido que es tu deber, no evites ser visto haciéndolo, por malo que sea el juicio que el pueblo pueda de ello hacer. Si la acción es mala, evítala, y si no, ¿por qué temes reproches injustos?"... "Así como al andar te cuidadas de pisar un clavo o torcerte un pie, procura también de igual modo no dañar la parte maestra de ti mismo, la razón que te conduce. Si, así observas, en cada acción de la vida, nos aplicaremos en ella mayor seguridad"... "La medida de las riquezas para cada uno, es el cuerpo, como el pie es la medida del zapato. Si te atienes a esta regla, guardarás siempre la justa medida; pero si no la tienes en cuenta, pierdes; rodaras como en un precipicio donde nada te detiene. Sucede lo mismo con el calzado; si pasas la medida de lo que tu pie requiere, luego tendrás zapatos dorados, y luego querrás de diamantes. Pues luego de rebasar la medida, no hay límites".*

Recibo una llamada de Ivana. Dice que me echa de menos. Le cuento un chiste para distender el momento de tensión. Me pregunta que dónde estoy. Se lo digo. Se alegra porque ella está en Santa Eulària. ¡Vaya¡ eso me pilla de paso de regreso a la capital siguiendo las agujas del reloj. Dice que no me mueva y que con un taxi estará en dos horas conmigo. Me parece correcto porque no me gusta navegar de noche cerca de la costa. Hay mucho tonto con barcos sin iluminación y contrabandistas. Siempre hay que estar pendiente del radar y de las sombras en la superficie. Reconozco que me ha sorprendido su llamada. Deduzco que querrá despedirse o retomar la relación. Espero que sea la segunda opción. Uso el tiempo que me queda hasta su llegada para recordar cómo era Santa Eulària. Recuerdo que su Casco urbano tiene mucha actividad a lo largo de todo el año y posee multitud de servicios y comercios, como todos los pueblos isleños. Son famosos la playa, el paseo marítimo y el puerto deportivo. Sus calles se arremolinan en torno a dos avenidas principales, que son la Calle San Jaime, repleta de tiendas, restaurantes, bancos y farmacias, y el Paseo de S'Alamera, que cruza transversalmente la Calle San Jaime y une el Paseo Marítimo con el Ayuntamiento, a través de un bulevar. Lo sé bien porque es donde vamos a comprar aperos para el barco todos los que tenemos uno. En estas zonas pueden encontrarse todo tipo de servicios relacionados con el mundo de la náutica, así como comercios y restaurantes. Es la segunda capital de la isla que destaca por su la iglesia fortificada, por el Museo Etnológico de la isla y un precioso puente romano. Pasan las dos horas con rapidez y la veo aparecer al fondo de la playa. Me reconoce. Nos saludamos con la mano y mi corazón se acelera. Al encontrarnos nos cuesta reaccionar pues no sabemos muy bien si abrazarnos, besarnos en la mejilla o en la boca. Optamos por dejar que el corazón funcione y cumplimos con los tres protocolos de manera sucesiva. Lo que importa es que Ivana haya regresado junto a mí. Charlamos sobre la mentira porque al volver a estar juntos, ya no estamos solos ninguno. Con la zodiac abordamos el barco. Nos acomodamos. Sonriendo se alegra al ver que sus cosas siguen allí y su hueco también. Inmediatamente se molesta al ver que Agniezska había usado parte de su ropa. ¡Vaya¡ es un fallo no haberlo lavado. Se lo explico. Ella me explica lo suyo y todo queda compensado. Subimos a cubierta a cenar. Quiere saber si hay alguna manera de resumir la falsedad y ponerla en una matriz de resultados. Aprieto su mano con la mía. Entrelazo los dedos con los suyos. Siento su tristeza por haberse alejado de mi estos días y su temor al regresar al haber podido ser rechazada por mí. Me fijo en sus gestos, en su frente y noto una falta completa y real de una expresión. Desciendo por su cara con mi inspección. Veo la alegría cuando me detengo en sus ojos en los que no participan los músculos orbiculares de los párpados de su gesto. Quizás demuestre algo de entusiasmo. ¿Interés?, me atrevería a certificarlo por lo que digo, porque no añade más expresiones manuales, ni es incorrecta la secuencia de gestos que hace al decirme que me quiere. Giro mi mano con la suya por detrás de su cintura para provocar otra reacción. Me fijo en que no me rechaza, ni hay emociones negativas en ellos. No suda, aunque si altera la frecuencia respiratoria, pero con ausencia de intentos de manipularme. Se deja hacer sin más. Permite mi proximidad. Cualquier expresión asimétrica, cualquier gesto demasiado abrupto, cualquier desaparición de gestos demasiado desiguales o cualquier reacción entrecortada y de sincronización incorrecta, me harán pensar que me miente otra vez. Ivana permanece quieta y solamente se enjuaga los labios, consciente de la proximidad de nuestras bocas. Nos besamos. Continuamos el paseo mental de las mentiras y de la soledad. Ella es consciente de haber superado el examen y me pregunta ¿Hay algo verdadero en el mundo o solamente las matemáticas son lo verdadero? La miro por no haber incluido a Dios y el demonio en esas verdades. Lo admito como dadas por sabidas y le contesto que siquiera las matemáticas son verdaderas. Se detiene. Me mira. Estudia mis gestos a ver dónde miento. Me mantengo en la creencia y le repito que siquiera las matemáticas son verdaderas añadiendo que muchos creen en el número fi, en la serie de Fibonardi y en todo ese mundo áureo para dar explicación a la perfección de la naturaleza, sin darse cuenta que la palabra perfección es un invento humano. Que se extasían cuando ven una caracola, una torre, un árbol o el mismo ser humano al que pueden decir que es perfecto porque todo se puede resumir en ser igual a 1'62 (fi). No entiendo, me dice Ivana. Me entristece que tenga que explicar que el concepto de perfección sea un invento humano, que ya de por si implica imperfección. Me entristezco cuando toda la perfección que admiramos se resume en un número con decimales infinitos, es decir, algo que no es concreto, ni es único, sino hecho con partes infinitas. ¿Se puede decir que el mentiroso lo tiene fácil? Me pregunta Ivana. Solamente si tiene un plan preconcebido, pues la mentira hay que ocultarla. En cambio, cuando la mentira hay que falsearla, se denota improvisación y es cuando es más fácil pillarle. ¿Tú crees que el mentiroso disfruta con lo que hace o es que no lo puede remediar? Me pregunta. Mira cariño, le digo, el mentir implica una coacción de los sentimientos, provocando emociones falsas aunque circunstanciales y temporales. Su disfrute es más alto en el momento de prepararlo que posteriormente, mientras lo realiza aumenta su propia motivación de tener éxito con su engaño. Es el equivalente a los que necesitan el peligro para secretar adrenalina y con ello sentirse bien. Ten en cuenta que el mentiroso se juega mucho desde el momento que miente hasta el final de su vida. Él sopesa lo que obtiene mintiendo como si fuera una recompensa, con el castigo que sufrirá si es pillado. Nadie sabe lo que pasará mientras miente, ni en los años sucesivos. Puede que el mentiroso se anime a seguir haciéndolo al ver que no le pillan, o puede que el temor a ser descubierto vaya pesándole cada día más, ¡Nunca se sabe¡ Lo que sí puedo decirte es que el sentimiento de culpa por engañar será menor si el mentiroso sabe que su víctima no ha sido perjudicada más que en ese aspecto, o tienen algún tipo de relación más personal.

Vuelvo a besar a Ivana y ella hace lo propio conmigo. Seguimos hablando de mentiras pues según parece es un tema que le interesa. Supongo que algo habré influido con mis estudios y con mis suspicacias. ¿Crees tú, Maese, que aceptamos la mentira como una cosa cotidiana? Me pregunta. ¡Ufff¡, Tu pregunta viene a decir que si lo autorizamos y que si lo autorizamos es el equivalente a legalizarla. ¡Ufff, vaya con la istria a la que beso¡ No la autorizamos, ni legalizamos. Le contesto. Ahora bien, tienes razón al preguntarlo porque es cierto que la aceptamos socialmente hablando cuando la víctima es alguien anónimo, se trata de algún Ente Oficial, es alguien que habla otro idioma, o tiene una cultura diferente a la nuestra, o es alguna multinacional en los que parece difuminarse el daño. Otro caso que podemos incluir en esta respuesta es el del mentiroso autoconvencido de que lo que dice es una verdad o ha repetido tantas veces la mentira que ha llegado a creérsela. En cualquier caso, elos mentirosos son siempre personas que niegan la realidad, eluden los problemas y es extraordinariamente hábil para interpretar con exactitud las conductas expresivas tanto de sus víctimas, como las suyas propias. Lo difícil es para el que intentamos descubrir a los mentirosos, cuando nos cubre la incertidumbre sobre alguien, entonces no nos toleramos ni a nosotros mismos y nos convertimos en suspicaces. Lo que lleva a no creer a nadie en ese momento. Es como si nos encontrásemos en medio de un campo de batalla, cayéndonos granadas por todos los sitios mientras intentamos defendernos. ¿Qué sucede entonces? Me pregunta Ivana comprendiendo algunas de las situaciones que hemos vivido. Bajo la vista avergonzado por haber dudado de ella en esas ocasiones. Trago saliva. Levanto la cabeza. Fijo mis ojos en los suyos intentando ser lo más convincente posible y contesto que entonces atraparé a los mentirosos, pero interpretaré que los inocentes también mienten y perderé buenas oportunidades en mi vida. Ivana baja al camarote y después a la cocina para preparar la cena. La dejo hacer y me dejo querer. Reclino la tumbona para poder contemplar el cielo estrellado ibicenco.

Quedaría mucho que contar y muchos sectores que denunciar pero sería muy largo para ese viaje. Si alguien me pidiese un consejo, le diría *que no se fiase demasiado de todo lo que le digan*, claro que sin caer en la paranoia permanente de la suspicacia, y si alguna vez tuviese dudas, le seguiría aconsejando *que se tomara su debido tiempo, que analizara todo desde todos los puntos de vista posibles, que sacara sus propias conclusiones y pidiera consejo a alguien de su confianza para contrastar opiniones con sus conclusiones*. Si alguien me pidiera un deseo para él o ella, le diría: *"Ojalá que ningún mentiroso te encuentre y si lo hace no le des nada que puedas necesitar o temas perder".* (Maese Mercader).

Recuerdo lo que decía Henrik Ibsen en *La casa de muñecas: "Nora, ¿Crees que...? Helmer. Piensa que un hombre así, con la conciencia de su falta, tiene que mentir, disimular y fingir en todas partes; tiene que enmascararse hasta en familia, delante de su mujer y de sus propios hijos. Y lo de que mezcle en ello a sus hijos es lo peor de todo, Nora. Nora. ¿Por qué? Helmer. Porque una atmósfera semejante de falsedad contamina irremisiblemente el hogar. Cada vez que respiran, los hijos se contagian de gérmenes malsanos. Nora. (Acercándose.) ¿Estás seguro de eso? Helmer. ¡Claro! Como abogado, lo he comprobado en numerosas ocasiones. Casi todas las personas depravadas en su juventud han tenido madres embusteras. Nora. ¿Por qué madres... precisamente? Helmer. De ordinario son las madres; aunque, como es lógico, también los padres influyen en este sentido. Bien lo saben todos los abogados. Sin embargo, Krogstad ha estado envenenando a sus hijos año tras año en su propio hogar, con mentiras y simulaciones. Por eso le considero moralmente arruinado. (Tendiéndole las manos.) Y por eso, mi querida Nora, vas a prometerme no hablar más en su favor. ¡Dame tu mano! Pero, mujer, ¿a qué aguardas... qué es eso?... ¡Dámela! Así. Entonces, convenido. Te aseguro que me hubiera sido absolutamente imposible trabajar con él. Siento un verdadero malestar físico junto a tales personas. Nora. (Retira su mano, y se dirige al otro lado del árbol.) ¡Qué calor se nota aquí! ¡Y yo que tengo tanto que hacer...!"*

Me evado recordando el principio de la guía de turismo que me dieron al llegar el primer día a esta isla diciendo: *Los artistas que viven en Ibiza señalan, sin excepción, que la luz de La isla es especial. Desde hace décadas, pintores, fotógrafos, pensadores, artesanos y poetas de todas las nacionalidades buscan inspiración en su paisaje y tratan de captar su autenticidad. Ibiza actúa como un imán para creadores de todo el mundo. Son muchos los autores de prestigio internacional que han tenido una etapa 'Ibiza' y en la actualidad existe un número importante de artistas que han elegido la isla para vivir. El resultado de su trabajo se puede contemplar en galerías, talleres de ceramistas, estudios de pintores en mitad del campo que se pueden visitar, en los mercadillos, en bares y restaurantes... El arte se percibe en todos los rincones de Ibiza y les invitamos a acercarse a él."* Me duele el pecho como si un gran cepo lo hubiese agarrado sin soltarlo. Se me duerme el brazo izquierdo de tal forma que me es imposible mover los dedos. Me ahogo rápidamente. Todo se me nubla. Me despido de las mentiras. Me exonero de la soledad. Me relevo de Ibiza. Me desahucio de Ivana. Me despido mentalmente de mi hija, de la persona que siempre quise y nunca tuve. Perdono a todos los que me hicieron algún daño y pido disculpas por los míos. Me jubilo de Agniezska. A la vida le digo...¡Qué pesada ha sido esta tía llamada Vida¡ que siempre me ha obligado a estar pendiente de ella, como si no tuviera más cosa que hacer. Me encuentro cómodo con la luz que se acerca. A la muerte le digo... ¡Fastídiate que me hice escritor¡ Me tranquilizo y ceso de esta sociedad recordando casualmente mi última carta... y diciendo ¡Basta ya¡ (¡Satis¡).

Hola Cariño:
Aquel día los latidos de mi corazón eran potentes, fuertes y acelerados. Llenaba mis pulmones a tope y oxigenaba los alveolos hasta su máxima capacidad, luego... Tagliatelis a la luz de las velas en el Gran Canal de Venecia, flores, paseo en góndola, de fondo barcarolas entonadas por el gondolero...y tú. Ayer los latidos de mi corazón dolían hasta congelar mi pecho. Mi respiración comenzó agitada, pasó a disnea y terminó en apnea. Los médicos dicen que fue un infarto. Debo creerles y

reconocer que hasta el último momento esperé que se produjese el milagro. Aquel día caminaba con paso firme, pisaba fuerte. Ayer los pasos eran pesados y lentos. Aquel día tu cuerpo me hacía casi imposible el seguir andando. Ayer lo hacía tu ausencia. Aquel día reanudamos la marcha, tu de mi brazo, yo de tu cintura. Ayer lo hacía en solitario hasta la sepultura en mi propio ataúd de carne. Aquel día me preguntaba ¿por cuánto tiempo estarías a mi lado? ¿Cuánto tardarían en hacer acto de presencia las mentiras que darían paso a la soledad? ¿Quién sabe por cuánto tiempo el amor va a vacunar la pareja contra la mentira? Aquel mismo día me pediste tiempo para demostrarnos que había un "nosotros", que era realidad y la sinceridad junto a la lealtad forjarían juntos ese futuro. Ahora la palabra "tiempo" quiero arrinconarla de mi existencia, porque me destroza cada vez que la oigo. Aquel día esperabas de mí que dijera algo, mientras yo esperaba que me besaras para no tirarme a un precipicio sin red. Ayer supe por qué mantuve tanta precaución. Ayer los milagros murieron en mi garganta intentando gritarte que no te fueras sin antes responderme a las preguntas sin respuesta que habían ocupado tantos meses cada uno de los rincones de mi mente. ¿Acaso no basta con que hayas decidido alejarte? Me preguntaba en cada uno de los segundos que ayer mantuvieron mi corazón paralizado. Si te digo la verdad, no sé si estoy muerto o vivo, o peor aún soy un muerto en vida. ¿Por qué lo digo? Porque alguien que deambula, es decir, que vaga por la tierra sin corazón debe tener un apelativo que le califique ¿no? Te llevaste mi corazón, pero me rellenaste el hueco de mentiras encerrándolas en una cajita que pone "soledad" en la tapa y en la que yo he ido coleccionando sucedáneos tuyos. Aquel día fue un día complicado para tenerlo todo preparado, que nada fallase y fuese un día perfecto. Ayer fue un día difícil para mí, pero más lo fue para unos tipos con bata blanca a los que di bastante trabajo y distracción. Quise huir, quise alejarme para estar solo y creo que lo he conseguido porque el pecho ya no duele y veo todo nítido sin necesidad de mis gafas que están encima de la mesilla. Me relajo. Suspiro con alivio porque parece que finalmente mi fecha de caducidad ha cumplido. Bueno, este es sólo el primero de muchos momentos que compartiré con mi soledad, desde que me dijiste que tu amor por mí se había acabado, llevándote lo que más he querido en la vida y que querías un tiempo para pensar y recomponer la tuya. Dejándome exiliado de tu lado, condenado a sufrir la espera de una imposible reconciliación. Aquel día la primavera anunciaba el florecer de un amor con tu rubia melena al viento del Gran Canal. Ayer el invierno rodea mi valle toledano. Aquel día los tagliatelis sabían a gloria pura. Ayer los sueros que se clavaban en mis venas sabían a pérdida y soledad. Cada detalle de la vida que compartimos está en la parcela de terreno que rodea la casa. Los pájaros revoloteando en los almendros, los nísperos y las higueras como recuerdos de los momentos felices. La piscina resquebrajada y seca, la broza creciendo en todas las grietas de la parcela y los setos secándose como recuerdo de las muchas mentiras que compartimos. Los días pasan, el sol sale, las tormentas arrecian, el fango atora la puerta de entrada como un candado que impide mi paso. Cuento los días y las horas que perdimos en mentiras. Anoto los totales en forma de meses y escribo notas que tiro a la basura sin que las leas. No quisiera seguir causándote más dolor del que ya te produje, pero tampoco quiero seguir soportando la desesperación que el tuyo me causó. Un día me dijiste que te gustaría saber de vez en cuando de mí y que no desapareciera. Que dejara ese hilito que siempre nos unía. Y, ¡ya ves¡ Aquí me encuentro siendo un muerto en vida y con una vida muerta. De nuevo a empezar pues no sé muy bien lo que tengo que hacer. Sigo buscando en mí cada recuerdo de mi paso por la vida para comprender a este ser humano que alguien se empeñó en que fuera sin que yo se lo hubiese pedido. La sociedad consiguió que con sus mentiras y soledades, me defraudara de tal modo que decidí autoexiliarme de ella. Logró convertirme en una especie de turista en lugar de una parte activa de ella. ¡Mentiras, mentiras y más mentiras¡ componen esta sociedad de humanos que se cargan el planeta y lo que les pueda mantener ¡Vaya mierda de sociedad¡ Supongo que, a pesar de todo la experiencia de haberte conocido compensa el resto. Ahora te dejo porque alguien de blanco empieza a aparecerse tras una fuerte luz. ¡Ufff¡ éste lleva una bata demasiado limpia para ser médico y trae calor con él. Me está sonriendo y no entiendo por qué. No tiene pinta de pedirme nada, ni de mentir tampoco. Ahora le reconozco, ¡vaya¡ ¡es Él en persona¡ Me hace indicaciones para seguirle. Estoy preocupado por la cantidad de veces que le critiqué, pero no parece preocuparle. Sabe por qué lo hice. Me levanto de esta cama y sin saber cómo, los tubos que me mantenían unido a estas máquinas se desprenden de mi nariz y de mis brazos sin que sienta dolor alguno. Ahora sabré si lo que creí y confié en Él mientras viví es verdad o es mentira, pero al menos parece que ya no voy a estar solo. Me despido de ti cumpliendo mi promesa...

Hoy te prometo amor eterno.
Ser para siempre tuyo en el bien y en el mal.
Hoy te demuestro cuánto te quiero.
Amándote hasta mi final. (Il Divo)

Un beso.

FRASES Y CITAS

Decía Erving Goffman, en *Strategic Interaction: "Cuando la situación semeja ser exactamente tal como se nos aparece, la alternativa más probable es que sea una farsa total; cuando la farsa es excesivamente evidente, la posibilidad más probable es que no haya nada de farsa."*

Decía Montaigne en *Ensayos: "Si la falsedad, como la verdad, tuviese un solo rostro, estaríamos mejor, ya que podríamos considerar cierto lo opuesto de lo que dijo el mentiroso. Pero lo contrario a la verdad tiene mil formas y un campo ilimitado."*

Si dominamos nuestra mente, vendrá la felicidad. Dalai Lama

Una mente dominada por emociones positivas se convierte en una morada favorable para el estado mental conocido como fe. Napoleón Hill.

Tú vives en mi mente. Antonio Brañas.

Si tu mente no está atestada de un fárrago inútil, la vida maravillosa se abre ante ti. Wu Men Kuan.

El péndulo de la mente alterna entre sentido y sinsentido, no entre el bien y el mal. Carl Jung.

El problema de tener una mente abierta es que la gente insiste en entrar dentro y poner allí sus cosas. Terry Pratchett.

Que mi mente se pasee hambrienta por ahí, intrépida, sedienta y flexible. Edward Estlin Cummings.

Debes tener mujeres, no hay nada que enderece tanto la mente como ellas. John Gay.

La marcha de la mente humana es lenta. Edmund Burke.

Ningún hombre es azotado, hasta que renuncie en su propia mente. Napoleón Hill.

Lo que sea que un hombre quiera hacer, debe primero hacerlo en su mente. Albert Szent Gyorgi.

No esperes a que cambie tu estado de ánimo, tu mente debe saber que tiene que ponerse a trabajar.

Es probable que la mente logre hacernos inteligentes, pero está mal equipada para darnos la felicidad, la realización y la paz. Deepak Chopra.

Deja que los pensamientos positivos, fuertes y útiles entren en tu mente desde niño. Swami Vivekananda.

¡Cómo me gustaría que una ola fresca cubriera mi mente. Que el mundo se trocara en hoja seca, o en un vilano al viento, Para que yo pudiera encontrarte de nuevo Sola! Ezra Pound.

La mente es nuestro primer y más directo punto de experiencia, y todo lo demás es inferencia remota. Arthur Eddington.

Su mente ofrecía la curiosa combinación de humillarse en la región del misterio y de ser muy activa, fría y razonable en la del conocimiento. Mary Ann Evans.

Mi mente es incapaz de concebir una cosa como el alma. Puede que esté errado y que el hombre tenga un alma, pero yo simplemente no lo creo. Thomas Alva Edison.

Pues, ¿Qué es entender sino vivir de un modo más brillante y perfecto de la misma luz de la mente? San Agustín.

Nuestro mayor recurso natural es la mente de nuestros niños. Walt Disney.

Con frecuencia el hombre cree estar conduciéndose a sí mismo cuando es conducido, y mientras con su mente tiende a una meta, su corazón le arrastra insensiblemente hacia otra. François De La Rochefoucauld.

El problema no radica en la religión, sino en la mente humana. Los practicantes sinceros de cualquier religión, muestran cualidades humanas esenciales: simplicidad, constancia, compasión y contento. Dalai Lama.

La mente, pues, así como por los sentidos del cuerpo recoge noticias de las cosas corporales, las de las inmateriales las recauda por sí misma. Luego a sí misma se conoce por sí misma, porque es inmaterial. San Agustín.

Es evidente que hay un principio de conexión entre los distintos pensamientos o ideas de la mente y que, al presentarse a la memoria o a la imaginación, unos introducen a otros con un cierto grado de orden y regularidad. David Hume.

Volvió a mi mente el día que la batalla de amor, sentí por primera vez, y dije: ¡ay de mí, si esto es amor, como atormenta! Giacomo Leopardi.

Mi mente esta curvada para recibirte, para pensar tus ideas y darte a pensar las mías; te siento, mi compañero, hermoso juntos somos completos y nos miramos con orgullo conociendo nuestras diferencias sabiéndonos mujer y hombre y apreciando la disimilitud de nuestros cuerpos. Gioconda Belli.

El amigo y el enemigo, la virtud y el vicio están sólo en la mente. Todo hombre crea un mundo de bien y de mal, de placer y de dolor solamente con su imaginación. Swami Sivananda.

El pensamiento es un puente que conecta lo humano con lo Divino. Tu cuerpo, tus negocios, tu hogar, son solamente ideas dentro de tu mente. Swami Sivananda.

Tu mente es omnipotente. Es capaz de conseguir cuanto se proponga. Las cosas ocurren tal como tú las imaginas dentro de tu mente. Cualquier cosa en la que pienses intensamente terminará materializándose y llevándose a efecto. Swami Sivananda.

Una mente sana en un cuerpo sano. Juvenal.

"Una mente bien informada", solía decir, "es la mejor seguridad contra el contagio de la locura y del vicio. La mente no ocupada está pendiente de encontrar algo, y preparada para caer en el error, para escapar de lo que la rodea. Hay que llenarla con ideas, enseñándole el placer de pensar. Así las tentaciones del mundo exterior se verán contrarrestadas por el consuelo derivado del mundo interior. Ann Radcliffe.

La mente humana es extraña, y aún repleta de aspectos opuestos y contrastados, por sí misma tiende siempre al orden. Si no existiera ese deseo de orden, no podríamos hablar ni de conflictos ni de neurosis. Yukio Mishima.

La mente es el gran destructor de lo real. Destruya el discípulo al destructor. Helena Blavatsky.

Todo ocurre en la mente y sólo lo que allí sucede tiene una realidad. George Orwell.

Una mente necesita de los libros igual que una espada de una piedra de amolar, para conservar el filo. George R. R. Martín.

La mente del hombre no tiene estado legal. ¿Quién puede decir quién es más libre, yo o el inmortal emperador? Evelyn Waugh.

Se puede considerar la mente como una especie de ordenador en cuya compleja memoria la información no se registra en su forma original, a efectos de su subsiguiente lectura, sino que se organiza automáticamente en modelos de datos. Edward De Bono.

La mente dirigida hacia afuera se transforma en pensamientos y objetos. La mente dirigida hacia adentro se transforma en el Yo. Ramana Maharshi.

Así como el fuego es oscurecido por el humo, la brillante luz de la conciencia es oscurecida por el cúmulo de nombres y formas, el mundo. Cuando, por la compasiva gracia divina, la mente se aclare, se reconocerá que la naturaleza del mundo no son las formas ilusorias, sino sólo la realidad. Ramana Maharshi.

La soledad es el supremo egoísmo del dolor. Severo Catalina.

La soledad es no poder decirla. Alejandra Pizarnik.

Pero hace tanta soledad que las palabras se suicidan. Alejandra Pizarnik.

Es todavía más espantosa la soledad de dos en compañía. Ramón de Campoamor.

Hay que volver a la muchedumbre, su contacto endurece y pule, la soledad ablanda y pudre. Friedrich Nietzsche.

La soledad es la causa de muchos excesos de la teoría del conocimiento. Juan Benet.

La soledad es el imperio de la conciencia. Gustavo Adolfo Bécquer.

La soledad es el estado propio del genio y del elegido. Charles Baudelaire.

La soledad es la gran talladora del espíritu. Federico García Lorca.

La soledad humana es solo temor a la vida. Angel Rebollo Carpentaria.

La soledad es la suerte de todos los espíritus excelentes. Arthur Schopenhauer.

Estoy solo y no hay nadie en el espejo. Jorge Luis Borges.

La soledad sí que es capaz de generar deseos que no se corresponden con el sentido común o con la realidad. Roberto Bolaño.

Los recuerdos no pueblan nuestra soledad, como suele decirse; antes al contrario, la hacen más profunda. Gustave Flaubert.

Si quieres ser feliz enteramente, solo jamás lo conseguirás. Demóstenes.

Soledad: un momento de plenitud. Montaigne.

La soledad es como perseguir sombras. No tiene sentido después de un rato de absurda diversión. Ver solo adentro y nada afuera, es desperdiciar el poco tiempo que tenemos en este mundo. Después de todo, el cuerpo, que representa nuestra estancia aquí, dura muy poco y el alma, al fin, una eternidad. Cesareo.

La soledad no es necesaria. Por lo tanto, hay que amar la vida en sí, y no dejar que se formen preconceptos en la mente. Jack Kerouac.

La soledad eres tú, cuando tu espíritu no tiene con quien estar. Jose Durante.

"Esta es mi soledad, a donde no alcanza la envidia, sí, mi orgullo, tan simple como desnudarme ante el sol." Luis Alberto Costales.

El ser humano se siente único y solo, olvidándose de las demás criaturas que creó Dios, el sólo ve su reflejo en el inmenso espejo de la vida. Él no puede ver más allá de la neblina que cubre su vista. Proverbio árabe.

Cuando estoy solo me siento mal. Cuando estoy acompañado, peor. La soledad es la única que viene cuando ya todos se han ido. Anónimo.

La soledad es mi mejor amiga, pues aunque yo intente huir, ella siempre está conmigo. Anónimo.

El orgullo se cura con la soledad. Anónimo.

Nunca estoy completamente solo, siempre estoy conmigo mismo. Anónimo.

La soledad es mala consejera. Anónimo.

Es mejor estar solo que mal acompañado. Anónimo.

Los que odian la soledad, solo se odian a sí mismos. Anónimo.

La envidia es el gusano roedor del mérito y de la gloria. Francis Bacon

La envidia en los hombres muestra cuán desdichados se sienten, y su constante atención a lo que hacen o dejan de hacer los demás, muestran cuanto se aburren. Schopenhauer

El sabio no envidia la sabiduría de otro. Erpenio

Es tan fea la envidia que siempre anda por el mundo disfrazada, y nunca más odiosa que cuando pretende disfrazarse de justicia. Jacinto Benavente

Nadie es realmente digno de envidia. Schopenhauer

El rico no gozaría nada si le faltase la envidia de los demás. A. Panzini

La envidia y los celos no son vicios ni virtudes, sino penas. Jeremy Bentham

La envidia es una declaración de inferioridad. Napoleón Bonaparte

La envidia que parla y que grita es siempre inhábil; se debe temer bastante en cambio la que calla. Rivarol

Una demostración de envidia es un insulto a uno mismo. Yevgeny Yevtuschenko

La envidia va tan flaca y amarilla porque muerde y no come. Quevedo

A menudo se hace ostentación de las pasiones, aunque sean las más criminales; pero la envidia es una pasión cobarde y vergonzosa, que nadie se atreve nunca a admitir. Rochefoucauld

«El mayor castigo que puede imponerse a la envidia es el desprecio. Hacerle caso es permitirle saborear un síntoma de victoria». Ignacio M. Altamirano

«A la sombra del mérito se ve crecer la envidia» Leandro F. de Moratín

«El silencio del envidioso está lleno de ruidos». Khalil Gibran

«La envidia como la ictericia se conoce en el color de los ojos y en el de la piel». Ignacio M. Altamirano

«La envidia es al mérito lo que la cobardía al valor». Ignacio M. Altamirano

«La envidia de la virtud hizo a Caín criminal. ¡Gloria a Caín! Hoy el vicio es lo que se envidia más». Antonio Machado

«La envidia es el cáncer del talento. No tener envidia es un privilegio de salud que debe agradecerse a los dioses más que la salud física». Ignacio M. Altamirano

«Napoleón envidiaba a César, César envidiaba a Alejandro y Alejandro, me atrevería a decir, envidiaba a Hércules, que nunca existió». Bertrand Russell

«La envidia es proteiforme. Sus manifestaciones más comunes son la crítica amarga, la sátira, la diatriba, la injuria, la calumnia, la insinuación pérfida, la compasión fingida, pero su forma más peligrosa es la adulación servil». Ignacio M. Altamirano

«El tema de la envidia es muy español. Los españoles siempre están pensando en la envidia. Para decir que algo es bueno dicen: "Es envidiable"». Jorge Luis Borges

«La envidia es un buitre que se alimenta de sus propias entrañas». Ignacio M. Altamirano

«La envidia es una furia que se disfraza casi siempre de vieja devota». Ignacio M. Altamirano

«La fuerza de tu envidia es la rapidez de mi progreso» Anónimo

«La envidia es una sombra que oscurece el semblante y entristece el espíritu». Ignacio M. Altamirano

«La envidia hace sufrir al envidioso más que a los censurados la censura». Ignacio M. Altamirano

«La envidia es mil veces más terrible que el hambre, porque es hambre espiritual» Unamuno

«La envidia es la impotencia irritada por el mérito». Ignacio M. Altamirano

«La envidia es el adversario de los más afortunados». Epicteto

«El peor presente para una persona que tiene envidia es un palacio… con una vista de uno mejor» Leonid S. Sukhorukov

«Esta es mi soledad, a donde no alcanza la envidia, sí, mi orgullo, tan simple como desnudarme ante el sol» Luis Alberto Costales

«La envidia no tiene nunca ni la franqueza de la risa, ni el arrebato de la cólera; no tiene más que sonrisas frías y lágrimas ocultas». Ignacio M. Altamirano

«Es envidia la que provoca placer por las desgracias de los amigos». Platón

«La voz de la envidia es el pregón de la inferioridad del envidioso». Ignacio M. Altamirano

CUADRO DIFERENCIADOR DE MENTIRAS DE PAULEKMAN

Deslices verbales. Pueden estar relacionados específicamente en una emoción; pueden delatar una información no relacionada con ninguna emoción.

Peroratas enardecidas. Pueden estar relacionadas específicamente con una emoción; pueden delatar una información no relacionada con ninguna emoción.

Modo de hablar indirecto, circunloquios. Estrategia verbal no preparada de antemano, o bien presencia de emociones negativas, muy probablemente temor.

Pausas y errores en el habla. Estrategia verbal no preparada de antemano, o bien presencia de emociones negativas, muy probablemente temor.

Elevación del tono de voz. Emoción negativa, probablemente rabia y/o temor.

Disminución del tono de voz. Emoción negativa, probablemente tristeza.

Mayor volumen y velocidad del habla. Probablemente rabia, temor y/o excitación.

Menor volumen y velocidad del habla. Probablemente tristeza y/o aburrimiento.

Emblemas. Pueden estar relacionados específicamente con una emoción; pueden delatar una información no relacionada con ninguna emoción.

Disminución en la cantidad de ilustraciones. Aburrimiento, estrategia no preparada de antema no, o elección cuidadosa de cada palabra.

Aumento de la cantidad de manipulaciones. Emoción negativa.

Respiración acelerada o superficial. Emoción no específica.

Sudor. Emoción no específica.

Tragar saliva con frecuencia. Emoción no específica.

Micro-expresiones. Cualquier emoción específica.

Expresiones abortadas. Emoción específica; o tal vez muestro que se frenó una emoción, pero sin indicar cuál.

Músculos faciales fidedignos Temor o tristeza.

Aumento del parpadeo. Emoción no específica.

Dilatación de las pupilas. Emoción no específica.

Lágrimas. Tristeza, desazón, risa incontrolable.

Enrojecimiento del rostro. Turbación, vergüenza o rabia; puede haber también culpa.

Empalidecimiento del rostro. Temor o rabia

Estrategia verbal no preparada de antemano. Modo de hablar indirecto, circunloquios, pausas, errores en el habla.

Disminución de las ilustraciones. Información no relacionada con las emociones (por ejemplo, datos, planes, fantasías). Deslices verbales, peroratas enardecidas, emblemas. Los emblemas no pueden transmitir tantos mensajes corno los deslices verbales o las peroratas enardecidas. En el caso de los estadounidenses, existen emblemas correspondientes a unos sesenta mensajes distintos.

Emociones (por ejemplo, sorpresa, desazón, alegría) Deslices verbales, peroratas enardecidas, microexpresiones, expresiones abortadas.

Temor Modo de hablar indirecto, circunloquios, pausas, errores en el habla, elevación del tono de voz, mayor volumen y velocidad del habla, músculos faciales fidedignos, empalidecimiento facial.

Rabia. Elevación del tono de voz, mayor volumen y velocidad del habla, enrojecimiento, empalidecimiento.

Tristeza. (Puede ser vergüenza y/o culpa) Disminución del tono de voz., menor volumen y velocidad del habla, músculos faciales fidedignos, lágrimas, vista dirigida hacia abajo, rubor.

Turbación. Rubor, vista dirigida hacia abajo o hacia el costado

Excitación. Aumento de cantidad de ilustraciones, menor volumen y velocidad del habla.

Activación de una emoción cualquiera. Alteración del ritmo respiratorio, sudor tragar salivo, expresiones abortadas, aumento del parpadeo, dilatación de las pupilas.

Emoción negativa. Modo de hablar indirecto, circunloquios, pausas, errores en el habla, elevación u disminución del tono de voz, aumento de la cantidad de manipulaciones.

Aburrimiento. Disminución de cantidad de ilustraciones, menor volumen y velocidad del habla.

BIBLIOGRAFÍA CONSULTADA

Enciclopedia Espasa Calpe.
Enciclopedia Historia Universal Salvat.
Enciclopedia Historia de Grecia de Malet.
Enciclopedia Historia Universal Everest.
Enciclopedia interactiva Encarta.
Enciclopedia interactiva Universales.
Enciclopedia interactiva Protagonistas de la Historia.
Enciclopedia interactiva Británica.
Biblia Colunga.
Corán.
Diccionario de la Real Academia Española
Guía oficial de turismo de Ibiza

Ahora sé por qué nunca creí cuando me decían "te quiero".
Ella no lo dice, solo lo demuestra.
(Maese Mercader)

ÍNDICE

NOTAS

NOTAS

NOTAS

Numquam saudeas mihi vana